MEŞHURLARIN SON ANLARI

•

Burhan Bozgeyik

Bu kitap, Türkiye Kalkınma ve Dayanışma Vakfı'nca kurulan TÜRDAV Basım ve Yayım Ticaret ve Sanayii Anonim Şirketi tarafından neşredilmiştir.

TÜRDAV
Posta Kutusu: 882
Sirkeci / İstanbul
Tel. & Fax: (0212) 511 61 62 (Pbx)

1. **Baskı:** Haziran 1993
2. **Baskı:** Eylül 1993
3. **Baskı:** Nisan 1994
4. **Baskı:** Ocak 1995
5. **Baskı:** Nisan 1997
6. **Baskı:** Mart 1998
7. **Baskı:** Ekim 1998
8. **Baskı:** Mayıs 1999

ISBN: 975 - 7656 - 32 - 1
Mayıs - 1999

DİZGİ VE
MİZANPAJ : TÜRDAV
BASKI : ZİYA OFSET - 544 60 34
CİLT : SİSTEM MÜCELLİT - 482 11 01

Burhan BOZGEYİK

Meşhurların Son Anları

BURHAN BOZGEYİK

1957'de Gaziantep'te doğdu. İlk ve orta tahsilini burada tamamladı. 1975'te İstanbul Üniversitesi Edebiyat Fakültesi Türk Dili ve Edebiyatı bölümüne girdi. Fakülte yıllarında bazı dergilerin idareciliğini yaptı, gazetede ve dergilerde yazıları yayınlandı. 1979'da fakülteyi bitirince profesyonel gazeteciliğe başladı. Aralıksız 14 yıl; Yeni Asya, Yeni Nesil ve Tasvir gazetelerinde, haber, röportaj, araştırma, inceleme ve köşe yazısı yazdı. 27 Nisan 1992 tarihinden itibaren serbest gazeteci olarak çalışmaya ve yaptığı araştırmaları kitaplaştırmaya başladı. Halen Milli Gazete'de haftada üç gün köşe yazısı da yazan Burhan Bozgeyik evli ve iki çocuk babasıdır.

Bozgeyik'in kitap olarak yayınlanan eserleri şunlardır:

• *Zulmetten Nura Hicret* • *Bütün Cepheleriyle İran Meselesi* • *Afganistan'dan Türkiye'ye* • *Kahramanlar Geçiyor* •*Bir İrtica Komplosu: Örtünmek İstiyorum* • *Uzmanların Gözüyle Osmanlıca* •*İslâm'ın İktisâdî Görüşü* • *Bediüzzaman'dan Çağa Mesaj* • *Ortadoğu Üzerine Oynanan Oyunlar* • *Güneydoğu Üzerine Oynanan Oyunlar ve Bediüzzaman'ın Mesajı* • *Yakın Tarih Ansiklopedisi (12 cilt - Anonim)* • *İslam Birliği Üzerine Oynanan Oyunlar* • *Kim Cumhuriyetçi: Bediüzzaman mı, M. Kemal mi?* • *Meşhurların Son Anları* • *Gayr-ı Resmi Yakın Tarih Ansiklopedisi (6 cilt - Anonim)* • *Türkiye Üzerine Oynanan Oyunlar* • *Bize Nasıl Zulmettiler* • *M.Kemal'le Kavgalılar* • *Keçe Külahlılar Geliyor* • *Çerkez Ethem Hain mi Kahraman mı?* • *Gençlik ve Ölüm* • *İslam Dünyasını Saran Ateş Çemberi* • *Dil Dâvâsı* • *Bediüzzaman Said Nursi - Hayatı / Dâvâsı / Eseri* • *Zulme Boyun Eğmeyenler* • *İstiklal Harbinde Gaziantep* • *Doğru Tarihe Doğru* • *Tarihimiz Üzerine Oynanan Oyunlar* • *Her Yönüyle Gaziantep - Tarih / Kültür / Folklor* • *Yassıada Basını* • *İhtilâl Fetvâcıları* • *Onlar da Çocuktu* • *Mülâkatlar* • *Oy Zulüm Zulüm* • *Meşhur Zâlimler* • *Fetihten Fetihe (Kahramanlık Şiirleri Antolojisi)* • *Şehâdet Destanı* • *Zaferlerimiz* • *Güzel Ahlak - Mesut Hayat* • *On iki İmam ve Alevilik*

TAKDİM

İnsanoğlu, **"en güzel surette"** yaratılmış olan mahluk... Gözleri, yüzün ön kısmına mütenâsib şekilde yerleştirilmiş. Biri alında, biri tepede değil. Ellerin biri göğüste, biri sırtta değil. Alınlar tüylerle kaplı değil. Herşey yerli yerinde. Mükemmellik, güzellik, faydalılık birlikte... Bu şekilde güzel bir şekilde yaratılmış olan insanoğlu gün gelmekte son nefesini vermekte.

İnsanlar öldüğü gibi, şu dünyayı şenlendiren hayvanlar da, bitkiler de, ağaçlar da ölmekte. Gün gelecek şu "ihtiyar dünya" da ölecek.

İnsanoğlu ve bütün canlılar Acz-i mutlak ve fakr-ı mutlak içerisinde yuvarlanmakta...

Nedir "acz-i mutlak", yani "mutlak âcizlik" hâli?.. Zaman bir ip, bir sinema şeridi gibi insanın, canlıların, mahlukatın boynuna takılmış. Ondan kurtulmak mümkün değil. Zaman, bütün canlıları mağlup eden bir ip gibidir. Vakit dolunca o iple çekip götürüyor.

Bütün belâ ve musibetlerin ana menbâı, zamandır. Zaman durmayınca, durdurulamayınca ölüm gelecektir. Bu, iki kere iki dört eder derecesinde bir hakikattır. Durmayan, durdurulamayan zaman, insanı öldürdüğü gibi, âlemi de öldürecektir.

Haydi bakalım "güç sahipleri" gücünüz varsa zamanı durdurun!.. Zamanı durdurmak için; Güneşi durdurmak, ayı durdurmak, dünyayı durdurmak lazım. Geceyi, gündüzü, mevsimleri, saniyeyi, dakikayı, saati kaldırmak lazım. Çekirdeğin, molekülün, atomun hareketini durdurmak lazım. Yenilen, içilen maddelerin sabit maddeler haline gelmesi, yani vücuttan atılmaması lazım. Peki bu mümkün mü?.. Değil elbette. İşte acz-i mutlak budur. Yani, ölüme, belâya, yaşlanmaya karşı âcizlik halidir. Aczini anlayan insan, "ölümden kurtuluş çaresi" aramaya başlar.

Peki **"Fakr-ı mutlak"** nedir? Yani, "mutlak fakirlik hali" deyince ne anlıyoruz? Fakirlik yalnızca para cihetinden, maddî cihetten fakir olmak demek değildir.

İnsan vücudunda her gün milyonlarca zerre, hücre ölmektedir. Günde binlerce, onbinlerce, yüzbinlerce zerre ölür, gider. Yerine yenisinin gelmesi lazım. Meselâ gözün içerisinden bir zerre çıktı. Peki o ölüp giden zerrenin, hücrenin yerine gelecek yeni bir zerreyi kim mideden dolaştırıp gözün içerisine getirip yerleştirecek ve o bir tek zerreye "görme" dersini verecek?

İşte insanoğlu, bunun gibi, vücudun her gün, her an karşılanması gereken milyonlarca ihtiyaçlarını düşünmelidir. Bu ihtiyaçlarımızı kimden isteyeceğiz? Güneşten, aydan, vs.'den mi?

İnsanlar ve bütün canlılar mutlak fakirlik içerisindedir. Muhtaç durumdadır. Ve haberimiz dahi olmadan bu ihtiyaçları gideren birisi vardır.

Bu hakikatleri düşünen ve çevresinde sevdiklerinin öldüğünü gören insan acır. Annesinin, babasının, kardeşlerinin, çocuklarının, sevdiği kim varsa onların ölümünü görür ve acır.

Mü'min olan, kendisine bakar, vücudunda milyonlarca zerrenin ölümünü görür. Kendisinin de zaman denilen ip vasıtasıyla her an ölüme biraz daha yaklaştığını görür. Bu ölüm düşüncesi onu yakar. Taş acımaz, inek acımaz, güneş acımaz. Ama insan aczini göre göre acır. Bu âlemi yokluktan kurtarma çaresi arar. Birden Tevhid-i İlâhiyi bulur. Âlemi ölümden kurtaracak Alah'a yönelir. Cenab-ı Hakka iştiyak duyar. şevkle Allah'a yönelir. Allah'ı bulunca, **"Âmentü Billahi ve bi'l yevmi'l Âhiri"** der. Yani Allah'a ve âhiret gününe olan inancını dile getirir. **Şefkat**, yani acımak **şevke** inkılap eder. **"Madem bu kâinatın Sahibi,** bizi imtihan için bu dünyaya göndermiş olan Allahu Teâlâ bizlere Cenneti hazırlamış, inananlar oraya gidiyor, öyleyse acımaya değmez" diyerek teselli bulur.

Mü'min, Bu dünyayı ebedî âlemin tezgahı olarak görür. Kendisinin o ebedî âleme dâvetli olduğunu unutmaz. "Bu dünya, Kâinatın Sahibi olan Allah'ın bir misafirhanesidir. Kerim bir Zâta misafiriz. O bizi ebedî âleme dâvet etmiş. Öyleyse ölüme üzülmek yersizdir. Yapacağımız iş, bu 'dünya sarayının' sahibinin emri istikametinde hareket edip O'nu râzı etmek ve buradan çok daha güzel ve hiç ölünmeyecek mekâna kavuşmayı hak etmektir" der. Musibetleri, belâları, saçındaki beyazlıkları bir "îkaz" olarak görür.

Mü'min olmayanlarsa, yani Tevhidî îmana sahip olmayan, Âhiretin varlığını, öldükten sonra dirilmeyi kabul etmeyen insanlarsa, her an, her saniye, bir "cellat satırı" gibi gördükleri ölümle yüzyüze geleceklerini düşünerek titrerler. Zaman ipinin kendilerini ve sevdiklerini çeke çeke mezara doğru götürdüğünü görerek ürperirler. Ne kadar zengin olurlarsa olsunlar, kendilerinin ve yakınlarının bazı hücrelerinin yenilenmemesi, vücudun zarûrî ihtiyaç maddelerinin noksan olması karşısında türlü hastalıklarla, felç hâdisesiyle, görme bozukluğuyla karşı karşıya kalınca dehşete kapılırlar. Ama gözleri, kulakları, kalpleri mühürlü olduğu için gerçeği göremezler. Çareyi, alkol, uyuşturucu ve sefahetle akıllarını uyuşturmakta, düşüncelerini iptal etmekte bulurlar. Tıpkı "avcı beni görmesin!" diye başını kuma gömen devekuşu gibi...

Öyle dehşetli bir zamanda yaşamaktayız ki, "gaflet" mü'minlerin de her yanını, bütün hislerini sarabilmekte. Çoğu zaman **"ölüm gerçeğini"** unutturabilmekte. Halbuki her gün yüzlerce, binlerce, onbinlerce vefat hâdisesi olmakta. Bu gerçeği bilmesine, gözüyle görmesine rağmen, yine de "ölümden sonraki hayat" için hazırlık yapmakta ihmalkâr davranabilmekte.

Her ne hikmetse insanoğlu, çoğu defa bir meşhûrun ölümü üzerine sanki bir şoka girmekte. İğneyle dürtülmüşçesine bir an için uyanıvermekte. **"Ölüm varmış!"** diye düşünüvermekte.

İşte "Meşhurların Son Anları" ismini verdiğimiz bu çalışmanın mühim bir gâyesi, o "şok ânının" geçici değil daimi olmasını sağlamak, "ölüm gerçeğini" hafızalarda, dimağlarda canlı tutmayı temin etmektir.

Bu yedinci baskıda, son birkaç yılda dünyadan göçmüş olan "meşhurlara" da yer verdik. İnsanoğlu o kadar tuhaf ki, kendi yaşadığı zamandan önceki milyarlarca ölüm hâdisesinin varlığını bilmesine, pek çok meşhurun da ibretli şekilde can verdiğini öğrenmesine rağmen yine de kendisi için gerekli dersi çıkartmamakta, daha doğrusu nefis o dersi almasına engel olmaktadır. Ancak, kendisinin de çok yakından tanıdığı meşhurların gözünün önünde son yolculuğa çıktığını görmesi bir istisna teşkil edebilir diye düşünüyoruz. Bu baskıda, medya vasıtasıyla günümüz insanının iyice âşine olduğu bazı isimlerin son anlarını da nakletmeye çalıştık. Ayrıca, "nisyan ile malul olan hafıza-i beşerin" unutup gittiği bazı meşhurları çıkardık. Bazı bahisleri yeniden gözden geçirdik.

Ne mutlu, **"Her nefis ölümü tadacaktır"** gerçeğini her an gözönünde bulunduranlara. Mutlak acz, mutlak fakr içerisinde bulunduklarını anlayıp şevkle Allah'a yönelenlere...

Dünya dönmeye devam ediyor. Dünya döndükçe zaman çarkı da işliyor. Bir sinema şeridi gibi insanın boynuna dolanan zaman, onu çeke çeke kabre doğru götürüyor. Mü'mini de, münkiri de, kralı da, zâlimi de o "zaman ipinden" boynunu kurtaramıyor. İnsan ne kadar meşhur olursa olsun, gün gelip "hayat filmi" noktalanıyor. Herkes lisanına göre, o film şeridi tükenen insanın hayat defterinin ardına, ya **"the end"**, ya **"son"**, ya da başka bir "sonu ifade eden" kelime yazıyor.

Bu yeni baskıdaki en son giden "meşhurlar"ın son anından da ibret alınması temennisiyle takdim ediyorum. Hürmetlerimle...

9 Ekim 1998
Burhan BOZGEYİK

İlk insan ve ilk Peygamber

HZ. ÂDEM (AS)

İlk insan ve ilk peygamber olan Hz. Adem (as) yaklaşık bin sene yaşamıştı. Cenab-ı Hak tarafından, ömrünün sona erdirileceği bildirilince şöyle dedi:

"Ya Rab! Düşmanım İblis kıyamete kadar hayatta kalacağı için beni bu halde görürse sevinecek ve benimle alay edecek."

Cenab-ı Hak ta ona: "Yâ Âdem! Sen tekrar cennete gireceksin. O ise bu dünyada kalıp neticede kıyamete kadar gelip geçen insanlar adedince ölüm acısını tadarak zillet içinde ölecektir. Onun ecelinin tehir edilmesi bunun içindir." buyurmuştu.

İmtihan zamanı sona erdiğinde, kıyamet anında İblis de ölümü tadacaktı. Hz. Adem (as) şeytanın nasıl öleceğini merak etmişti. Cenab-ı Hak'tan İblis'e ölümün nasıl tattırılacağını öğrenmek istedi. Bunun üzerine Cenab-ı Allah İblis'in nasıl öleceğini bildirmeğe başladı. Hz. Âdem (as) daha fazla dayanamadı ve "Ya Rab! kafi" dedi. Bütün sorularının cevabını almıştı. Bu dünyadaki vazifesini de ikmal etmiş, Cenab-ı Hakk'ın emirlerini tebliğ etmişti. Geride Cenab-ı Hakk'ın emirlerini yerine getirip, hakkıyla yaşayacak ümmeti vardı. Bu bakımdan huzurluydu ve mesuttu. İşte bu huzur ve saadet içerisinde ruhunu teslim etti.

Çocukları Hz. Âdem'i Ebû Kubeys dağına defnettiler. İki sene sonra da Havva validemiz vefat etti. Onu da Hz. Âdem (as)'in yanına defnettiler. Haşir sabahında yeniden dirilecekleri güne kadar, geçici mekanlarında yan yanaydılar...

Sivrisineğe yenilen ceberut
NEMRUT

Nemrut'un küçücük bir sivrisinek yüzünden bütün huzuru kaçmıştı. Her nereye gitse sinek te onunla birlikte gidiyor, burnuna, yüzüne gözüne konuyor, hortumunu vücuduna saplayıp kaçıyordu. Ne kadar çalışmışsa, sineği yakalamağa muvaffak olamamıştı. Bütün saray seferber olmuştu. Herkes sineğin peşindeydi. Fakat hiç kimse tutamıyordu. Kapıları, pencereleri sıkı sıkıya kapatıyorlar, fakat sinek ne yapıp ediyor, içeri girmeğe muvaffak oluyordu. Nemrud'un gözüne günlerdir uyku girmemişti.

İlahlık dâvâsı güden Nemrut, bir sinek yüzünden ne hallere düşmüştü.

Nemrut, tarihlerin şahit olduğu en cebbar ve en zâlim bir hükümdardı. Üstelik ilâhlık dâvâsı da gütmekteydi. Zenginliği, mülkü, serveti onu şımartmış, sonsuz gurura sevketmişti.

Kuraklık zamanında kendisinden zahire istemeğe gelenlere, "Rabbiniz kimdir?" diye soruyor, "sensin" demiyenlere bir şey vermiyordu. Bu yüzden herkesi hakimiyeti altına almıştı.

Hz. İbrahim (as)'ın insanları elleriyle yaptıkları putlara tapmaktan sakındırıp, Cenab-ı Hakk'a iman etmeğe dâvet etmeğe başlaması üzerine müthiş öfkelenmişti. Huzuruna çağırdığı Hz. İbrahim'e "Söyle bakalım senin Rabbin kim? Sen kime itaat edyorsun?" diye sormuştu. Bunun üzerine Hakkın davetçisi Hz. İbrahim (as) şu cevabı vermişti:

"Benim Rabbim o zattır ki, hem hayat verir hem öldürür. Hayatı vermek ve onu geri almak, sadece O'nun kudretine münhasırdır."

Bunun üzerine Nemrut kahkahayla gülerek şöyle demişti:

"Bu da iş mi yani? Ben de hayat verir veya öldürebilirim. Madem Rab olmak bunlara bağlı, o halde Rab benim."

Bu sözlerin ardından Nemrut iki adamı getirtmiş, birini öldürmüş, diğerinin de hayatını bağışlamıştı. Daha sonra, kibirlenerek:

"İşte ben de öldürüp, hayat verdim. Rabbiniz o halde benim!" demişti.

Bunun üzerine Hz. İbrahim (as) şöyle dedi:

"Benim Rabbim olan Allah, Güneşi şark cihetinden doğduruyor. Sen de batıdan doğdur da görelim. Eğer hakikaten Rab isen, bunda muvaffak olursun."

Bu delil karşısında Nemrut hiç bir şey diyememiş, susup kalmıştı.

Nemrut, Hz. İbrahim (as)'le sözle, mantıkla başa çıkamayacağını anlayınca onu ateşe attırmış, fakat ateş Allah'ın izniyle İbrahim Aleyhisselâm'ı yakmamıştı.

İşte bu şekilde ulûhiyet dava ederek, Cenab-ı Hakk'ın Peygamberini ateşe atacak kadar azgınlaşan Nemrut, şimdi ufacık bir sivrisineğin karşısında ne yapacağını bilemez duruma düşmüştü.

Nemrut artık sarayda odadan odaya kaçıyor, sivrisinekten kurtulmak için türlü türlü yollara başvuruyordu. Fakat sinek bir türlü kendisinden ayrılmıyordu.

Bütün hizmetkârları Nemrud'un etrafında pervâne olmuşlar, onu sivrisineğe karşı korumaya çalışıyorlardı. Fakat bütün tedbirlere rağmen hiç kimsenin aklına gelmeyecek birşey oldu, sivrisinek Nemrud'un burnundan içeri giriverdi. Nemrud'un burnundan giren sinek gidebildiği yere kadar gitmiş ve orada dönmeğe başlamıştı. O andan itibaren Nemrud'da müthiş bir baş ağrısı başladı. Beyninde dolaşan sinek onu müthiş huzursuz ediyordu. Son çare olarak başını tokmaklattırmaya başladı. "Vurun! vurun!" diyor, sineğin beynine verdiği ızdıraptan tokmağın acısını duymuyordu. Başına tokmağın her inişinde o, "daha hızlı vurun! daha hızlı!" diyordu. Başından kanlar akmağa başlamıştı, fakat o aldırış etmiyor, başını tokmaklatmaya devam ediyordu. Bir yandan da başını duvarlara vuruyordu.

Hiç bir şey kâr etmemişti. Nemrut, başına yediği tokmaklarla kendinden geçmişti. Sivrisinek ise hâlâ beyninde dönüyordu. Çok geçmeden çırpına çırpına can verecekti.

Ufacık bir sinek, uluhiyet dâvâsı güden Nemrut'un hayatına son vermeğe sebep olmuştu...

Sabır kahramanı
HZ. EYYUB (AS)

Sabır kahramanı Hz. Eyyub (as) yıllarca devam eden hastalıktan Allah'ın izniyle kurtulmuştu. Sabrının, sebatının ve Cenab-ı Hakka bağlılığının mükâfatını görmüştü. Yine eskisi gibi sıhhatliydi. Sıhhatiyle birlikte eski durumuna, hatta daha iyisine kavuşmuştu. Malı mülkü eskisinden daha fazla olmuş, çoluk çocuğu çoğalmıştı.

Eyyub Aleyhisselam'ın vefakâr hanımı Rahmet (Yusuf Aleyhisselâm ile Züleyhanın kızı) Cenab-ı Hakkın bu açık ihsanını görünce, daha çok şükür ve hamdde bulunmağa başlamıştı.

Cenab-ı Hak, insanlara ibret için Peygamberini belâ ve musibetlere düçâr etmişti.

Çok zengin olan Eyyub Aleyhisselâm ilk önce bütün malını ve mülkünü kaybetmişti. Fakat o sabır ve şükürle hayatını geçirmeğe devam ediyordu. Daha sonra çocuklarını da kaybetti. Ardından da insanın uğrayabileceği en dehşetli hastalıklardan birisine düçar oldu. O halindeyken bile gelen musibetlere sabrediyor, ibadetlerine devam ediyordu. Bir gün hanımı kendisine:

"Cenab-ı Hakk'a dua etsen de bu dertler senden gitse olmaz mı?" deyince şu cevabı vermişti:

"Benim bolluk ve genişlikle yaşadığım müddet seksen senedir. Bu darlık ve sıkıntılı müddetim ise, o genişlik zamanlarıma erişmiş değildir. Artık ben Allah Teâlâ'dan utanırım. O'na dua ederek, bu halin benim üzerimden gitmesini nasıl temenni ederim?"

Eyyub Aleyhisselâm tam on sekiz sene (bir diğer rivayete göre on üç sene) ızdıraplı hastalığı sabır ve metanetle çekti. Vücudundaki yaraların kalbine ve diline kadar yayılıp ibadetine mani olmağa başlaması üzerinedir ki, Cenab-ı Hakk'a şifa ihsan etmesi için duâ etti. Eyyub Aleyhisselâm şifayı, daha iyi ibadet edebilmek için istiyordu.

Bu duâsı üzerine Cenab-ı Hak, ayağıyla yere vurmasını ve yerden çıkacak su ile yıkanmasını ve içmesini emretti. Eyyub Aleyhisselâm ayağını yere vurunca yerden su fışkırmış ve bu mübarek sudan bol bol içip yıkanınca hastalığından eser kalmamıştı. Artık eski sıhhatine kavuşmuştu. Gelen musibete sabrederek, şükür ve hamdde bulunmağa devam etmiş ve imtihanı kazanmıştı.

Eyyub Aleyhisselâm bu şekilde sıhhat ve âfiyet içerisindeyken, tekrar eski malından daha fazlasına kavuşmuş vaziyette, çokça çocuk sahibi olarak, mes'ud bir şekilde bu fâni dünyadan ayrıldı.

Bütün hastaların ve musibete düçar olanların her zaman hatırlamaları icap eden Eyyub Aleyhisselâm, Şam'da Besne isimli bir köyde medfundur.

Yıllarca evlad hasreti çeken
HZ. YAKUB (AS)

Yakup Aleyhisselâm hasret dolu yılların ardından oğlu Yusuf'a kavuşmuştu. Bütün aile efradı Cenab-ı Hakk'ın emirlerini hassasiyetle yerine getiriyordu. Çilelerle dolu uzun bir ömrün sonlarında Yakup Aleyhisselâm, mes'udâne bir hayat yaşamaktaydı.

Azrail Aleyhisselâm bu dünyadaki ömrünün sona erdiğini bildirince, aile efradına vasiyette bulunmak istemiş ve onlara şöyle demişti:

"Yavrularım, benden sonra neye ibadet edeceksiniz?" Çocukları ve diğer aile efradı bu suali şu şekilde cevaplandırmışlardı:

"Biz senin ma'budun ve ataların İbrahim, İsmail ve İshak'ın ma'budu olan bir Allah'a ibadet edeceğiz. Biz ona teslim olmuşuz. Müslümanız, ondan başkasını tanımayız."

Bu sözleri işiten Yakup Aleyhisselâm büyük bir huzur duydu. İlahî vazifesini îfa etmiş ve tebliğine icabet edenler çıkmıştı. En yakınları da nurlu kafileye dahil olanlardandı.

Yakup Aleyhisselâm bütün yakınlarına müslüman olarak vefat etmelerini söyledi ve Allah'ın emirlerinden dışarı çıkmamalarını vasiyyet etti.

Vasiyyeti arasında babası Hz. İshak (as)'ın yanına defnedilmek isteği de vardı.

Azrail Aleyhisselâm ruhunu kabzederken, bütün vazifelerini muvaffakiyetle yerine getirmiş olmanın engin hazzı içerisindeydi.

Hz. Yusuf, babası Hz. Yakub'un vasiyyetini yerine getirdi ve onu dedesi Hz. İshak (as)'ın Şam yakınlarındaki kabrinin yanına defnetti.

Rabbine kavuşmayı saltanata tercih eden
HZ. YUSUF (AS)

Hz. Yusuf (as) Mısır'ın idaresini eline aldıktan sonra, ahâlî, huzur, saadet ve bolluk içerisinde yaşamaya başlamıştı.

Yusuf Aleyhisselâm uzun yıllar çile çekmiş, zindanlarda yatmış, fakat Cenab-ı Hakka şükür ve hamdden bir an bile ayrılmamıştı. Sonradan bu sabrının mükâfatını görmüş, Cenab-ı Hak onu Mısır'ın azizi yapmıştı.

Bütün akrabaları yanındaydı. Bütün dünya nimetleri emrine âmâdeydi. Fakat Yusuf Aleyhisselâm Cenab-ı Hakk'a şöyle yalvarmaktaydı:

"Ya Rabbi! Bu mülk ve saltanatı şüphesiz bana Sen verdin ve benim şeref ve itibarımı artıran ilim ve hikmeti de Sen öğrettin. Ben de en büyük dünya devletini tattım. Anladım ki dünya hayatı, tevil ve tâbiri sonradan gerçekleşecek bir rüya gibidir.

"Ey semavat ve arzın Hâlıkı! Dünya ve âhirette velî ve mâlikim Sensin. Dünyada beni müslim olarak vefat ettir. Âhirette de beni atalarım gibi salihler zümresinde haşreyle. Zira saadet ancak bununla tamam olacaktır."

Yusuf Aleyhisselam bir fâninin tadabileceği en büyük hazları tatmışken, saadet içerisindeyken, zahiren acı olan ölümü istemekteydi. Hz. Yusuf (as), bu dünyanın saadetle geçecek bin senesinin âhiretin bir saatine mukabil gelemeyeceğini bilmekteydi. hem, kabrin ardında olan dostlarına, ahbablarına kavuşmak istiyordu.

Yusuf Aleyhisselâm bu duâsıyla hakîkî saadetin ve lezzetin kabrin arkasında olduğunu ders veriyordu.

Cenab-ı Hak Yusuf Aleyhisselâm'ın duâsını kabul etti ve ruhunu kabzetti.

Mısır'lılar çok sevdikleri Yusuf Aleyhisselâm'ı mermer bir tabut içerisinde Nil'in güzergâhına defnettiler. Bu şekilde, herkesin kendi beldesine defnetmek istemesinden dolayı meydana çıkan ihtilâf ta bertaraf edildi. Çünkü Nil'in suyundan istifade eden herkes böylelikle, Yusuf Aleyhisselâm'ı kendi topraklarında misafir etme şerefini paylaşmış olacaklardı.

Küfrün mâddi gücüne
zerre kadar ehemmiyet vermeyen
HZ. MÛSÂ (AS)

Hz. Harun'un (as) vefatından üç yıl sonra Azrail Aleyhisselâm Hz. Mûsâ'nın (as) huzuruna çıkageldi. Bu dünyadaki ömür sahifesinin bittiğini söylüyor ve Cenab-ı Hakk'ın emrini tebliğ ediyordu. Cenab-ı Hak Azrail aleyhisselam'a şöyle buyurmuştu: "Kulumun yanına dön ve şöyle de: 'Sen hayat mı istiyorsun? Eğer hayat istiyorsan, elini bir öküzün sırtına koy, elin ne kadar kıl perdeleyip örterse sen muhakkak o kadar sene yaşayacaksın."

Azrail aleyhisselâm Cenab-ı Hakkın bu emrini tebliğ edince, Hz. Mûsâ (as), Dergah-ı İlâhiye'ye yüzünü çevirerek:

"Yâ Rab, ondan sonra ne olacak?" diye sordu. Cenâb-ı Hak, "Ondan sonra öleceksin." buyurdu.

Yâni, ölümden kurtuluş yoktu. Er geç ölümü tadacaktı. Bunun üzerine Hz. Mûsâ (as) teslimiyet içerisinde:

"Öyleyse, ölüm şimdi gelsin" dedi.

Hz. Mûsâ (as) Azrail aleyhisselâmın rûhunu kabzetmek üzere gelmesinden önce, yerine, Hz. Yûşâ'yı (as) vekil tâyin etti. Daha sonra: "Yâ Rab! Beni mukaddes topraklara bir taş atımı kadar yakın bir mesâfede vefât ettir" diye niyazda bulundu. Hz. Azrail (as), Mûsâ aleyhisselâmın rûhunu dediği yerde kabzetti.

Küfrün zelil oluşunun sembolü
FİRAVUN

Firavun, dünyanın gelmiş geçmiş en zalim idarecilerindendi. İlahlık dâvâsı güdüyor, ahâlinin kendisine tapmasını istiyordu. Canının istediği zamanlar, keyfi olarak yüzlerce insanı öldürmekten çekinmiyor, bundan büyük zevk alıyordu.

Öldürülmesine karar verdiklerine işkence yaptırmaktan zevk alırdı. İlk önce ellerini ve ayaklarını çaprazlama kestirir, daha sonra astırırdı. Bazan da diri diri derilerini yüzdürürdü.

Mısır'da çoğalmaya başlayan İsrailoğullarını da sınıflara ayırmıştı. Bunların bir kısmını esir, bir kısmını köle, bir kısmını da amele olarak çalıştırıyordu.

Gördüğü bir rüyadan sonra İsrailoğullarının yeni doğan erkek çocuklarını öldürtmeğe başlamıştı. Rüyasında, Beytü'l Makdis tarafından gelen bir ateş, Kıbtileri tamamen yakıp kül ettiği halde, İsrailoğullarına dokunmamıştı. Kahinler bu rüyayı şu şekilde tâbir etmişlerdi:

"İsrailoğullarından bir erkek çocuk dünyaya gelecek, senin saltanatını yıkacak ve helak olmana sebep olacak."

Rüyanın hemen akabinde Hz. Musa dünyaya gelmişti. Firavun'un korktuğu ve onun korkusundan İsrailoğullarının erkek çocuklarını öldürttüğü çocuk, daha sonra

Firavun'un sarayına girmiş, hanımı Âsiye'nin himayesinde büyümeğe başlamıştı.

Hz. Musa (as)'ya Cenab-ı Hak tarafından risalet vazifesi verildikten sonra Firavun'un bütün huzuru kaçmıştı. Hz. Musa Cenab-ı Hakk'ın emirlerini açıkça tebliğ ediyor, Firavun'a meydan okumaktan çekinmiyordu.

Firavun Hz. Musa (as) ile sözle başa çıkamayacağını anlayınca, sihre başvurmuş, en meşhur sihirbazlarını çağırtmıştı.

Sihirbazlarının galip geleceğine inandığı için bütün halkı toplamıştı. Ellerindeki cisimleri yere bırakan sihirbazlar, yaptıkları sihirlerle bunları halkın gözünde yılanmış gibi göstermeğe muvaffak olmuşlardı. Bunun üzerine, Hz. Musa (as) vahy-i ilâhî ile elindeki asasını yere atmış, asa kocaman bir ejderha oluvermiş ve bütün yılanları yutuvermişti. Bu hadiseye şahit olan sihirbazlar bunun bir sihir değil ancak mucize olacağına inanmışlardı. Çünkü kendi yaptıkları sihri iptal edecek başka hiçbir sihir mevcut değildi. Bunu düşünen sihirbazlar, Hz. Musa'nın bir sihirbaz değil, Peygamber olduğunu anlamış ve derhal secdeye kapanarak Âlemlerin Rabbine iman ettiklerini ilan etmişlerdi.

Halkın önünde rezil olan Firavun köpürmüş ve sihirbazlara dönerek şöyle bağırmıştı:

"Nasıl olur da ben size izin vermeden Mûsâ'ya iman edersiniz? Demek ki sizin akıl hocanız ve en büyüğünüz Mûsâ idi. Size sihiri o öğretti. Ben size şimdi gösteririm. Sizin ellerinizi ve ayaklarınızı çaprazlamasına kesecek ve darağacında âleme ibret için hepinizi sallandıracağım. Benim aleyhime ittifak edip Mûsâ'nın tarafını tutmanın ne demek olduğunu size göstereceğim."

Sihirbazlar, "hakiki iman edenler kâinata meydan okuyabilirler" hikmetince, Firavun'un tehditlerine hiç aldırış etmemiş ve ona şu cevabı vermişlerdi:

"Ey Firavun! Biz Hz. Musa'nın doğruluğuna ve bizi yoktan var eden Rabbimize kesin olarak inandık. Artık senin yalancı olduğun meydana çıktı. Sen elinden geleni yap. Nihayet alsan alsan dünya hayatımızı elimizden alabilirsin. Ahiretteki ebedî hayat ve saadetimiz bize kâfidir. Biz Rabbimizin bundan önce işlediğimiz günahlarımızı affedeceği ümidindeyiz. Mûsâ'ya inananların ilki olmakla da iftihar ediyoruz..."

Firavun bu hadiseden sonra Hz. Musa (as)'ı ve bütün İsrailoğullarını yok etmeğe karar vermişti. Fakat bir gün aldığı bir haberle dehşete kapılmıştı. Bütün İsrailoğulları gece yarısı Mısır'dan ayrılıp gitmişlerdi. Nasıl olurdu? Altı yüz bin İsrailoğlu nasıl bu şekilde habersizce gidebilirdi?

Firavun öfkeden deliye dönmüştü. Üst üste emirler veriyor ve bütün ordunun ve eli silah tutan herkesin toplanmasını istiyordu. Kısa zamanda müthiş bir kalabalık toplanmıştı. Firavun bu ordunun başına geçerek Kızıldeniz'e doğru giden İsrailoğullarının peşine takıldı.

İsrailoğulları tam Kızıldeniz'in kıyısına ulaşmışken, Firavun da ordusuyla birlikte uzaktan belirivermişti.

İsrailoğulları telaşa kapılmıştı. Tam bu esnada Cenab-ı Hak, Hz. Musa (as)'a asasını denize vurmasını vahyetti. Hz. Musa (as) bunun üzerine asasını Kızıldeniz'e vurdu. Kafiledekiler denizin bir anda ikiye ayrıldığını ve dalgaların dağların boyuna yükseldiğini, orta yerde kupkuru on iki yolun açıldığını gördüler. Bu yollardan karşı sahile geçtiler. Hepsi geçmişti ki Firavun'un ordusu sahile ulaştı. Bu manzarayı gören Firavun ve askerleri dehşete düştü. Fakat Firavun kendisini çabuk toparladı ve atını hırsla denize sürdü. Peşinden de bütün ordu harekete geçmişti. Firavun ve ordusu tam denizin ortasına gelince, emr-i ilâhî ile sular birbirine kavuşuverdi. Firavun'un ordusunun tamamı boğulmuştu.

Firavun ise dalgalar arasında çırpınıyordu. Tam can vereceği esnada, âhiretteki yerini görmüş ve dehşete kapılmıştı. Şöyle demeye başlamıştı:

"Kendinden başka ibadete layık bir mabud olmayan ve kendisine Benî İsrail'in de iman etmiş olduğu Rabba ben de iman ettim ve ben de müslümanlar zümresindenim."

Firavun Cenab-ı Hakk'ın apaçık mucizesini gördükten ve âhiretteki yeri kendisine gösterildikten, yani imtihan sırrı ortadan kalktıktan sonra bu sözleri söylemişti. Bunun üzerine Cenab-ı Hak, Cebrail (as) vasıtasıyla ona şöyle nida etti:

"Şimdi mi aklın başına geldi ey âsî! Halbuki hayatın hep zulüm ve isyanla geçti. Yer yüzünü fesada verdin. Artık iman etmenin faydası yoktur. İmanın da makbul değildir. Şu kadar var ki, bu gün, senden sonra istikbalde gelecek olanlara ibret ve alâmet olması için, senin bedenine necat verip sular içinde kaybolmana mani olacağız. Bununla beraber insanların çoğu bizim âyetlerimizden gaflet etmekte devam edeceklerdir." (Yûnus Sûresi, 91-92)

Kur'an-ı Kerim'de işaret buyurulduğu üzere bu Firavun'un cesedi bulunmuştur. Yüzünün şekliyle, bedeniyle, ibret için aynen muhafaza olunmuş olan Firavun'un cesedini insanlar ibret nazarlarıyla temâşa etmektedirler.

Servetiyle mağrur olan
KARUN

Karun'un malı, serveti arttıkça gururu da artıyordu. Çevresine kibirle bakıyor, kendi kavmini bile küçük görüyordu.

İsrailoğullarından olan Kârun çok zengindi. Devamlı olarak ta mal, mülk toplayarak zenginliğini arttırıyordu. Hazinesi o kadar çoğalmıştı ki, sandıklar ve odalar dolusu altınlarının, mücevherlerinin ve hazinelerinin anahtarlarını her biri güçlü kuvvetli olan çok kalabalık bir hizmetçiler grubu taşıyabiliyordu.

İlk önce Hz. Musa (as)'ya inanmış göründüğü halde, zenginliği arttıkça azıtmış ve inançsızlığını ortaya koymuştu. Kendi kavmi aleyhine bile Firavun'la işbirliği yapmaktan çekinmiyordu.

Kavminin ileri gelenleri ona sık sık şöyle diyorlardı:

"Ey Kârun malına mağrur olup sevinme. Çünkü Allah malına mağrur olup gururlananları sevmez. Allah'ın sana ihsan etmiş olduğu şeylerle, zekât ve sadaka vererek âhiret yurdunu ara ve dünyadan giderken sadece bir kefen olan nasibini unutma. Zira sen burada baki olmadığın gibi, sen de Allah'ın kullarına ihsanda bulun. Yer yüzünde fesat çıkarma. Zira Allah bozgunculuk yapanları sevmez." (El-Kasas sûresi, 77)

Kârun kendi kavminden duyduğu nasihatlere kulaklarını tıkıyordu. Fakirlere ve muhtaçlara aslâ yardım yapmıyor, malının zekatını vermeğe yanaşmıyordu.

Karun: "Bu kadar mal ve hazineler bende olan ilim sayesinde verilmiştir. Ve tamamiyle bana aittir. Başkasının ne hakkı var ki onlara ihsanda bulunayım" diyordu.

Malı ve mülkü kendisinden bilen, mün'im-i hakikiyi unutan Kârun, Hz. Musa'nın nasihatlerini de dinlemiyordu. Üstelik onun aleyhinde çalışmağa başlamıştı.

Bir defasında Hz. Musa (as)'a çirkin bir iftirada bulununca, Musa Aleyhisselâm, secdeye kapanarak, Karun'u malıyla, mülküyle helâk etmesi için Cenab-ı Hakk'a yalvardı.

İsrailoğulları bir gün Karun'un köşkünden eser göremeyince şaşkına döndüler.

Şiddetli bir zelzele neticesinde, bütün malı ve mülküyle birlikte Karun ve akrabaları yerin dibine geçmişti. Öyle ki dünyanın bu en zengin adamından geriye hiçbir iz kalmamıştı. Köşkleri, saraya benzeyen evleri ve odalar, sandıklar dolusu hazineleri yere batmıştı.

Haşmeti ve zenginliğiyle gururlanan Karun'un yerinde yeller estiğini gören İsrailoğulları şöyle demeye başlamışlardı:

"Vay! Demek Allah dilediği kulunun rızkını bol, maişetini geniş yapar; dilediğininkini de kısar ve daraltır. O'nun hikmetinden sual edilmez. Şayet Cenab-ı Hak bize lûtfetmeseydi, bizi de yerle bir ederdi. Demek ki kâfirler, asla felâh bulamazlarmış." (El-Kasas sûresi, 82)

İmanın ihtişamlı saltanatının sembolü
HZ. SÜLEYMAN (AS)

Süleyman Aleyhisselâm asasına dayanmış, yaptırdığı binaların inşaatında çalışan cinlere nezaret ediyordu. Gaybı bildiklerini iddia eden cinler ise ağır işlerde çalışmalarına devam ediyorlardı.

Cenab-ı Hak tarafından bütün hayvanların lisanı kendisine bildirilen ve rüzgâr munis bir at gibi emrine verilen Süleyman Aleyhisselâm tam 40 sene, haşmetli bir saltanat sürmüştü. Hayvanların yanı sıra cinleri de emri altına almıştı. Bir çok ülke Hz. Süleyman (as)'ın idaresi altına girmişti. Bu arada Sebe Melikesi Belkıs da kavmiyle birlikte iman etmiş ve Hz. Süleyman (as)'ın idaresini kabul etmişti. Bu esnada Hz. Süleyman (as) mucize olarak, yüzlerce kilometre uzaklıktaki Belkıs'ın tahtını bir rivayete göre aynen, bir rivayete göre sureten huzuruna getirtmişti. Hz. Süleyman bu mucizesiyle gün gelip insanoğlunun eşyayı sureten, hatta aynen nakledebileceğine işaret etmişti. (Nitekim televizyonla suret nakli gerçekleşmiştir. İlim adamları şimdi eşyayı atomlarına ayırarak aynen nakletmek için çalışmalar yapmaktadırlar. Kur'an-ı Kerim'in işareti üzerine gün gelip bu da gerçekleşecektir.)

Hz. Süleyman (as)'ın 40 senelik saltanatının sonunda Azrail Aleyhisselâm gelmiş, asasına dayanmış halde cinlere nezaret ederken ruhunu kabzetmişti. Asasına dayalı vaziyette duran Hz. Süleyman (as) yere düşmemişti. O vaziyette kalakalmıştı. Cinler onu hayatta zannederek çalışmalarına devam etmekteydiler. Aradan günler geçmişti. Bu esnada bir ağaç kurdu, Süleyman Aleyhisselâm'ın dayandığı asasını kemirmeğe başlamıştı. Nihayet asa Süleyman Aleyhisselâm'ı taşımaz hale gelince kırılmış ve Süleyman (as) yere yığılmıştı. İşte ancak o zaman insanlar ve cinler Hz. Süleyman (as)'ın günlerce önce vefat ettiğini anlamışlardı.

Süleyman Aleyhisselâm'ın, vefat ettikten sonra, Cenab-ı Hakk'ın takdiriyle günlerce ayakta durması üzerine cinlerin gaybı bilmedikleri açıkça ortaya çıkmıştı. Daha önceden anarşi çıkarmış ve isyan etmiş olan cinler, şayet Hz. Süleyman (as)'ın vefat ettiğini bilselerdi o ağır işlerde çalışmayacaklardı.

Zevki uğruna koca şehri yakan
NERON

Roma çıra gibi yanıyordu. Halk büyük bir telaş içerisinde şehir dışına kaçmaya çalışıyordu. Şehrin dışında yüksek bir yere yapılmış olan muhteşem sarayının balkonundan manzarayı seyreden Roma İmparatoru hiç te üzülmüş görülmüyordu. Yanında bulunanlara, yanan şehri gösteriyor, "Ne muhteşem manzara değil mi?" diyordu.

Halkın kıpırdanmaya başladığını gören Neron onlara gözdağı vermek istemişti. Fakat yangının bütün Roma'yı kasıp kavuracağını hesap etmemişti. Ne var ki hiç te pişmanlık duymuyordu. Bilakis eline geçirdiği Lir'i çalarken kendine göre "eşsiz san'at şahâseri" şarkılarını söylüyordu.

Neron on senede imparatorluğun mutlak hakimi olmuştu. Tarihlerin kaydettiği en namlı diktatörlerden olmak için neler yapmamıştı ki...

Annesi, Agrippine oğluna, dolayısiyle kendisine Roma'nın idaresi yolunu açmak için imparator Claudius'la evlenmiş ve oğlu Neron'u evlatlık olarak kabul ettirmişti. Neron böylece evlatlık olarak ta olsa saraya adımını atmıştı. Neron daha sonra üvey kızkardeşi olan imparatorun kızı Octovia ile evlenmişti.

Annesi ile el ele vererek idareyi ele geçirmek için plânlar yapıyorlardı. İlk olarak imparatorun öz oğlu ve varisi Britannicus'u ikinci plâna itmişler ve kendilerine mani olabilecek idarecileri işbaşından uzaklaştırmışlardı.

Annesi imparatoru zehirleyerek öldürünce kendisini imparatorluk yolunda tek başına giden şahıs olarak bulmuştu. İmparatorluk muhafızlarını çoktan elde etmişti. Senato da imparatorluğunu tasdik etmek mecburiyetinde bırakılmıştı. Böylece Neron 17 yaşında Roma'nın imparatoru oluverdi.

Neron'un annesi oğlunu kukla gibi kullanarak idareyi ele geçireceğini düşünüyordu. Neron da öyle göründü, fakat el altından bütün kilit noktalara kendi adamlarını getirmeye başladı.

Bütün ipleri eline geçirdiğine inanan Neron, rakiplerini teker teker temizlemeye başlamıştı. Üvey kardeşi Britannicus'u, eski imparatorun kızı olan 1. karısını, zulmüne karşı çıkacak kimsenin kalmadığına inandıktan sonra da öz annesini öldürttü. Artık Roma'da bir işkence, zulüm ve despotluk devri başlamıştı.

Neron kendisini aşırı sefahete kaptırmıştı. Yakınlarıyla gece gündüz durmadan eğlence başından ayrılmıyordu. Har vurup harman savurmasına hazinenin gücü daha fazla dayanamamış ve kısa zamanda tamtakır hale gelmişti. Bunun üzerine Neron ilk önce paralarda hile yapmaya başladı. Daha sonra bütün servetlere el koydu. Vergileri artırdıkça artırdı.

Neron kendi kendisine ünvanlar vermeye başladı. Sanatçı görünmek istiyordu. İmparatorluğun her köşesinde hâkim olan kargaşa umurunda bile değildi. O hiçbirşey olmamışçasına çılgınca eglencesini devam ettiriyordu.

Şikayetçi olanları ve kendisine muhalefet edenleri aç arslanlara attırıyordu. Neron'un zulmü arttıkça, halkın tepkisi azalacağına gittikçe büyüyordu.

Senato komiseri Vindex'in liderliğinde bir muhalefet grubu teşekkül etmişti. İşte bu gurubun çalışmaları üzerine birden bire ülkenin her tarafına yayılan bir ayaklanma patlak vardı. İspanya Umûmî Valisi Galba'nın da bu harekete katılması üzerine Neron dehşete kapıldı. Artık her taraftan ayaklanma haberleri gelmeye başlamıştı. Afrika lejyonları da başkaldırmışlardı.

Bu hareketleri gören senato, Neron'u halk düşmanı ilan etme cesaretini göstermişti. Bunun üzerine Neron hiçbir tutunacak dalı kalmadığını gördü ve kıyafet değiştirerek Roma'dan kaçıverdi.

Bir azatlı köle vaktiyle kendisine çok işkence eden Neron'un kaçtığını görmüş ve peşine takılmıştı. Neron tam kurtulduğunu zannettiği anda eski kölesi karşısına dikildi. Kölenin elindeki kılıcı görünce dehşete kapıldı ve yalvarmaya başladı. Neyi var neyi yoksa vereceğini söylüyordu. Kölenin ayaklarına kapanmıştı. Fakat eski kölesi onu dinlemedi ve kılıcıyla Roma'nın bu zalim idarecisini parçaladı. (9 Haziran 68)

Halk Neron'un öldüğünü duyunca henüz teskin olmamış öfkelerini onun Colosseum yakınına dikilmiş olan muhteşem heykelinden aldı. Neron'un heykeli kısa zamanda paramparça edildi. Heykelden tek bir parça bile kalmadı...

Halkın omuzuna basarak
yükselmek isteyen diktatör

SEZAR

Sezar o gün de büyük bir debdebeyle senatoya gelmiş ve bütün senatoyu kuşbakışı gören yüksekçe bir yere konulmuş altın tahtına kurulmuştu. Üzerinde her zaman giydiği şa'şaalı bir elbise vardı. Senatonun görüşeceği mevzuları ve alacakları kararları bildirdikten sonra, tahta iyice yayılarak birazdan başlayacak "parlamentoculuk oyununu" seyretmeye hazırlanmıştı.

Sezar halk meclisini ikbali için bir basamak olarak kullanmıştı. M.Ö. 101 yılında Roma'da dünyaya gelen Sezar henüz çok genç yaşlarında gözünü iktidara dikmişti. Kültürlüydü, zekiydi ve usta bir demagogdu...

Roma'da siyasî iktidar olmanın yolunun askerî kumandanlıktan geçtiğini bilmekteydi. Bu yüzdendir ki ne yapıp etmiş kendisini İspanya Propreatoru tayin ettirmişti.

Kazandığı çok küçük zaferleri propaganda ile büyütüp, şişirmesini bilmişti. Galya ve İtalya'yı işgal ettikten sonra şöhreti birdenbire artmıştı.

İkinci adam olmak istemiyordu. İdareyi tek başına devralmalıydı. Bunun için önünde iki engel vardı. Senato ve Pompeius. İktidara zorla değil de halkın rızasıyla geldiği görüntüsünü vermek istiyordu. Diktatörlüğünü ilan etmeden önce halka da kendisini kabul ettirmek istiyordu.

Kısa zamanda demogojisi ile bütün rakiplerini yıpratmış ve meydandan çıkarmıştı. Roma imparatoru Sulla'nın ölümünden sonra da bütün ipler kendisinin eline geçmişti.

İlk iş olarak, kendisini hedefine götürecek kanunları peş peşe çıkartmış ve kendisine pek çok selâhiyet verdirmişti. Konsüllüğünün ömür boyu olduğunu senatoya tasdik ettirmiş ve M.Ö. 49'da devlet başkanı olduktan sonra da diktatörlüğünü ilan etmişti.

Artık kanunu kendisi koyuyor, müesseselerde değişiklikleri kendisi yapıyor, senatörlerin listesini kendisi düzenliyordu. İmparator sıfatıyla ordunun mutlak hakimi de kendisiydi.

Yine senatoya tasdik ettirdiği bir kanunla hudutsuz selahiyetler kazanmıştı. Savaş ilan etme ve sulh yapma, asalet ünvanı verme, yüksek vazifelileri tayin etme, eyalet hükümetlerini bölüştürme, kanun gücünde kararnameler çıkarma, senato ile comitiala'ları istediği zaman toplantıya çağırma selahiyetlerine haizdi.

Basılan bütün paraların üzerine kendi resmini koydurmuştu. Yılın bir ayına (Julius - Temmuz) da kendi adını verdirmişti. Ülkenin her tarafına heykelini diktirtmişti.

Gerçek bir halk idaresini kurmak vaadiyle iş başına gelen Sezar tarihlerin kaydettiği en büyük diktatörlerden birisi olup çıkmıştı. İsterse kukla haline gelen senatoyu da kaldırabilirdi. Fakat senatoyu bir kukla olarak kullanmak onun en büyük zevkiydi.

Ülkedeki ahâlinin durumu umurunda bile değildi. Oysa ki ahâli büyük sıkıntı içerisindeydi. Ekonomik durum gittikçe kötüye gidiyordu. Sezar kendince bütün bu sıkıntıların çaresini bulmuştu. Eğlence... Çılgınca eğlenceler tertipleyerek halkın sıkıntılarını unutturmaya uğraşıyordu. Fakat nafile... Halk artık homurdanmaya başlamıştı...

Sezar 15 Mart 44'te Senatoya geldiğinde bütün bunları düşünmüş ve yapacaklarını plânlamıştı. Her zaman yaptığı gibi, şikayetçi olanları ve kendisine karşı koyabilecekleri yok edecekti.

Şimdi, rakiplerini hangi usullerle yok etmesi gerektiğini düşünüyordu. Artık gözlere mil çektirmek, kollarından ve bacaklarından dört ata bağlatıp, atları dört ayrı istikamete salıvermek suretiyle parçalamak, arabaların arkasından sürükleyerek parça parça etmek gibi usullerden bıkmıştı. Yeni usuller bulmalıydı. Öyle bir şey bulmalıydı ki, hiç kimse kendisine karşı gelmeye cesaret edemesin, herkesin gözü yılsın...

Daldığı hayalden, kendisine yaklaşanları görünce uyandı. Bir grup senatör kendisine doğru geliyordu. Acaba ne istiyorlardı?

Sezar bir anda çekilen hançerleri görünce korkudan sapsarı oldu. Haykırmak istiyor, fakat ağzından tek söz çıkmıyordu. Dili tutulmuştu. Ellerini uzatarak darbelere mani olmak istedi. Gözleriyle yalvarıyordu. Bunlar yaptığı son hareketlerdi. Hançerler kıvılcımlar çıkararak inmeye başlamıştı. İnen hançer tekrar havaya kalktığında renginin değişmiş olduğu görülüyordu. Hançerler kıpkırmızı olmuştu...

Cumhuriyetçi gizli bir teşkilat kuran suikastçiler hışımla hançerlerini saplamaya devam ediyorlardı. Sezar çırpınıyor, debeleniyordu. Altından tahtı, üzerindeki şa'şaalı elbisesi kızıla boyanmıştı.

Sezar dizlerinin üstüne çökmüştü. Tam o esnada vücuduna inmek üzere kalkan hançerin sahibini gördü. Bu gayrimeşru çocuğu Brütüs'tü. Gayri meşru muhabbetin cezasını bu dünyada iken görüyordu. Sezar gayri meşru oğlunun kendisini hançerleyenler arasında olduğunu görünce, inledi. **"Sen de mi Brütüs?"** Brütüs onu duymamıştı bile. Ve hançerini hınçla indirmişti.

Sezar'ın iri iri açılan gözleri tavana bakıyordu. 35 bıçak darbesi yiyen vücudu et yumağı halinde duruyordu.

Romalıların hayal etmeğe bile cesaret edemedikleri bir sahne yaşanmıştı Senatoda. Astığı astık, kestiği kestik bir diktatör ayaklar altında duruyordu.

Bir işgalci askerin kılıç darbesiyle
hayata veda eden âlim
ARŞİMED

Romalılar büyük gürültü kopararak şehre girdiklerinde Arşimed yere çizmiş olduğu şekillerin yanıbaşına uzanmış düşünmekteydi. Romalı askerlerin haykırışları, ahâlinin bağrışmaları onu daldığı düşüncelerden koparamamıştı. Zaten o, bir problem üzerine düşünmeye başladı mı dünyasını unuturdu.

Genç yaşında Eukleides (Oklid)'in derslerini takip etmek üzere İskenderiye'ye gitmiş, döndükten sonra kendini, fizik ve riyaziyeye vermişti. Artık geceli gündüzlü bu ilimler üzerinde çalışıyordu.

Elips, parabol ve hiperbol'un eksenleri çevresinde dönmesiyle meydana gelen geometrik cisimleri incelemiş, çok büyük sayıları kolayca göstermeğe yarayan bir metod bulmuştu.

Hareketli makaraları, palanga ve dişli çarkları keşfetmesinden sonra şöhreti bir anda ülkenin her tarafına yayılmıştı. "Bana bir destek noktası gösterin, dünyayı yerinden oynatayım." sözü dilden dile dolaşmıştı.

Hele suyun kaldırma kuvvetini keşfedişi de oldukça enteresandır. Bir gün hamamda yıkanırken tasın su üzerinde yüzdüğünü görünce, "buldum! buldum! diye bağırarak dışarı fırlamıştır. Kralın kendisine vazife olarak verdiği "kuyumcunun altın taca gümüş katıp katmadığını" nasıl öğreneceğini bulmuştur. Saf altının yoğunluğu ile gümüşün yoğunluğu farklıdır. Dolayısıyle, aynı miktar saf altınla tacı suda deneyerek tacın sahte olup olmadığını anlayabilecektir.

Arşimed, Romalılar şehri tamamen işgal ettikleri anda, yeni bir matematik problemi üzerinde çalışmaktaydı. Elindeki çubukla toprağa çizdiği şekilleri değiştiriyor, yeni şekiller çiziyor, daha sonra yine toprak üzerinde hesaplar yapıyordu.

Yerde yüzükoyun uzanmış yatan Arşimed'in kendini umursamadığını gören Romalı bir asker seslendi:

"Hey, sen ayağa kalk!"

Arşimed duymamıştı bile. Romalı asker birkaç defa daha seslenip cevap alamayınca, öfke ile Arşimed'in üzerine yürüdü.

Arşimed, ancak bir çift ayağın şekillerinin üzerine bastığını görünce kendine geldi ve başını kaldırıp Romalı askere baktı. Daha sonra tekrar başını şekillerine ve hesaplarına indirdi. Bu arada da:

"Şekillerimi bozma!" diye askeri azarladı.

Romalı asker hiç ummadığı bu hitap şekliyle küplere bindi. Nasıl olurdu, kendileri şehri ele geçirmiş galib taraftı. Şu anda esiri durumundaki bir adam kendisini nasıl azarlayabilirdi?..

Asker'in o anda, kumandanın ikazları aklına bile gelmedi. Kumandanları Marcellus, kendilerine Arşimed'i buldukları takdirde dokunmamalarını, ona, çok iyi davranmalarını tenbihlemişti.

Kumandanlarının sıkı sıkı tembihlediği şahsın böyle yerde sere serpe uzanmış yatan, pejmürde kıyafetli birisi olabileceği askerin aklının ucundan bile geçmemişti.

Öfkeden deliye dönmüş olan Romalı asker elindeki kılıcı Arşimed'e sapladı. Ardından bir daha, bir daha. Öfkesini alamamıştı. Yoruluncaya kadar Arşimed'in vücuduna kılıcını sapladı.

Arşimed'in şekilleri kendi kanıyla boyanmıştı...

İçkinin tesiriyle kıvrana kıvrana
can veren imparator
İSKENDER

İskender Semerkand'daki sarayda acılar içerisinde kıvranıyordu. Hekimlerin verdiği ilaçlar kâr etmemişti. Hekimler, hastalığın içki yüzünden olduğunu söylüyorlardı. Daha önceki hastalığında da bunu söylemişler ve içkiyi terketmesini istemişlerdi. Fakat sefahete ve içkiye düşkün olan İskender içkiyi bir türlü bırakmak istememişti.

İskender içki içince kendini kaybediyor, ne yaptığını bilmiyordu. Pek çok insanın idam kararını içki sofrasında vermişti. Öz kardeşi Clitus'u yine bir içki sofrasındayken hançerleyip öldürmüştü.

33 yaşındaki İskender şimdi de içki yüzünden kıvrım kıvrım kıvranıyordu. Artık gözünde ne taht vardı, ne de taç. Sancısının dinmesinden başka birşey istemiyordu.

Hizmetkârlar, kumandanlar ve hekimler, birçok ülkeyi ele geçiren İskender'in halini ibretle seyrediyorlardı.

İskender yirmi yaşında tahta çıktıktan sonra hızlı bir faaliyete başlamıştı. Gözü daha da yükseklerdeydi, son derece hırslıydı, gururluydu. M.Ö. 334'te İran'a sefer açmış ve Pers'leri yenerek İran'ı zaptetmiş, Mısır'ı aldıktan sonra da Hindistan'a girmişti. Bütün bunlar gururunu daha da arttırmıştı. Artık her sözü kanundu. Bir emri üzerine, şehirler yerle bir ediliyor, insanlar kılıçtan geçiriliyordu. İskender'in bir zevki de ele geçirdiği yerlerde, saraylar dışında kalan bütün binaları yıktırmasıydı. Hele, kendisine karşı mukavemet edenlere aslâ acımıyor ve hepsini toptan öldürtüyordu...

İmparator olduğu andan beri yanından ayrılmayan bazı devlet adamları, ona yalnızca Diyojen'in boyun eğmemiş oludğunu düşünüyorlardı.

Dünya malına ehemmiyet vermeyen Diyojen bir fıçının içerisinde yaşamaktaydı. Bir gün, İskender onun yanına giderek "Bir dileğin var mı?" diye sormuştu. Diyojen'in cevabı, İskender'i şaşkına çevirmişti. Diyojen, "Gölge etme, başka ihsan istemem!" demiş ve sırtını dönerek uykuya dalmıştı.

İskender'in şehirde gururla dolaştığı zamanlarda Diyojen gündüz gözüne elinde fenerle dolaşıyor ve bunun hikmetini soranlara, "Adam arıyorum, adam!" cevabını veriyordu.

Diyojenden başka hiç kimse İskender'e karşı çıkmağa cesaret edememiş, hepsi de korkaklık zilletini omuzlarında taşıyarak İskender'e hizmet etmişlerdi. Onun saltanatının her zaman bu şekilde devam edeceği vehmine kapılmışlardı. Fakat işte, ülkeler zapteden adam önlerinde kıvranıp duruyordu.

Adamları birkaç defa İskender'e geceli gündüzlü içki içmekten vazgeçmesini söylemek istemişler, fakat her defasında daha sözlerini tamamlamadan azarlanarak susturulmuşlardı...

İskender tam iki gün iki gece kıvrandıktan sonra, M.Ö. 323'te 33 yaşında iken öldü.

İçkinin tesiriyle kardeşini hançerleyen İskender'in ölümüne de bu hadiseden üç gün sonra içki sebep olmuştu...

Kâbe'yi yıkmaya gelirken
Ebâbil kuşlarıyla karşılaşan zâlim

EBREHE

Habeş hükümdarlığının Yemen vâlisi günlerdir huzursuzdu. Öfkeden gözü dönmüş bir halde sarayında fır dönüyordu. Sık sık, "Yıkayım da görsünler!" diyordu.

Yemen Vâlisi Ebrehe Eşrem, Hıristiyandı. Arap kabilelerinin Kâbe'yi tavaf edişleri, bu mukaddes binâya hürmet gösterişleri, hac mevsiminde akın akın giderek ziyaret edişleri karşısında çılgına dönüyordu. Sonunda, "Kâbe'den daha güzel bir binâ yapacağım!" demiş ve o zamana kadar misli görülmedik bir kilise yapmağa koyulmuştu. Niyetini, Bizans İmparatoruna ve Habeş Hükümdarına da açıklamış ve onlardan bolca yardım almıştı. Bizans İmparatoru, Ebrehe'ye; beyaz, kırmızı, sarı ve siyah renkte mermerler göndermişti.

Ebrehe, mermerlerle yaptırdığı kiliseyi, altın ve gümüşlerle süslemiş, kapılarını altın levhalarla kaplatmış, üzerine büyük bir yâkut koydurmuştu. Kilise tamamlandıktan sonra Habeş Hükümdarına bir mektup göndererek; "Hükümdarım! Ben, senin için Sana'da benzeri görülmedik bir kilise yaptım. Arabların haccını buraya çevirmedikçe durmayacağım!" demişti.

Ebrehe dört bir yana haberci göndererek, propaganda yaptırmış ve daha sonra insanların akın akın kiliseyi ziyarete geleceği ümidiyle beklemeğe koyulmuştu. Fakat bütün ümidleri suya düşmüştü. Ne gelen olmuştu ne de giden. Üstelik, Nüfeyl adındaki bir arab, gece gelerek kilisenin dört bir tarafına pislikler sürmüştü. İşte bu hadise Ebrehe'yi iyice çılgına döndürmüştü. "Arablar, bunu Kâbe'lerinden yüz çevirttiğim için yapıyorlar. Ben de onların Kâbe'sinde taş üstünde taş bırakmayacağım!" diye yemin etmişti.

Ebrehe, bu dehşet verici kararını verdikten sonra, Habeş Hükümdarına bir mektup göndererek, ondan Mahmud isimli fili istedi. Habeş Hükümdârı görenlerin korkudan yanına yaklaşamadıkları kocaman filini Ebrehe'ye gönderdi. Ebrehe, bundan sonra büyük bir ordu hazırladı ve debdebe ile yola çıktı.

Ebrehe'nin Kâbe'yi yıkmak üzere yola çıktığı her tarafta duyulmuştu. Bazı Arap kabileleri, Ebrehe'ye itaatlarını bildirirken, bazıları da savaştılar, fakat mağlub olmaktan kurtulamadılar.

Ebrehe, Taif'le Mekke arasındaki Elmugammis'e gelince bir keşif bölüğünü Mekke'ye gönderdi. Esved b. Maksud kumandasındaki keşif kolu, Mekke yakınlarına kadar sokuldu ve Kureyş ve diğer kabîlelerin pek çok mallarını ele geçirdi. Bu arada, Kureyş'in büyüğü ve Peygamber Efendimizin dedesi Abdülmuttalib'in de iki yüz develerini alıp karargâha getirdiler.

Bu esnada Mekke'deki kabilelerin ileri gelenleri durumu haber alarak toplanmış ve bir karara varmışlardı. Savaşmayacaklardı. Daha doğrusu, savaşacak durumda değillerdi. Savaştıkları takdirde, Ebrehe ordusu hepsini kılıçtan geçirirdi.

Ebrehe, Mekke'lilere bir adamını gönderdi. Adama

şöyle demişti: "Git! Bu memleketin büyüğünü bul. Ona: 'Hükümdar diyor ki, ben, size harp etmek için gelmedim. Ancak, şu Beyt'i yıkmak için geldim! Eğer bana harp ile taarruz etmezseniz, sizin kanınızı dökmeye lüzum görmem' diyor, de!"

Tâlimatı alan adam Mekke'ye geldi ve Abdülmuttalib'i bularak Ebrehe'nin sözlerini nakletti. Abdülmuttalib'in cevabı şöyle oldu:

"Allah adına yemin ederiz ki, biz kendisi ile harbetmek istemiyoruz. Zaten, buna gücümüz de yetmez. Yalnız, bu ma'bed Allah'ın evidir. Onu yıkılmaktan ancak Allah koruyabilir. O kendi mukaddes beytini muhafaza etmezse, bizde Ebrehe'yi bu hareketinden vazgeçirecek güç ve kuvvet yoktur."

Bundan sonra Abdülmuttalib Ebrehe'nin adamı Hunata ile birlikte ordugâha gitti. Mücevherlerle süslü tahtında azametle kurulan Ebrehe, heybetli yapısıyla Abdülmuttalib'i karşısında görünce bir an şaşırdı. Onu, kendisinden aşağıya oturtmayı münâsip görmedi. Tahtının yanı başına oturtmak ta istemiyordu. Sonunda kararını verdi. Tahtından indi ve mindere oturdu, Abdülmuttalib'i de yanına oturttu. Bir arzusu olup olmadığını sordu. Abdülmuttalib:

"Askerlerin, iki yüz devemi almıştır. Arzum, develerimin iâdesidir." dedi.

Ebrehe bu sözleri duyunca şaşırdı, şöyle dedi:

"Ben seni görünce, gözüme büyük görünmüştün. Fakat, konuşmaya başlayınca, gözümden düştün! Ben, senin ve atalarının tapmağı olan Kâbe'yi yıkmağa gelmişken, sen, onu bırakıyorsun da bana, askerlerimin el koymuş oldukları 200 deveni mi söylüyorsun?"

Abdülmuttalib: "Ben, ancak develerimin sahibiyim.

Beyt'in de elbet bir sahibi var! Onu koruyacak O'dur!" dedi.

Ebrehe gururla diklendi:

"Bana karşı onu koruyacak yok!" dedi. Abdülmuttalib sâkin bir şekilde şöyle dedi:

"Orası beni ilgilendirmez. İşte sen, işte O!"

Bu konuşmalardan sonra Ebrehe Abdülmuttalib'e develerini iade etti. Abdülmuttalib develeri önüne katarak Mekke'ye getirdi. Develeri Allah için kurban etmek üzere işâretledi ve onları serbest bıraktı. Kureyşlilere bütün konuşmaları nakletti. Herkese Mekke'yi terkederek dağların tepelerine çekilmelerini söyledi. Herkesin Mekke'yi terketmesinden sonra, Kâbe'ye giden Abdülmuttalib, Kâbe'nin kapısının halkasına yapıştı ve şöyle dedi:

"İlâhî! Bir kul dahi evini, barkını korur. Sen de buraya konmuş, dokunulmazlığı tehlikeye düşmüş olanları koru!"

"Onların kuvvetleri, yarın, senin kuvvetine aslâ galebe çalamayacaktır.

"Eğer Sen, onları, bizim Kıblemizle başbaşa bırakıverecek olursan, o da senin bileceğin bir iştir, bir hikmete müsteniddir.

"Onlar, ülkelerinin askerlerini, bir de fili çekip getirdiler. Senin Beyt'ine sığınmış olan halkını düzenleriyle yağmalamak için yürüdüler! Senin kudretini hiç düşünmediler."

Bundan sonra Abdülmuttalib de diğer Mekke'lilerin yanına gitti. Şehirde hiç kimse kalmamıştı. Herkes dağlara çekilmiş ve oradan Mekke'ye bakmaya koyulmuştu. Merakla bekleşiyorlardı.

17 Muharrem 571 Pazar günü, Ebrehe, ordusunun

başında Mekke'ye doğru yürüdü. Bu sırada, yolda Ebrehe'ye karşı koyanlar arasında bulunan, fakat esir düşen Nüfeyl b. Has'amî, Mahmud isimli filin yanına sokularak kulağına şöyle fısıldadı:

"Mahmud! Çök, sağ ve selâmet geldiğin yere dön! Sen, Allah'ın, dokunulmaz kıldığı memlekettesin!" Böyle diyen Nüfeyl, koşa koşa oradan uzaklaştı. O gittikten sonra fil âniden çöküverdi. Onu ayağa kaldırmak için dövdüler, başına vurdular, sivri uçlu ağaç sokup burnunu kanattılar, fakat yerinden kımıldatamadılar. Yüzünü, Yemen'e, Şam'a ve doğuya çevirdiklerinde koşmaya başlıyor, fakat yüzünü Mekke'ye çevirdiklerinde olduğu yere çöküveriyordu.

Bazı askerler fil ile uğraşırlarken, bazıları da âniden ortaya çıkan ve üzerlerine doğru gelen cisimlere bakmaya başladılar. Deniz tarafından gelen bu cisimler, kırlangıca benzeyen "Ebabîl" kuşları idi. Cenâb-ı Hak tarafından gönderilen bu kuşlardan her biri; biri ağızlarında ikisi de ayaklarında olmak üzere üçer taş taşıyorlardı. Bu taşlar, nohuttan küçük ve mercimekten büyüktü.

Kuşlar askerlerin üzerlerine gelir gelmez ayaklarındaki ve gagalarındaki taşları bırakmağa başladılar. Taşların isabet ettiği asker derhal ölüyordu. Bu durumu gören askerler telâşla sağa sola kaçışmaya, birbirlerini çiğnemeye başladılar. Fakat her nereye koşsalar taşlar gelip kendilerini buluyor ve taş isabet eder etmez de debelenerek can veriyorlardı. Bu hengâmede herkes Ebrehe'yi unutmuştu. Ebrehe dehşetten dona kalmıştı. Kaçmak istiyor, fakat kaçamıyordu. Dizlerinin bağı çözülmüştü. Şaşkınlıkla oraya, buraya bakarken kendisine bir taş isabet etti. Ebrehe, askerleri gibi hemen ölmedi. Vücudu parmak ucu kadar parçalar halinde dökülmeye başladı. Her parça döküldükçe, arkasından cerahat, irin ve kan akıyordu. Adamlarından bazıları onu bu şekilde kiliseyi yaptırdığı

San'a'ya kadar götürdüler. Yolda gidinceye kadar Ebrehe'nin bütün vücudu parça parça olmuş, geriye sadece kalbinin de dahil olduğu küçücük bir kısım kalmıştı. Sonunda kalbinin üzerindeki deri parçaları da döküldü. Beyni dahil bütün vücudu döküldüğü halde kalbi, hâlâ kanlıydı. Dehşetle bu manzarayı seyreden adamları, kalbin de yavaş yavaş parçalandığını gördüler ve cesedinden arta kalan bu parçayı gömdüler.

Ebrehe'nin askerleri Ebabîl kuşlarının attıkları taşlarla telef olurken, Mahmud isimli file hiç bir şey olmamıştı. Cenab-ı Hak, Kâbe'ye yürümeyi reddettiği için onu muhafaza etmişti. Fil'in seyisinin ise iki gözü görmez, ayakları tutmaz olmuştu. O hâliyle Mekke sokaklarında sürünmeğe ve herkese el açmağa başladı. Hiç kimse ona yüz vermedi. Bu şekilde sefil ve perişan bir halde can verdi.

Cenab-ı Hak, Ebrehe'nin askerlerini Ebabîl kuşları vasıtasıyla telef ettikten sonra, bir sel gönderdi. Sel, Habeşlilerin cesetlerini sürükleyip götürdü, denize döktü.

Cenâb-ı Hak, Fil sûresinde bu hâdiseyi şöylece haber vermektedir:

"(Ey Resûlüm, Kâbe'yi tahrib etmek isteyen) Ashâb-ı Fil'e (Fillerle teçhiz edilmiş Ebrehe ordusuna) Rabbinin ettiğini görmedin mi?

"Onların kötü niyet ve teşebbüslerini boşa çıkarmadı mı?

"Üzerlerine sürü sürü kuşlar salıverdi,

"Onlara 'siccil'den (pişmiş çamurdan) taşlar atıyorlardı.

"Derken Rabbin, onları (kurtlar tarafından kemirilip doğranan) yenik ekin yaprakları haline getirdi."

Asırlar boyunca küfrün sembolü olarak anılan
EBU CEHİL

Bedir harbinin en şiddetli anıydı. Mücahitler saflarında yer alan, Afra Hatun'un yedi oğlundan, henüz çocuk yaşlardaki Muaz ve Muavviz gözleriyle birisini arıyorlardı. Aradıkları, müşriklerin en azılısı olan Ebu Cehil idi. Ebu Cehil'in Müslümanlara yaptıkları eziyet ve işkencelerin hepsinden haberdârlardı. Hz. Sümeyye'yi (ra) şehid eden, başta Peygamber Efendimiz olmak üzere sahabelere türlü türlü hakaret ve eziyetlerde bulunan bu azılı müşriki bulup öldürmeye ahdetmişlerdi.

İki kahraman kardeş, Bedir'in arslanlarından Hz. Abdurrahman b. Avf'ı (ra) görünce yanına gidip:

"Ey amca! Sen Ebû Cehil'i tanır mısın?" diye sordular. Hz. Abdurrahman b. Avf: "Evet tanırım. Ne yapacaksınız onu?" dedi. Hz. Muaz şöyle dedi:

"Allah'a söz verdim. Ebû Cehil'i gördüğüm gibi üzerine yürüyüp, ya onu öldüreceğim, yahut bu uğurda şehit olacağım!"

Hz. Muavviz de aynı şeyleri söyledi. Hz. Abdurrahman b. Avf, bu iki kahramanın sözleri karşısında takdirini belirtti ve onlarla birlikte harp meydanını kolaçan etmeye başladı. Birden Ebu Cehil'i gördü. Çirkin bir yüze sahip Ebu Cehil, yetmiş yaşında olmasına rağmen, elinde kılıç oraya buraya koşuşturuyordu. Bir grup müşrik te etrafında halkalanmış, ona göz kulak oluyorlardı. Abdurrahman b. Avf, eliyle Ebu Cehil'i işaret etti:

"İşte aradığınız Ebû Cehil" dedi.

Hz. Muaz ve Hz. Muavviz tekbirler getirerek o tarafa koşmağa başladılar. Bu esnada, diğer sahabeler de Ebu Cehil'i aramaktaydı. Bilhassa muhacirler, kendilerine Mekke'de en ağır işkenceleri yapan Ebu Cehil'i ele geçirip, yaptıklarını ödetmek istiyorlardı.

Ebu Cehil, zulmün ve küfrün sembolü olmuştu. Müslümanlara yapılan hakaret ve işkencelerin hemen hepsinde onun parmağı vardı. Bilhassa Peygamber Efendimize müteveccih hücumların çoğu onun tertibiydi. Kendisi de kaç defa öldürmeye teşebbüs etmişti. Bir defasında, "Vallahi, Muhammed'i secdede görürsem, boynuna basacak ve boynunu yerlere sürteceğim." diye yemin etmişti. Tam o sırada Peygamber Efendimiz çıkagelmiş ve Mescid-i Haram'da namaza durmuştu. Bunu gören Ebu Cehil, hızla Peygamber Efendimize doğru seğirtmiş, fakat gitmesiyle hızla geriye dönmesi bir olmuştu. Onun bu hareketine bir mânâ veremeyip, niçin geri döndüğünü soranlara şu cevabı vermişti:

"Benim gördüğümü, siz görmüyor musunuz? Vallahi, Onunla benim arama ateşten bir uçurum açıldı."

Muhacirler bütün bu hadiselere şahit olmuşlardı. Bu bakımdan Bedir harbinin en kızgın ânında durmadan Ebu Cehil'i arıyor, onunla çarpışmak istiyorlardı. Ensar yiğitleri de Ebu Cehil'i arıyordu. Onlar da, muhacir kardeşlerinden, bu azılı müşriğin yaptıklarını dinlemişlerdi. Bu bakımdan onların da ilk hedefi, Ebu Cehil'di.

Ensar'dan Hz. Muaz b. Amr b. Cemuh da (ra) Ebu Cehil'i arayanlardandı. Harbin başından beri onu arıyordu. Sonunda bulmuş ve müsait bir fırsat kollamaya başlamıştı.

Hz. Muaz ile Hz. Muavviz'in Ebu Cehil'e doğru yöneldikleri esnada, Amr oğlu Muaz daha atik davrandı ve ileri atılarak Ebu Cehil'in ayağına bir kılıç darbesi indirdi. Ebu Cehil'in oğlu İkrime de kılıcı ile Hz. Muaz'ı elinden yaraladı. Hz. Muaz'ın eli kesilmiş, incecik bir deriye asılı halde sallanıp duruyordu. Hz. Muaz, uzun müddet, bu kesik elini arkasına atarak tek koluyla çarpışacak, sonunda, eli kendisine zahmet verince, ayağı ile üzerine basarak, bu sallanan kolunu koparacaktı... Bedir'de daha bunun gibi, nice nice kahramanlık tabloları sergilenmiştir...

Hz. Muaz'ın hamlesini ve yaralandığını Afra hatunun oğulları Hz. Muaz ile Hz. Muavviz görmüşlerdi. Ebu Cehil'in adamlarının daha sıkı tertibat almalarına aldırış etmeden ileri atıldılar ve Ebu Cehil'in üzerine hücum ederek, iki koldan kılıç üşürdüler. Kılıçlarını üst üste indiriyorlardı. Ebu Cehil atından yere yuvarlanmıştı. İki kardeş onun öldüğünü zannederek, bırakıp, oradan uzaklaştılar.

Bu esnada Peygamber Efendimiz de Ebu Cehil'i soruyordu. "Acaba Ebû Cehil ne yaptı? Ne oldu? Kim gidip bir bakar" dedi.

Sahabeler gidip ölüler arasında onu aradılar, fakat bulamadılar. Peygamber Efendimiz şöyle buyurdu:

"Arayınız! Benim, onun hakkında sözüm var. Eğer siz, onun ölüsünü teşhis edemezseniz, dizindeki yara izine bakınız. Bir gün onunla Abdullah b. Cud'â'nın ziyafetinde bulunuyorduk. Ben, ondan cüssece biraz büyükçe idim. Sıkışınca, onu ittim. İki dizi üzerine düştü. Dizinden birisi yaralandı ve bu yaralanmanın izi, uru dizinden kaybolmadı."

Peygamber Efendimizin sözlerini işitenlerden Hz. Abdullah İbn-i Mes'ud (ra) yeniden Ebu Cehil'i aramağa başladı. Sonunda buldu. Yerde yatan Ebu Cehil, inliyordu. Yanına giderek, "Ebu Cehil sen misin?" dedi. Daha sonra boynuna ayağıyla bastı. Ebu Cehil'in bir zamanlar Peygamber Efendimize yapmak istediğini, şimdi, Hz. Abdullah b. Mes'ud Ebu Cehil'e yapıyordu:

Hz. Abdullah b. Mes'ud:

"Ey Alah'ın düşmanı, nihâyet Allah seni, hor ve hakir etti, gördün mü?" dedi.

Can çekişen Ebu Cehil hâlâ enâniyetli, hâlâ küfründe sâbitti.

"Ey koyun çobanı! Pek sarp yere çıkmışsın. Bir büyük kişinin, kavim ve kabilesi tarafından öldürülmesi hemen şimdi olan bir şey değildir! Sen bugün bana zafer ve galebenin hangi tarafta olduğunu haber ver" diyen Ebu Cehil'e Hz. Abdullah İbn-i Mes'ud Hazretleri şu karşılığı verdi:

"Nusret ve galebe, Allah ve Resûlü tarafındadır." Bu sözler, Ebu Cehil'i kahretti. Korkunç görünüşlü yüzü daha da çirkinleşmişti. Kesik kesik konuşarak şöyle dedi:

"Muhammed'e söyle ki, şimdiye kadar onun düşmanı idim. Şimdi düşmanlığım bir kat daha arttı!"

Bu sözler onun son sözleriydi. Zira, İbn-i Mes'ud bu azılı müşriği daha fazla konuşturmadı. Başını uçurdu. Gövdeden ayrılan başı alarak, Peygamber Efendimizin huzuruna getirdi. "İşte Allah'ın düşmanı Ebu Cehil'in başı" dedi.

Ebu Cehil'in ölümü müşrikleri kahrederken, müslümanlar arasında sevinç dalgası meydana getirmişti. Peygamber Efendimiz:

"Kuluna yardım eden, dinini üstün kılan Allah'a hamdolsun!.. Bu ümmetin firavunu işte budur" buyurdu.

Ebu Cehil'in ölümü, aynı zamanda zaferin işaretiydi. Başsız kalan müşrikler çareyi kaçmakta görmüşlerdi. Kaçamayanlar ise esir alındı.

Müşrikler o gün 70 ölü vermişlerdi. Ebu Cehil'in başsız vücudu da müşrik ölüleri arasındaydı...

Müslümanların zaferi üzerine
kahrından ölen müşrikbaşı

EBU LEHEB

Bedir'de zelil ve perişan olan müşrik ordusu, dağınık bir halde Mekke'ye girince, her taraftan feryat ve figânlar yükselmeğe başladı. Bedir'e katılmayıp Mekke'de kalan Ebu Leheb de, gelenleri, başları önde ve perişan bir halde görünce durumu anlamıştı. Hiç ummadığı bu netice karşısında çılgına döndü. Nasıl olup ta, bir avuç müslüman karşısında perişan olunmuştu?.. Merakını yenmek için, Ebu Süfyan b. Hâris'i yanına çağırttı. Ayakta duramayacak derece bitkin olan Ebu Süfyan'a harbin nasıl cereyan ettiğini, nasıl olup ta böyle perişan olduklarını sordu. Ebu Süfyan b. Haris, olup biteni hülâsa olarak anlattı:

"Vallahi, biz, o cemaatla karşılaşınca, bozguna uğradık. Onlar da kimimizi öldürdüler, kimimizi de esir ettiler. Fakat, ben halkı kınamam ve ayıplamam. Zira, kır atlara binmiş, ak benizli bir alay süvarî ile karşılaştık ki, onlara karşı koymak mümkün değildi!"

Orada bulunanlardan, Hz. Abbas'ın kölesi Ebû Refi' bu sözleri duyunca heyecanla atıldı:

"Vallahi, o gördüğün süvariler, melekler idi."

Ebu Leheb, Ebu Refi'nin bu sözleri karşısında dayanamadı, Ebu Refi'nin yüzüne bir tokat indirdi. Öfkesini alamayınca da yere yatırıp, tekme tokat dövmeye başladı. O sırada, yine orada bulunan Hz. Abbas'ın zevcesi Ümmü

Fadl; "Biçâre köleyi, efendisi burada yok diye dövüyorsun" dedi ve eline bir çadır direği geçirerek, Ebu Leheb'in başına vurup, yardı.

Ebu Leheb, Ebu Refi'nin hakikati söylemesine tahammül edememişti. Çünkü o Hakk'a ve Peygamber'in bildirdiği hakikatlere düşmandı. Kendisi de gözleriyle pek çok mucizeye şâhit olmuştu. Öyleyken bile küfründe direnmişti.

Müslümanların ve Peygamber Efendimizin en azılı düşmanı idi. Peygamber Efendimiz, Mekke'lileri açıkça İslâm'a dâvet ettiği bir günde; "Bizi, bunun için mi buraya topladın?" diyerek yerden bir taş alıp savuran oydu. Peygamber Efendimize en ağır sözlerle hakaret eden ve yine hakaret olsun diye Resûlüllah'ın evinin önüne pislik ve kokmuş şeyler atan oydu. Peygamber Efendimizin evini taşa tutan oydu.

Karısı Ümmü Cemil de kendisinden aşağı kalmamıştı. Her gün, Peygamber Efendimizin geçeceği yollara dikenli çalılar koymuştu.

Cenab-ı Hak, "Tebbet" sûresinde bu azılı İslâm düşmanı karı kocanın âkıbeti hakkında şöyle buyurmuştur:

"Elleri kurusun Ebû Leheb'in...

"Zaten kurudu, mahvoldu...

"Ne malı fayda verdi ona, ne kazandığı,

"O, bir alevli ateşe girecek...

"(Peygambere eziyet ve hakarette bulunan) karısı da (Cehennemde) odun hamalı olarak (oraya girecek).

"Boynunda bükülmüş bir ip (zincir) olduğu halde..."

"Tebbet" sûresini işiten Ümmü Cemil çılgına dönmüştü. Peygamber Efendimizle, Hz. Ebu Bekir'in (ra) Mescid-i Haram'da bulundukları bir zamanda çıkagelmişti. Elinde taş olduğu halde o yöne gitmiş ve Hz. Ebu Bekir'e (ra) şöyle demişti:

"Ey Ebû Bekir! Arkadaşın nerede? Ben işittim ki, beni hicvetmiş. Ben görsem, bu taşı Onun ağzına vuracağım!"

Bu azılı müşrike, Sıddîk-i Ekber'in hemen yanı başındaki Resûlüllah'ı görmemişti.

Cenab-ı Hak, Habib-İ Ekremini Ebu Leheb'in, karısının ve diğer müşriklerin kötülüklerinden muhafaza etmiş, sonunda da, Resûlünü aziz, müşrikleri zelil etmişti.

Ebu Leheb, müşriklerin Bedir'de uğradıkları hezimetin teferruatını dinledikçe kahroluyordu. Sonunda üzüntüsünden ve kederinden dolayı hasta oldu.

Hiç kimse onun hastalığının sebebini anlayamamıştı. Hiç bir ilâç kâr etmiyordu. Ebu Leheb, bir hafta, bu şekilde hasta yattıktan sonra öldü.

Ölümünün üzerinden iki gün geçtiği halde hiç kimse yanına gitmedi. Oğulları dahil, herkes, hastalığın kendilerine de bulaşmasından korkuyordu.

Ebu Leheb'in cesedi kokmaya başlamıştı. Koku, uzaklardan dahi hissediliyordu. Sonunda Kureyşlilerden birisi dayanamadı. Ebu Leheb'in oğullarına dönerek:

"Yazıklar olsun size, babanız evinde koktuğu halde, onun yanına uğramamaktan utanmıyor musunuz?" dedi.

Ebu Leheb'in oğulları ve diğer akrabaları yine de cesedin yanına yaklaşmak istemiyor, "Biz, onun hastalığından korkuyoruz" diyorlardı. Ebu Leheb'in yakınlarını azarlayan Kureyşli; "Haydi, gelin ben size yardım edeyim" dedi. Bunun üzerine hep birlikte Ebu Leheb'in cesedinin bulunduğu odaya girdiler. Dayanılmaz bir koku vardı. Hiç kimse onu yıkamağa yanaşmadı. Uzaktan üzerine su serptiler. Daha sonra sürüye sürüye evden çıkararak, şehirden uzakça bir yere taşıyıp gömdüler.

Hepsi de hastalığın bulaşıp, yayılmasından korkuyordu. Bu endişe ile mezarının üzerine epeyce taş yığmışlardı...

Kâinatın Efendisi'nin (asm) Sıddîk arkadaşı
HZ. EBU BEKİR (RA)

Sıddıkiyet timsali Hz. Ebu Bekir (ra)'in rahatsızlığı artmıştı. İki senedir hasretini çektiği Kâinatın Efendisine kavuşacağı ânın geldiğini anladı. Bunun düşündükçe hastalığını tamamen unutuyordu. On beş gündür Mescid-i şerife gidememişti. İmâmeti Hz. Ömer (ra)'e havale etmişti.

Bekâ Âlemine gitmeden önce, en son mühim vazifesini yapmak istiyordu. Kendisinden sonra müslümanların başına ehil bir idarecinin geçmesini temin etmek... Bu maksatla sahabelerin ileri gelenleriyle teker teker istişare etti, onların fikirlerini aldı. Kendisinden sonra Hz. Ömer (ra)'ın halife olmasını arzu ediyordu.

İlk önce çağırdığı Abdurrahman İbn-i Avf (ra)'a sordu:

"Ömer'in hilafeti hakkında ne dersin?"

Hz. Abdurrahman İbn-i Avf'ın cevabı şöyleydi:

"İstediğinden a'lâdır. Fakat biraz şiddeti vardır."

Hz. Ebu Bekir (ra):

"Onun şiddeti benim rikkatimi ta'dîl içindir. İş, kendi başına kaldığı halde hiddet ve şiddet gibi hallerden vazgeçer. Ben, ona dikkat etmişim. Ben, bir adama gazab ettiğimde o, rikkat ve mülâyemet (yumuşaklık) gösterir." dedi.

"Ya Rabbi, âhirette vücudumu o kadar büyüt ki, cehennemi baştan başa ben doldurayım: başka; hiç bir kuluna orada yer kalmasın." diye beşerin ebedî saadetini düşünen Halife-i Müslimin, son deminde yine mü'minlerin saadetini, onların istikballerini düşünüyordu. Kendisinden sonra ehil bir idarecinin iş başına geçeceğini, bizzat görürse âhiret kapısından huzur-u kalble geçecekti.

Kendisinden sonra Hz. Ömer (ra)'ın halife olması hususunu, Hz. Osman (ra)'a sordu. Şu cevabı aldı:

"İçi dışından a'lâdır ve içimizde onun nazîri (eşi ve benzeri) yoktur."

Hz. Üseyyid İbni Hudayr (ra) da kendisine: "Bu işe bir muktedir zât lazımdır ve Ömer'den ensebi (daha münasibi) yoktur." cevabını verince, ashabın görüşünün de Hz. Ömer (ra)'ın halife olmasından yana olduğuna kaanat getirdi. Hz. Talha (ra)'nın; "Sen, Ömer'i veliyy-i ahd mı ettin? Sen varken onun halka nasıl muamele ettiğini gördün. Yalnız kaldığı halde ne yapmaz, Allah'ın huzuruna vardığında raiyyeti (idare edilenleri), senden sorar" şeklindeki sözlerini duyunca, yerinden doğrulmak istedi. "Beni kaldırınız", dedi. Kaldırıp oturttuklarında, Hz. Talha (ra)'a cevaben şöyle dedi:

"Rabbime mülakî olup ta benden sual ettikte: 'Ya Rabbi! Kullarının işlerini onların en hayırlısına havale ettim!' diye cevap veririm."

Daha sonra Hz. Osman (ra)'a şu vasiyyeti yazdırdı:

"Bismillahi'r-Rahmani-r-Rahîm

"Ahd-i âti (gelecekteki vasiyyet) Muhammed Resûlüllah Sallallahü aleyhi vesellem'in halifesi Ebû Bekir'in dünyaca en son ve âhiretçe en evvel deminde, kâfirin îmana ve fâcirin îkana (günahkârın anlayışa) geldiği bir halde ettiği ahd ve vasiyyettir. Ben, Ömer İbni'l Hattab'ı hilâfete intihab ettim. Onu dinleyin, ona itaat eyleyin. Hayırı taharrîde, araştırmada, kusur etmedim. Eğer sabır ve adâlet eylerse beni tasdik etmiş olur ve eğer cevr (zulüm) ve tebdil-i meslek ederse (yolunu değiştirirse) ben gaybı bilmem. Ma'zurum. Ben, ancak hayır murad ettim. Herkes amelinin cezasını bulur ve zulüm edenler, karîben (yakında) ne hale giriftâr olacaklarını bilir. Esselâmü aleyküm ve rahmetullah."

Vasiyyeti yazdırdıktan sonra, başını pencereden çıkartarak, dışarıda toplanmış olan sahabelere hitaben şöyle seslendi:

"Size bir halife intihab ettim. Razı mısınız?"

Herkes: "Razıyız yâ Halîfe-i Resûlüllah!" dedi.

Orada bulunan Hz. Ali (ra): "Ömer'den başkasına razı olmayız" deyince, Hz. Ebubekir (ra): "Odur!" dedi ve vasiyyetinin açıkça okunmasını istedi.

Vasiyyet okununca bütün sahabiler:

"İşittik ve kabul ettik." dediler.

Hz. Ali (ra) herkesten önce Hz. Ömer (ra)'ı yanına vararak:

"Bu işin uhdesinden gelecek işte şu kavî ve emin olan zattır." dedi.

Hz. Ebubekir (ra) daha sonra, Hz. Ömer (ra)'ı yanına çağırarak ona nasihatta bulundu.

Sahabeler peyderpey gelerek helalleşiyorlardı. Bir ara Hz. Selman-ı Fârîsi (ra) ile bazı sahabeler gelerek:

"Bir nasihat ediniz ki mûcibince âmil olalım." dediler. Hz. Ebubekir (ra) de onlara:

"Yakında size pek ziyade rızık kapıları açılacak. Bir kaç günlük ömre aldanıp da yarın huzur-i Bâri'de mahcûp olmayınız" dedi.

Hz. Ebu Bekir (ra) hastalığının artması üzerine hanımı Hz. Esma (ra)'ı yanına çağırdı ve ona:

"Beni siz yıkayın" buyurdu. Hz. Esma (ra) çok üzüntülüydü. Buna tahammül edemeyeceğini söyledi. Bunun üzerine Hz. Ebubekir (ra):

"Oğlum Abdurrahman suyumu döküp sana yardım eder" buyurdu. Daha sonra Aişe (ra)'a dönerek:

"Kızım, Resûlüllah kaç kat kefenle defnedilmişti?" diye sordu.

Hz. Aişe (ra): "Üç" cevabını verince, Resûlüllah'ın sadık arkadaşı:

"Öyleyse şu iki elbisemi yıkayın ve bir tane de satın alın" buyudu. "Yıkayın!" dediği iki elbisesi de çok eskimiş ve yıpranmıştı.

Hz. Aişe (ra):

"Babacığım yenisini alacak kudretteyiz." deyince de, "Yavrucuğum sağ kalanlar yeniye ölülerden daha muhtaçtırlar nasıl olsa çürüyüp gidecekler." dedi.

Hz. ebubekir (ra) kızına, Resûlüllah'ın yanına gömülmesini vasiyet etmişti.

23 Ağustos 634 günü, ilk halife, ilk erkek müslüman, cennetle müjdelenen on kişiden birisi olan Hz. Ebubekir (ra) yanına Hz. Ömer (ra)'ı çağırdı. Ona seferdeki orduların ilerlemeye devam etmesini söyledi ve daha sonra şöyle dedi:

"Ben umarım ki bu gün vefat eylerim. Sen, hemen halkı cihâda dâvet eyle. Dinin emrini yerine getirmede sizi hiçbir musibet meşgul etmesin. Resûl-i Ekrem'in vefatında benim ne yaptığımı gördün. Halbuki nâsa onun gibi bir musîbet isabet etmemiştir. Bir de Cenab-ı Hak, asâkir-i şamiyye'ye (Şam'daki İslâm ordusuna) nusret ihsan ettikte Halid İbn-i Velid ile Şam'a gitmiş olan Irak askerlerini Irak'a iade et. Onlar, oranın ehlidir."

Hazret-i Sıddîk âhiret yolculuğu için bu şekilde bütün hazırlıklarını ikmal etmişti. Hz. Ömer (ra)'a dediği gibi o günün gecesi, akşamla yatsı arasında; iki sene, üç ay, on günden beri hasret kaldığı Resûlüllah'ın yanına gitti. Son sözü:

"Teveffenî Müslimen ve elhıknî bissalihıyn" yani "Ya Rabbi! Müslim olduğum halde rûhumu kabzet ve beni sâlihlere ilhak eyle" olmuştur. Sevgili dostuna, arkadaşına kavuşmuş olmanın huzuru ve sevinci yüzüne aksetmişti.

Hz. Ebubekir (ra)in cenazesi Peygamber Efendimizin de mübarek cenazelerinin üzerine konulduğu sedire konuldu ve muhteşem bir cemaat halinde cenaze namazı kılındı. Cenaze namazını, Hz. Ömer (ra) kıldırmıştı.

Namazdan sonra, vasiyyeti gereğince, Peygamber Efendimizin yanına defnoldu. Başı Peygamber Efendimizin omuzu hizasına konuldu. Kâinatın Efendisine mağarada arkadaş olduktan sonra şimdi de kabirde komşu olmuştu...

Hz. Aişe (ra) sevgili babasının kabri başında gözyaşı dökerken şöyle diyordu:

"Babacığım, Allah yüzünü ak etsin, hayırlı sayü gayretini makbul buyurup seni mükâfatlandırsın. Dünyadan yüz çevirmekle ona asla değer vermedin ve âhirete teveccühle âhiretini mamur ettin."

Gerçekten de Hz. Ebubekir (ra)'ın geride miras olarak hiçbir malı kalmamıştı. Halifeliği döneminde Beytü'l mâlden (devlet hazinesinden) orta halli bir insanın geçineceği kadar maaş alır, onun da çoğunu fakirlere verirdi.

Bütün hilafeti boyunca, devlet malı olarak yanında, bir köle, bir deve ile bir de kaftan bulunmuştur.

Vefat etmeden önce kızı Aişe (ra)'ı çağırtarak şöyle demişti:

"Biz Halîfe olalıdan beri müslimînin dirhem ve dinârını yemedik. Kaba ve bayağı taamlarını (yemeklerini) yedik ve katı rubalarını (elbiselerini) giydik. Bu köle ve deve ve kaftan, beytü'l- mâlindir. Biz, müslümanların ihtiyaçları ile meşgul iken onlardan faydalanırdık. Vefatımda üçünü de Ömer'e (ra) gönder."

Vefat ettikten sonra Hz. Aişe (ra) babasının vasiyyetini yerine getirerek onları Hz. ömer (ra)'e gönderdi. Hz. Ömer (ra) gönderilenleri teslim alırken gözyaşını tutamamıştı.

Hz. Ebubekir (ra) defnedildikten sonra, Hz. Ali (ra) gözyaşları içinde şu hutbeyi okumuştu:

"Yâ Ebâ Bekir! Allah sana rahmet eylesin! Allah Resûlünün dostu sen idin. imanında hâlis olanı, bilgisinde yakîni bulunanı, Alah'ın emirlerinden en çok korunanı ve korkanı, dinde bilgisi en zengin olanı, Allah'ın Resûlünü en çok sakınan ve gözetendin. Din-i islam'a sım sıkı bağlananı; onun ashabına güler yüzlü, tatlı sözlü ve bereketli olanıydın. Ve onlar içinde menâkıbı en çok olanı; iyilikte herkesi geçen, fazilette başa çıkan, Allah yolunda en sıkı ip tutan, Peygamberler Peygamberine seyr-ü sülûk merhamet ve fazilet yönünden en benzeyeni; onun yanında mevki itibariyle en şereflileri ve en kıymetlileri ve en mûtemed olanı idin.

"Yâ Ebâ Bekir! Allah seni en güzel mükâfatla mükâfatlandırsın. Sen O'nun gözü kulağı gibiydin. İnsanlar Resûlüllah'ı yalanlamak istedikleri zaman sen tasdik ettin. Bundan dolayı Cenab-ı Allah kitabında sana: 'sıddîk' dedi de! 'Doğruyu getiren ve onu tasdik eden ise işte onlar korunan müttakiler' buyurdu. Herkes kesenin ağzını bağlayıp köşeye kaçtığında, sen kesenin ağzını açıp Hak yoluna koştun ve Hak işine paranı saçtın.

"Sen, Resûlüllah'ın (asm) buyurduğu gibi, insanların en emini idin. Yine Resûlüllah'ın (asm) buyurduğu gibi, Allah'ın emrinde kavî, kendi bedenine bakmak hususunda zayıftın. Kendi nefsinde mütevazi, Allah indinde azîm idin. Halkın gözünde saygılı, gönüllerinde sevgiliydin. "Senin yanında zaif hakkını alıncaya kadar zayıftır. Sana uzak olan da, yakın olan da yanında birdir. Sana insanların en yakını, onların Allah'a itaatta en ileri gelenidir. Sana yaraşan hak, doğruluk ve yumuşaklıktır. Sözün 'öz söz'dür, işin yumuşaklık, reyin bilerek yapmaktadır. İşte sen böyle yaptın da yol açıldı. Zor kolaylaştı. Fesat ateşini söndürdün. İslâm dini seninle kemâliyle yayıldı. Îmân kuvvetlendi. Kâfirler istemediklerinde bile Allah'ın emri zâhir oldu. Senden sonraki çok yorulacaktır. Feyizli ve büyük bir hayır yolu açtın. Ağlayan ümmetin gözyaşlarını sen sildin. Çünkü sen ümmetin en yüce rahmetiydin. Senin zikrin, senin ihsanın gökte bile anılır. Senin gidişin günleri korkutur.

"Biz dünyada Allah'a teslim olmuş kullarız. Ve biz âhirette de ancak O'na dönücüleriz.

"Allah'ın kazasına razıyız. Emir Allah'tandır. Yemin ederim Allah'a ki müslümanlara Resûl-i Ekrem (asm)den sonra senin gibisi gelmedi. Allah seni sevgili Nebîsine ilhak etsin. Allah senden bize ecir versin. Senden sonra bizi doğru yoldan ayırmasın."

Hutbe bittiğinde oradaki bütün sahabiler ağlamaya başlamıştı. Mü'minler Sıddîk-ı Ekber'den geçici olarak ayrıldıklarını yine hatırlamışlardı...

Adâlet ve doğruluk timsali

HZ. ÖMER (RA)

Adil halife Hz. Ömer (ra), o gün de her zamanki gibi, Medine sokaklarında gezerek, muhtaç bir kimse var mı yok mu?.. Çarşı pazarın durumu nasıl, alışveriş işleri muntazaman işliyor mu?... diye kontrol ediyordu. Herkes, geceleri bile sabaha kadar uyamayıp, muhtaçların imdâdına koşan idârecilerine muhabbetle bakıyordu. Yalnız birisi vardı ki, bakışları farklıydı. Gözlerinden öfke fışkırıyordu. Bu, Muğira'nın kölesi Ebu Lü'lü idi.

Hz. Ömer (ra), Ebu Lü'lü'nün bakışlarını görmezlikten gelerek selam verdi. Hâlini hatırını sordu. Ebu Lü'lü efendisine çok günlük ödediğinden yakındı. Hz. Ömer de (ra) Ebu Lü'lü'e ne iş yaptığını sordu. Demircilik, nakış ve marangozluk yaptığının öğrenince ödediği miktarın gayet normal olduğunu söyledi ve Ebu lü'lü'nün san'atkârlığını bildiğini belirterek şöyle dedi:

"Duydum ki, sen değirmen yapmakta üstüme yoktur" diyormuşsun, bana da bir tane yapar mısın?"

Ebu Lü'lü öfkeli bakışlarını Hz. Ömer'e (ra) dikerek şöyle dedi:

"Şayet sağ kalırsam, sana öyle bir değirmen yapacağım ki, doğuda ve batıda herkes ondan bahsedecek."

Bu sözleri işiten Hz. Ömer (ra) yanındakilere dönerek:

"Vallahi köle beni tehdit etti" dedi. Ebu Lü'lü bu sözleriyle günler önce yapılan planı açığa vurmuştu. Ebu Lü'lü, Halife-i Müslimin'e epey zamandan beri düşmanca hisler besliyordu. Medine'li bir adam daha kendisiyle aynı hisleri paylaşmıştı. Bu ikisine, bir müddet önce Müslüman olduğunu açıklayan, aslında eski inanışını devam ettiren İran orduları kumandanı Hürmüzan da katılmıştı. Üçü bir araya gelerek bir plan yapmışlar ve ortaya iki uçlu bir hançer koyarak, "Kim bununla halifeyi öldürecek?" demişlerdi. Neticede Ebu Lü'lü'nün öldürmesini kararlaştırmışlardı.

Hz. Ömer (ra), Ebu Lü'lü ile karşılaşmasından bir kaç gün sonra sabah vakti, Medine semâlarını okunan Ezan-ı Muhammedî kaplamıştı. Mü'minler teker teker evlerinden çıkarak camie gidiyorlardı. Halife-i Müslimin de o gün âdeti vechile herkesten evvel kalkmış, dışarı çıkmış, "Hayyeale's-salâ! Hayyeale's salâ!" diye diye camie gidiyordu.

Camii tıklım tıklım dolduran cemaatle birlikte sabah namazının sünnetini kıldı. Daha sonra yine âdeti olduğu üzere safları birer birer kontrol etmeğe, düzeltmeğe başladı. Safları düzelttikten sonra mihraba geçti, tam tekbir getirip namaza duracaktı ki, Ebu Lü'lü safların arasından ileri fırlayıp, hızla üzerine atıldı. Sahabelerin atılmasına vakit kalmadan iki uçlu hançerini üst üste indirmeğe başladı. Daha sonra da hızla kaçmaya çalıştı. Kaçarken de cemaatten birkaçını yaraladı. Nihayet birisi arkadan Ebu Lü'lü'nün kollarını kıskıvrak yakaladı. Bu hengâmede bir ses duyuldu:

"Ey Müslümanlar, haydin namaza! Güneş doğmak üzere" diyordu sesin sahibi. Gerçekten de güneşin doğmasına çok az bir zaman kalmıştı. O sırada, Hz. Ömer (ra) yaralarını tutarak doğrulmaya çalıştı. "Abdurrahman b. Avf burada mı?" diye sordu. "Evet, yâ emîre'l Mü'minîn işte burada!" dediler.

Hz. Ömer (ra), Hz. Abdurrahman b. Avf'a hitap ederek;

"Geç imam ol ve namazı kıldır!" dedi.

Hz. Abdurrahman (ra) iki kısa sûre okuyarak sabah

namazının farzını kıldırdı. Namaz biter bitmez herkes gözlerinin nûru halifenin yanına koştu. Hepsi de ağlıyordu.

Hz. Ömer'i (ra) evine taşıdılar. Haberi duyan gözyaşları içerisinde gelerek Halifeyi ziyaret ediyordu. Hz. Ömer (ra) Resûlüllah'a, Hz. Ebu Bekir'e (ra) ve diğer dostlarına kavuşacağı ânın geldiğini anlamıştı. Oğlu, Hz. Abdullah'a (ra) hitaben:

"Mü'minlerin annesi Hz. Aişe'ye (ra) git, benden selam söyle ve evinde Resûlüllah'ın ve Ebu Bekir'in yanıbaşına gömülmem için izin iste" dedi.

Hz. Abdullah (ra) giderek babasının söylediklerini, Hz. Aişe'ye (ra) nakletti. Mü'minlerin annesi, Hz. Ömer'in (ra) yaralandığını duyunca çok müteessir olmuştu. Resûlüllah'ın yadigârının son ânının geldiğini hatırlatacak şekilde yaptığı teklifi işitince gözyaşlarını zaptedemedi. "Orayı kendim için istiyordum. Ama bugün onu kendime tercih ederim." dedi.

Hz. Abdullah (ra) babasına müjdeyi nakledince, Hz. Ömer (ra) sevindi. Haşir sabahında uyanıncaya kadar cismi ile de Habibullah ve Sıddîk-i Ekber ile komşu olacaktı...

Hz. Ömer (ra)'ın ziyaretine gelenler arasında, "Yâ Emîre'l-Mü'minîn, yerine kimi tavsiye edersin?" diye soranlara şu cevabı veriyordu:

"Eğer Ebû Ubeyde sağ olsaydı, onu halef yapabilirdim. Rabbimin huzuruna çıktığım zaman, bana sorar ve Muhammed ümmetinin işlerini kime tevdi ettin? derse, 'Yâ Rabbî kulun ve Peygamberinin, her ümmetin bir güvenilir kimsesi vadır. Bu ümmetin en güvenilebileni de Ebû Ubeyde'dir, dediğini duymuştum' derdim" buyurdu.

Sahabeler ısrar ettiler:

"Yâ Ömer! Oğlun Abdullah'ı tavsiye etmez misin?"

Böyle diyenlere karşı, Hz. Ömer (ra) şu cevabı verdi:

"Bir hâneden bir kurban yetişir!"

Sahabeler yine ısrar edince şöyle dedi:

"Resûlü Ekrem'in kendilerinden razı olarak irtihal buyurduğu kimseleri halef tayin edeceğim. Onlar bu işi istişare ile halletsinler."

Hz. Ömer'in seçtiği sahabeler şunlardı: Hz. Ali (ra), Hz. Osman (ra), Hz. Zübeyr (ra), Hz. Sa'd b. Ebî Vakkas (ra), Hz. Talha (ra) ve Hz. Abdurrahman b. Avf (ra)...

Halife-i Müslimîn kararını açıkladıktan sonra istişâre için seçtiklerini yanına çağırttı. Hepsi de geldikten sonra onlara dönerek şöyle dedi:

"Ben ölünce üç gün istişare edin. Halkın namazını Suheyb kıldırsın. Fakat dördüncü gün içinizden biriniz mutlaka halife seçilmiş olarak gelmelidir".

....

Herkes gelerek helalleşiyordu. Hastalık ilerledikçe, Hz. Ömer'in (ra) dilinden kelime-i tevhidden, lafzullahdan başka söz çıkmaz oldu. Sık sık da, istiğfar ediyor. Cenab-ı Hak'tan af diliyordu. Bir ara, oğluna seslenerek:

" Yâ Abdullah! Başımı yastıktan al da yere koy! Umulurki, Allah beni bu halde görüp merhamet eder." dedi.

Daha sonra kelime-i şehadet getirmeğe başladı. Cümleyi tamamlar tamamlamaz ruhunu Rahmân'a teslim etti. Oradakiler ağlamaya başladılar.

Sahabeler, Hz. ömer'in (ra) mübârek nâşını, Resûllüllah'ın ve Hz. Ebu Bekir'in (ra) taşındığı sedye ile taşıyarak, Ravza-i Mutahhara'ya getirdiler. Hz. Ali (ra), Hz. saad b. Ebî Vakkas(ra), Hz. Osman (ra), Hz. Abdurrahman b. Avf (ra), Hz. Zübeyr (ra), onu kabrine yerleştirdiler. Kabrinin üzerini toprakla örten Hz. Ali'nin (ra) şöyle dediği duyuldu:

"Allah Ömer'e rahmet etsin, dünyanın bütün iyiliklerini alıp götürdü ve fenalıklarından da kurtuldu."

Haya timsali Kur'an sevdâlısı
HZ. OSMAN (RA)

Medine'de herkes kederliydi. Bu şehre hidayet güneşi doğdu doğalı böylesi günler yaşanmamıştı. Mısır Kûfe ve Basra'dan gelen isyancılar Medine sokaklarını doldurmuşlar, büyük bir bölümü Halife-i Müslimin Hz. osman'ın (ra) evini abluka altına almışlardı.

Mısırlılar valilerinin değiştirilmesini istiyorlardı. Aslında bu isyancıların safdil kısmından olanların düşüncesiydi. İçlerinde, Yahudi dönmesi Abdullah bin Sebe'nin tesiri altında kalanların ve münâfıkların asıl niyetleri başka idi.

Abdullah bin Sebe, İslâm nûrunun yavaş yavaş cihânı kaplamaya başlaması üzerine telaşa kapılanlardandı. Gece gündüz, Müslümanlar arasına nasıl tefrika sokacağının planlarını yapıyordu. Sonunda bulmuştu, Halife-i Müslimine karşı bir ayaklanma tertipleyecekti. Bu karara vardıktan sonra, kasaba kasaba şehir şehir gezmeye, Hz. Osman (ra) hakkında ileri geri konuşmağa başlamıştı. Kısa zamanda çalışmalarının tesirini görmüştü. Mırıltılar başlamıştı. Bilhassa Mısır'lılardan bir grup açıkça Hz. Osman'ın (ra) değişmesini istiyorlardı.

Hadiseler bu minval üzere gelişirken, tehlikeyi sezenlerden, Şam valisi Hz. Muaviye (ra) halifeyi ziyaret etmiş, durumun tehlikeli olduğunu ve âsilerin niyetinin kötü olduğunu söyleyerek, "Sizi korumak için Medine'ye asker göndereyim!" demişti.

Hz. Osman'ın (ra) bu teklifi reddetmesi üzerine, Hz. Muaviye (ra): "Ey Mü'minlerin Emiri! Korkarım ki sana kıyarlar!" demişti. O zaman Hz. Osman (ra): "Hasbunallah ve ni'mel-vekil (Allah bana kâfidir. O ne güzel vekildir)" cevabını vermişti.

Hz. Osman (ra), âsilere aslâ taviz vermiyor ve ileri sürdükleri, Mısır valisinin değiştirilmesi teklifini reddediyordu.

Hz. Ali (ra) durumun çok ciddî olduğunu görerek oğulları, Hz. Hasan (ra) ile Hz. Hüseyin'i (ra), Halife-i Müslimin'i korumakla vazifelendirdi. İsyancılar gün geçtikçe taşkınlıklarını arttırıyorlar ve niyetlerini açıkça belirtmekten çekinmiyorlardı. "Osman'ın hilafet makamını terketmesini istiyoruz!" demeye başlamışlardı.

Hz. Osman (ra) isyancıların bu sözlerini işitince Peygamber Efendimizin şu hadis-i şeriflerini hatırladı:

"Ey Osman! Cenâb-ı Allah sana bir gömlek (hilafet) giydirecektir. Şayet münâfıklar, onu çıkarmayı (hilafetten vazgeçmeni) senden isterlerse, bana kavuşuncaya kadar onu çıkarma!"

Resûlüllah bir başka hadis-i şeriflerinde de şöyle buyurmuştu:

"Ey Osman! Sen, benden sonra hilâfete getirileceksin, Ve münâfıklar da onu terk etmeyi senden isteyeceklerdir. Onu terk etme; o gün oruç tut ve yanımda iftar et!"

Peygamber Efendimizin bu sözleri hâla kulaklarında çınlayan Hz. Osman (ra) isyancıların tekliflerini reddediyor; "Ben Allah'ın giydirdiği hil'ati çıkaramam" diyordu.

Âsiler kötü niyetlerini ortaya koymaya başlamışlardı. Abluka altına aldıkları Hz. Osman'ın (ra) evine hiç kimseyi yaklaştırmıyorlardı. Evden de kimsenin çıkmasına müsaade etmiyorlardı. Ev halkının bahçedeki kuyudan su içmelerine bile müsaade etmiyorlardı.

Bu zulüm, Medinelileri galeyana getirmişti. Hz. Osman'dan (ra) kendilerine müsaade etmelerini, isyancıların hakkından gelebileceklerini söylüyorlardı. Hz. Osman (ra), isyancılar arasındaki aldatılmış olan safdilleri düşünerek:

"İslâm tarihinde Müslümanları birbirine kırdıran ilk adam ben mi olacağım" diyordu.

Hz. Osman (ra) gece gündüz kapısının önünde nöbet bekleyen, Hz. Hasan (ra) ile Hz. Hüseyin'e (ra) de:

"Beni müdafaaya lüzum yoktur. Hepinize izin veriyorum, hemen gidiniz!" Resûlüllah'ın bu sevgili torunları Halife-i Müslim'in kapısında nöbet tutmaya devam ettiler.

Âsiler, Medinelilerin öfkelerinin gittikçe arttığını görünce telâşa kapıldılar ve korkunç planlarını tatbike karar vererek, Halife-i Müslim'in evine hücum ettiler. Hz. Hasan (ra), Hz. Hüseyin (ra) ile kapıda nöbet tutan diğer sahabe çocukları kılıçlarını çekerek isyancılara karşı koydular. Çarpışma esnasında Hz. Hasan (ra) yaralandı. Bunu gören âsiler Haşim oğullarının ayaklanmasından korktular. Bu esnada bir grup âsi, bitişik evin duvarlarından, Halife-i Müslimîn'in evine atlamış ve içeri girmişlerdi. Kapıdakilerin bu durumdan haberi yoktu.

İsyancıların eve girdiği esnada, Hz. Osman (ra) kıbleye karşı diz çökmüş Kur'an-ı Kerim okuyordu. İsyancıların içeriye girdiğini görünce hiç telâşa kapılmadı. Sükûnet içerisinde isyancıları ikaz etti. Bu esnada, gürültüyü işiten, Hz. Osman'ın (ra) hanımı Hz. Naile içeriye girdi. Gözleri dönmüş isyancıların Halife'nin üzerine saldırdıklarını görünce atılarak araya girdi ve vücudunu kocasına siper etti. İndirilen kılıç darbelerine elleriyle karşı koymaya çalıştı. Bir kılıç darbesi ile parmakları doğranmıştı. O halde iken bile hâlâ kocasını müdafaaya çalışıyordu. İsyancılardan bir tanesi bu fazilet timsali hanımı iterek yere düşürdü. Amr b. Humuk isimli âsi, kılıcını Hz. Osman'ın göğsüne sapladı. Hz. Osman (ra), "Allah!" diyerek dizi üzerine çöktü. Diğer âsiler hançerlerini peş peşe Halifenin mübarek vücuduna saplamaya başladılar. Hz. Osman'ın (ra) dudaklarından son olarak, "Lâilâhe illallah Muhammedü'r-Resûlüllah!" kelime-i tayyibesi döküldü ve ruhunu Rahmân'a teslim etti. Nâile hanım kocasının üzerine kapanarak feryâda başladı. Bunun üzerine âsiler telaş içerisinde kaçışmaya başladılar.

Mübarek şehidin gömleği al kanlar içerisindeydi. Kan damlaları okuduğu Kur'an-ı Kerim'e de damlamıştı. Damlalar, "Feseyekfikehümullahü" (Allah sana kâfidir!) âyetinin üzerine düşmüştü. (Hz. Osman'ın (ra) bu kanlı gömleği ile şehid edildiği esnada okuduğu bu Kur'an-ı Kerim Topkapı Sarayı'nda "Mukaddes Emanetler Dairesi"nde teşhir edilmektedir.)

Feryadları işiten ve kapıda isyancılarla boğuşmakta olan Hz. Hasan (ra) ile Hz. Hüseyin (ra) içeriye koştular. Hz. Osman'ın (ra) şehid olduğunu görünce, üzerine kapanarak ağlamaya başladılar.

Haberi işiten bütün Medineliler gözyaşı dökmeğe başladı. Hz. Ali (ra) de haberi duyunca koşa koşa Halife-i Müslimin'in evine geldi. Gözyaşları içerisinde oğullarına dönerek:

"Siz yaşarken, onun şehid edilmesine nasıl imkân bıraktınız?" dedi. Hayâ timsali Halife-i Müslimin'in ardından dökülen gözyaşları dinmek bilmiyordu.

Hz. Osman'ın (ra) mübarek cenâzesi, kılınan cenaze namazını müteakip, Bakî mezarlığının bitişiğindeki duvarlarla çevrili bir yere defnedildi...

....

Hz. Osman'ı (ra) şehid edenlerin hepsi de sonradan perişan bir vaziyette öldüler. Hz. Osman (ra), hanımının parmaklarının doğrandığını görünce üzerine saldıranlara beddua etmişti. Bunlardan, Hz. Nâile'ye (ra) tokat atana; "Ey zâlim! Cenâb-ı Allah, senin ellerini koparsın, ayaklarını kırsın, Cehennemde nedâmet ateşiyle yanasın." diye beddua etmişti. Çok geçmeden bu adam dehşetli bir hastalığa yakalandı. İlk önce her iki elini kaybetti. Daha sonra hastalık ayaklarına da sirâyet etti. Doktorlar, ayaklarını kesmekten başka çare olmadığını söylüyorlardı. Adam buna da razı oldu. Ayakları da kesildi. Elsiz ve ayaksız olarak Medine sokaklarında dolaşarak dilenmeğe başladı. Bir yandan dilenirken, bir yandan da, "Cehennem! Cehennem!" diye bağırıyordu. Kendisine niçin böyle bağırdığını soranlara, Hz. Osman'ın (ra) ettiği duaların hepsinin çıktığını, geriye sadece Cehennem'in kaldığını, bu yüzden böyle bağırdığını söylüyordu...

Allah'ın arslanı
HZ. ALİ (RA)

Hz. Ali (ra) Müslümanlar arasına tefrika sokanlara karşı nasıl davranacağını ve İslâm beldesinin nasıl sükûnete kavuşabileceğini düşünüyordu. Mü'minlerin arasına bile bile tefrika sokmak isteyen Haricîlere fırsat vermemiş, onlarla savaşmış ve hepsini de perişan etmişti. Hariciler, yedikleri darbelerden sonra dört bir yana dağılmışlardı. Bunlardan, yürekleri kin ve intikam ateşiyle dolu olanlar, zaman zaman bir araya gelerek, nasıl intikam alacaklarını görüşüyorlardı. Yaptıkları toplantılar sonunda; Hz. Ali (ra), Hz. Muaviye (ra) ve Hz. Amr b. Âs'ı (ra) öldürmeğe karar vermişlerdi. Alınan karara göre; Hz. Ali'yi (ra), Abdurrahman b. Mülcem; Hz. Muaviye'yi (ra), Haccac b. Abdullah; Hz. Amr b. Âs'ı (ra) da Zazareyh isimli Haricî öldürecekti.

Hz. Ali'yi (ra) öldürme vazifesini üzerine alan, İbn Mülcem'in asıl gayesi; Halife-i Müslimîn'i öldürerek, Haricîlerden Katami isimli bir kızla evlenebilmekti.

Katami'nin babası ile kardeşi, Hz. Ali (ra)'ye karşı çarpışırken ölmüşlerdi. Katami, yakınlarının intikamını almak için fırsat kollamaktaydı. Kendisiyle evlenmek istediğini söyleyen İbnü Mülcem'e, Hz. Ali'yi (ra) öldürdüğü takdirde kendisiyle evlenebileceğini söylemişti. İbnü Mülcem işte bu yüzden Hz. Ali'nin (ra) öldürülme işine tâlip olmuştu...

İbnü Mülcem, Verdan isimli bir Haricî ile birlikte, Halife-i Müslimîn'i kollamağa başladı. Bir gün sabah namazından önce Halifenin geçeceği yola pusuya yattılar. Hz. Ali'nin (ra) geldiğini görünce ikisi birden âniden arkadan üzerine atılarak kılıçlarını indirdiler. Hz. Ali (ra) dönmeğe ve müdafaaya fırsat bulamamıştı. Mübârek yüzleri al kanlara boyanmıştı. Bu esnada camie doğru gitmekte olan mü'minler koşarak halifenin yanına geldiler. Hz. Ali (ra) onlara kaçmakta olan Haricîleri işaret ederek; "Sakın kaçırmayın!" dedi. Mü'minler ok gibi fırlayarak iki haricîyi de kıskıvrak yakaladılar.

Hz. Ali (ra) ağır yaralıydı. Durmadan kan kaybediyordu. O vaziyette iken bile yanındakilere dönerek, camie gidip sabah namazını kılmalarını, vakti geçirmemelerini söyledi. Namazı kıldırmak için de bir imam vekil tayin etti.

Hz. Âli (ra) oğlu Hz. Hasan'ı (ra) yanına çağırdı ve gözü dönmüş cânileri işaret ederek:

"Bunların yemeğini yedirip istirahatlerini de temin edin. Eğer yaşayacak olursam kan dâvâcısı benim. Ya affederim veya kısas tatbik ederim. Eğer ölürsem, siz de onu öldürün ve aslâ haddi tecavüz ederek Müslümanların kanlarına girmeyiniz. Zira Allah haddi tecavüz edenleri sevmez" dedi.

Hz. Muaviye (ra) ile Hz. Amr b. Âs'ı (ra) öldürmek için aynı gün harekete geçen haricîler ise teşebbüslerinde muvaffak olamamışlar ve kıskıvrak yakalanmışlardı...

Hz. Ali'nin (ra) yaralandığını işiten Mü'minler can evlerinden vurulmuşa dönmüşlerdi. Medine'deki Mü'minler teker teker gelerek, Hz. Ali (ra) ile helalleşmekte idi. Bir kısmı;

"Yâ Emire'l Mü'minîn, Allah yokluğunuzu göstermesin, şayet size bir hal olursa oğlun Hasan'ı halife seçelim mi?" diyordu.

Hz. Ali (ra):

"Ben bu hususta sizlere ne emrederim ve ne de nehyederim. Siz işinizi daha iyi bilirsiniz." dedi.

"Peki yâ Emire'l-Mü'minîn, siz bir kimseyi tayin etmiyecek misiniz?" diyenlere de şu cevabı verdi:

"Hayır, Resûl-i Ekrem'in bu meseleyi bıraktığı gibi ben de bırakacağım."

Hz. Ali (ra), "Peki iyi ama Rabbinin huzuruna varınca ne diyeceksin?" diyenlere de şöyle diyordu:

"Yâ Rabbi! Beni dilediğin kadar onların arasında bulundurdun. Daha sonra da rûhumu kabzettin ve ben de onları Sana bıraktım. Artık onların halini Sen biliyorsun, hangi yola istersen sevkedersin' diyeceğim."

Hz. Ali (ra) durumunun gittikçe ağırlaştığını hissediyordu. Devamlı olarak kelime-i tevhid ile âyet-i kerimeler okuyordu. Bir ara yanına oğulları Hz. Hasan (ra) ile Hz. Hüseyin'i (ra) çağırdı. Onlara şu şekilde nasihatta bulundu:

"**Evlâtlarım! sizlere Allah'a karşı müttaki olmanızı vasiyet ederim. Kaybettiğiniz bir şey için de aslâ ağlamayın. Daimâ doğru söyleyin ve yetimlere acıyın. Âhiret için iyi ameller işleyerek sıkıntıya düşenlerin imdâdına koşun. Zâlimin hasmı olup mazluma daimâ yardım edin. Allah'ın kitabı ile amel edin ve Allah yolunda olmaktan sizi hiç bir şey alakoymasın."**

Bu nasihatlerden sonra Hz. Ali (ra) âyet-i kerimeler okumağa başladı. "Lâilâhe illâllah!" dedikten sonra rûhunu Rahmân'a teslim etti. Orada bulunanlar ağlamağa başladılar. Haberi duyan Mü'minler akın akın gelerek Hz. Ali'nin (ra) evinin önünde biriktiler. Herkes ağlıyordu.

Hz. Hasan (ra) dışarıya çıkarak binlerce Mü'mine hitap etti. Çok kıymetli ve şerefli olan Resûl-i Ekrem ile cihad etmiş bir kimsenin öldürüldüğünü, her yerde bu zâtın zaferler kazandığını, miras olarak geriye sadece yedi yüz dirhem bıraktığını söyledi. Konuşmasına daha fazla devam edemedi. Ağlamağa başladı. Ahâli de kendini tutamadı ve hıçkıra hıçkıra ağladılar.

Gözü dönmüş câni İbnü Mülcem'e kısas tatbik edildi.

Hz. Ali'nin (ra) şehid edilmesi üzerine Hülefâ-i Râşidin devri sona ermiş ve İslâm tarihinin bu mümtaz sahifesi kapanmıştı...

Allah'ın kılıcı
HZ. HALİD B. VELİD (RA)

Hz. Halid b. Velid (ra) Humus'taki evinde hastalanmış yatıyordu. Kendisini ziyarete gelen mü'minler, Resûlüllah'ın "Seyfullah" dediği bu İslâm kahramanının kederli olduğunu görünce niçin üzüldüğünü sordular. Hz. Halid onlara, en büyük arzusunun Allah yolunda çarpışırken şehid düşmek olduğunu, halbuki ölümün kendisini rahat döşeğinde yakalayacağını, buna hayıflandığını söyledi.

Mü'minler, ismi, zaferlerin ayrılmaz bir parçası haline gelen bu şanlı bahadıra duâ edip, onun duâsını aldılar. Hepsinin de gözlerinin önünden, Hz. Halid b. Velid'in kumandanlığında kazanılmış zaferler canlanıyordu.

Hudeybiye andlaşmasının akabinde, Medine'ye giderek Resûlüllah'ın huzuruna varan ve İslâmiyetle müşerref olan Hz. Halid (ra) o tarihten itibaren bütün mühim cihadlarda bulunmuş ve büyük kahramanlıklar göstermişti.

Hz. Halid'in (ra) Mu'te muharebesinde gösterdiği askerî dehâ dünya harb tarihine geçmiştir. Hz. Zeyd (ra), Hz. Cafer (ra) ve Hz. Abdullah'ın (ra) şehadetinden sonra üç bin kişilik İslâm ordusunun kumandasını ele alarak yüz bin kişilik Bizans ordusunu perişan etmişti. Bu savaş esnasında aldığı yaralara aldırış etmeden saatlerce savaşmış, elinde tam yedi kılıç kırılmıştı.

Peygamber Efendimizin yanı başında diğer seferlere iştirak eden, Mekke'nin fethinde de bulunan Hz. Halid b. Velid (ra), Hz. Ebu Bekir (ra) ve Hz. Ömer'in (ra) hilafeti zamanında da mühim hizmetlerde bulunmuştu. Irak'ın, Suriye'nin fâtihi olarak tarihlere geçmişti.

En büyük ideali, yanıbaşında şehid düşmüş olan nice silâh arkadaşları gibi şehid olmaktı. Ancak, ne var ki, şimdi at sırtında değil, döşekte idi ve son anlarını yaşadığını biliyordu...

Hz. Halid (ra), hastalığı ilerledikçe, her ânını Kur'ân-ı Kerim okumakla geçirmeğe başladı. Bir ara yatağından doğruldu, ellerini dergâh-ı İlâhiyeye çevirerek şöylece duâ etti:

"Ya Rabbi! Ben pek çok savaşlarda bulundum. Vücudum delik deşik oldu. Bedenimde ok, kılıç ve mızrak yarasından başka bir karış yer kalmadı. Yolunda şehid olmaya lâyık değil miydim ki, bütün bu harblerde ölmedim de şimdi yatağımda can veriyorum. Allah'ım! beni affeyle!"

Hz. Halid'in (ra) gözlerinden yaşlar süzülüyordu. Onu bu halde gören yakınları da ağlamağa başladı.

Hz. Halid M. 642'de Humus'ta Rahmet-i Rahmân'a kavuştu. Son nefesini vermeden önceki son sözü kelime-i şehâdet olmuştu...

Peygamberimizin (asm), sevgili müezzini
HZ. BİLÂL-İ HABEŞİ (RA)

Hz. Bilâl-i Habeşi'nin (ra) hasta olduğunu duyan sahabeler ve tabiîn akın akın ziyarete geliyorlardı. İçlerinde Mekke devrinden itibaren bütün hizmetlerde Hz. Bilal-i Habeşi (ra) ile omuz omuza bulunmuş olanlar da vardı. Bu sahabeler, ilk Müslümanlardan olan Hz. Bilal-i Habeşî'nin (ra) faziletlerini Tâbiîne anlatıyorlardı.

Hz. Bilal-i Habeşî'nin müslüman olduktan sonra kendisine yapılan eziyet ve işkenceler karşısında, "Ahad, Ahad! Allah bir! Allah bir!" deyişi hâlâ kulaklarda çınlamaktaydı.

Her zaman, Resûlüllah'ın yanında bulunmuş, Kâinatın Efendisinin katıldığı bütün seferlere iştirak etmişti. Aynı zamanda Peygamber Efendimizin müezzini idi. Yanık sesi ile okuduğu Ezan-ı Muhammedîyi sadece insanlar değil, bütün Kâinat dinlerdi âdeta... O ezana başladı mı, kâinat lâl kesilirdi...

Resûlüllah'ın vefatı üzerine çok mahzun olmuştu. Hasretini dindirmek üzere son olarak okumaya niyetlendiği Ezanda, "Eşhedü Enne Muhammede'r-Resûlüllah" kelimesini söylerken ağlamağa başlamış ve gözyaşları arasında ezanı güçlükle tamamlamıştı.

Medine'de daha fazla kalmaya dayanamamış ve Şam'a gitmişti. Hz. Ebubekir (ra) ve Hz. Ömer'in (ra) hilâfeti zamanında bütün savaşlara iştirak etmiş ve Kudüs'ün fethinde bulunmuştu. Kudüs'te okuduğu Ezân-ı Muhammedîyi hatırlayanlar hâlâ hislenmekte idi.

Hz. Ömer'in (ra) ısrarı üzerine son bir defa Ezan-ı Muhammedî okumaya başlayan Bilâl-i Habeşî, tam "Eşhedü enne Muhammeden Resûlüllah" der demez ağlamağa başlamıştı. Ezanı dinleyenler de Resûlüllah'ı hatırlayarak ağlamıştı. Hz. Ömer (ra) o kadar çok ağlamıştı ki mübarek sakalı ıpıslak olmuştu. Hz. Bilâl-i Habeşî (ra) bir müddet durakladıktan sonra ezanı tamamlamıştı.

Hz. Bilâl-i Habeşî'nin (ra) arkadaşları bu hatıraları yâdediyor, şimdi Resûlüllah'ın bu sâdık dostundan ayrılacaklarını düşünerek üzülüyorlardı. Hz. Bilâl-i Habeşî ise, gayet mesrurdu. Tebessüm ediyordu. Kendisine niçin tebessüm ettiğini soranlara şöyle diyordu:

"Habîbullah'a kavuşacağım, sevgili dosta kavuşacağım. Ben sevinmeyeyim de kimler sevinsin..."

Kocasının ölüm döşeğinde oluşu karşısında üzüntüsünü saklayamayan hanımı, "Ne kötü!" deyince şöyle demişti:

"Aman ne iyi. Ben, Resûlüllah'a ve arkadaşlarına kavuşacağım."

Bilâl-i Habeşî bu şekilde şevkle rûhunu teslim etti. Kabir kapısını gülerek çaldı. Huzur ve saâdet içerisinde Resûlüllah'a kavuştu...

İstanbul'u şereflendiren
Resûlullah'ın bayraktarı

HZ. EBÛ EYYÛBE'L-ENSARÎ (RA)

Konstantiniyye Konstantiniyye olalı böylesine bir manzara görmemişti. Bir avuç insan, koca şehri muhasara edip, üstelik surlara hücum üstüne hücum etmekten çekinmiyordu. Bizanslılar büyük bir panik içerisindeydi.

Bizans önlerindeki bu ordu İslâm ordusuydu. Saflarında güzîde sahabelerin de yer aldığı bu ordu, Konstantiniyyeyi fethederek Peygamber Efendimizin senâsına mazhar olmak için yola çıkmıştı.

Bizans'ı muhasara eden orduda Peygamber Efendimizin Medîne'ye teşriflerinde evinde misafir kaldığı Hz. Ebû Eyyûbe'l-Ensârî (ra) de bulunmaktaydı. İlerlemiş yaşına rağmen, en ön saflarda surlara hücum ediyor, getirdiği tekbirlerle, duâlarla mücahidlere şevk veriyordu.

Peygamber Efendimizin bayraktarlığını da yapan bu muazzez sahabînin gençlerle yarışırcasına çarpışmasını görenler büyük bir azimle ileri atılıyorlardı.

Muhasara devam ederken, Hz. Ebu Eyyûb (ra) hastalandı. Bu hastalığın bekâ âlemine gitmesi için yapılan dâvet olduğunu anlayan bu muazzez sahabi, ordu kumandanlarını yanına çağırttı. Onlara mücadeleden vazgeçmemelerini söyledi. Daha sonra şu şekildeki vasiyetini bildirdi:

"Konstantiniyye civarında bir salih kişi defnolunacaktır' diye duymuştum. Temenni ederim ki o kişi ben olayım.

"Ben öldükten sonra cesedimi, götürebileceğiniz en uzak noktaya, surlara en yakın yere kadar götürüp, oraya gömünüz. Üzerimde Allah yolunda harbettiğinizi, atlarınızın nal seslerini duyayım."

Vasiyette bulunduğu sırada İslâm ordusu, "Allah Allah!" sesleriyle surlara hücum etmekteydi. Bu manzarayı gören Hz. Ebû Eyyûb (ra) tekbir getirdi, âyetler okudu ve kelime-i tevhidi tane tane söyledikten sonra rûhunu Râhman'a teslim etti.

Kumandanlar vasiyyetini yerine getirip, onu surlara en yakın olan yere kadar taşıyıp, defnettiler. Düşmanın farketmemesi için de mezar olduğunu belli edecek hiç bir işaret bırakmadılar.

....

Fatih Sultan Mehmed Han kumandasındaki Osmanlı Ordusu İstanbul önlerine geldiğinde, surların yakınlarında sahabelerin ve diğer şehidlerin medfun bulundukları herkes tarafından biliniyordu. Bu şehidlerin kendilerine "pîşdârlık" edeceği inancıyla hücum ediyorlardı.

Fatih, Hz. Ebû Eyyub'un (ra) mezarını aramağa koyuldu. Bu büyük arzusunu hocası Akşemseddin'e de söyleyince, Akşemseddin Hazretleri mezarı aramağa başladı ve bir müddet sonra, kerâmetiyle bu muazzez sahabenin medfun bulunduğu yeri keşfetti. Gösterdiği yer kazıldığında, Hz. Ebû Eyyub'un (ra) hâlâ vefat ettiği ânındaki gibi, bozulmamış vaziyette duran mübarek cesediyle karşılaşıldı. Fetihten sonra, şimdiki makberine nakledildi ve oraya bir de cami yapıldı.

    İstanbul'un mânevi fâtihlerinden olan Hz. Ebû Eyyub'un makberine Osmanlı Devlet idarecileri ve ahâlî tarafından her zaman büyük hürmet gösterildi.

    Osmanlı Padişahları seferlere çıkmadan önce, Hz. Ebû Eyyub'un (ra) türbesini ziyaret ederek, dua etmeyi bir an'ane halinde devam ettirdiler. Yine, tahta çıkan padişahların, cülûs ve kılıç kuşanma merasimleri burada yapıldı.

    Ahâli gönüller sultanı olan, Peygamber Efendimizin bu sevgili dostuna büyük bir hürmet ve muhabbet duydu ve onu "Eyüb Sultan" diye yâdetti...

Kıbrıs'ın mânevî bekçilerinden

HZ. EBU TALHA ENSÂRÎ (RA)

Hz. Muaviye'nin (ra) Kıbrıs seferi için asker topladığını işiten, Hz. Ebu Talha (ra) büyük bir heyecanla yakınlarına seslendi:

"Çabuk hazırlayın silâhlarımı. Cihada gideceğim!"

Bedir, Uhud ve diğer mühim harplerin destanlar yazan bu namlı bahadırı o esnada oldukça yaşlı idi.

Oğulları ve torunları, Hz. Ebu Talha'ya (ra) şöyle dediler:

"Sen Resûlüllah ile birlikte cihad ettin. Hz. Ebu Bekir (ra) ve Hz. Ömer (ra)'in devr-i hilâfetleri esnasında da bütün seferlere katıldın. Savaş meydanlarında şanla kılıç salladın. Artık sıra bizde. Allah yolunda cihad etmek artık bize düşer. Sen yaşlandın. Yerinde otur ve ibâdetinle meşgul ol. Müsaade buyur, senin yerine biz gidelim!"

Bu sözleri işiten kahraman sahâbî, "Hayır, olamaz. Ben gideceğim. Elim kılıç tuttukça, parmaklarımda derman oldukça Allah yolunda cihad edeceğim" diyordu.

Yakınları onu duâlarla yolcu ettiler. Hz. Ebu Talha (ra) büyük bir sürurla gemiye bindi. Onun aralarında bulunuşu Mücahidlerin şevkini arttırmıştı. Hepsi de onun menkıbelerini biliyorlardı. Onun Uhud harbinde nasıl vücudunu Kâinatın Efendisine siper ettiğini ve sık sık, **"Yâ Resûlallah, anam babam sana fedâ olsun. Başını uzatma ki düşman oku sana bir zarar vermesin. Eğer sana bir zarar gelecek olursa bütün insanlık helâk olur"** dediğini bilmeyen yoktu.

Mütevâzî İslâm donanmasının yola çıktığı ilk günde, deniz havasına alışık olmayan Hz. Ebu Talha (ra) hastalandı. Durumunun gittikçe ağırlaştığını görünce, silâh arkadaşlarını başucuna topladı. Onlara, cesedinin mutlaka Kıbrıs'a defnedilmesini vasiyyet etti. Daha sonra kelime-i tevhidi söyledi ve ruhunu teslim etti.

Kıbrıs'ı fethetmek için yola çıkan Mücahidler bu muazzez sahabinin cesedini gemide muhafaza ettiler. Yedi gün sonra Kıbrıs'a ayak bastıklarında, cesedi karaya çıkararak defnettiler.

Kıbrıs'ta medfun
Peygamber Efendimizin (asm) halazâdesi
HZ. ÜMMÜ HARAM (RA)

Peygamber Efendimizin halazâdesi Ümmü Haram, uçsuz bucaksız denize baktıkça yüreğinde bir sevinç ve inşirah duyuyordu. Kâinatın Efendisinin mübarek sözlerini hatırlamıştı. Bir defasında, Resûlüllah, evlerine teşrif etmiş ve orada birazcık uyumuştu. Uyandığında tebessüm ettiğini görünce sormuştu:

"Anam babam sana fedâ olsun Yâ Resûlallah! Niçin gülüyorsun?" Peygamber Efendimiz şöyle buyurmuştu:

"Rüyamda ümmetimden bir topluluğun gemilerle denize açıldığını gördüm; onun için sevincimden güldüm."

Bu sözleri işitince dayanamayıp:

"Peki, Yâ Resûlallah! Dua et de ben de onların arasında olayım." demişti. Bunun üzerine Peygamber Efendimiz müjdeyi vermişti:

"Evet, sen de onların arasındasın ve ilklerindensin."

Akdeniz'in mavi sularında kayarcasına giden, ilerdeki muhteşem İslâm donanmasının öncüleri olan gemidekiler büyük bir şevk içerisindeydi. Sanki bayram yerine gidiyormuşçasına sevinç dolu idiler. Hz. Ümmü Haram'ın (ra) şevki ve süruru hepsinden fazla idi. Resûlüllah'ın yıllar önce verdiği müjde o gün tahakkuk etmişti.

Hz. Ümmü Haram (ra) sefere birlikte çıktığı kocası, Hz. Ubade İbni Samit'e (ra) yıllar önce cereyan eden hâdiseyi hatırlattı. İkisi de o günü yeniden yâdettiler ve Resûlüllah'a salât ü selâm gönderdiler.

Hz. Ümmü Haram'ın (ra) bulunduğu bu İslâm donanması Kıbrıs'ın fethine gidiyordu. Hz. Muaviye (ra), Halife-i Müslimîn Hz. Osman'a (ra) müracaat ederek:

"Ya Emîre'l-Mü'minîn! Bir donanma kurmak ve İslâm dinini denizaşırı ülkelere götürmek ve Kıbrıs'ı fethetmek istiyorum, ne dersin?" demiş, Hz. Osman (ra) da müsaade ederek, derhal hazırlığa başlanılmasını istemiştir. Bunun üzerine Hz. Muaviye (ra) bir yandan gemileri inşa ettirirken öte yandan da cihad için asker toplamaya koyulmuştu.

Hz. Muaviye'nin (ra): "Ey Müslümanlar! Allah için can fedâ edecek varsa bize katılsın. Biz Allah'ın inâyetiyle Kıbrıs üzerine yürüyeceğiz!" şeklindeki dâvetini işiten Mü'minler akın akın gelerek gönüllü yazılmışlardı. Gönüllüler içerisinde, Hz. Ebu Zer (ra), Hz. Ebû Derda (ra) hz. Ubade ibni's-Sâmiti'l-Ensarî (ra) ve daha bir çok sahabe vardı.

İslâm ordusu Kıbrıs'a ayak bastığında, Hz. Ümmü Haram'ın (ra) sevincine diyecek yoktu. Ezan-ı Muhammedî'nin yeni bir beldede çınlamaya başladığını görmek onu ziyâdesiyle mesrur etmişti.

Kıbrıs'ta çarpışmaların ilk günlerinde Hz. Ümmü Haram (ra) rahatsızlandı. Hastalığı ağırlaşınca, kocasına ve yakınlarına, kendisini Kıbrıs'a defnetmelerini vasiyyet etti. Daha sonra okunan Kur'an sesleri arasında, kelime-i şehâdet getirerek ruhunu Rahman'a teslim etti.

İslam Mücahidleri, bu kahraman mücahideyi Kıbrıs'a defnettiler.

Kıbrıs topraklarının mânevi bekçileri arasında, nice şehidlerle birlikte Resûlüllah'ın halazâdesi Hz. Ümmü Haram (ra) da bulunmaktadır.

Cennetle müjdelenen
HZ. SA'D B. EBİ VAKKAS (RA)

Hz. Sa'd b. Ebi Vakkas'ın (ra) hastalığını duyan Mü'minler, akın akın, Medine'ye on mil mesafedeki Akik'e koşuyorlardı. Hz. Sa'd bir müddettir bu sakin yerde yaşıyor, bütün vaktini ibâdetle geçiriyordu.

Cennetle müjdelenen on kişiden birisi olan Hz. Sa'd'ın (ra) menkıbelerini herkes bütün teferruatıyla biliyordu. Henüz on yedi yaşında iken İslâmiyetle müşerref olan bu muazzez sahabî ömrünün her ânını Kur'an'a hizmetle geçirmişti.

İran Fâtihi olan Hz. Sa'd, Müslüman olduğu esnada en yakınlarından bile işkence ve hakaret görmüştü. Öz annesi kendisine en ağır baskıyı yapmış, İslâmiyyetten dönmediği takdirde yemeyi içmeyi terkedeceğini söylemişti. Sonunda dayanamayan Hz. Sa'd, annesine şöyle demişti:

"Ey anne! Senin yüz canın olsa ve her birini İslâmiyyeti bırakmam için versen, ben yine dinimde sâbit kalırım. Artık ister ye, ister yeme!"

Cenab-ı Hak, Ankebut Suresi'nde (8. ayet) Hz. Sa'd'ın bu davranışına şu şekilde işaret buyurmuştur:

"Biz, insana, ana ve babasına iyilikte bulunmasını tavsiye ettik. Bununla beraber hakkında bilgi sahibi olmadığın (ilâh tanımadığın) bir şeyi bana ortak koşmak için sana emrederlerse, artık onlara (bu hususta itâat etme! Dönüşünüz ancak banadır. Ben de, yaptığınızı (amellerinizin karşılığını) size haber vereceğim!"

Peygamber Efendimizin iştirak ettiği bütün savaşlara katılan ve pek çok defa Kâinatın Efendisinin duâsına mazhar olan Hz. Sa'd, M. 678 senesinde ağır şekilde hastalandığında seksen yaşını geçmişti.

Hz. Sa'd (ra) kendisini ziyarete gelenlere, nasihatlerde bulundu, Âhiret hayatı için tedarik görmelerini ve bunu ihmal etmemelerini söyledi. Daha sonra yakınlarından, itina ile sakladığı cübbesini istedi. Getirilen cübbe, delik deşikti.

Hz. Sa'd cübbeyi eline aldı. Bir dostla karşılaşmışçasına muhabbetle bağrına bastı. Orada bulunanlara dönerek şöyle dedi:

"Bu gördüğünüz cübbe, Bedir harbinde müşriklerle karşılaştığım esnada sırtımda bulunan cübbedir. İçindeki delik ve yırtıklar da müşrik ok ve kılınçlarının darbeleriyle açılmış olan yerlerdir. O'nu bugüne kadar bu maksatla saklıyordum. Şimdi beni bu cübbenin içine sararak mezarıma bırakmanızı vasiyet ediyorum."

Hz. Sa'd (ra) kendisini candan sevenlerin okudukları Kur'an sadâları arasında rûhunu Rahmân'a teslim etti.

Hz. Sa'd'ın (ra) cenazesi Medine'ye nakledildi. On millik mesafe boyunca mübarek cenazesi binlerce Mü'minin elleri üzerinde taşındı. Cenaze namazı Mescid-i Nebevî'de kılındı ve Medîne'de defnolundu.

Beşinci halife, gençlerin efendisi
HZ. HASAN (RA)

Hz. Hasan (ra) altı ay hilâfet makamında kaldıktan sonra bu makama dikilen pek çok hırslı gözlerin bakışlarından, o göz sahiplerinin dedikodusundan rahatsız olmuş ve dünyayı makamıyla, mevkiiyle tamâmen terk edip, inzivaya çekilmeye karar vermişti. Kararının hemen akabinde dediğini yapmış ve hilâfetten çekildiğini açıklamıştı.

Mevki ve makam sevdâlıları onun bu kararına rağmen, ilerde makamları tehlikeye düşer endişesiyle, çeşitli desîseler peşinde koşmaya başlamışlar ve son derece müttâkî olan Kâinatın Efendisinin bu sevgili torununu defalarca zehirletmişlerdi. Ne acıdır ki, onu zehirleyenler arasında, Eş'as İbn-i Kays'ın kızı olan zevcesi Ca'de de vardır.

Ca'de, Hz. Hasan'ı (ra) defalarca zehirledi. Her defasında Allah'ın izniyle şifaya kavuştu.

Medine'de devamlı ibâdetle meşgul olan Hz. Hasan (ra) kendisine yapılan onca haksızlık ve zulme aldırış etmiyor ve aleyhinde çalışanları, hayatına kastedenleri cezalandırmak için teşebbüs bile etmiyordu... Mü'minler arasında kargaşa çıkmaması için hayatını seve seve fedâya hazırdı...

Ca'de, kocasını öldürmek gibi canavarca düşünceden

vazgeçmemişti. Bir gün Hz. Hasan'ın (ra) yattığı odaya yaklaştı, açık kalan pencerenin hemen yanındaki su kabının içerisine çok tesirli olan zehiri boşalttı.

Hz. Hasan (ra) bu sudan içer içmez, kıvranmağa başladı. Zehir derhal tesirini göstermişti. Hz. Hasan bu defa âhiret kapısını çalmak üzere olduğunu anladı. Kardeşi Hz. Hüseyin'i çağırttı. Ona şu vasiyyette bulundu:

"Benim anladığıma göre, Allahu Teâlâ biz ehl-i beytte nübüvvet ile hilâfeti cem' etmeyecek. Lâkin korkarım ki, Kûfe süfehâsı (sefihleri) seni rahat bırakmayıp dâvâya kıyam ettirirler.

"Ben daha evvel Âişe'den izin almıştım. Vefâtımda yine müsaâde iste. İzin verirse Resûl-i Ekrem'in yanında defnet. Amma fitne korkusu olursa makâbir-i Müslimîn (Müslümanların kabirleri) arasında defnediver."

Hz. Hasan (ra) daha sonra, çocuklarını kardeşine emânet etti. Onların tahsil ve terbiyeleri ile meşgul olunmasını istedi.

Hz. Hüseyin (ra) kendisini zehirleyenleri öğrenmek isteyince, "Bize düşen, sabır ve teslimiyettir" diyerek, isim vermedi.

Durumu ağırlaştıkça, dualar okumaya, tekbir getirmeye başladı. Bir ara telâşlı bir hâlet-i rûhiyeye büründü. Kardeşi Hz. Hüseyin, ellerini tutarak şöyle dedi:

"Ölümü sakin ve telâşsız karşılamak gerekir"

Hz. Hasan (ra) şu karşılığı verdi:

"Nasıl telâşlanmam? Şu anda Allah'ın bir benzerini dünyada göstermediği heybetli emrine giriyorum! Bu güne kadar mislini görmediğim bir takım mahlûkları da görüyorum, nasıl telâşlanmam?"

Bu sözleri söyledikten sonra kelime-i şehâdet getirmeğe başladı. Cümlesini tamamlar tamamlamaz da rûhunu Rahmân'a teslim etti.

Hz. Hasan'ın (ra) vefat ettiğini duyan Medîneliler ağlaşmağa başladılar.

Hz. Hüseyin (ra) kardeşinin vasiyyetini yerine getirmek için, Hz. Aişe'ye (ra) giderek, Hz. Hasan'ı (ra) Peygamber Efendimizin yanına defnetmek için izin istedi. Hz. Aişe (ra) izin verince de derhal defin hazırlığına başladı.

Hz. Hasan'ın Hücre-i Saâdete defnedileceğini haber alan Benî Ümeyye'den Mervan İbni'l Hakem, yakınlarını başına toplayarak; "Biz, hücre-i saâdete kimseyi defnettirmeyiz" diye itirazda bulundu. Onların bu hareketini haber alan Hz. Ebû Hüreyre (ra) yanlarına gidip:

"Hasan'ın cedd-i emcedi (yüce dedesi) yanında defnine mâni olmak zulümdür. Büyük günâhtır." dedi ve Emevîlere nasîhatta bulundu.

Hz. Ebu Hüreyre, nasîhatın kâr etmediğini ve Emevîlerin, icabında çarpışmayı göze aldıklarını görünce, doğruca Hz. Hüseyin'in (ra) yanına gidip şöyle dedi:

"Birâderin sana 'fitne korkusu olmazsa beni Hücre-i Saâdete defnet!' demişti. Bu hal ise fitnedir."

Hz. Ebu Hüreyre'nin bu görüşüne iştirak eden Hz. Hüseyin (ra) Müslümanlar arasında kargaşa çıkmasın diye, birâderini Bakî mezarlığına defnetti.

Zalim Haccac'ın gadrine uğrayan muazzez sahabi

HZ. ABDULLAH B. ÖMER (RA)

Hz. Abdullah b. Ömer (ra) çok mahzundu. Mekke-i Mükerreme'de hak ve adâlet nedir bilmeyen Haccac ve askerlerinin dolaşması onu müteessir ediyordu.

Ömrü boyunca, İslâm'a, Kur'an'a hizmet için gayret göstermiş olan Hz. Abdullah (ra), hakikatleri ne bahasına olursa olsun haykırmaktan geri durmuyordu. Haccac'a sık sık itiraz ediyor ve "sen sefih ve az akıllı birisin" demekten çekinmiyordu.

Bir Cuma'da Haccac'ın hutbeyi uzattıkça uzatması, işi gücü olanı, hastaları, ihtiyarları düşünmemesi karşısında dayanamamış ve itiraz ederek, hutbeyi uzatmamasını söylemişti. Bu itiraz karşısında müthiş öfkelenen Haccac:

"Şimdi senin boynunu vuracağım geliyor, ne konuşuyorsun?" deyince de yine pervâsızca:

"Sen sefih ve az akıllı birisin, vurursun, vurursun..." demişti.

Pek çok mâsum insanın kanına giren Haccac elinden gelse, Hz. Abdullah b. Ömer'i (ra) bir an önce öldürtecekti. Ne var ki, herkes tarafından çok sevilen ve hürmet edilen Hz. Abdullah'ın öldürülmesinin büyük bir infiâle yol açacağını düşünüyordu.

Hz. Ömer'in (ra) oğlu olan Hz. Abdullah (ra) henüz çok küçük yaşta İslâmiyyetle müşerref olmuştu. Çocuk yaşta Bedir ve Uhud harbine iştirak etmek için çalışmış, fakat yaşının küçük olması yüzünden Peygamber Efendimizden izin alamamıştı. Kur'an hizmetinde bulunmak, o uğurda gerekirse canını fedâ etmek en büyük gâyesi idi. Bu bakımdan, değil Haccac, onun gibi yüzlercesi olsa yine de çekinmezdi. Bu hasletleri dolayısı iledir ki, Mü'minlerin gözbebeği haline gelmişti.

Devamlı olarak, "Ya Rabbî! Ben hiçbir dünyevî mevki ve makama talip değilim. Beni Cennete lâyık amel işlemedikçe huzuruna alma!" diye dua eden Hz. Abdullah (ra) kendisine yapılan halife olması teklifini reddetmiş, sebebini soranlara şöyle demişti:

"Benim halifeliğime iki kişi itiraz etse, ben hemen çekilirim." Bu derece ihtilâftan çekinmekte idi.

Haccac, Hz. Abdullah'ın (ra) yaşamasını kendi ikbâli için en büyük tehlike görüyordu. Bu muazzez sahabeyi kimseyi şübhelendirmeden öldürtmenin yollarını arıyordu. Sonunda, onu zehirleterek öldürmeye karar verdi. Ucu zehirli bir mızrak hazırlattı ve bunu bir adamına verdi.

Bu esnada Hz. Abdullah (ra) Hac vazifesini îfa etmeye uğraşıyordu. Dilinde, "Lebbeyk Allahümme Lebbeyk!" sözleri, kalbinde dopdolu Muhabbetullah Kâbe'yi tavaf ediyordu. Bu sırada Haccac'ın adamı yanına yaklaştı. Ucu zehirli mızrağı, kaza olmuş gibi ayağına sapladı. Zehir kısa zamanda tesirini gösterdi. Hz. Abdullah (ra) durumu ağırlaşmaya başlayınca, Kur'an-ı Kerim okumağa, dua yapmağa başladı. Ağzından Lâfzullahtan başka söz işitilmiyordu. Yapılan tedâvî netice vermedi ve Hz. Abdullah (ra) aldığı bu yaranın tesiri ile şehid oldu.

Ülkeye huzur ve refah getiren
adâlet timsali idareci

ÖMER B. ABDÜLAZİZ

Ömer b. Abdülaziz'in hilafete geçtiği andan itibaren ülkede bir huzur ve refah dönemi başlamıştı. Ülkede adâlet hükümfermâ idi. Halife, mazlumun en yakın dostu, zâlimin amansız hasmı idi.

Emevi Halifelerinin sekizincisi olan Ömer b. Abdülaziz, son derece âlim ve müttaki bir zattı. Ömrünü i'la-yı kelimetullah dâvâsına adamıştı. İslâm'ın nurunu cihâna yaymak için geceli gündüzlü uğraşıyor, dört bir yana tebliğ heyeti gönderiyordu. Hadis-i şerifleri bir araya toplatmağa ve tasnif ettirmeğe başlamıştı.

İslâm Âlimlerince ittifakla birinci asrın müceddidi olarak kabul edilen bu zât hakkında Süfyan-ı Sevri Hazretleri şöyle demektedir:

"Hulefâ beştir: Ebu Bekir, Ömer, Osman, Ali ve Ömer İbn-i Abdülaziz'dir."

İmam-ı Şafiî Hazretleri de aynı kanaatta olduğunu belirtmiştir.

Annesi tarafından Hz. Ömer'in (ra) torunlarından olan Ömer b. Abdülaziz pek çok yönden ikinci halifeye benzemekte idi. Bu bakımdan kendisine İkinci Ömer denilmiştir.

Ömer b. Abdülaziz, mevki ve makam sevdâlısı bazı şahıslar dışında herkes tarafından çok sevilmekte idi. Ömer b. Abdülaziz'e kin duyanlar, ondan sonra halife olmayı ümid eden Emevî sülâlesinden bazı kimselerdi. Ömer b.

Abdülaziz işe, halifeliğe sülâleden bir şahsın değil de, mü'minlerin en layığının seçilmesi fikrini müdafaâ ediyor ve halifenin seçimle tesbiti için çalışmalar yapıyordu.

Gözlerini makam hırsı bürümüş olanlar bu duruma tahammül edememekteydi. Bu mümtaz şahsiyeti öldürmenin planlarını yapmaya başlamışlardı. Doğrudan teşebbüs etseler, kendi kuyularını kazmış olacaklardı. Bu bakımdan, öldürme işini, Ömer b. Abdülaziz'in bir kölesine yaptırmayı uygun gördüler ve bol para vaadiyle köleyi kandırdılar. Ömer b. Abdülaziz, Benî Ümeyyenin ileri gelenleri tarafından tutulmuş olan köleye zehirlettirildi. Zehrin tesiri yavaş yavaş kendini gösteriyordu. Hekimler tedavinin kâr etmediğini görerek üzülmüşlerdi. Ömer b. Abdülaziz onları teselli etti ve bekâ âlemine gitmekten endişe etmediğini, kendisinden sonra hilâfete lâyık olmayan bir kişinin geçerek, Mü'minlere zarar vermesinden endişe ettiğini söyledi. Kendisini ziyârete gelenlerle helâlleşti ve onlara nasîhatlerde bulundu.

Kayınbirâderi Mesleme b. Abdü'l-melik de kendisini ziyarete gelmişti. Mesleme, Ömer b. Abdülaziz'in sırtındaki gömleğin kirli olduğunu görünce, hemşiresi Fâtıma'ya serzenişte bulundu ve:

"Emîrü'l-Mü'minînin esvâbını yıkayınız!" dedi.

Bir gün sonra tekrar gelen Mesleme, gömleğin yıkanmamış olduğunu görünce, öfkelendi ve hemşîresine, "Ben size gömleği yıkayınız, diye emretmedim mi?" diye çıkıştı.

Ömer b. Abdülaziz'in muhtereme zevcesi kardeşine şu cevabı verdi:

"Vallahi başka gömleği yok ki, onu giydirelim de bunu yıkayalım." Mesleme bu cevap karşısında gözyaşlarını tutamadı. Halîfe-i Müslimîn, hilâfeti esnasında, kendisine yeni bir elbise alacak kadar parayı devlet hazinesinden almaya çekinmişti. Hakkı olan maaşı dâhi almamıştı.

Ömer b. Abdülaziz M. 101 tarihinde Şam'da vefat etti. Binlerce Mü'min onun ardından gözyaşı döküyordu...

Dinden tâviz vermediği için
işkencelere mâruz kalan müçtehid
İMAM-I MÂLİK

Dört hak mezhepten biri olan Malikî Mezhebinin imamı, İmam-ı Malik Hazretlerine de, Ebu Hanife'ye olduğu gibi, âlimleri kendi ihtirasları istikametinde kullanmak isteyen idareciler musallat olmuştu. Abbasilerin Medine valisi, doğru olan neyse onu kabul etmeye yanaşmamış, illâ kendi görüşünü kabul ettirmeye uğraşmış, bu arzusunu da İmam-ı Malik'ten alacağı bir fetva ile teyid etmek istemişti. Ne var ki, İmam-ı Malik gibi ömrünü, Hakka ve Kur'an'ın nurlu hakikatlerine adayan birisinin böyle bir davranışta bulunması mümkün müydü?.. Valinin teklifini kesin bir ifadeyle reddetti ve böyle bir teklifte bulunmanın bile ne kadar yanlış bir hareket olduğunu söylemekten çekinmedi.

Doğrunun söylenmesini hazmedemeyen vali, yaşı hayli ilerlemiş olan İmam-ı Malik'in dövülmesi ve bu suretle fikrinden caydırılmasını emretti. Bu emri alan gözü dönmüş adamlar, halkın gözbebeği olan bu büyük âlimi acımasızca dövdüler.

İmam-ı Malik'in omuzları çıktı, vücudunun her tarafı yara bere içerisinde kaldı. O vaziyette iken bile, hakikatı haykırmaktan geri durmadı.

Talebeleri ve ahâli onun bu vaziyeti karşısında ağlaşmaya başladılar. İmam-ı Malik ise onları teselli ediyor ve zâlimin zulmünün yanına kâr kalmayacağını söylüyordu. Bu yaranın tesiriyle bekâ âlemine göçtüğünde taşkınlıkta bulunulmamasını, kendisi için dua edilmesini istedi. Çok geçmeden de H. 179 senesinde Medine'de vefat etti.

Büyük âlime zulmeden vâlinin isminin, o devirde ve daha sonraları nefretle yâdedilip, daha sonra da adının, sanının unutulmasına mukabil, Mü'minler, İmam-ı Mâlik'i asırlar boyunca unutmayıp, rahmetle yâdettiler ve bu büyük mazlumun ruhunu her vesile ile şâd etmekten geri durmadılar.

Dinin bir tek hükmünden tâviz vermemek için kırbaçlanmayı, zindanı göze aldı

AHMED İBN-İ HANBEL

Bizzat halife Mu'tasım'ın kabul edip yaymaya çalıştığı bir görüş, Mü'minleri kalbinden yaralamıştı. Koskoca Halife bunu nasıl söyleyebilirdi. Halife Me'mundan sonra Mu'tasım da, Kur'an-ı Kerim'in, mahlûk olduğuna inanmıştı. Üstelik Mu'tasım işi daha da ileri götürmüş ve ülkenin dört bir yanına şu haberi salıvermişti:

"Bütün âlimler sorguya çekilecek, kim, 'Kur'an mahlûk değildir' derse, derhal başı kesilip Bağdat'a gönderilecektir."

Bu bâtıl fikrelk karşı çıkan, İmam Ahmed İbn-i Hanbel olmuştu. Kur'an-ı Mahlûk, yani, Allah'ın kelâmı değil de, O'nun yarattığı bir varlık olduğu şeklindeki uydurulmuş iddiayı şiddetle reddetmiş ve:

"Kur'an mahlûk değildir! Allah'ın sıfatları gibi O'ndandır ve O'nunladır!" demişti.

Halîfenin kesin emrini işiten talebeleri ve ahâlî Ahmed b. Hanbel'e:

"Hayatın tehlikede. Kalben inanmasan bile, yalnızca dilinle istediklerini şeyleri söylesen olmaz mı?" diye yalvarıyorlardı.

Dört hak mezhepten birisi olan Hanbelî Mezhebinin imamı Ahmed b. Hanbel onlara şu cevabı veriyordu:

"Aslâ! Âlimler hakikatı söylemekten çekinirlerse, cahiller ne yapmaz? Âlimler Hakkı tesbit ve ilân vazifesini ifa edecektir?"

Yakalanarak Bağdat'a götürülüp, halîfenin huzuruna çıkarılan Ahmed İbn-i Hanbel gerçeği Halîfenin yüzüne haykırır. Buna çok öfkelenen Mu'tasım, değerli âlimin kırbaçlanmasını ve zindanda tutulmasını emreder. Bunun üzerine Ahmed b. Hanbel acımasızca kırbaçlanır.

Kırbaç darbeleri altında baygın düşen büyük âlim zindana atılır. Yaklaşık yirmi sekiz ay zindanda kalan İmam-ı Ahmed b. Hanbel kendisine başına gelenler hakkında ne düşündüğünü soranlara şöyle diyordu:

"Akıllarınca, Allah yolunda bir hayır işletmek için beni kırbaçlayanlara Allah'tan hidâyet dilerim!"

Büyük Müctehid'in sıhhati zindanda iyice bozuldu. Çıktıktan sonra hastalığı ilerledi. O vaziyette iken bile talebelerine ders vermeyi ihmal etmiyor, zaman zaman da ahâliye nasihatlerde bulunuyordu.

Ahmed b. Hanbel, H. 241 tarihinde uğradığı işkencelerin tesiri ile vefat etti. Onun vefatı bütün Mü'minleri üzmüştü. Herkes onu hürmet ve muhabbetle yâdediyordu...

Kamçı darbeleriyle şehid edilen
büyük müçtehid
İMAM-I ÂZAM EBÛ HANİFE

Yetmiş yaşındaki büyük âlimin her gün işkenceye mâruz kaldığı ülkenin dört bir yanına yayılmıştı. Herkes bu hadiseye büyük infiâl göstermişti. Nasıl olurdu?.. İslâm'ın nurlu yolunu gösteren bu muazzez zâta bu dehşet verici davranış nasıl lâyık görülürdü? Suçu ne idi ki?.. Mevki, makam kabul etmemek suç olur muydu?.. Her tarafta konuşulanlar bunlardı.

İmam-ı Şafiî'nin; "Bütün insanlar fıkıhta Ebû Hanife'nin talebesidir." sözleriyle tarife çalıştığı bu değerli İslâm büyüğü ise günlerdir zindanda türlü türlü işkence ve hakârete uğratılıyordu. Her gün yüz kamçı vurmaya başlamışlardı. Sık sık ta, Halife Ebu Ca'fer Mansur'un yaptığı, "Başkadılık" teklifini kabul etmesi söyleniyordu. Ebu Hanife de onlara:

"Haksız davrananların, zulmedenlerin emrine girmem!" diyordu.

Halife Ebu Ca'fer Mansur, zulümle hükümfermâ olan idarecilerin yaptığı gibi, âlimlerin nüfuzundan istifade etmek, onları makamına yapılacak hücumlara karşı bir sed olarak kullanmak istemişti.

Abbasi Halifesi, Ebu Hanife'yi ne yapıp edip Bağdad

Kadılığına tayin etmeyi, böylece, halkın şahsına karşı tepkisini bir nebze azaltmayı kafasına koymuştu. Fakat, Halife, İmam-ı Azam'ı iyi tanıyamamıştı. Hangi idareci olursa olsun, kim olursa olsun, her zaman doğruyu söyleyen ve herkese doğru yolu gösteren Ebu Hanife ömrü boyunca Hakkın hatırını bütün mevki ve makamlardan yüksek tutmuş ve onu hiç bir şeye değişmemişti. Hakkı müdafaâ uğruna hayatını fedâdan çekinmediğini pek çok defa göstermişti. Buna rağmen, Ebu Cafer ısrar edip duruyordu.

Ebu Hanife kendisine yapılan zulümlere rağmen yine idarecileri doğru yola dâvet ediyor, haksızlık ve zulümden vazgeçmelerini, adâletle hükmetmelerini tavsiye ediyordu.

Sonunda Ebu Hanife'ye işkence yapanlar da yaptıklarından utanmaya başlamışlardı. Ne var ki, cesaret edip Halifeye işkenceden vazgeçmesi için ricada bulunamıyorlardı. Bir ara, Ebu Cafer'in itibar ettiği kişiler vasıtasıyla durum söylendi. Mansur yumuşayacağına daha da öfkelendi. O kadar işkenceye rağmen, Ebu Hanife'nin teklif ettiği mevki ve makamı elinin tersiyle itmesi gururuna dokunmuştu. Daha önceleri, Ebu Hanife'nin sık sık ikaz edişini, hakikatleri yüzüne haykırışlarını ve hediyelerini reddedişlerini hatırladı. Hediyeyi niçin reddettiğini sorduğunda Ebu Hanife şu cevabı vermişti:

"Siz bana kendi malınızdan değil, beytü'l maldan, yâni Müslümanların malından, hazineden hediye gönderdiniz. Benim ise bunda hiç bir hakkım yoktur."

O konuşmalarında tekrar kadılık teklifinde bulununca İmam-ı Azam'dan şu cevabı almıştı:

"Ben bu işe lâyık değilim. Senin etrafında bir alay maiyetin var ki, ihsan ve ikram beklerler. Onlardan birini seç!"

Mansur, bu sözler karşısında öfkelenmekten kendisini alamayıp:

"Yalan söylüyorsun, sen bu işe layıksın" diye bağırınca da Büyük fıkıh âliminin şu cevabı suratında kamçı gibi şaklamıştı:

"İşte şimdi sen de benim hükmümü tasdik ettin. Eğer ben yalan söylüyorsam, yalancı birini başkadı yapmak câiz midir? Eğer doğru söylüyorsam, olamayacağımı itiraf ediyorum, kabul etmen gerekir!"

Halife Mansur bu cevap karşısında susmuş ve akılla, mantıkla, başa çıkamayacağını anlayınca zora müracaat etmişti.

İşkencelerin günden güne artması üzerine Ebu Hanife, Cenab-ı Hakka şu şekilde niyazda bulundu: "Allah'ım, kudretinle benden onların şerrini uzak kıl!" Bu duâdan bir kaç gün sonra, Ebu Hanife, kamçı darbelerinin tesiri ile şehid oldu.

Hüccet-ül İslâm
İMAM-I GAZALİ

Yazdığı değerli eserlerin yanı sıra, evinin yanında yaptırdığı binalarda talebe yetiştiren İmam-ı Gazalî, son günlerde daimâ âhiretten bahseder olmuştu.

O gün de akşama kadar talebelerine ders vermiş, yatsı namazından sonra yine onlarla uzun uzun sohbet edip, iman hakikatlerinden ders yapmıştı.

Gecenin büyük bir kısmını ibâdetle geçirirdi. O gün de öyle yapmıştı. Birazcık uyuduktan sonra uyanmış ve sabah namazı için abdest almıştı.

Sabah namazını kıldıktan sonra, yakınlarına seslenerek kefenini istedi. (Kefenini çok önceden hazırlatmıştı) Yakınları şaşırmıştı. O zamana kadar, "Hüccetü'l-İslâm" hiç böyle bir talepte bulunmamıştı. Bir hikmete binaen söylediğini anlayarak derhal getirdiler. İmam-ı Gazalî, kefeni aldıktan sonra öpüp başına koydu. Yüzüne gözüne sürdü. Daha sonra şöyle dedi:

"**Ey benim Rabbim ve Mâlikim, emrin başım, gözüm üstüne!**"

Bu sözleri işiten yakınları, talebeleri bu büyük âlimin dünyaya vedâ edeceğini hissederek böyle dediğini anlayıp, gözyaşı dökmeğe başladılar. İmam-ı Gazali ise elinde kefen kıbleye döndü. Âyet-i kerimeler okudu, tekbir getirdi, kelime-i tevhîdi devamlı sûrette tekrarlamağa başladı. Daha sonra secdeye varırcasına yüzü koyun uzandı. Yakınları, bir müddet beklediler, bir hareket göremeyince tutup kaldırdılar. Büyük âlimin Rûhunu Rahman'a teslim etmiş olduğunu görerek ağlaşmağa başladılar.

Dilinde Lâfzullah ile Bekâ âlemine göçen İmam-ı Gazali, geride kendini ebediyyen unutturmayacak beşyüzden fazla eser bırakmıştı.

Onun açtığı yolda asırlarca
Kur'an âşıkları yetişti
ŞÂH-I NAKŞİBEND

Ömrünü Kur'an hakikatlerini anlatmakla geçiren Şah-ı Nakşibend (Muhammed Bahaeddin) hazretleri hastalanınca, yakınlarını, talebelerini çağırdı, onlarla helâlleşti.

Şâh-ı Nakşibend'in hastalandığını duyan uzak yerdeki talebeleri, müritleri de Kasr-ı Ârifan'a koşuşmağa başladılar. Kendilerine İslâm'ın nurlu yolunu gösteren zâtı ziyaret edip, helâllık diliyorlardı. Şah-ı Nakşibend Hazretleri de, gelenlerle helâlleşiyor, onlara nasihatlerde bulunuyordu.

Verdiği Kur'an dersleriyle, dinleyenlerin kuvve-i imâniyye kazanmalarını temin eden Şah-ı Nakşibend Hazretleri, âhiret âlemine gitmeden önce bu fâni dünyada bırakacaklarıyla vedâlaşıyordu. Hâli, bir müddet misafir kaldıktan sonra, misafir kaldığı yerin ahâlisine ve o beldeye vedâ eden yolcunun hâline benziyordu. Talebeleri, bu büyük âlimin son ânıyla da büyük ders verdiğini düşündüler.

Devrin en meşhur âlimlerinden ders alarak yetişen Şah-ı Nakşibend Hazretleri, hem ilim hem de tasavvuf sahasında kemâle erdikten sonra, talebe yetiştirerek, vâz ü nasihatlerde bulunarak hizmete koyulmuştu. Şâh-ı Nakşibend'in bir hususiyeti de kerametlerini gizlemesiydi. "Kerâmeti gizlemek, göstermekten daha büyük kerâmettir. Esas olan, Hakkın rızasını ihlaslı bir şekilde muhâfaza etmektir", diyordu. Fakat pek çok talebeleri onun kerâmetlerine şâhit olmuşlardı. Şeyhlerinin başucunda, ona bir İkram-ı İlâhi olarak verilen kerâmetlerini düşünüyorlardı.

Bir defasında, bir talebesi yolda gelirken bir köylü ile münakaşa etmişti. Şâh-ı Nakşibend Hazretlerinin yanına varınca, şeyhinin kendisine iltifat etmediğini ve yüzünü çevirdiğini görmüş, sebebini sorunca şu cevabı almıştı:

"Sen bir mü'min kardeşinin kalbini incitmedin mi?"

O anda durumu anlamıştı. Şâh-ı Nakşibend Hazretlerinin;

"Git, onunla helâlleş. Yoksa benden iltifat göremezsin." şeklindeki ikazı üzerine gidip köylüyü bulmuş, onun gönlünü almaya çalışmış, ancak muvaffak olamamıştı. Çârnâçar geri dönüp durumu anlatınca, bu defa Şâh-ı Nakşibend Hazretleri gidip köylüyü bulmuş ve ona:

"Talebemin işlediği kusuru kendim işlemiş kabul ediyorum. Hakkını helâl et!" demişti. Köylü mahcubiyet içerisinde hakkını helâl ettiğini söyleyince de talebesi nâmına sevinmişti.

Yine bir defasında, bir başka talebesi ile yolculuk yaparken, karanlık bastırmıştı. Talebesi korkuya kapılınca, şeyh teselli etmiş, kâr etmeyince bir müddet sonra yanlarında bir ışık belirivermişti. Bu ışık gidecekleri yere kadar kendilerini takip etmiş ve etrafı aydınlatmıştı.

Şâh-ı Nakşibend Hazretlerinin hasta yatağının çevresine toplanmış olan talebe ve yakınlarının hemen hepsi onun kerâmetlerine şâhit olmuşlardı. Bu son ânı diğer kerâmetlerinden daha da büyük ders verici idi.

    Şâh-ı Nakşibend Hazretleri Âhiret âlemine gitme vaktinin yaklaştığını hissedince; etrafındakilere dönerek, "Kur'an-ı Kerim okuyunuz!" dedi. Talebeleri Kur'an-ı Kerim okumağa başladılar. kendisi de devamlı olarak kelime-i şehâdet getiriyordu. Bu durumu gören talebeleri gözyaşlarını tutamıyordu.

    Talebeler Yâsin sûresini okurken, Şâh-ı Nakşibend hazretleri de âyet-i kerimeleri tekrar ediyordu. Surenin tam yarısına gelmişlerdi ki âniden odanın nurla dolduğunu gördüler. Hayretle birbirlerine baktıktan sonra, bakışlarını Şâh-ı Nakşibend hazretlerinin yüzüne kaydırdılar. Şâh-ı Nakşibend hazretlerinin bekâ âlemine göçtüğünü görünce, nurlar içerisinde ebedî âleme giden üstadlarının ardından gözyaşı dökmeğe başladılar.

Haçlı ordularını perişan edip
Kudüs'ü işgalden kurtaran kahraman
SELÂHADDİN EYYÛBÎ

Kudüs'ün imamı Şeyh Murad Efendi, Selâhaddin Eyyûbî'nin yanına vardığında, onu devamlı tekbir getirirken buldu.

Selâhaddin Eyyûbî Şeyh Murad Efendi'nin içeri girdiğini görünce yatağından doğrulmaya çalıştı, fakat kımıldayamadı. Her zaman ulemâya hürmet etmiş, onların rahatça ilme çalışmaları için gerekli şartları hazırlamıştı. Son ânının geldiğini hissedince de, zevcesine: "Hoca Efendiye haber gönderin, gelsin de Kur'ân-ı Kerim okusun... Ben Hak yoluna vâsıl olacağım" demişti.

Şarkın bu sevgili sultanının hastalığı herkesi derinden üzmüştü. Onun yaptığı hizmetleri bilenlerin, görenlerin üzülmemesi mümkün müydü?..

Şiî Fatımîlerin saltanatına son vererek, bütün İslâm âleminin takdirini kazanan Selahâddin Eyyûbî, Mısır'dan başka bir çok ülkeyi de idaresi altına almıştı. Yemen, Hicaz, Suriye, Lübnan ve Filistin gibi beldeler onun idaresinde tek devlet halinde sırt sırta vermişti. Selâhaddin Eyyûbî'nin gâyesi İttihad-ı İslâm'ı temin etmekti. Kendisini İslâm'ın hizmetkârı biliyor ve İslâm âleminin her türlü meselesini halletmek için uğraşmayı en mühim vazife addediyordu.

İslâm ülkelerinde kısmen birliği temin ettikten sonra Haçlıların üzerine yürümüş ve 5 Temmuz 1187'de büyük Haçlı ordusunu tamamen imha ederek, Kudüs'ü 88 yıl devam eden Haçlı işgalinden kurtarmıştı. Bu zafer üzerine sadece İslâm âleminin değil, bütün dünyanın da takdirini kazanmıştı. Çünkü, Haçlılar Kudüs'ü işgal ettiklerinde, binlerce masum insanın yanı sıra hayvanları bile kılıçtan geçirmişken; Selâhaddin Eyyûbî, Hıristiyanlara dokunmamış, onlara bütün hak ve hürriyetlerini iâde etmişti.

Üçüncü Haçlı Seferi ile teşekkül ettirilen ordulara karşı da yaman bir mücadele veren ve onları perişan eden Selâhaddin Eyyûbî, dünya tarihinde mümtaz bir yere sahip olmuştu.

İşte, dünyanın hayranlıkla yâdettiği bu namlı kahraman şimdi son ânını yaşamakta idi.

"Hakkınızı helâl ediniz" diye bütün yakınlarıyla, kumandanlarıyla, devlet idareceleriyle, ulemâ ile helâlleşen Selâhaddin Eyyûbî'nin hâli herkese çok tesir etmişti. Odada bulunanlar artık gözyaşlarını saklamıyorlardı. Yalnız Şeyh Murad Efendi metanetini muhafaza etmekteydi. Bir ara Kur'ân-ı Kerim'e hâtime verdi ve Selâhaddin Eyyûbî'nin baş ucuna gelerek vasiyyette bulunmasını söyledi. Selâhaddin Eyyûbî şöyle dedi:

"Benim vasiyyetim, ümmetin saadet ve huzurunu dilemekten başka bir şey değildir."

Daha sonra eliyle yine Kur'ân-ı Kerim okunmasını işaret etti. Şeyh Murad Efendi ruhların derinliklerine nüfuz eden sesiyle okumağa başladı. Kur'ân-ı Kerim okundukça Selâhaddin Eyyûbî'nin yüz ifadeleri değişiyor, hastalığın vermiş olduğu sıkıntının izleri yüzünden yavaş yavaş siliniyordu. Bir ara, bu İslâm kahramanının yavaş sesle bir şeyler söylediği görüldü. Kelime-i şehâdet getiriyordu. Tam cümlesini tamamlamıştı ki, vücudundan bütün hayat emâreleri kayboldu. Bekâ âlemine göçmüştü...

Camilerde merakla bekleşen ahâli, müezzinlerin salâ verdiğini duyunca durumu anlayıp gözyaşı dökmeğe başladı. Herkes, kendilerine müreffeh bir istikbal hazırlamak için çırpınmış olan idarecilerinin ardından ağlamaktaydı.

Cuma günü kılınan cenaze namazında mahşerî bir cemaat vardı. Tabut, pek çok savaşlara götürülmüş olan sancağın altına konulmuştu. Sanki, Selâhaddin Eyyûbî orduların başında, elinde sancak, hücumdan önce safları teftiş eder gibiydi...

Selâhaddin Eyyûbî toprağa verilirken, kumandanlarından Mahmud Han elinde tuttuğu bir kılıcı havaya kaldırarak şöyle diyordu:

"Ey cemaat-i Müslimîn! İşte hükümdarımızın bütün serveti bu kılıçtan ibârettir."

Ülkeler fetheden koca hükümdar dünyaya aslâ iltifat etmemiş, varını yoğunu hizmet için harcamış, bu dünyadan ayrılırken üzerine yalnızca kefenini geçirmiş, geride kılıcından başka bir şey bırakmamıştı...

Hak aşkıyla pervâne gibi dönen
gönüller sultanı
MEVLÂNÂ

Mevlânâ'nın hastalandığını işiten uzak yerlerdeki talebeleri ve ahâlî Konya'ya akın ediyordu. Ömrü boyunca, Anadolu'ya İslâm'ın nûrunu yaymak için çabalayan bu muazzez mürşidi son bir defa ziyaret etmek, duâsını almak istiyorlardı.

Ziyarete gelenler Mevlânâ Hazretlerine, şifa dileğinde bulunuyorlardı. Mevlânâ'nın onlara cevabı şöyle oldu:

"Dilediğiniz şifa artık sizin olsun. Sevenle, sevilen arasında kıldan bir gömlek kadar bir şey kalmıştır. İstemez misiniz ki nur, nur'a ulaşsın."

Mevlânâ bir Şeb-i ârus, yâni "düğün gecesi" olarak vasıflandırdığı ölümle yüz yüze olduğu için mesuttu. Ölümün yokluk değil visal, yani binlerce ahbaba kavuşma ve onlarla hemhâl olma için bir vesile olduğu dersini vermiş olan Mevlânâ Hazretleri, son ânında da lisan-ı hâliyle ölüme güzel bir çehre vermekteydi. Bu fânî dünyada bıraktıklarından daha fazla olan, kabir kapısının ardındaki dostlarına kavuşacaktı.

Yakınlarına, talebelerine ve yanında bulunanlara dönerek şu vasiyyette bulundu:

"Size içinizden ve dışınızdan Allah'a takvâyı vasiyyet ederim. Ve az yemek yemeyi, az uyumayı, az konuşmayı, günahlarınızdan ıztırap duymayı, oruca devam etmeyi, namaza kalkmayı, şehvetleri bırakmayı, insanlara cefâ vesilesi olmamayı hatırlatırım. Sefihlerin, aşağı takımının sohbetlerini bırakınız ve yalnız sâlih olanlarla düşüp kalkınız. İnsanların hayırlısı insanlara faydalı olandır. Sözlerin hayırlısı da az ve mânâlı olandır."

Moğol âfeti ile yeis uçurumunun eşiğinde olan insanlara ümid mâyesi aşılayan ve Anadolu birliğinin çözülmesini mânen önlemiş olan Mevlânâ Hazretleri ruhunu teslim etmeden önce âyet-i kerimeler okudu. Bir ara eliyle uzakları işaret ederek şöyle dedi:

"Dostlarımız bizi bu taraftan çekiyor. Nâçar gideceğiz." Daha sonra ağır ağır kelime-i tevhidi söyleyen Mevlânâ Hazretleri sükût etti. Uykuya dalar gibi bir hâle büründü. Ruhu ten kafesinden uçmuş, bekâ âlemine gitmişti.

Mevlânâ Hazretlerinin cenazesinde bütün Konya ahâlisi bulunmuştu. Onların yanı sıra Anadolu'dan gelen binlerce insan cenaze merasimine iştirak etti.

Mevlânâ Hazretlerinin vefat tarihi olan H. 672 ebced hesabıyla "İbret" kelimesine tekâbül etmektedir. Aynı kelimenin iki defa söylenmesi, yani "ibret ibret" sözleri de H. 1344 (milâdî 1925) tarihine karşılık gelmektedir. Bu sene içerisinde, Mevlânâ Hazretlerininki de dahil türbelerin kapatılmış olduğu hatırlanınca, "ibret" sözü ile neyin kastedilmiş olduğu anlaşılmaktadır.

Mevlânâ Hazretlerinin sandukasının üzerinde kabartma şeklinde yazılar bulunmaktadır. Mesnevîden bazı beyitlerin yer aldığı bu yazılar da ziyaretçilere ders vermektedir.

Bu beyitlerin birkaçında şöyle denmektedir:

"Öldüğüm gün, tabutumu omuzlar üzerinde gördüğün zaman, bende bu cihânın derdi var sanma!

"Beni görünce hemen ağlama! 'Yazık, yazık, vah!' deme. Şeytanın tuzağına düşersen, işte asıl 'yazık-vah' demenin sırası o zamandır; 'yazık, vah, yazık!' o zaman denir."

"Mezar hapishane gibi görünür amma, aslında can'ın hapisten kurtuluşudur."

"Cenazemi gördüğün zaman 'ayrılık ayrılık!' deme. Benim buluşmam, görüşmem o zamandır. Beni mezara koydukları zaman, 'elvedâ-elvedâ' deme! Mezar, Cennet kapısının perdesidir."

"Canı, Sen aldıktan sonra, ölmek şeker gibi tatlı bir şey. Seninle olduktan sonra, ölüm candan daha tatlıdır."

Verdiği derslerin, yazdığı eserlerin tesiri asırlar boyunca devam eden Mevlânâ Hazretlerinin hizmetlerine âşina olanlar, onun şu sözlerini hiç hatırlarından çıkarmamışlardır:

"Öldükten sonra, kabrimizi toprakta aramayın! Bizim mezarımız, âriflerin sineleridir!"

Bizans'ın mağrur imparatoru
ROMANOS DİOGENES

Malazgirt'ten dönen Romanos Diogenes, Tokat'ta aldığı bir haberle beyninden vurulmuşa dönmüştü. Habere göre, kendisini İmparatorluktan alaşağı etmişlerdi. Yerine, Mihael Dukas'ı getirmişlerdi. Malazgird'e imparator ünvanıyla giden Diogenes, şimdi alelâde bir Bizanslıdan farksızdı. Bunu bir türlü hazmedemiyordu.

Diogenes yeni imparatora yazdığı mektupta, "Ben asker toplamak, para sarfetmek ve Hıristiyan dinini yüceltmek için elimden geleni yaptım. Gayretimde kusur göstermedim. Askerim az değildi ve tedbirde de bir hata yapılmadı. Bununla beraber zafer müslümanların elinde kaldı. Buna hiç kimse karşı koyamazdı. Ben hükümdarın eline düşünce bana ümit etmediğim şekilde iyi muamele yaptı."

Diogenes mektubunda, Malazgird öncesini ve sonrasını tafsilatıyla anlatmaktaydı.

İki yüz bin kişilik muazzam bir orduyla yola çıkmıştı. Giderken: Müslümanlar tarafından fethedilmiş bütün toprakları geri alacağını, üstelik, Suriye, Filistin, Mısır ve Irak'ı da alacağını söylemiş, hatta bu yerleri prensler ve diğer asilzadeler arasında pay etmişti.

Mağrur Diogenes, "Bütün camileri kilise yapacağım" demişti.

Savaş öncesi Alparslan'ın gönderdiği sulh teklif eden elçiye de çıkışmış ve mağrurcasına:

"Sultanınıza söyleyin, kendisiyle sulh müzakerelerini Rey'de yapacağım, ordumu Isfahan'da kışlatacağım ve hayvanlarımı Hemedan'da sulayacağım!"

Tastamam böyle demişti. Ya şimdi?.. İmparatorluğu elinden alınmış perişan bir zavallıdan ibaret olan kendisi şimdi ne haldeydi... Başını iki eliyle hapsetmiş bir vaziyette düşünüyordu. Geçmişini ve halini... Alparslan'ın elçisi Sav Tigin'in verdiği cevap beyninde yankılanmaya başlamıştı:

"Atlarınızın Hemedan'da kışlayacaklarından ben de eminim. Fakat sizin nerede kışlayacağınızı bilemiyorum!"

Sav Tigin'in dedikleri çıkmıştı. Bizans ordusunun bütün erzak, cephane ve malzemeleriyle birlikte atları da Selçuklular tarafından alınmış ve ihtimal ki Hemedan'a götürülmüştü. Kendisi ise, evet, kendisi ise küçücük bir kalenin taş bedenlerine sığınmıştı. Kendi milletinden kaçıyordu.

Yeni Bizans İmparatoru, Diogenes'e haberci göndererek, kaleyi terketmesini istemiş, Diogenes de cevap olarak, "Ben henüz hükümdarlıktan çekilmiş değilim!" demişti.

Kendisi daha İstanbul'a dönmeden, yerine imparator seçilmesini hazmedemeyen Diogenes etrafına birikenlerle birlikte yeni imparatora karşı çıktı. Fakat yapılan bütün savaşlarda yenildi. Yanındakiler, yeni imparatorun bol altın bahşişi teklifine kanarak Diogenes'i esir aldılar.

Kendi adamları tarafından tevkif edilen Diogenes elleri bağlı bir şekilde İstanbul'a gönderildi. Yalın ayak başı kabak yola düşen Diogenes'in boynuna bir de ip geçirilmişti ve atlı bir asker tarafından çekiliyordu.

Diogenes, bir kendi milletinin, bir de Alparslan'ın yaptıklarını düşündü.

Alparslan kendisini bir imparator gibi karşılamış ve yanına oturtmuştu. Aralarında cereyan eden konuşma kulaklarından gitmiyordu.

Alparslan: "Ben sana esir düşseydim, bana ne yapacaktınız?" diye sorunca:

"Düşmana yapılması gerekeni yapardım. Ya öldürürdüm, yahut da boynunuza bir ip geçirerek zaferimi göstermek üzere şehir şehir dolaştırırdım." demişti.

Alparslan:

"Şimdi sana ne yapacağımı sanıyorsun?" deyince şu cevabı vermişti:

"Beni öldürebilirsiniz. Zaferinizi göstermek için beni şehirlerde dolaştırırsınız. Üçüncü ihtimali söylemek hayal ve deliliktir."

Alparslan üçüncü ihtimali de söylemesini ısrarla isteyince de şöyle demişti:

"Beni tahtıma iade edersin. Bu takdirde sana dost kalır, yıllık haraç öder ve senin nâibin olurum. Çağırdığın zaman gelir, askerlerimle hizmet ederim."

Alparslan ise hiç ihtimal vermediği davranışta bulunmuş ve kendisini serbest bırakmıştı. Üstelik pek çok hediyeler vererek. Alparslan kendisini tahtına iade etmişti, fakat Bizanslılar o tahtı kendisine vermemişlerdi.

Diogenes, Alparslan'ın boynuna geçirmeyi düşündüğü ipin kendi boynuna geçmiş olduğunu düşündü. Üstelik te devamlı hakarete maruz kalıyordu.

Diogenes elleri bağlı olarak Dukas'ın karşısına çıkarıldı. Dukas Diogenes'e hakaret ettikten sonra, "Götürün şunu, bundan böyle keşiş olsun!" dedi.

Diogenes'i sürükleye sürükleye götürdüler. Evvela saçını kestiler, daha sonra da keşiş elbisesi giydirdiler. Süslü imparator elbiselerinden sonra keşiş elbiselerini giyen Diogenes iyice çöktü.

Bir zamanların mağrur Bizans imparatoru, yine, güvendiği adamları tarafından zehirlendi, daha sonra bir öküz arabasına konularak Kütahya'ya getirildi. O esnada imparatorun emri Kütahya'ya ulaşmıştı: "Diogenes'in gözlerine mil çekilsin!"

29 Haziran 1072'de emir yerine getirilmiş ve Diogenes'in iki gözüne de mil çekilmişti.

Diogenes artık taht iddiasında bulunmuyordu, bütün düşündüğü canıydı.

Diogenes her iki gözü de kör olduktan sonra beş hafta daha, sefalet içerisinde, perişan bir vaziyette yaşadı. Her günü müthiş ızdıraplarla geçiyordu. 4 Ağustos 1072'de Diogenes'in ölüsünü, şehrin dışındaki yıkıntılar arasında buldular...

Anadolu'yu İslâm yurdu yapan
zaferin yiğit kumandanı

ALPARSLAN

Mâverâünnehir'de tefrika çıkarıp, devlete karşı isyankâr tavır takınan Şemsü'l-Melik Tekin üzerine yürüyen Alparslan'a, Melik Tekin'in en yakın adamının yakalandığı haberi ulaşınca, Alparslan, bu kale komutanının derhal huzuruna getirilmesini emretti.

Muhafızlar, Yûsuf Harezmî isimli kale komutanının kollarından tutarak Alparslan'ın huzuruna çıkardılar.

Yusuf Harezmî, bağırıp çağırıyor, ağzına geleni söylüyordu. Alparslan, bu küstahça hareketi cezalandırmak için, Yusuf Harezmî'nin ellerinin, ayaklarının bağlanmasını emretti. Bunun üzerine Melik Tekin'in adamı daha da köpürdü. Ağza alınmayacak sözler sarfetmeğe başladı. Alparslan'ın komutanları ve diğer askerler öfke ile kılıçlarını sıyırmışlar, bu haddini bilmeze haddini bildirmeğe hazırlanmışlardı. O esnada Alparslan, "Durun" dedi ve "Şunu serbest bırakın, onun cezasını kendi elimle vereceğim!" deyip okuyla yayını eline aldı.

Askerler, Yusuf Harezmî'nin elini bıraktılar. Alparslan bir ok attı. Ancak isabet ettiremedi. Yusuf Harezmî âniden Alparslan'ın üzerine hücum etti. Alparslan tahtından inip bu hücumu karşılamak isterken ayağı kaydı ve dengesini kaybetti. Bunun üzerine Yusuf Harezmî bıçağını çekerek Alparslan'a saplamağa başladı. İlk önce şaşıran askerler, çabucak kendilerini toparlayıp Yusuf'un üzerine atıldılar ve hemen oracıkta parça parça ettiler. Alparslan eliyle yarasını bastırarak doğruldu ve çadırına girdi. Etrafında toplanan kumandanlarına ve diğer devlet ricaline şu ibretli konuşmayı yaptı:

"Her ne zaman düşman üzerine azmetsem Allahü Teâlâ hazretlerinden yardım isterdim. Dün, bir tepe üzerine çıktığımda askerimin çokluğundan, ordumun ağırlığından bana ayağımın altındaki dağ çalkalanıyor gibi geldi. Kuvvete mağrur oldum. Kendi kendime, 'Ben dünyanın padişahıyım. Bana kim galebe edebilir?' dedim. Bu gün, Cenâb-ı Hak, en âciz bir kulu ile beni âciz kıldı."

Alparslan daha sonra Cenab-ı Haktan af diledi, tevbe, istiğfar etti. Devlet ricâline nasihatlerde bulundu. Vefatından sonra oğlu Melikşah'a biat etmelerini vasiyyet etti.

Anadolunun kapısını Mü'minlere açan bu şanlı padişah, bekâ âlemine gitme vakti yaklaştıkça, duâ etmeğe, tekbirler getirmeğe başladı. Vefatı esnasında, bütün kumandanları ve devlet ricali başucunda idi. Orada bulunanlar, zaferden zafere koşmuş bu cihangir idarecinin, son olarak kelime-i şehâdet getirdiğini işittiler. Koca koca kumandanlar, gözyaşlarını zaptedemiyorlardı.

25 Ekim 1072'de şehid olarak bekâ âlemine göçen Alparslan'ın cenazesi Merv şehrine götürüldü ve oraya defnedildi.

İslâm devletini ilimle ayakta tutmaya çalışan basiretli idareci

NİZÂMÜ'L-MÜLK

Şiî propağandacıların bütün gayretleri, Selçuklunun hüküm sürdüğü topraklarda tesirsiz kalmaktaydı. Fatımîlerin ve Hasan Sabbah'ın bütün güçleriyle çalışmasına rağmen, Sapık fikirlere rağbet eden çıkmıyordu. Değerli vezir, Nizamü'l Mülk'ün, isfahan, Bağdat, Basra Nişâbûr, Herât, Belh, Musul gibi merkezlerde kurduğu medreselerde yetişen ilim ehli ülkenin dört bir tarafına yayılarak Kur'an hakikatlerini Mü'minlere anlatmış ve onları şiâ tehlikesine karşı ikaz etmişlerdi.

Afyonla uyuşmuş beyinlere hükmeden Hasan Sabbah, menfur düşünceleri önünde en büyük maniânın Nizamü'l Mülk olduğunu biliyor ve onu ortadan kaldırmanın planlarını yapıyordu Adamları bir robot gibi kendisine bağlıydı. Onlara istediğini yaptırıyordu. Nizamü'l Mülk'ü öldürme vazifesini verdiği adamı emri yerine getireceğine söz verdi ve derhal yola çıktı.

Bu sırada Nizamül'l Mülk yeni kuracağı medreseler için yapılan çalışmaları gözden geçiriyor, zaman zaman da medreşelere giderek dersleri takip ediyordu. Bu arada devlet işlerini de muntazaman îfâ ediyordu.

Nizamü'l Mülk'ün huzuruna girmek hiç te zor değildi.

Çünkü, o zaman zaman çarşı ve pazarda dolaşarak, halkın istek ve taleplerini, meselelerini öğrendiği gibi, isteyen istediği zaman onun huzuruna çıkarak hâcetini arzedebilirdi.

Hasan Sabbah'ın adamı da, fazla zorlanmadan Nizamü'l Mülk'ün huzuruna çıkmıştı. Tek kelime söylemeden, bu değerli idareciye yaklaştı ve âniden kolundan çıkardığı zehirli hançeri saplamağa başladı. Askerler yetişip bu sapık fikrin kölesi olmuş adamı paraladılar. Fakat, iş işten geçmişti.

Nizamü'l Mülk'ün ismi vefatından sonra, asırlar boyunca yaşayageldi. Onun kurduğu medreseler, daha sonraki İslâm devletlerinin eğitim sistemine örnek teşkil etti. Devleti daresine dair sözleri, tavsiyeleri, fikirleri de, asırlar boyunca Müslüman idarecilere rehber oldu, her zaman hayırla yâdedildi...

Osmanlı devletinin kurucusu
Kur'an âşığı padişah
OSMAN GAZİ

Gencecik bir devletin askerleri Bursa önlerinde cenge tutuşmuştu. Kumandanları Orhan Gazi'nin ön saflarda bütün hücumlara katılışı güçlerine güç katıyor, azim ve gayretlerini arttırıyordu.

Orhan Gazi'ye, Söğüt'ten gelen bir atlının acele olarak kendisini görmek istediğini söylediklerinde, Osman Gazi'nin bu yiğit oğlu, yeni bir hücumun hazırlıklarını gözden geçirmekle meşguldü. Pederinden bir haber geldiğini anladı. Yoksa hasta döşeğinde bıraktığı muhterem pederine, gazi padişaha birşey mi olmuştu?.. Gelen asker, Osman Gazi'nin çok acele kendini görmek istediğini söylüyordu.

Orhan Gazi, kumandanlarını topladı. Bursa'yı muhasara etmeğe devam etmelerini ve sık sık hücum edilerek düşmanı bunaltmalarını söyledi ve onlarla vedâlaşarak Söğüt'e doğru doludizgin at sürmeğe başladı.

....

Bir müddettir hasta yatan Osman Gazi, gece gündüz "Ya Rabbi" Bursa'nın fethini müyesser eyle!" diye duâ ediyor ve Bursa'dan gelecek müjdeli haberi bekliyordu. Durumunun ağırlaştığını hissedince, vasiyyetini yapmak üzere oğlunu çağırtmıştı.

Orhan Gazi'nin Söğüt'e ulaştığını ve huzuruna gelmek üzere olduğunu öğrenen Osman Gazi, yattığı yerden doğruldu. Yastıklara dayanarak yatağının içinde oturdu. Orhan Gazi geldiğinde o vaziyyette idi. Orhan Gazi babasının elini hürmetle öptü, hayır duâsını aldıktan sonra ayak ucunda el bağlayarak beklemeğe başladı. Osman Gazi, bütün silah arkadaşlarını, ulemâyı ve kumandanlarını da çağırmıştı. Onların huzurunda oğlu Osman Gazi'ye şu vasiyyeti yaptı:

"Oğlum, ilim adamlarına, sülehâya (sâlih kişilere), millet için can vermiş olan şehidlerin evlatlarına hürmet ve itibardan zinhar ayrılma! Bunları her zaman gör ve gözet.

"Allah'ı tanımayan, kazancını şaraba veren, zina yapan kimselere, devlet işlerinde vazife verme. Verirsen, yüzü kara olarak âhirete gelesin. Zira bu tip insanlar Allah'ın gazâbına müstehak olduklarından, işlerinde hayır ve muvaffakiyet olmaz. Bunlar halka hüsn-ü muâmele etmezler ve rüşvet almaya meyyal olurlar. Memleket ve millet bunlardan zarar görür. Bilmediğini, bilenden sor. Sana sâdık olanları hoş tut. Askerlerine bol ihsanda bulun, zira ihsan, insanın tuzağıdır.

"Oğlum, Allah'ın emrettiklerinden gayri iş işlemiyesin. Bilmediğini şeriat ulemâsından sorup anlayasın. İyice bilmeyince bir işe başlamayasın. Zâlim olma, âlemi adâletle şenlendir. Cihadı terketmeyerek beni şâdet. Bizim mesleğimiz, Allah yolu ve maksadımız, Allah'ın dinini yaymaktır. Yoksa kuru kavga ve cihangirlik dâvası değildir. Sana da bunlar yakışır. Daimâ herkese ihsanda bulun. Memleket işlerini noksansız gör."

Orhan Gazi ile birlikte odada bulunan diğer devlet ricâli, aşiretten devlete geçişin temelini atan bu şanlı idarecinin söylediklerini kelimesi kelimesine hâfızalarına nakşediyorladı.

Osman Gazi, oğluna daha sonra üzerinde ehemmiyetle durduğu şu vasiyyetini yaptı:

"Oğlum, İstanbul'u aç, gülzar eyle."

Osman Gazi daha sonra Kur'an-ı Kerim okunmasını istedi. Kur'an-ı Kerim okunmaya başlanınca, odaya uhrevî bir hava hâkim oldu. Osman Gazi de âyet-i kerimeleri tekrar ediyordu. Bir ara, kelime-i şehadeti söyledi. Ardından yine âyet-i kerimeleri okumaya başladı ve tam bu esnada rûhunu Râhman'a teslim etti.

Orhan Gazi, ilk iş olarak babasının vasiyyetini yerine getirmeye çalıştı. Osman Gazi'nin vasiyyetini öğrenen Bursa önündeki mücahitler büyük bir azimle hücum etmeğe başladılar. Neticede, Bursa fethedildi. Bizans'ın kolu kanadı kırılmıştı... Osman Gazi vasiyyeti gereğince Bursa'da Gümüşlü Kümbet'e defnedildi.

Asırlar boyunca üç kıtaya hükmedecek şanlı bir devletin temelini atan Osman Gazi her zaman rahmetle yâdedilecekti. Vefâtının hemen akâbinde kaleme alınan manzume onun mefkûresini hülâsa ettiği için çok sevildi, dilden dile söylenegeldi. Manzumede şöyle deniliyordu:

"Kuşandı din kılıncın bele Osman
Ki ide İslâm'ı izhâr Osman
Açıldı fırsat İslâm kapusun

O kapunun miftâhı oldu Osman
Gazâ kim itdüler Allahü ekber
Salındı şeyf-i İslâm kâfir üzre

Uruldu nevbet Allâhü ekber
Kılıçlar gölgesinde Cennet-i hak

Resûlden bu haber Allâhü ekber

Osman Ertuğrul oğlusun
Oğuzhan, Karahan neslisin
Hakkın bir kemter kulusun
İslâmbol'u, aç gülzâr yap"

İstanbul'un Fâtihinin cihangir babası
SULTAN II. MURAD

Edirne sarayına derin bir sessizlik çökmüştü. Sultan II. Murad'ın hastalık haberi saraya yayılır yayılmaz, kederin eli, inşirah örtüsünü çekip almıştı sanki. Hiç kimse konuşmuyor, herkes gözlerini yere dikerek düşünüyordu.

Yıllardır serhad boylarında orduyu zaferden zafere koşturan, herkese bir baba şefkatiyle davranarak, milletinin huzuru için geceli gündüzlü gayret sarfeden sultanları yatağa düşmüştü.

Sultan Murad, hastalığının gittikçe arttığını ve tedavilerin hiçbir tesirinin olmadığını görünce, durumu anlamıştı. Beka âlemine göçme zamanı gelmişti. Bir haftadan beri, namazlarını oturduğu yerden kılan Sultan Murad, yanında devamlı Kur'an-ı Kerim okutuyordu. Kur'an'ı dinledikçe ruhunun ferahladığını bütün ızdıraplarının dindiğini hissediyordu.

Sultan Murad bir ara, yattığı yerden hafifçe doğruldu, kapının önünde ayakta bekleyen İshak Paşa ile Hamza Bey'e, "Bana Halil Paşa'yı çağırın!" dedi.

Çağrıldığını işiten Halil Paşa derhal Padişah'ın huzuruna geldi. Padişah'ın rengi iyice solmuştu.

"Bilir müsün Halil, bize yine sefer göründü" dedi. Halil Paşa duraklamıştı. Padişah yerinden kımıldayamayacak derecede hastaydı. Bu durumda seferden bahsediyordu. Padişahın neyi kastettiğini anlamamıştı. "Hangi cânibe Hünkârım?" dedi.

Sultan Murad:

"Dâr-ı bekâya paşa, dâr-ı bekâya! Her fâninin gideceği yere. Şimdengeru son hazırlığı yapmak gerek."

Odada paşaların gözleri dolu dolu olmuştu. Varna'da Kosova'da Padişah'la omuz omuza çarpışmış olan İshak Paşa hıçkıra hıçkıra ağlamamak için kendini güç zaptediyordu.

Sultan Murad, "Oku İshak, vasiyyetimizi oku!" dedi. Bunun üzerine İshak Paşa, padişahın daha önceden yazdırmış olduğu vasiyyeti okumağa başladı. Arapça olarak kaleme alınmış vasiyyetinin giriş bölümü aynen şöyleydi:

"Tevekkülî alâ Hâlıkî (tevekkülüm Hâlıkımadır.)

Bismillahirrahmânirrahîm (Rahman ve Rahim olan ALlah'ın adıyla.)

Görüş sahibi olanların gözlerinden gaflet perdesini kaldıran Allah'a hamdolsun.

Salat ve selam Efendimiz Muhammed Mustafa'nın (asm) ve onun iyi ve güzel ve temiz soyundan olanların üzerine olsun.

Bundan sonra; Her türlü noksandan münezzeh olan Cenab-ı Hakk; yüce sultan, büyük hakan, ümmetlerin iradesine mâlik, Arap ve Acem Meliklerinin efendisi, gazi ve mücahidlerin yardımcısı, kâfir ve müşriklerin düşmanı, azgın ve inatçıların kahredicisi, zaif, miskin ve fakir müslümanların yardımcısı, denizlerin ve karaların sultanı, fetih babası, şehid Sultan Bâyezid oğlu, sultan Mehmed oğlu Murad Han'ı (Cenab-ı Hak mülkünü ve saltanatını dâim etsin) herkesin ölümü tadacağını ve ancak celâl ve ikram sahibi Allah'ın baki kalacağını bilmeğe ve Cenab-ı Allah'ın, 'sizleri dünya hayatı mağrur etmesin, gururlanmayın, gurur Allah'a mahsustur' sözünü mülahaza etmeğe, Peygamberimizin (asm), 'vasiyyet edecek mülkü bulunan müslümanın vasiyyeti yanında yazılı olarak bulunmadıkça iki gece yatmaya hakkı yoktur' hadis-i şeriflerini sıkı sıkıya tutmağa muvaffak etti."

Bu giriş bölümünden sonra, Saruhan vilayetinde bulunan malın üçte birini vasiyyet eden Sultan Murad, bu malın karşılığı olan on bin filorinin şu şekilde harcanmasını söylemişti:

"Üç bin beş yüz filori Mekke fukarasına ve diğer üç bin beş yüz filori Peygamberimiz şehri Medine fukarasına harcansın ve ondan beş yüz filori yine öyle Mekke ahâlisinden Kâbe ve Hatîm arasında toplanarak yetmiş bin kerre "Lâilâhe illallah" kelime-i tevhidini zikr edip sevabını adı geçen vasiyyet sahibine i'ta edenlere (Allah hayırlarını kabul etsin) harcansın. Ve yine o paradan beş yüz filori, Peygamberimiz şehri Medine ahalisinden Peygamberimizin mescidine toplanıp Ravza-i Mutahharaya karşı oturarak yetmiş bin kere 'Lâilâhe illallah' kelime-i tevhidini zikredip, sevabını adı geçen vasiyyet sahibine i'ta edenlere ve Kur'an-ı Kerim'i defalarca hatmedip, sevabını vasiyyet sahibine i'ta edenlere harcansın. Geri kalan iki bin filoriden bin beş yüzü Mescid-i Aksa'da Sahre kubbesinde yetmiş bin kere 'Lâilâhe İllallah' kelimesini ve defalarca Kur'an-ı Kerim'i okuyanlara harcansın."

Sultan Murad bundan sonra on bin filori daha vasiyyet etmiş ve bu paranın nerelere harcanacağını da şu şekilde belirtmişti:

"Yedi bin filorisi, vakfeden için her gün ve gece, bu filori bitene kadar tecvidle güzel Kur'an-ı Kerim okuyanlara ve sevabını vasiyyet edene i'ta edenlere harcansın. Ayrıca bin filori de yine yetmiş bin kere 'Lâilâhe illallah kelimesini zikredenlere ve savabını vasiyet edene i'ta edenlere harcansın."

Sultan Murad vasiyyetin bu bölümünde, doksan beş bin dirhem kıymetinde, kırmızı yakuttan kaşı olan yüzüğün satılarak, parasıyla gece ve gündüz ruhu için Kur'an-ı Kerim okunmasını vasiyyet etmişti.

Sultan Murad bundan sonra, üzerindeki hac farizasını iskat için, birisine bedel haccı yaptırılmasını ve onun bütün masraflarının satılan yüzüğünün parasıyla yaptırılmasını ve namazını iskat için bir kişinin doğru şekilde namaz kılmasını ve yine yüzüğün parasının bir bölümünün bu şahsa verilmesini vasiyyet etmişti.

İshak Paşa Sultan Murad'ın vasiyyetinin geri kalan bölümünü şu şekilde kaleme almıştı:

"Yine adı geçen, Bursa'da oğlu Alâaddin'in yanına, üç dört zira (yakaşık 3.5-4 metre) uzağına gömülmesini ve na'şının sünnete göre toprak üzerine konulmasını, sultanlar serdabı gibi serdab yapılmamasını vasiyyet etti. Ve mezarının avlusuna dört duvar yapılmasını, Kur'an-ı Kerim okuyanların oturması için dört taraftan üstlerine dam konulmasını ve damın ortasının da, Allah'ın rahmet eserlerinden olan yağmurun üzerine yağması için, açık bırakılmasını vasiyyet etti.

Sultan Murad vasiyyetinin bu kısmında, şayet Edirne'de vefat ederse Bursa'ya götürülmesini ve Bursa'ya vasıl olma tarihinin Perşembe gününe denk getirilerek, yer altında yatışının ilkinin Cuma gecesi olmasını vasiyyet etmişti.

Halil Paşa, Sadık Paşa ve İshak Paşa'nın şahid olarak mühürlerini bastıkları vasiyyetnâmeyi kadı efendi tastik etmişti.

Vasiyyetin okunması bitince artık odadakiler gözyaşlarını saklayamıyordu.

3 Şubat 1451 günü, İshak Paşa Hünkârı sabah namazı için uyandırdı. **"Vakit geldi mi İshak!"** diyerek uyanan Sultan Murad, birden bire halsizleşti. "Lâilâhe illallah" diyen Sultan Murad'ın ağzından başka kelime çıkmadı. Ruhu Rahmana uçmuştu.

İshak Paşa padişahın başını yavaşça yastığa bıraktı. Üzerini örttü. Derhal Çandarlı Halil Paşa'ya haber göndertti.

Devlet ricali, vafatı tam on üç gün saklı tuttu. Sultan Mehmed'in gelmesi beklendi. Genç padişah Edirne'ye gelince Sultan Murad'ın vefat ettiği ilan edildi. Bu haber üzerine bütün şehir ahâlisi gözyaşı dökmeğe başladı.

Sultan Murad'ın cenazesi vasiyyeti gereği Bursa'ya götürüldü. Sultan Mehmed babasının vasiyyetini harfi harfine tatbik etti.

Gayr-i müslim elinde oyuncak olan

saltanat heveslisi

CEM SULTAN

Cem Sultan yatsı namazı için abdest aldığında oldukça kederli görünüyordu. Yüreği alevler içerisinde yanmaktaydı âdetâ. Hıritiyanların bir haçlı seferi tertip etmek için çalıştıklarını ve bu seferde de kendisini kullanmak istediklerini anlamıştı. Kendi varlığının İslâm'a taarruz için kullanılacağı hususu ruhunu azaplar içerisinde kavrandırmaktaydı.

Cem Sultan yatsı namazından sonra nafile namazı kıldı ve ellerini Dergâh-ı İlâhiyyeye çevirerek şu şekilde dua etti:

"Ya Rab! Eğer bu kâfirler beni bahâne idüp ehl-i İslâm üstüne hurûc itmek kasdın iderlerse beni ol günlere eriştirme, cânumu kabzeyle!". Gözünden süzülen yaş dizlerine damlıyordu...

Cem Sultan yatağına girdiğinde gözüne uyku girmedi. Kalktı, abdest tazeledi ve Kur'an-ı Kerim okumaya başladı. Daha sonra serencâmını düşünmeye başladı. Ağabeyi Sultan II. Bayezid'a karşı çıkarak müslümanlar arasında tefrika çıkmasına sebep olmakla büyük bir hata işlediğini anlamağa başlamıştı.

Yaptıklarını hatırladıkça kendi kendine kızıyordu...

Pederi Sultan Fatih vefat edince, tahta oturmak hevesine kapılmıştı. 1481'de 21 yaşında iken Bursa'da saltanatını ilan etmiş, adına hutbe okutmuştu.

20 Haziran 1481'de Ağabeyi ile kavgaya tutuşmuş, neticede mağlup olarak Kâhire'ye kaçmış ve Memlûk Sultanlığına sığınmıştı.

1482'de Hacca gittikten sonra saltanat dâvâsından vazgetmeğe karar vermişti. Ne var ki başta Memlûklüler olmak üzere bazı devletler kendisini rahat bırakmayıp, saltanat kavgasında yardımcı olacaklarını söylemişlerdi. Bunun üzerine tekrar Anadolu'ya dönmüş, fakat yine mağlup olmuştu.

Cem Sultan, Sultan Bayezid'in sözlerini hatırladıkça ağabeyinin ne kadar haklı olduğunu düşünmekteydi. Ağabeyine gönderdiği manzum mektubunda:

"Sen bister-i gülde yatasın şevk ile handan;

Ben kül döşenem külhan-ı mihnette sebep ne?"

"Sen gül yatağında şevk ile gülerek yatasın da, ben mihnet külhanında kül döşeneyim; sebep ne?" demişti.

Ağabeyi Sultan II. Bayezid'in cevabı da manzum olmuş:

"Çün Rûz-i ezel kısmet olunmuş bize devlet

Takdire rıza vermeyesin böyle sebeb ne?

Haccü'l Haremeynim deyu dâvâlar idersin

Bu saltanat-ı dünya için bunca talep ne?" hikmetli cevabını vermişti.

Cem sultan ağabeyinin sözlerinin ne kadar doğru olduğunu yeni yeni anlamaya başlamıştı ama, ne fayda? Hıristiyanların elinde oyuncak olduktan, o kadar hakaretlere maruz kaldıktan sonra...

Cem Sultan Hıristiyanların eline düştükten sonra her gününün bir cehennem azabı içinde geçtiğini düşünüyordu.

12 Temmuz 1482'de bir gemiye binerek Rodos'a gitmişti. Rodos şövalyeleri Cem Sultan'ın varlığından para kazanmanın yollarını araştırmışlardı. Cem Sultan şöyle diyordu:

"Belâyâ müptelâ olduk Rodos'un hîlesin anma

Bu derde çâre bulmaz Îsevi'den bin tabib oncak"

Rodos şövalyelerinin elinden kurtulmanın imkânsız olduğunu görerek böyle demiş ve dedikleri çıkmıştı. Rodoslular Cem Sultan'ı Fransızlara satmışlardı. Rodos'tan Fransa'ya kadar çok fena şartlarda gitmişlerdi. Cem Sultan bu yolculuğu da manzum olarak şöyle tasvir ediyordu:

"Girüp kalyona gittük, fûçıdan kokmuş sular içtük

Gıdâmuz baksimet zeytûn ile kab-ul-habîb ancak."

Şiirinde de söylediği gibi Rodoslular Cem sultan'a yemek yerine şeker kamışı vermişlerdi.

Cem Sultan 6 sene 3 ay 26 günlük Fransa'daki esaret hayatı boyunca kaleden kaleye, kuleden kuleye nakledilmiş, adamları yanından alınmıştı.

Hıristiyanlar Cem Sultanı hem siyasî bir vasıta, hem de gelir kaynağı olarak görmüşler ve onu ele geçirmek için aralarında yarışmışlardı.

Rodos Şövalyeleri kendisini Fransa'dan sonra Papalık makamına satmışlardı. Bundan sonra tam beş senedir İtalya'da ağır şartlar altında yaşamaktaydı. Cem Sultan Napoli'de kendisine tahsis edilen malikânede bunları düşünüyordu.

Hıristiyan topraklarına adımı attıktan sonra, bunların ne kadar madde düşkünü, menfaat düşkünü olduğunu görmüştü. Hem bütün bu ülkeler amansız birer İslâm düşmanıydılar ve Osmanlı Devletini parçalayıp yutmağa can atıyorlardı.

Cem Sultan karşılaştığı tahammülü imkânsız tabloları yeniden yaşar gibi oluyordu:

İtalya'ya gittiğinde papanın ayağını öpmesini söylemişlerdi. O anda içinden etrafında bulunanların hepsini parçalamak geçmişti. Ne demek oluyordu, cihan sultanının oğluna bir papanın ayağını öpmesini nasıl teklif edebilirlerdi?..

"Ben Allah'tan başkasından mağfiret ummam! Bu hususta Papa'ya hiç ihtiyacım yoktur! Ölmeye razı olurum, fakat bu işe aslâ!.. Çünkü dinime ihanet ve zarar eriştirecek bir iştir!"

Papa, daha sonraları kendisine kardinallık, papalık teklif etmiş, Hıristiyan olmasını istemişti. Cem Sultan:

"Kardinallık, papalık değil, bütün yeryüzünün servet ve saltanatını verseniz, ben yine dinimden dönmem!" diye gürlemişti.

Papa, artık Cem Sultanı kendi fikirlerine âlet edemeyeceğini düşünüyor ve onu ortadan kaldırmanın planını yapıyordu.

Osmanlı hazinesi, Cem Sultan'ın hıristiyanlar elindeki on üç senelik esaret hayatı boyunca; Rodos şövalyelerine senede 45 bin, daha sonra papalık makamına da senede 40 bin duka altını vermişti. Papa, Cem Sultan'ın cenazesi için bu paralardan daha fazlasını alabileceğini hesap etmişti. Böyle düşünen Papa kararını verdi ve zehirli bir ustura vasıtasıyla Cem Sultan'ı zehirletti.

Cem Sultan zehirlendiğini anlayınca, hiç telaşlanmadı. Etrafındakilere şu şekilde vasiyyet etti:

"Elbette benüm meytüm haberin intişâr idesüz! Mebâdâ ki küffâr benüm aduma Müslümanlar üzerine hurûc eyliye! Benden sonra karındaşum Hüdâvendigâr sultan Bâyezid Hazretlerine varasuz, diyesüz ki beni redditmesün, ne vechile olursa benüm tabutumu kâfir memleketünde komasun! Ehl-i İslâm memleketüne çıkarsun ve camî borçlarum edâ eylesün ve benüm anamı ve kızımı ve sâir teallükatumu ve benüm üstümde hizmette sâbıkası olan huddâmumu ortarmayup hallü hâlüne göre riayet eyliye!"

Cem Sultan bu sözleri söyledikten sonra kelime-i şehadet söylemeğe başladı. Şehadet kelimesini söyleye söyleye, tekbir getire getire son nefesini verdi.

Haberi işiten Sultan Bayezıt çok üzüldü. Derhal İstanbul'da ve devletin her tarafında gaaib cenaze namazı kılınmasını emretti.

Sultan Bayezid, Napoli kralına elçi göndererek, kardeşinin cenezesini istedi. Fakat Hıristiyanlık dünyası para almadan cenazeyi vermeye niyetli değildi. Cem Sultan'ın cenazesi için 50 bin dukka altını istiyorlardı.

Sultan Bayezid Hıristiyanların bu teklifine çok öfkelendi, "Tiz karundaşumun nâşını gönderesiz. Yoksa, Ordu-yu Hümâyunumla gelip bütün İtalya'yı zapteylerim." diye haber gönderdi ve onlara sekiz gün mühlet verdi.

Hıristiyan idareciler Sultan Bayezid'in bu sert çıkışını duyar duymaz telaşa kapıldılar ve cenazeyi San Cataldo iskelesine naklederek, Osmanlı ricaline teslim ettiler.

Cem Sultan'ın cenazesi büyük bir merasimle Bursa'ya nakledilerek "Murâdiyye" türbesine defnedildi.

Sultan Bayezid, Cem Sultan'ın sergüzeştini onun adamlarından dinledi. Kardeşinin Hıristiyanların elinde çektiklerini dinleyince bir defa daha gözyaşı dökmeğe başladı...

İttihad-ı İslâm sevdâlısı cihangir padişah
YAVUZ SULTAN SELİM

Topkapı Sarayının bahçesinde, Hasan Can'la sohbet edip, çıkacağı yeni sefer üzerine görüşme yapan Yavuz Sultan Selim, bir ara, sözü bambaşka bir mevzuâ getirdi. "Sırtıma gûyâ bir diken batub azab virür." dedi. Hasan Can birkaç gündür, padişah'ın bir ızdırabı olduğunu sezmişti, ancak bunu sorma fırsatını bulamamıştı.

Hasan Can:

"Müsaade it de görelüm, Sultanum" dedi.

Yavuz, sırtındaki çıbanı Hasan Can'a gösterdi. Sadık nedim'i, çıbanı gördükten sonra, bir hakime göstermesini ve oraya merhem sürülmesini tavsiye etti. Yavuz verdiği acıya rağmen, çıbanı ehemmiyetsiz bir sivilce olarak görüyordu.

"Bunca küçük bir nesne içün merhem olur mu?" dedi.

Yavuz o gece sırtının ağrısından gözünü yummamıştı. Sabah namazını kılar kılmaz, doğruca sarayın hamamına gitti. Çıbanı yumuşattıktan sonra sıktırıp, cerahatı akıtmak ve rahatlamak istemişti. Düşündüğünü yaptırdı. Ne var ki acı azalacağına artmıştı.

Kararlaştırıldığı günde sefere çıkıldı (18 Temmuz 1520). İlk önce Edirne'ye gidilecek, orada hazırlıklar ikmal edildikten sonra yeni bir sefere çıkılacaktı.

Hasan Can padişahın durumunun gittikçe ağırlaştığını farkediyor, bu durumdan endişe ediyordu. Fakat, padişaha konaklama teklifinde bulunmaya da cesaret edemiyordu.

Yavuz, Çorlu yakınlarında daha önce babası Sultan II. Bayezıd'ın vefat ettiği yere gelince, at sırtında daha fazla gidemeyeceğini hissederek, ordugâhın kurulmasını emretti.

Otağ-ı Hümâyûn derhal kurulmuştu. Yavuz, Hasan Can'la birlikte içeri girdikten sonra, Hasan Can'dan sırtına bakmasını istedi. Hasan Can, padişahın sırtına bakar bakmaz, yüreğinin acı ile kavrulduğunu hisseti. Şanlı cihangirin sırtı kana boyanmıştı. Hemen bir hekim çağırdı. Gelen hekim yaraya bakınca bunun şîr-pençe adı verilen bir çıban olduğunu anladı. Tedâvisi mümkündü. Ancak çıban zedelenmiş, iltihaplanmıştı.

Hekimler yaraya ilaç sürüp sardılar. Ancak vakit geçtikçe, padişahın durumu düzeleceğine daha da ağırlaşıyordu. Günler, haftalar geçiyor, padişah bir türlü iyileşmiyordu.

Yavuz, 22 Eylü 1520 gününün ilk saatlerinde durumunun her günkünden daha da ağırlaştığını hissetti. Her zaman başucunda bulunan Hasan Can da durumu farketmişti.

Yavuz, Hasan Can'a dönerek:

"Hasan Can, ne haldür?" diye sordu.

Hasan Can, hakikatı saklamaya lüzum görmeden cevap verdi:

"Sultanum, Cenâb-ı Hakka teveccüh idüp Allah'la olacak zamandur!"

Yavuz:

"Bizi bunca zamandan berü kimün ile bilür idün?.. Cenâb-ı Hakk'a teveccühümüzde kusur mu fehm ittün?" deyince, Hasan Can şu cevabı verdi:

"Hâşa ki bir zaman zikr-i Rahmân'dan guful müşâhede etmiş olam. Lâkin bu zaman, gayri ezmâna benzemedüğü cihetden ihtiyâten cesâret eyledüm!"

"Bu dünya bir padişaha çok, iki padişaha azdur" diyen ve İ'la-yı kelimetullah mefkûresi ile yola çıkarak büyük zaferler kazanan, İttiha-ı İslâm'ı büyük ölçüde temine muvaffak olan Yavuz, Bekâ Âlemine göçme vaktinin geldiğini, günler öncesinden anlamıştı zaten.

Hasan Can'a:

"Sure-i Yâsin tilâvet eyle!" dedi.

Hasan Can ağır ağır okumağa başladı. Yavuz da âyet-i kerimeleri tekrar ediyordu. Yavuz, ruhunda bir ferahlık hissetti. Hasan Can'a Yasin sûresini bir daha okumasını söyledi. Bu ikinci okuyuşta da âyet-i kerimeleri söylüyordu. Tam, "Selâmün kavlen min Rabbirrahîm" âyetini okurken rûhunu Rahman'a teslim etti. Hasan Can, âyet-i kerimenin gerisini okumuş, Padişah'ın okumadığını görünce başını kaldırıp bakmış ve o anda sevgili padişahlarının ruhunun bekâ âlemine göçtüğünü anlamıştı. Hasan Can ağlamağa başladı, fakat kendini çabuk toparladı. Şehzade Süleyman gelinceye kadar durumu askerlerden saklamak gerekti.

Hasan Can, durumu sadece Hâsodabaşı Süleyman Ağaya bildirdi. Öğleye doğru padişahı ziyaret için gelen Vezir-i Âzam Pîrî Mehmed Paşa Otağ-ı Hümâyun'a girince duruma muttali oldu. Koca Vezir gözyaşlarını zaptedemiyerek ağlamaya b. şladı.

Pîrî Mehmed Paşa, bir yandan Şehzade Süleyman'ı

payitahta dâvet için adam gönderirken, bir yandan da Divanı toplamış ve hiç bir şey olmamışçasına toplantı yaparak üyelerden askerlere bir şey sezdirmemelerini istemişti. Hekimlere de, -güyâ tedavide başarılı oldukları için- mükâfat verildi.

Mehmed Paşa, Şehzade Süleyman'ın Dersaadet'e ulaştığını öğrenince durumu askerlere bildirdi. Yeniçeriler külahlarını yere atarak ağlamağa başladı. Hepsi de, birlikte zaferden zafere koştukları Hünkârlarının bu âni ayrılışı karşısında çok mahzun olmuşlardı. Askerlerin gözyaşları İstanbul'a gelinceye kadar dinmek bilmedi.

Yavuz Sultan Selim'in cenazesinin getirildiğini öğrenen ahâli yollara dökülmüştü. Herkes ağlaşıyordu. Kanuni Sultan Süleyman babasının cenâzesini şehrin dışında karşıladı ve cenâzenin yanıbaşında yaya olarak yürüdü.

Yavuz'un cenazesi Fatih Camii'ne getirildi. Yüzbinlerce İstanbul'lunun iştirak ettiği cenaze namazını müteakip, günümüzdeki türbesinin olduğu yere defnedildi. Kanûnî, bilahare, babasının adına bir cami ile, makberinin üzerine bir türbe yaptırdı.

Pek çok zafere imza atan idareci
KANÛNÎ SULTAN SÜLEYMAN

Devletin şanına şan katmış olan padişah, hastalığına, ilerlemiş yaşına aldırış etmeden sefere çıkmağa karar vermişti. Anlaşmayı bozarak, Erdel'e göz diken Almanya'ya dersi verilmeliydi. Verilmeliydi ki fırsat kollayan diğer Avrupa ülkelerinin harîs arzularına da dur denilebilsindi. Devleti her cihetten dünyanın en büyük devleti haline getirmek için gecesini gündüzüne katıp çalışmış olan Padişah böyle düşünüyordu.

Hekimler, padişahın sefere çıkma kararını öğrenince telaşlandılar. Padişahı fikrinden vazgeçirmek için hayli uğraştılarsa da kâr etmedi. Padişah, "Her şey takdir-i İlâhidir" diyor, kesin netice alınması için kendisinin de ordu ile birlikte gitmesi lazım geldiğini belirtiyordu.

Bütün hazırlıklar ikmal edilmişti. Padişah hareket edilmesini emretti. 1 Mayıs 1566'da muşteşem bir merasimle İstanbul'dan hareket edildi. Bu sefer Kanuni Sultan Süleyman'ın 13. seferi idi ve ilk defa bu seferde arabaya biniyor, ahâlinin karşısına o vaziyette çıkıyordu.

Kanunî bu seferinin son seferi olduğunu hissetmişti. Yola çıkmadan iki gün önce oğlu Şehzade II. Selim'e hitaben yazdığı vasiyetnâmesi ile iki pazubendi ve mücevherli büyük bir kutuyu sarayın ileri gelen idarecilerine teslim etmişti.

Belgrad'a gelindiğinde, Kanunî İstanbul'dan beri taşınan tahtın orada bırakılmasını emretti ve şöyle dedi:

"Belki Sultan Selim Hân'ıma müyesser olur!"

Bu sözleri işiten bazı devlet ricali gözyaşlarını tutamadı. Padişahın, bu seferin son seferi olduğunu imâ ettiğini anlamışlardı.

Ordu Zigetvar önlerine geldiğinde Kanuni'nin hastalığı iyice ilerlemiş bulunuyordu. Yıllarca orduların başında zaferden zafere koşan bu cihangir padişah, o halinde bile bir nebze olsun istirahati düşünmüyor ve muhasara hazırlıklarını bizzat kontrol ediyordu.

Ak sakallı, nuranî siması ile, atının üzerinde dimdik duran Kanunî, 5 Ağustos 1566 günü topçu birliğine ateş emrini vererek muhasarayı başlattı.

Kaleyi müdafaa eden askerlerin başında Macar asıllı Zrinyi bulunmaktaydı. Oldukça tecrübeliydi. Daha önceden kaleye lüzumlu erzak ve cephaneyi yığmıştı. Bu bakımdan kalenin alınamayacağından çok emindi.

Günler ilerledikçe Kanuni'nin durumu gittikçe ağırlaşmaya başladı. Bu arada dış kale ele geçirilmişti.

Kanuni artık namazlarını oturduğu yerde kılıyordu. Bu durum yakınları tarafından olduğu kadar kendisince de yadırganmıştı. O vakte kadar aksatmadığı namazlarını hiç bu şekilde kılmamıştı. Ne var ki, hastalık yakasına iyice yapışmıştı.

Kanunî, Sokullu Mehmed Paşa'nın askerlerin önünde bütün hücumlara iştirak ettiğini öğrenince, onu derhal yanına çağırttı. Sokullu'ya hitâben yazdığı hatt-ı hümâyunda, vefat ettiği takdirde, kendisinin ordunun başına geçmesini arzu ettiğini, bu bakımdan tehlikeli bölgelere gitmemesini tavsiye ediyor ve şöyle konuşuyordu:

"Min-bâ'd sen kendin ol asl mâ'rekeye varmayıp, umûr-i dîn ü devlet ve nizam-ı adl u intizâm-ı saltanat bâbında kaaim-u dâim olasın. Ve nûr-i dîdem Selîm Hân'ımı ve asker-i İslâm'ı ve seni Hudâ'ya ısmarladım!"

Sokullu hatt-ı hümâyunu alır almaz, Padişahın yanına koştu.

7 Eylül 1566 günü sabaha karşı, Kanuni gözlerini açtı. Bir müddet top gümbürtülerini dinledi. Daha sonra yanındakilere dönerek:

"Bu ocağı yanacak dahi alunmadu mu? Bu kale benim yüreğimi yakmıştır. Dilerim kendisi de ateşlere yanar" dedi.

Baş ucunda duran Sokullu Mehmed Paşa ile Hekimbaşı Kaysûni-zâde Bedreddin Mehmed Çelebi başlarını eğerek sükût ettiler. O esnada padişahın tekbir getirdiği duyuldu. Çadırdakiler padişahın yüzüne baktılar. Yüzüne bambaşka bir nuraniyet ve letâfet hâkim olmuştu. Durumu ilk farkeden hekimbaşı oldu. "İnna lillah ve innâ ileyhi râciûn" dedi. O anda çadırdaki devlet ricali gözyaşlarını tutamayıp ağlamaya başladı.

İlk önce kendini toparlayan Sokullu Mehmed Paşa olmuştu. Oradakilere, Şehzade Selim'in tahta oturup, Ordu-yu Hümayunun başına gelinceye kadar padişahın vefatının saklanması gerektiğini söyledi. Ardından diğer vezirlere haber göndererek Otağ-ı Hümayûn'a gelmelerini söyledi.

Gelen vezirlerin de iştiraki ile, padişah, çadırında yıkandı, kefenlendi. Cenaze namazı kılındı ve geçici olarak yatağının altına defnedildi.

Sokullu, Şehzade Selim'e haber göndermişti. Kütahya'da bulunan Şehzade Selim Dersaâdete doğru derhal yola çıkmıştı.

Kanunî'nin vefatından kısa bir müddet sonra iç kale ele geçirilerek Zigetvar tamamen fethedildi.

Şehzade Selim İstanbul'a ulaşınca cülus merasimi yapıldı, akabinde yeni padişah babasının cenazesini alıp getirmek üzere yola çıktı ve pederinin cenazesini büyük bir merasimle İstanbul'a getirdi.

Kanunî'nin vefatı bütün İslâm âleminde büyük bir üzüntü meydana getirdi. İstanbul'da ahâli yollara dökülmüştü. Şehrin dışında padişahın cenazesini karşıladılar. Mahşerî bir cemaatle cenaze namazı kılındı ve şimdiki türbesine defnedildi.

....

Kanunî'nin defninden önce ulemâ arasında Kanunî'nin yaptığı bir vasiyyet tartışma mevzuu olmuştu.

Mevzu şuydu: Kanunî, hastalanınca Ebussuud Efendiyi çağırarak ona bir sandık vermiş ve vefat ettiği takdirde bu sandıkla gömülmesini vasiyyet etmişti.

Kanunî'nin vefatını öğrenen ulemâ, bu vasiyyetin yerine getirilemeyeceğini, çünkü İslâm'da eşya ile gömülmenin câiz olmadığını ifâde edince, Ebussuud Efendi sandığın açılmasını teklif etti ve bütün ulemânın gözü önünde sandık açıldı. Sandığın içi, Kanunî'nin vermiş olduğu bütün hükümler için aldığı fetvalarla dolu idi. Bunu gören Ebussuud Efendi gözyaşlarını tutamayıp ağlamaya başladı. Bu büyük âlim şöyle diyordu:

"Süleyman sen kendini kurtardın, biz ne yapacağız?"

Kanunî sefere çıkmadan önce yazarak bıraktığı vasiyyetnamesinde de oğlu Selim'e hitaben şöyle diyordu:

"Benim, canımdan sevgili, iki gözümün nuru Selim Han'ım. Bu iki pazubendi ve bir mücevherli el sandığını vakfeylemişimdir. Fahr-i Kâinat olan Peygamber Efendimizin (asm) pâk ruhu içindir.

"Bunları satıp Cidde'ye su getiresin. Oğulluk edip, bu vasiyeti yerine getir. Saraydaki bütün ağalar ve bütün hizmetliler şahittir. Sen benim el yazımı bilirsin. Bunlar Peygamber Efendimizindir, benim değildir. Umarım ki değerine satarsınız."

"Allah bu seferi mübarek edip Resûlü hürmetine gönül hoşluğu ile geri dönmeyi müyesser etsin."

Kanunî geri dönmemiş, bu dünya misafirhânesinden ayrılmıştı. Fakat o yaptığı hizmetlerle ebediyyen hayırla yâdedilecek, hiç bir zaman unutulmayacaktı.

Geride, 14.893.000 kilometre kare toprak bırakan ve devleti ihtişamın zirvesine çıkaran bu idarecinin unutulması mümkün müydü?..

Bir avuç zorbanın gadrine uğrayan
SULTAN II. OSMAN

"İstemezük!" avâzeleri sarayın duvarlarında yankılanmağa başlamıştı. Saatlerdir başını ellerinin içine hapsedip, derin düşüncelere dalmış olan Sultan II. Osman yavaş yavaş doğruldu. Pencerenin önüne kadar giderek sesleri dinledi. Yeniçeriler ellerini daha çabuk tutmuşlardı. Onlar seslerini yükseltmeğe başladılar mı, hele hele sarayın avlusuna kadar geldiler mi, padişahın başı hayli ağrıyacak demekti. Bu her zaman böyle olmuştu. Sultan Genç Osman tahta oturduğu andan itibaren bu tehlikeli duruma son vermeyi planlamıştı. Geçmiş tecrübeler de göstermişti ki, asker ne zaman idareye yön vermeye kalkışsa ve bu maksatla ayaklansa devletin aleyhine olmakta, devlet her cihetten gerilemekte idi. Ecdâdı arasında cihangir hünkârlar, askerin aslî vazifesi dışındaki işlerle uğraşmalarına müsaade etmemiş, onları zapt u rapt altına almış ve bu sayede fetihten fetihe koşmuşlardı. Son yıllarda ise yeniçeri ocağı yine tefessüh etmeye yüz tutmuştu. Devlet idaresine hod be hod müdahale etmekten çekinmiyorlardı. Sık sık ayaklanıyor, fakat aslî vazifelerinin icabını yerine getirmiyorlardı. son Lehistan seferinde de bu açıkça görülmüştü. İşte 25 Ocak 1622'de bu seferden dönüldükten sonradırki, Genç Osman bu ocağa çekidüzen vermeğe koyulmuştu.

Henüz on dört yaşında iken tahta çıkan Genç Osman,

o tarihten itibaren kafasında şekillendirdiklerini yapmaya kalkışınca kıyamet kopmuştu. Yeniçeriler kendi bünyelerinde yapılacak en ufak değişikliğe razı değillerdi.

Genç Osman hacca gideceğini ilan ettirdikten sonra Anadolu'ya geçmeyi, daha sonra Anadolu, Suriye ve Mısır'dan asker toplayıp geri dönmeyi ve bu kuvvetle yeniçeri ocağının burnunu kırmayı planlamıştı. Ne var ki bu planı çabucak duyulmuş, duyulur duyulmaz da ayaklanmalar başlamıştı.

At meydanında toplanan Yeniçeriler sel gibi saraya akmağa başlamışlardı. Bu arada içlerinden seçtikleri temsilcileri Padişaha göndererek isteklerini bildirmişlerdi. Altı vezirin kellesini istiyorlardı. Sultan Genç Osman, isyancıların bu teklifini reddetti. Tehlikenin büyüklüğünü tahmin edememişti.

Yeniçerilerin bağrışmaları gittikçe artıyordu. Ulemâ onların isteklerini vermekten başka çare olmadığını söylemekteydi. Onlar kurban almadan çekilmeyeceklerdi. Sonunda karar verildi ve Sadrazam Dilâver Paşa ile Kızlarağası Süleyman Ağa âsilere teslim edildi. Bu iki talihsiz, daha kapının önüne çıkar çıkmaz parça parça edildiler.

Aldıkları iki kurban Yeniçerilerin iştahını kabartmıştı. Artık açıkça niyetlerini belli ediyorlar, "Sultan Mustafa'yı isteriz!" diyorlardı.

Padişah çaresiz kalmıştı. Son çare olarak, Yeniçeri Ağası Ali Ağa'nın ocağına sığınmayı düşündü ve Ağanın konağına gitti.

Genç Osman, Ali Ağa'ya yeniçerilerin isteklerini yapacağını ve bunu onlara bildirmesini istedi. Ağa At meydanına geldiğinde alınan karardan habersizdi. Yeniçeriler, kendi aralarında anlaşmışlar, Genç Osman'ın lehinde kim konuşursa öldürmeğe karar vermişlerdi. Ali Ağa daha konuşmasına başlar başlamaz, "Urun, söyletmen!.." diye bir ses yükseldi. Kimin söylediği mühim değildi. Gözü dönmüş olan isyancılar Ağalarının üzerine çullandılar ve bir anda parçaladılar. Daha sonra da konağına hücum ederek herşeyini yağma ettiler. Bu esnada Sultan Genç Osman'ı da ele geçirmişlerdi. padişahı ele geçirdikleri kıyafetle eğersiz bir ata bindirdiler.

Genç Osman'ın ne ayağında ne de üstünde doğru dürüst giyecek vardı. Sırtında bir entari bulunmaktaydı. Başı açıktı, yalınayaktı.

Orta Camie doğru giderlerken, yanıbaşında yürüyen bazı yeniçeriler kendisine ağza alınmayacak sözler söylüyor, hakaretler ediyordu. Sultan Osman dayanamadı, bunlara dönerek:

"Behey edebsüz mel'unlar, nedür bu itdüğünüz cefâ, pâdişahınız değil miyüm?" dedi.

Orta Camie geldiklerinde, hareketlerini kontrol etmesini bilmeyen Sultan Mustafa da saraya doğru hareket etmişti. Genç Osman ileride giden bu yeni padişahı işaret ederek:

"Bir bana, bir de Padişah yapdığınız adama bakın. Vallahi bu devletin çöküşüne sebep olur, kendi ocağınızı da söndürürsünüz." dedi.

Genç Osman birkaç saat sonra Orta Cami'den bir pazar arabası ile Yedikule zindanlarına götürüldü.

Zindanın rütubetli ve zifiri karanlık hücresinde başına gelenleri düşünen Genç Osman teessüründen sessizce gözyaşı dökmekte idi. Neler hayal etmiş, önüne ne çıkmıştı. Bütün fikirleri, devletin ve milletin huzuru içindi. Yegâne gayesi bu idi. Devlet nizamına çekidüzen verip, bütün müesseseleri yerli yerine oturtmak istemişti. Bunun için de ilk olarak orduyu düzeltmenin zaruretine inanmış ve işe oradan başlamıştı.

Zindanın kapısı açılınca Genç Osman başına gelecekleri hissederek ayağa kalktı. İri yarı cellatların ellerinde yağlı kementler vardı.

Cellatlar zindanın duvarları gibi hissizdi. Ağızlarından tek kelime çıkmıyordu. Gözlerini avlarının üzerine dikmiş öylece duruyorlardı. Cebecibaşının emri üzerine kementleri savurmağa başladılar. Bir tanesi Genç Osman'ın boynuna geçti. Sâbık padişah iki eliyle ipi tutup hızla çekti, diğer uçtaki cellat yüz üstü yere kapaklandı. Boynundaki kemendi sıyırıp atan Genç Osman diğer cellatların üzerine atıldı ve iki tanesini yumrukla yere serdi. Daha sonra diğerlerine dönerek:

"Hey ağalar!.. Görün şu dünyanın halini, daha sabahleyin Padişah iken, mal ve mülkümün had ve hesabı yokken, şimdi on akçelik bir servete sahip değilim..." dedi.

Bir an ne yapacaklarını bilmez halde donup kalan cellatlar cebeci başının bağırması üzerine kendilerine geldiler ve yeniden saldırmağa başladılar. Bu arada içlerinden bir tanesi balta ile Genç Osman'ın omuzuna vurup kırdı. Genç Osman bu darbenin tesiri ile yere düşünce üzerine atılarak kemendi boynuna geçirdiler ve hareketsiz kaldığını görünceye kadar sıkmağa başladılar. Henüz on dokuz yaşındaki sâbık Padişah kısa zamanda can verdi.

Cellatlar vazifelerini yaptıklarını göstermek için, yerde cansız yatan avlarının bir kulağını kesip tahttaki padişahın anasına götürdüler.

Genç Osman'ın cenazesi merasim için Topkapı Sarayına götürülürken, âkıbeti bir anda duyuldu. Talihsiz padişahın feci sonunu öğrenenler gözyaşı dökmeğe başladılar...

İsyancı askerlerin doğradığı padişah
SULTAN III. SELİM

Sultan III. Selim Han da, Sultan Genç Osman gibi iyi niyetlerinin kurbanı olmuştu. 25 Mayıs 1807'de patlak veren, Kabakçı Mustafa'nın ele başılığını yaptığı ihtilâlin ardından tahttan alaşağı edilmiş, yerine IV. Mustafa getirilmişti.

III. Selim Harem Dairesinde kapatıldığı loş odada başına gelenleri düşünüyordu. Bu duruma, yumuşak huyu ve anarşi çıkaranlara da müsamahalı davranması yüzünden düşmüştü.

Ruslarla yapılan muharebelerde yeniçerilerin gösterdiği gevşeklik üzerine kat'i kararını vermişti. Sultan Genç Osman'ın düşüncesini mutlaka gerçekleştirecekti. bu şekilde bozulmuş bir ordu ile hiç bir şey yapılamazdı. O mağlubiyetlerle dolu günleri dehşetle yeniden yaşıyordu. O günlerde gece gündüz; "Ya Rab, beni böyle rüsvâ-yı cihan edip kâfire mağlup ve perişan etmeden ve zaman-ı devrimde ümmet-i Muhammed'in böyle perişanlığını görmeden, İlâhî sen beni bu iki gün mukaddem helâk ve cism-i hayatımı hâk eyle!" diye dua etmiş, çoğu günler teessüründen gözyaşı dökmüştü.

Kat'i kararını verdikten sonra icraata başlamış ve devlet bütçesinden bir miktar ayırarak, "Nizam-ı Cedit" ismi verilen yeni bir ordu teşkil etmişti. Bu yeni ordu gittikçe gelişmekte iken fitne kazanı kaynatılmaya başlanmış, sonunda bir âsinin liderliğinde isyan eden Yeniçeriler saraya yürümüşlerdi. Sultan III. Selim Nizam-ı Cedid'i kaldırdığını ilan etmesine rağmen, isyan durmamıştı. Yeniçeriler yeni kelleler istiyorlardı. İstediklerini elde edince bir yeni istekte daha bulunuyorlardı. Sonunda, padişahın bu yaptıklarını yanlarına kâr koymayacağını hesap ederek, Sultan Selim'i istemediklerini söylemiş ve bu isteklerinde dayatarak, Sultan IV. Mustafa'yı tahta oturtmuşlardı.

Sultan III. Selim, devletin âkıbetini düşünüyordu. Ne olacaktı bu işin sonu? Yeniçeriler kayıt altına alınmazlarsa devletin ve milletin âkıbeti hiç te iyi olmayacaktı. Kendisi gibi düşünen devlet idarecilerinin sayısı hayli fazla idi. Rusçuk'ta bulunan Alemdar Mustafa Paşa da böyle düşünmekte ve devletin selameti için III. Selim'in yeniden tahta geçmesi lazım geldiğine inanmakta idi. Ancak, İstanbul'a nasıl gidecekti. Askerleriyle birlikte Dersaadete yürüse III. Selim derhal öldürülürdü. Ne yamalıydı?.. Sonunda adamları bir fikir ileri sürdüler. Bunlar, ilk önce Dersaadete gidecekler ve yeni Padişah'ı âsilerin temizlenmesi gerektiği fikrine inandıracaklar ve bunun için de Mustafa Paşa'yı vazifelendirmesini temin edeceklerdi. Planlandığı gibi yapıldı, Padişah bu fikri kabul etti.

İstanbul'a gelen Alemdar Mustafa Paşa, asıl planı tatbik ederken ağır davranmıştı. Tam Topkapı Sarayına yürürken, durumu öğrenen padişah kapıları kapatmış ve emir vererek III. Selim'le II. Mahmud'un öldürülmelerini istemişti.

Emri alan yeniçerilerden bir grup III. Selim'in dairesine gitti. Kapıya vardıklarında içeriden ney sesi yükselmekteydi. Mûnis tabiatlı Padişah çoğu zaman olduğu gibi yine ney çalıyordu. Gözü dönmüş askerler yalınkılıç odaya doluştuklarında III. Selim hayretler içerisinde yerinde kalakaldı. Hanımı Re'fet Hanımefendi durumu anlamış ve vücudunu kocasına siper etmişti. Gözlerini kan bürümüş askerler bu fedakâr hanımı şiddetle iterek duvara vurdular. O esnada III. Selim'in hizmetçilerinden Pâkize Usta ileri atıldı ve elleriyle Üçüncü Selim'in başına inmek üzere olan kılıçlara karşı koydu. Parmakları doğranınca, baygın halde yere serildi. Cellatlar tekrar hışımla III. Selim'in üzerine çullandılar. Kalbi iyilik ve şefkat dolu sâbık padişah neyle kendisini korumaya çalıştı. Fakat âniden sağ şakağına inen bir kılıç darbesi ile yere serildi ve üst üste vücuduna inen kılıç darbeleri ile şehid düştü.

III. Selim'in şehid olduğu esnada üzerinde bulunan bir kağıtta kendisine ait olan şu mısralar yazılı idi:

"Kendi elimle yâre kesip verdiğim kalem

Fetvâ-yı hân-ı nâ-hakkımı yazdı ibtida."

Kur'an okurken öldürülen mazlum idareci
SULTAN ABDÜLAZİZ

Sultan Abülaziz, hal' edildikten sonra getirildiği Çırağan'la Ortaköy arasındaki Fer'iyye Sarayı'nda gece gündüz ibâdetle meşgul oluyordu. Nâfile namazları kılıyor, vaktinin geri kalan bölümünde Kur'an-ı Kerim okuyordu.

Zaman zaman cereyan eden hâdiseleri düşünüyor ve memleketin, şahsî menfaatlerini ön planda tutan kindar insanların eline geçmiş olmasından dolayı ızdırap çekiyordu. Dört kişi, aralarında yaptıkları planla kendisini hal' edip yerine yeğeni V. Murad'ı tahta geçirmişlerdi.

Sultan Abdülaziz'e kin besleyen Sadrazam Mütercim Rüşdü Paşa, Serasker Hüseyin Avni Paşa, Hayrullah Efendi ve Midhat Paşa uzun zaman baş başa vererek iktidar değişikliğinin palanlarını hazırlamışlardı.

Sultan Abdülaziz, en fazla, en çok sevdiği ve üzerine titrediği ordunun ihtilâle âlet edilişine üzülüyordu.

Son derece zeki, hüsnüniyet sâhibi, vatanperver olan Sultan Abdülaziz, saltanatı müddetince ordunun ve donanmanın ıslahına çalışmış, ordunun en modern silahlarla teçhizine ve tâlimine dikkat göstermişti. Avrupa ile Amerika'da yaptırdığı zırhlıların, topların ve diğer mühimmâtın yanı sıra, İstanbul'da son sistem bir tersane kurdurmuş ve bir fabrika inşâ ettirmişti. Artık İstanbul'da da zırhlı yapılmağa, top dökülmeğe başlanmıştı.

Sultan Abdülaziz bu şekilde çalışmalarıyla Osmanlı donanmasını, İngiltere'den sonra dünyanın ikinci büyük deniz kuvveti hâline getirmişti. Ayrıca yediyüz bin kişilik çok muntazam bir ordu kurulması için bütün şartları hazırlamıştı.

Askerleri ve askerliği çok seven Sultan Abdülaziz ordunun masraflarının bir kısmını kendi şahsî parasından karşılamakta ve bundan da büyük zevk almaktaydı. Oysa şimdi ne olmuştu? Kendisinin gönül verdiği askerler, tüfeklerini üzerlerine doğrultmuş; büyük gayretlerle tesis ettiği donanma, toplarını üzerine çevirmişti...

Sultan Abdülaziz kendisini hal' edenlerin kimler olduğunu ve aynı şahısların devlet idâresini ele geçirdiklerini öğrenince şöyle demişti:

"Benim ecdâdım bu gibilerin aklıyla hareket etmiş olsaydı, Konya ovasında koyun sürüleriyle haymenişîn olmaktan kurtulamazdık!"

Hal' edilişini soğukkanlı bir şekilde karşılayan ve etraflıca değerlendirmesini yapan Abdülaziz şöyle demişti:

"Böyle olacağını biliyordum. Zîrâ selâtin-i sâlifeden benim gibi bu devletin i'lâ-yı şevket ü şânına hizmet edenler dûçar-ı felâket oldular. Amcam şehid-i mağfûrun (Üçüncü Selim'in) ahvâli ve uğradığı felâketin derecesi sehâif-i târihi al kanlara boyadı, cümleye bir esef-i ebedî yâdigâr bıraktı. Bu her-bâr gözlerimize çarpmaktadır. İşte onların gördükleri felâket benim hakkımda da zuhura geldi."

Sultan Abdülaziz, yerine geçen Sultan V. Murad'a yazdığı tezkirede onun saltanatını tebrik etmekte ve bâzı tavsiyelerde bulunmaktaydı. Sultan Abdülaziz'in ne kadar kâmil olduğunu gösteren tezkire şöyledir:

"Evvelâ Cenâb-ı Allah'a, ba'dehu atebe-i şevketlerine sığınırım. Hizmet-i millette sarf-ı mesâi etmiş isem de hoşnudî hâsıl edemediğimi beyan ve zât-ı şâhânelerinin hoşnud-i milleti müstelzim olacak hayurlu işlere mavaffakiyetini temennî ile berâber kendi elimle silahlandırdığım asker beni bu hâle getirdiğini tahattur buyurmalarını tavsiyeye ibtidâr ederek mürüvvet ve insâniyet, sıkılmışlara yardım etmek meziyyetini gösterdiğinden, bu tenganây-ı ıztırâbdan halâs ile bir mekân-ı mahsus için inâyet-i şehriyârilerini recâ ve saltanat-ı Âl-i Osmanı Sultan Mecid Hazretlerinin hânedânını tebrik eylerim."

Sultan Abdülaziz'in bütün vaktini ibadetle geçirip, hadiseleri sükûnetle takip etmesine mukabil, ihtilâlin elebaşıları telaşlı idiler. İstikballerini garanti altına almak için sâbık Padişahı öldürmeyi düşünüyorlardı. Sonunda bu korkunç kararı verip tatbik sahasına koydular.

4 Haziran 1876 günü idi. İyi niyetli Padişah her zamanki gibi odasında Kur'ân-ı Kerim okuyordu. İhtilalcilerin tuttukları, Cezayirli Mustafa Pehlivan, Yozgatlı Pehlivan Mustafa Çavuş ve Boyabatlı Mehmet Pehlivan odaya girdiğinde de Yûsuf sûresini okuyordu. Pehlivan Padişah toparlanmağa vakit bulamadan bu üç "tutulmuş" adam üzerine çullandı ikisi kollarından tutarken Yozgatlı Mustafa çakısı ile padişahın bileklerini kesti. Sultan Abdülaziz'in ağzından, "Allah!" diye bir feryat yükseldi. Bu son sözü idi.

Katiller kaçtıktan sonra, kendinden geçmiş halde yatan padişah, Hüseyin Avni Paşa'nın emriyle Fer'iyye karakoluna götürüldü. Burada kan kaybından can verdi.

Sultan Abdülaziz'in şehid olduğunu duyan ahâli gözyaşı dökmeğe başladı. Herkes şu türkünün mısrâlarını terennüm ediyordu:

"Seni tahttan indirdiler
Üç çifteye bindirdiler
Topkapu'ya gönderdiler
Uyan Sultan Aziz uyan
Kan ağlıyor bütün cihan"

Hayatı cihatla geçen bahadır
ŞEYH ŞAMİL

1870 yılının hac mevsiminde Mekke-i Mükekkereme'ye akın eden onbinlerce mü'min çok sevinçliydi. Hem Arafat'a çıkıldığı gün Cuma'ya denk geldiği için "Hacc-ı Ekber" yapmış olacak, hem adını yıllardır dillerinden düşürmedikleri İslam kahramanı Şeyh Şamil'i göreceklerdi.

Kâbe-i Muazzamayı tavaf eden hacı adayları birbirine "Şeyh Şamil nerede?" diye soruyor, daha sonra ondan tarafa yöneliyorlardı. Mahşerî kalabalık izdiham meydana getirince idareciler herkesin bu şanlı mücahidi görebilmesi için onu Kâbe'nin damına çıkarmaktan başka çare bulamadı. Böylelikle on binlerce mü'min Şeyh Şamil'i gördü.

İhlasın mükâfatı

Cenab-ı Hak, İ'la-yı Kelimetullah için ihlasla çalışan kullarının sevgisini işte bu şekilde insanların kalbine yerleştiriyordu. Bu sevgi, dünyadaki muaccel mükâfattı.

Şeyh Şamil gittiği her İslam beldesinde bu şekilde muazzam bir ilgi ve sevgi ile karşılanmıştı. On yıllık esaretten sonra, Sultan Abdülaziz'in tavassutu ile Hacca gitmek üzere İstanbul'a geldiğinde de, muazzam bir kalabalık tarafından karşılanmış ve Dersaadette bulunduğu müddetçe halk onun namaz kıldığı camilere akın etmişti. Hac yolculuğu esnasında Mısır'a uğradığında da aynı şekilde sevgi seli ile karşılaşmıştı.

Hac vazifesini ifa eden Şeyh Şamil ise bu muazzam teveccühü görmüyordu bile. Onun gözü artık Medine yollarındaydı. En büyük arzusu, Habibullah'ın (a.s.m.) eşiğine yüz sürmek, Kâinatın Efendisini ziyaret etmekti.

Allah yolunda mücadele

70 müridi ile birlikte Medine yollarına düşen Şeyh Şamil'in hayatı bir film şeridi gibi gözünün önünden geçmekteydi. Son derece huzurluydu. Allah'ın seçtiği ve beğendiği din olan İslamiyeti Kafkasya'ya hâkim kılmak ve o toprakları Rus tasallutundan kurtarıp İslam bayrağını dalgalandırmak için gece gündüz demeden çalışmış, defalarca yaralanıp gazi olmuş, en yakınlarını bu uğurda şehid vermişti.

Onun hayatı destanvari bir hayattı. 1797'de Dağıstan'da doğmuştu. Yalçın dağlarla çevrili bu yiğitler diyarı yıllar yılı mahzundu. Öksüz ve yetim kalmışlardı. Rusya tarafından işgale maruz kalmışlardı. Defalarca ayaklanmışlar, ama her defasında silahsızlık ve malzemesizlik bellerini bükmüş, mağlubiyetten kurtulamamışlardı. Her başarısız ayaklanmadan sonra da Moskof zulmü artmıştı.

İşte zulmün ayyuka çıktığı bir esnada, 1826 yılında Gimri'li Gazi Muhammed isimli bir yiğit ortaya çıkmış, gönüllerdeki ümid meş'alesini tutuşturmuştu.

Gazi Muhammed, Nakşibendi tarikatına mensuptu. 1826-1829 yılları arasında gece gündüz demeden binlerce insana İslamın hakikatlerini tebliğ etmiş, cihad şuûrunu aşılamıştı. Bu devrede en büyük yardımcısı Şamil'di. Birlikte köy köy, kasaba kasaba dolaşıp asker toplamış, hazırlıklarını tamamladıktan sonra da 1829'dan itibaren Rus ordularıyla savaşmaya başlamışlardı. Ne var ki, Kafkasya'nın hürriyete ve istiklale âşık yiğit insanlarının yegâne düşmanı Ruslar değildi. Gövdenin içerisindeki "kurtlar" çoğu defa Ruslardan çok zarar veriyordu. Şeyh

Şamil daha sonra onlara "**Çar tabancaları**" ismini takacaktı. İşte bu Çar tabancaları 1832'de Gazi Muhammed ile Şeyh Şamil'in kaldıkları köyü Ruslar'a bildirmiş, kalabalık bir Rus müfrezesi köyün etrafını kuşatmıştı. Çıkan çatışmada Gazi Muhammed şehid oldu. Şeyh Şamil yaralandı. Göğüs göğüse yapılan çarpışmalarda göğsünden süngülendi ve bir dipçik darbesiyle omuzu kırıldı. O halde iken bile yere yıkılmadı. Bir arkadaşının yardımıyla çemberi yararak ellerinden kurtuldu.

Ormanın içerisinde izlerini kaybettirdikten sonra ikindi namazının vaktinin geçmek üzere olduğunu gören İmam Şamil namazı îma ile kıldı.

İffet, haya ve takva timsali olan Şeyh Şamil namaz hususunda çok titizdi. Aldığı yaraların tesiriyle bayılmış, 24 saat kendisine gelememişti. Ayıldığında ilk sözü şu olmuştu: "**Öğle namazını kıldım mıydı?**"

Şeyh Şamil iyileşir iyileşmez, Gazi Muhammed'den sonra imam seçilen Hamzat'ın yanında yer almış, onunla birlikte Ruslar'a karşı savaşmıştı. Hamzat her defasında. "**Benden sonra imamlık Şamil'indir**" diyordu.

İmam Hamzat ta 1834'te şehit oldu. Onun şehadetinden sonra toplanan ulemâ heyeti Şeyh Şamil'i ittifakla imam seçtiler.

İmam Şamil'in mücadelesi

Şeyh şamil bu mühim vazifeyi kabul etmek istememiş, kendisinden daha ehil kimseler olduğunu söylemişti. Ancak âlimler ittifakla kendisini seçtiklerini, İslam'a hizmet için bu vazifeyi omuzlaması gerektiğini söylemişlerdi.

İmam Şamil, mesuliyeti çok büyük bu vazifeyi omuzladıktan sonra ilk iş olarak Dağıstan'ı karış karış gezerek İslam'ın hakikatlerini tebliğ etmeye başlamıştı. Onun en büyük hasmı İslam'a zıt fikirlerdi ve halk arasına yerleşmiş olan bid'atlardı. Her gittiği yerde doğru İslamiyeti anlatıyor Peygamber yolunu gösteriyordu. İslamın hakikatlerine samimi olarak inanmış insanlarla birlikte Rus ordularını perişan edeceğine yürekten inanıyordu. Gerçekten de öyle oldu. İmam Şamil'in etrafında toplanan mücahidlerin sayısı günden güne arttı. Şamil onlara ilk önce temel İslamî bilgileri öğretti, ardından da harp san'atını. Daha sonra bu mücahidlerle birlikte Rusların zaptettiği kalelere hücum ederek o kaleleri birer birer ele geçirmeye başladı.

İmamlığa seçilişinden beş yıl sonra artık "İmam Şamil" adı, bütün Kafkasya'da, Dağıstan'da, Çeçenistan'da sevgi ile dillerde gezer olmuştu. Bu adam Rus Çarının ve Rus ordularının yüreğine korku salıyordu.

Oğlunu rehin verişi

Şeyh Şamil mücadelesi esnasında en yakınlarını şehid veriyordu. Şehadet mü'minler için en büyük rütbeydi. O da yakınları gibi şehadet şerbetini içmek arzusuyla mücadelesine devam ediyordu.

1839'daki Ahulgoh savaşı İmam Şamil'in mücadelesinde mühim bir yer tutar. Bu savaş esnasında Şamil'in hanımı Cevheret ile bir oğlu, bacısı Nefiset ve amcası şehit düşmüştü. Sığındıkları kalede her gün yeni şehitler veriyorlardı. Cephaneleri ve erzakları bitmek üzereydi. Rus ordusu ise devamlı takviye alıyordu. Bu durumda iken bile teslim teklifini şiddetle reddediyordu.

Ruslar İmam Şamil ve yanındaki mücahitlerin güç durumda olduğunu biliyordu. Bu durumdan istifade ederek şu şekilde sinsi bir teklifte bulundular. Şeyh Şamil'in bir oğlunu rehin aldıkları takdirde kaledekilerin serbestçe çıkıp gitmelerine izin vereceklerdi. Şamil, **"Bu teklif bir hiledir. Ruslar oğlumu almakla yetinmeyeceklerdir"** diyordu. Ancak bazı arkadaşları böyle düşünmüyordu. Onların hissiyatını farkeden Şeyh Şamil büyük bir fedakarlıkta bulundu. Sırf arkadaşlarının kalbine bir şüphe gelmesin diye o sırada 8 yaşında olan oğlu Cemaleddin'i rehin olarak verdi.

Ruslar İmam Şamil'in oğlunu rehin aldıktan sonra kalleşlik yaptılar ve daha büyük bir kuvvetle saldırıya geçtiler. Bu saldırı esnasında Şeyh Şamil ile oğlu Muhammed de yaralandı.

Kalenin bir tarafı uçurumdu. Yanında kalanlar birer birer o uçurumdan inmeye başladılar. Belli bir yerde karşıya ancak iki taraf arasına gerilen ipe tutunularak geçilmekteydi. Şeyh Şamil'in diğer hanımı Fatıma Hanım ipe tutunarak karşıya geçti. Şeyh Şamil oğlu Gazi Muhammed'i sıkıca sırtına bağladıktan sonra ipe tutunarak salimen karşıya geçti.

Bu büyük çatışmanın olduğu sene yani 1839 yılında Şeyh Şamil'in Muhammed Şafii isminde bir oğlu daha dünyaya geldi.

Şeyh Şamil yaraları iyileşir iyileşmez tekrar yollara düşüp asker toplamış ve tekrar Ruslar'ın karşısına dikilmişti. Artık çok daha tecrübeliydi. Toplar da döktürüyordu.

1839-1859 yılları arasında tam yirmi sene aralıksız Rus ordularıyla çarpışmış ve koca Rus ordularına dünyayı dar etmişti. Ne var ki Ruslar mertçe çarpışmaktan ziyade, sinsice taktikle, kalleşlikle, adam elde ederek netice almaya çalışmış ve bunda da muvaffak olmuşlardı. Şeyh Şamil'in ordusundaki bazı insanları bol para ile, mevki ve makam vaadiyle, kadınlarla elde etmiş ve onlardan mühim bilgiler elde etmeye başlamışlardı. 1857, 1858 ve 1859 yıllarındaki çarpışmalarda o hale gelinmişti ki, İmam Şamil her nereye baskın yapmaya kalkışsa Ruslar'ı önceden hazırlık yapmış halde bulmuştu. Bulundukları yerlere de ummadıkları zamanda baskınlar yapılmaya başlanmıştı. Bütün bunlar gövdenin içerisindeki kurtların marifetiydi.

Şeyh Şamil'in birlikleri 1859 yılı Ağustos'unda büyük bir Rus ordusuyla çarpışmaya girişmişti. Etrafları onbinlerce asker tarafından çevrilmişti. Mücahidler birer birer şehid düşüyordu. Mücadele uzun müddet devam etti ve Şeyh Şamil 6 Eylül 1859'da esir alındı.

Medine yolundaki İmam Şamil yakınlarına o günün hayatındaki en acı gün olduğunu söylüyordu.

Rus Çar'ı tarafından merasimle karşılanan İmam Şamil, saraylarda aziz bir misafir olarak ağırlanmıştı. Cenab-ı Hak kendisine hakkıyla kul olanları düşmanların sarayında bile aziz ediyor ve düşmanların yüreğine korku ve ürperti yerleştiriyordu.

Rus Çar'ı bir ziyafet esnasında, "Gördünüz mü, ordularımız karşısında kimse karşı koyamaz. Siz bile" diye gururlanmaya kalkışınca İmam Şamil şu cevabı vermişti:

"Bizi sizin ordularınız mağlup etmedi. Bizi 'Çar tabancaları" mağlup etti. O hâinler olmasaydı, siz bizi yenemezdiniz."

Şeyh Şamil on sene esaret altında kaldıktan sonra; Sultan Abdülaziz'e, hac yapma arzusunu bildirmiş ve Çar nezdinde tavassutta bulunmasını istemişti. Bunun üzerine Osmanlı padişahı devreye girmiş ve böylelikle oğlu Gazi Muhammed'i Rusya'da rehin bıraktıktan sonra yola çıkabilmişti.

Medine-i Münevvere'de

Medine-i Münevvereye ulaşan Şeyh Şamil'in aylardır devam eden rahatsızlığı iyice artmış bulunuyordu. Ancak o bu acılarına aldırış etmeyerek doğruca Ravza-i Mutahharaya gitmiş, Peygamber Efendimizin makberinin karşısında ellerini kavuşturarak selam vermiş, salat u selam getirmeye başlamıştı. Hastalığın acısını duymaz olmuştu. Mutluydu. Cenab-ı Hak en büyük arzusunu gerçekleştirmeyi de nasip etmişti. Medine-i Münevvereye geldiğini işiten ahali, onu görmek üzere koşuşmaya başlamıştı.

Şeyh Şamil, bu fani dünyadaki vazifelerini ve hazırlıklarını bitiren bir yolcu edâsındaydı. Ahaliyle ve yakınlarıyla vadalaşıyor, helalleşiyordu.

O ihlasla çalışmış gayret etmişti. Yaptığı her işi Allah için, Allah'ın rızasını kazanmak için yapmıştı. Tıpkı Celaleddin Harzemşah gibi, muvaffak olup olmamayı değil, Allah yolunda cihad etmeyi düşünmüştü. Muvaffak edip etmemek Allah'ın bileceği işti. Kendisinin işi sadece ve sadece gayret göstermek, cihat etmekti.

Şeyh Şamil'in Vefatı

17 Şubat 1871 günü Şeyh Şamil'in arzusu üzere Şeyh Ahmedürrıfâi dâvet edilmişti. Odada sadece oğlu Muhammed Kâmil ile bu muhterem insan vardı. Şeyh Ahmedürrıfai "veda vaktinin" geldiğini anlamıştı. Devamlı Kelime-i Şehadet getiriyordu. Şeyh Şamil de şehadet parmağını kaldırarak şehadet kelimesini tekrarlıyordu. İşte bu şekilde akşam ezanına 15 dakika kala şehadet kelimesini söyleye söyleye ruhunu Rahmana teslim etti.

Şeyh Şamil'in cenaze namazı Mescid-i Nebevi'de, yani Peygamber Efendimizin de (a.s.m.) medfun bulunduğu mescidde muazzam bir cemaatin iştirakiyle kılındı. Kafkasların bu şanlı mücahidi, Ehl-i Beyte, yani peygamber Efendimizin ailesine mensup zevat-ı kiramın ve pek çok sahabenin bulunduğu Cennetü'l-Baki'de, Ehl-i Beyt'in hemen yakınına defnedildi.

74 yaşında Rahmet-i Rahman'a kavuşan bu İslam kahramanının mücadelesi zâyi olmadı. Onun yaktığı istiklal meşalesi yıllar sonra yeniden, bu defa söndürüleme-

yecek bir şekilde alevlendi. Dudayev, Basayev gibi kahramanlar çıktı. Çeçenistan'da Rus ordularıyla mücadeleye giriştiler ve sonunda zaferi kazandılar.

Şeyh Şamil'in kafkaslarda diktiği istiklâl ve hürriyet filizi gür bir ağaç olmuş, etrafa dal budak salmıştı. Aradan yıllar geçmiş olsa da mü'minler onu sevgiyle, muhabbetle yâdetmeye devam ediyordu.

İslâma büyük ilgi ve sevgi duyan
Batı dünyasının dâhi edibi
JOHANN WOLFGANG VON GOETHE

Yalnız Almanya'nın değil, bütün Avrupa'nın en büyük şairi ve yazarı sayılan, Batı âleminin 17 dâhisi üzerinde yapılan araştırmada zeka testinde 210 puanla birinci olan, yaklaşık 150 eseriyle Batı edebiyatına ve çeşitli dünya dillerine tercüme edilen 50 eseriyle de dünya edebiyatına tesir eden Goethe, ölüm döşeğinde iken biteviye parmaklarıyla göğsü üzerine bir harf yazıp duruyordu. Bazıları bu harfin Latin harfiyle "W" olduğunu söylüyordu. Ama sonradan ortaya çıkan ipuçları değerlendirildiğinde Goethe'nin devamlı surette İslâm harfleriyle "Allah" yazdığı anlaşılacaktı.

Goethe çok genç yaşta Kur'an-ı Kerim ve İslamiyet üzerine araştırmalar yapmaya başlamış, araştırdıkça Peygamber Efendimize (a.s.m.) karşı ilgisi ve sevgisi artmıştı.

"Hz. Muhammed'in Terennümü" adlı şiirinde Peygamber Efendimize sevgisini ve onun son peygamber olduğunu dile getirir. Şiirin bir bölümünün tercümesi şöyledir:

"... Kardeş ayırma bizi koynundan,
Bekliyor Yaratan.
Yoksa bizi çölün kumları yutacak
Güneş kanımızı kurutacak
Kardeş,
Dağın ırmaklarını, ovanın ırmaklarını
Hepimizi alıp koynuna
Eriştir bizi yüce Rabbına
Ezelî Deryâ'nın yanına.
Peki, der, dağ pınarı
Kendinde toplar bütün pınarları
Ve haşmetle kabarır göğsü, kolları
Ülkeler açılır uğradığı yerlerde
Yeni şehirler doğar ayaklarının altında...
Kulelerin alev zirvelerini
Ve haşmetli mermer saraylarını
Bırakıp arkasında
Yürür mukadder yolunda
Dalgalanır başının üstünde binlerce bayrak
İhtişamının şahitleri
Evlâtlarını Rabbine ulaştırarak
Karışır İlâhî ummana coşarak!"

Devamlı arayış içindeydi

Goethe 1749'da varlıklı bir ailenin çocuğu olarak dünyaya gelmişti. Babası İmparatorluk danışmanı avukat Kaspar Goethe, annesi Frankfurt Belediye Başkanının kızı Elisabeth idi.

Ailesi daha çok küçük yaşlarından itibaren ona mükemmel bir tahsil yaptırmaya başlamıştı. Özel öğretmenlerden ders alarak; Latince, Yunanca, İtalyanca, İngilizce, Fransızca, İbranice öğrendi. Daha sonra bu dillere Arapçayı da ilave etti ve İslam harfleriyle yazmayı da öğrenerek Kur'an-ı Kerim'den bazı sureleri yazdı.

Hukuk tahsili yapmak için 1765'te Leipzig'e giden Goethe devamlı bir arayış halindeydi. O, "Bu kâinat nereden geldi, nereye gidiyor, niçin var olmuş?" sorularının cevabını arıyordu.

Çok genç yaşlardan itibaren şiire ve edebiyata merak duymaya ve eserler kaleme almaya başlamıştı. Hiçbir beşerî sevgi onu tatmin etmiyordu. Onun kalbi, kalbi yaratan Allah'ı arıyordu.

1771'de hukuk tahsilini tamamlayan Goethe, uzun müddet Veimar Dükü Karl August'un yardımcılığını yaptı, devlet işleriyle uğraştı.

Yıllar geçtikçe Goethe'nin şöhreti dalga dalga bütün dünyaya yayılıyordu. Fransız İmparatoru Napoleon gibi devlet adamları onunla tanışıp konuşmaya can atıyorlardı. Napoleon Goethe ile tanışıp görüştükten sonra, "İşte büyük bir insan!" diye bağırmaktan kendini alamamıştı.

"Faust" başta olmak üzere birçok eseri muhtelif dillere tercüme edilen Goethe edebiyatta çığır açmıştı. Kendi memleketi olan Almanya'dan başka birçok ülkede seviliyordu.

İlham kaynağı

Mükemmel edebî eserler kaleme alan Goethe ise "ilham kaynağının" İslâmiyet olduğunu açıkça söylüyor ve şöyle diyordu:

"İslâm yaşıma uygun düşen bir şiir ilham ediyor

bana: Allah'ın sırrına varılmaz iradesine teslimiyet, dünyanın bir karar üzere durmadan yaşayışı karşısında rindane bir tavır, iki dünya arasında yalpalayan bir sevgi, saflaşan ve bir mecazda ifadesini bulan gerçek... Bir ihtiyara yetmez mi bunlar?..."

Peygamber Efendimiz hakkında ise şöyle diyordu:

"Hiç kimse Hz. Muhammed'in prensiplerinden daha ileri bir adım atamaz. Avrupa'ya nasip olan bütün başarılara rağmen, bizim konulmuş olan bütün kanunlarımız, İslâm kültürüne göre eksiktir.

"Biz Avrupa milletleri medenî imkanlarımıza rağmen Hz. Muhammed'in son basamağına varmış olduğu merdivenin daha ilk basamağındayız. Şüphe yok ki, hiç kimse bu yarışmada onu geçemeyecektir."

Her sene Kur'an-ı Kerim'in indirilmeye başlandığı gece olan Kadir gecesini ihyâ eden, **"Ne başardımsa Kur'an'a borçluyum"** diyen, **"Bizzat kendisinin de Müslüman olduğu hususundaki şüpheyi reddetmediğini"** açıklayan Goethe; eserleriyle pek çok Batılı aydının aklına kapı açmış ve onların islamiyetle tanışmalarına vesile olmuştur. Alman Müslümanlardan biri olan Ahmed Schmiede bu hususta şöyle demektedir:

"... Biz Alman Müslümanların İslâm câmiasına ayak basarken eli boş gelmediğimizi, İslâm edebiyatına ölmez Goethe'mizin eserleriyle iftiharla girdiğimizi kaydetmeliyim."

1832 yılında 83 yaşında iken son nefesini veren Goethe'nin Weimar'da yıllarca oturduğu evle, Frankfurt'ta ilk çocukluk günlerini geçirdiği ev birer Goethe müzesi haline getirildi.

Almanya'da ve Batı dünyasında çok sevilen bu meşhur edibin ve mütefekkirin eserleri üzerinde incelemeler hâlen devam etmektedir.

Onun son ânında göğsü üzerinde yazdığı harfin ne olduğu da bu incelemeler ışığında yavaş yavaş açığa çıkmaktadır. Onun kendi el yazısıyla İslam harfleri yazdığının ortaya çıkmasını da delil olarak ileri süren Ord. Prof. Dr. Fritz Steppat gibi ilim adamları, "O mânasız W harfini değil, Allah kelimesini yazıyordu" demektedirler.

Goethe'nin imanına dair kesin delil ve kesin bir ifade olmasa da onun İslamiyete karşı büyük bir ilgi duyduğu bir vakıâdır. Aklı ölmemiş, kalbi sönmemiş her aydın onun gibi araştırdıkça İslâm gerçeğini bulacak ve kurtuluş kapısını aralıyacaklardır. Bugün Batı dünyasında binlerce aydının yaptığı gibi...

Hırsla saldırdığı dünyadan perişan vaziyette ayrıldı
NAPOLYON

Saint-Helena'daki mahkum, uzandığı kirli şiltenin üzerinde kıvranmaktaydı. Büyük acı çektiği beliydi. Boğulurcasına öksürüyor, nöbet geçince de inleyip, acı ile bağırıyordu. Bulunduğu oda oldukca loştu. İçeriye, tavana yakın bir yerde bulunan demir parmaklıklı küçücük bir hücreden belli belirsiz bir ışık sızıyordu. Odanın demir kapısının üst kısmında da demir parmaklıklı bir demir vardı.

Mahkumun inlemelerinin arttığını gören kapıdaki İngiliz askeri kapıdaki delikten içeriye bir göz attı. Kıvranıp bükülen mahkum, bir yumak olmuştu. Nöbetçi, saçı sakalına karışmış, elbiseleri yer yer yırtılmış mahkumu uzun uzun süzdü. "Ülkeleri titreten adam bu mu?" diye düşündü. Son derece hırslı, gururlu, şan, şöhret düşkünü adam ne hale gelmişti. Sağ eli yeleğinin cebinde mağrurâne duruşuyla, süslü apoletleriyle bütün Avrupa'yı, hatta dünyayı kendisiyle meşgul eden adam, şimdi iki büklüm yatıyordu. Üzerinde de ne imparator elbisesi, ne harp meydanında giydiği apoletli, altın sırmalı elbisesi vardı...

Nöbetçi, mahkumun feryatlarının arttığını görünce kapıyı açtı, gidip başını kaldırdı. Mahkumun yalvarırcasına kendisine baktığını görünce bir an durakladı. Ne yapmalıydı?.. Kucağındaki adam kendileriyle savaşmıştı, düşmanlarıydı. Kendi haline mi bırakmalı yoksa bir doktor mu çağırmalıydı?.. "En iyisi kumandana söyliyeyim" dedi kendi kendine. Mahkumun iyice küçülmüş vücudunu yatağa bıraktı.

Meşhur mahkumun son halini gören nöbetçi düşünüyordu. Şimdi kendisine yalvarırcasına bakan bu adam, şöhret merdivenlerinin en üstüne tırmanmış birisiydi. Teğmenlikten, generalliğe, oradan da İmparatorluğa yükselmişti. Bu hızlı tırmanış esnasında kazandığı ünvanların çoğunu da kendi kendisine vermişti, ama, o duruma gelinceye kadar da neler yapmamıştı ki?..

Fransız devrimi esnasında, Korsika'daki faaliyetleri ile ismini duyurmağa başlamış, o tarihten itibaren zaman zaman zirveye çıkıp inmişti.

Avusturya'ya karşı çarpışan İtalya ordusunun başına geçmiş, Venedik devletini ortadan kaldırmış, nerede daha hızlı yükseleceğine inanmışsa, oraya gitmekten çekinmemişti. Bu hırslı adam gözünü Osmanlı topraklarına da dikmişti. Ancak Akka'da yediği şamar bütün planlarını alt üst etmişti. Cezzar Ahmed Paşa'nın kumandası altındaki bir avuç Osmanlı askeri koca Fransız ordusunu perişan etmişti.

9 Kasım 1799'da hükümet darbesi yapmaya kalkışmış, başarılı olamamış, ardından orduyu ileri sürerek ipleri eline geçirmiş ve ülkede on beş yıl sürecek diktatörlüğünü ilan etmişti. Ülkede her şey kendisinden sorulmaktaydı. Meclisler ve hükümet birer kukla idi. İstediği kanunu, istediği zamanda çıkarttırıyordu. Artık zirveye giden yolda hiç bir engel kalmamıştı. 1804'te kendi kendini birinci konsül seçtirmiş, hemen ardından 18 Mayıs 1804'te kendini İmparator ilan etmişti.Hedefi bütün Avrupa'yı idaresi altına almaktı. Bu maksatla pek çok seferler düzenlemiş, hemen hepsinde de başarılı olmuştu.

Hırs bürümüş gözü bir türlü doymak bilmemişti. Her düşüşünde yeniden toparlanarak mücadeleye devam etmişti. Ne var ki, 1813'te Prusya ile Avusturya'nın birleşmesi ve kendisini yenmeleri sonunu hazırlamıştı. 11 Nisan 1814'te tahttan uzaklaştırılıp, Elbe adasına sürülmesi hayatında uğradığı en ağır darbe olmuş, bu darbeye tahammül edemeyerek 12 Nisan 1814'te intihara teşebbüs etmişti.

Elbe adasında sürgünde iken boş durmamış, tekrar Fransa'nın başına geçmenin planlarını yapmış, nitekim 1 Mart 1815'te Fransa'ya dönerek şahsî prestiji ile ülkenin başına geçmişti. Hedefine ulaşmak için yeniden çalışmaya koyulmuş, ordu tanzim etmiş ve sefere çıkmıştı. Ne var ki tehlikeyi gören ve bir diktatörün emri altına girmek istemeyen Avrupa ülkelerinin birleşmesi ve 18 Haziran 1815'te cereyan eden Waterlo savaşında bu birleşik Avrupa ülkelerinin savaşı kazanması sonunu hazırlamıştı.

Hezimete uğramış bir kumandan olarak döndüğü ülkede bütün kapılar yüzüne kapanmıştı. Artık makamını muhafaza edemiyeceğini görmüş ve 22 Haziran 1815'te oğlu lehine tahttan feragat etmiş, ardından ülkede kalamayacağını anlayınca Amerika'ya kaçmaya çalışmıştı. Ne var ki, kaçması mümkün değildi. Bunu görmüş ve teslim olmaktan başka çare olmadığı kanaatine vararak, 15 Temmuz 1815'te İngilizlere teslim olmuştu...

....

İngiliz nöbetçi, bütün Avrupa'nın bildiği, tanıdığı bu hırslı adamın macerasını hatırlayınca, koridorlardan koşar adımlarla geçmeğe başladı ve bir solukta kumandanın odasına varıp durumu anlattı. Tahmin ettiği gibi, kumandan mahkumun durumu ile yakından ilgilendi ve bir doktor çağırttı.

İngiliz nöbetçi, kumandan ve doktor, mahkumun hücresine girdiklerinde onu yerde yatarken buldular. Doktor nabzına baktı, göz kapaklarını kaldırdı, sonra gözünü kumandana dikerek başını iki tarafa salladı. Yaklaşık altı senedir, Saint-Helena'da bulunan meşhur mahkum ölmüştü. Tarih 5 Mayıs 1821 idi.

Perişan bir vaziyette son nefesini veren bu mahkum, dünya tarihinde unutulmayan sîmâlar arasında yer alacak, Napolyon ismi, hırsın, gururun sembolü alarak söylenegelecekti...

Güreşi cihad kabul eden
Dünya şampiyonu pehlivan
KOCA YUSUF

Fransız bandıralı La Bourgogne Transatlantiği'nin güvertesinden enginleri seyreden Koca Yusuf, geminin kuş gibi uçarak, bir an önce kendisini vatanına kavuşturmasını istiyordu. Aylardır, Avrupa'yı ve Amerika'yı dolaşmış, dünyanın namlı pehlivanlarıyla güreş tutmuş, hepsinin de sırtını yere getirmişti. Artık bütün dünya kendisinden, "dünya şampiyonu", diye bahsetmekteydi. Yusuf, vatanından ayrılırken, "keferelerin sırtını yere vuracağım" demiş ve dediğini yapmıştı. Gurbet elde daha fazla kalmaya tahammül edemiyordu. Vatanı, âilesi gözünde tütmeye başlayınca, her şeyi bir tarafa bırakarak yola çıkmağa karar vermişti.

5 Haziran 1898 gününe kadar yolculuk gayet sakin geçti. Koca Yusuf o gün yüreğinin sıkıldığını hissediyordu. Ferahlamak için abdest aldı. Nafile namazı kıldı. Daha sonra güverteye çıktı. İşte tam o sırada müthiş bir gümbürtü duydu. Bindiği gemi, İrlanda bandıralı Crmartyhire gemisiyle çarpışmıştı. Okyanus'un ortasında bir fındık kabuğunu andıran gemi gittikçe sulara gömülmekteydi. Yolcular büyük bir telaşla sağa sola koşuşmakta, filikalara binmek için birbirlerini ezmekteydi.

Koca Yusuf. gemiden ayrılmadan önce, ne olur ne olmaz diye iki rekat namaz kıldı. Daha sonra filikaya binmek üzere denize atladı. En yakın bir filikaya doğru gitti ve kenarından tutundu. Tayfalarla yolcular, Koca Yusuf'un binmesiyle kayığın batacağından çekinerek bu koca pehlivanın binmesine engel olmaya çalıştılar. İlk önce kürekle ellerine vurdular. Koca Yusuf'un parmaklarını kayığın kenarından sökememişlerdi. Cihan pehlivanının parmakları mengene gibi kayığın kenarlarını sım sıkı kavramıştı.

Tayfalar, ellerindeki baltayı insafsızcasına Koca Yusuf'un bileklerine vurmağa başladılar ve bu şanlı pehlivanın bileklerini kopardılar. Koca Yusuf, son ânının geldiğini anlayınca kelime-i şehâdet getirdi. Kayıktakiler dünya şampiyonunun bu son sözlerini duymuşlardı. Uzaklaşan filikalar, deniz üzerinde sadece bir vücudun sırt üstü değil de yüzü koyun durduğunu gördüler. Bu, Koca Yusuf'un vücuduydu. Son ânında bile, "göbeği yıldız görmemişti"...

Koca Yusuf güreşi "cihad" olarak kabul etmekteydi. Avrupa ve Amerika'ya gitmesinin yegane gayesi, gayr-ı müslimlerle güreş tutup, onları yenmekti. Böylece müslüman pehlivanların üstünlüğünü isbatlamış olacaktı. Bu şuûrla güreşlere çıkmış, bütün rakiplerinin sırtını mindere yapıştırmıştı. Gözünde para pul yoktu. Bu bakımdan kendisine yapılan, inancına aykırı bütün teklifleri reddetmişti.

Koca Yusuf, son derece dindardı. İbâdetlerini aksatmazdı. Güreş karşılaşmalarını namaz vakitlerine denk getirmez. Namazını kılmadan mindere çıkmazdı.

Cenab-ı Hak, bu inançtaki, bu şuurdaki kulunu huzuruna alırken de bir ikram-ı ilâhî olarak onun nâmını muhafaza etmişti. Ömrü boyunca sırtı yere gelmemiş olan Koca Yusuf'un son ânında da "göbeği yıldız" görmemiş ve deniz üzerinde yüzü koyun vaziyette kalakalmış, bir müddet sonra da yine o vaziyette, olduğu gibi okyanus'un derinliklerine, bu geniş makberine gömülmüştü.

"Siyaset sahnesi"nde usta aktördü
Tiyatroda bir aktör tarafından vuruldu
ABRAHAM LİNCOLN

Amerika Birleşik Devletleri başkanı Abraham Lincoln 14 Nisan 1865 gününün gecesi tiyatroya gelirken oldukça neşeli görünüyordu. Aslında çok düşünceliydi ve pek çok problemi halletmek zorundaydı. Kuzey-Güney arasındaki düşmanlık hâlâ devam ediyordu.

Lincoln, locadaki yerini aldıktan sonra, "Amerikalı Yeğenimiz" adlı oyun başladı. Lincoln'un gözü sahnedeki oyuncularda, fakat aklı başka yerdeydi. Çok hareketli bir hayat geçirmiş ve hiç ummadığı, aklından bile geçirmediği halde üst üste iki defa Birleşik Devletler Başkanı seçilmişti.

Abraham Lincoln gayr-i meşru bir çocuk olarak dünyaya gözlerini açmış, doğru dürüst ancak bir sene okula gitmişti. Fakat sonraki yıllarda kendini okumaya vermiş ve 1836'da hukuk diploması almıştı.

Lincoln 1846'da Kongre üyesi seçildikten sonra siyasî hayata başlamış, ondan sonra da önüne çıkan her fırsatı en iyi şekilde değerlendirmesini bilerek ilerlemesini devam ettirmişti.

Köleliğe karşı çıkması yıldızının daha da parlamasına yol açmıştı.

İlk başta, diğer partilerden istifa edenlerin kurduğu Cumhuriyetçi partiye ilgisiz kaldı. Çünkü yepyeni bir partiydi. Henüz tanınmamıştı. Fakat yeni parti umulmadık bir şekilde gelişmişti. Bunun üzerine Lincoln cumhuriyetçi partiye girmiş ve mühim kademelere yükselmişti.

1860'ta partisi tarafından başkanlığa aday gösterilen Lincoln seçimi kazanmıştı. Artık bir numaralı adamdı. Fakat daha vazifeye başlar başlamaz, büyük bir meseleyle yüz yüze gelmişti. Yedi güney devleti birlikten ayrılarak "Güneyliler Konfederasyonu"nu kurmuşlardı. Bunların ardından sınırdaki dört devlet daha birlikten ayrılmıştı.

Kuzey-Güney savaşı 1865'te Kuzeylilerin galibiyetiyle sona ermişti, fakat anlaşmazlıklar halledilememişti. Lincoln, ikinci başkanlık döneminde bu anlaşmazlığı gidermek istiyordu. Fakat sıkı çalışmalardan oldukça yorulmuştu. İşte o gece tiyatroya da yorgunluklarını üzerinden atmak için gelmişti.

Lincoln ve yanındakiler oyuna dalmışlardı. Tam o esnada John Wilkes Booth isimli aktör Lincoln'e yaklaşmış ve kaşla göz arasında ceketinin cebinden tabancasını çıkarmıştı. Genç aktör bu defa rol yapmıyordu. Uzun zamandan beri yaptığı planı gerçekleştirecekti. Lincoln'un iri iri açılan gözleri tabancadan ayrılmıyordu. Yerinden kalkıp, "dur, yapma!" dercesine ileri atılmak istedi. Fakat yerinden kalkar kalkmaz beynine giren kurşunla olduğu yere yığılıp kaldı. Tiyatrodakiler çığlık çağlığa koşuşmaya başlamışlardı. Bir anlık şoktan sonra kendilerine gelen muhafızlar aktörü yakalamışlardı. Kanlar içerisinde yatan Lincoln, derhal hastahaneye götürüldü. Komaya girmişti. Sabaha karşı da öldüğü açıklandı.

Ölüm ânında neler hissettiklerini
kaydeden Batı âşığı yazar
BEŞİR FUAD

Yakın dostları, bir zamanlar etrafına neşe saçan Beşir Fuad'ın gün be gün içine kapanışına, derin derin düşüncelere dalışına bir mânâ veremiyorlardı. Son yılların en popüler muharririne ne olmuştu?

Dış görünüşü itibariyle sakin görünen Beşir Fuad'ın iç âleminde fırtınalar kopmaktaydı. Bu fırtına, 19. Asrın ikinci yarısında Osmanlı beldelerinde şiddetle esmeye başlayan ve cemiyette yer etmiş köklü değerlerle birlikte, aydınları da önüne katıp sürükleyen Batılılaşma cereyanının kopardığı fırtına idi.

O yıllarda bir Batılılaşma modasıdır sürüp gidiyordu. Tanzimat Fermanı'nın açtığı kapıdan sökün edip, bütün ülkeyi istilâ eden bu modanın telkini ile, Batının ilmi, fenni, tekniği değil de; sefaheti, muzahrefâtı, örfü, an'anesi, kılığı, kıyafeti, yaşayışı alınıyordu. İşte bu köklü değişikliğin meydana getirdiği sarsıntı, cemiyette ve fertlerde açıkça kendini göstermeğe başlamıştı. Beşir Fuad'taki değişikliğin sebebi bu idi. Üstelik o diğer aydınlara da benzemiyordu. Avrupa'nın fikir akımlarına alaka duymuş, onlarla meşgul olmuştu. Bu meşguliyetin neticesi olarak da o vakte kadar cemiyette hâkim olan değerlere cephe almaya başlamıştı. Materyalist ve pozitivist bir düşünce ile, mânevî değerlere karşı çıkıyor, bu değerlerin tesirlerini kendi dimağından ve ruhundan söküp atmaya çalışıyordu. Sonunda bambaşka bir insan olup çıkmıştı.

Her türlü güçlüğe karşı insana güç ve kuvvet telkin eden, moral veren dinî inançtan mahrum oluşun tesirini hayatının her ânında görmeğe başlamıştı. En ufak güçlükler, maniâlar karşısında müthiş bedbinliğe kapılıyordu. Maddî durumunun oldukça iyi oluşuna mukabil hayattan zevk almamağa başlamıştı. Hiç bir şey ona teselli vermiyordu. Hele küçük çocuğunun vefatı onu iyice yıkmış, çökertmişti. Sonunda Materyalist felsefenin tesiri ile mecnunâne bir fikre kapıldı. Her şeyi gözüyle görmek isteyen bir felsefî inancın mensubu olarak, "ölümün nasıl bir şey olduğunu bizzat görmeğe" karar verdi. İntihar edecekti. Fakat bu o zamana kadar eşine az rastlanmış bir intihar olacaktı. Neler hissettiklerini kaleme alacaktı. Bu dehşet verici kararı veren Beşir Fuad, 5 Şubat 1887 günü yanına keskin bir ustura ile bir parça kokain alarak çalışma odasına kapandı.

İlk önce, yakın dostu Ahmed Mithat Efendi'ye ve Zabıta ilgililerine hitaben bir mektup yazdı.

Zabıtaya hitaben yazdığı mektupta aynen şöyle diyordu:

"Canib-i zabıtadan gelecek tahkik memuruna! Size anlatmağa mecburiyet gördüm. Kendi kendimi öldürdüm. Benim yazım ve imzam âlem-i matbuatta bulunan muharrirlerce malumdur. Binaenaleyh beyhude işgüzarlık edeceğim diye zaten matem içinde bulunacak familyam a'zası hakkında bîlüzum tahkikata girişip de onları iz'aç etmeyiniz. Şu itirafnâmem intiharın vukuunu müsbittir. Sizin vazifeniz kağıdı alıp bir jurnal ile makamına takdim etmekten ibarettir."

Beşir Fuad zabıtaya yazdığı bu mektuba bir de zeyl ilave etmişti:

"Vücudumu teşrih olunmak üzere Mekteb-i Tıbbiyeye teberrüken bahşettin. Cenaze oraya naklolunmalıdır."

Ahmet Midhat Efendiye yazdığı ve "Mezardan bir sadâ" başlığını taşıyan mektubunda ise şöyle diyordu:

"İntihar niyeti bende iki seneyi mütecaviz oluyor ki mevcuttur. Yalnız vakt-i merhununa talik etmiş idim. Bu vakit de geçen hafta hulûl etmişti. Ancak şairlerin tarizatını cevapsız bırakmamak için bir hafta daha tehire mecbur oldum. Gerçi bazı tarizat daha varsa da onları şayân-ı ehemmiyet görmediğim için niyyetimi kuvveden fiile çıkarıp daha ziyade tecil etmeyi münasip görmedim."

Bu mektubunda nasıl intihar edeceğini de anlatmıştı.

Şöyle diyordu:

"İntiharımı da fenne tatbik edeceğim; şiryanlardan birinin geçtiği mahalde cildin altına klorid şırınga edip buranın hissini iptal ettikten sonra orasını yarıp şiryanı keserek seyelân-ı dem tevlidiyle terk-i hayat edeceğim."

Beşir Fuad mektupları yazdıktan sonra, boğazına ve sol koluna enjeksiyonla kokain zerketti. Daha sonra ustura ile ilk önce kolunun atar damarını dört ayrı yerden kesti. Kesilen yerden oluk gibi kan boşanması onu ürkütmemişti. Daha sonra usturayı boğazına çaldı.

Kolundan ve boğazından kan boşanırken eline kalemi alarak neler hissettiklerini yazmıştı:

"Ameliyatımı icra ettim, hiç bir ağrı duymadım. Kan aktıkça biraz sızlıyor. Kanım akarken baldızım aşağıya indi. 'Yazımı yazıyorum, kapıyı kapadım', diyerek geriye savdım. Bereket versin içeriye girmedi. Bundan tatlı bir ölüm tasavvur edemiyorum. Kan aksın diye hiddetle kolumu kaldırdım. Baygınlık gelmeğe başladı."

Vakit ilerledikçe takatten düşüyordu, artık güçlükle yazmağa başlamıştı. "Yanız müşahede ve tecrübe edilen şeyin gerçek olduğunu kabul eden pozitivist" düşüncenin mensubu olarak, düşüncesine yer eden bu fikirleri hem tatbik ediyor, hem de yazıyordu. Güçlükle okunan son satırlarında şöyle diyordu: "Arzu ettim ki, bir insanın öldüğünü ve ölürken neler duyup hissettiğini bildirmek suretiyle insanlığa bir faydam dokunsun!"

Bu sırada odanın içi kan gölüne dönmüştü. Akan kanlar odanın dışına taşmaktaydı. Üstü başı kana bulanmıştı.

Kokainin tesiri azaldıkça ızdırabı artmağa, çırpınmağa başladı. Son bir gayretle uşağı çağırdı. İçeri giren uşak manzarayı görünce dehşete kapıldı. Beşir Fuad uşağa, kolarını hızla sallayarak, kanının tamamını akıtmasını söyledi. Bunun üzerine ürken uşak feryat etmeğe başladı. Bu çığlıklar üzerine ev ahalisi koşuşup geldiler. Manzarayı gören Beşir Fuad'ın hanımı düşüp bayıldı, diğerleri feryada başladılar. O sırada bir tanesi bir koşuda doktor Miralay Nafiz Bey'e gidip durumu anlattı. Beşir Fuad'ın sesi duyuldu: "Doktor! Ne uğraşıyorsun, beş dakikalık ömrüm kaldı" diyordu. Bu, Tanzimat devrinin meşhur edebiyatçısının son sözleri olmuştu...

Henüz 35 yaşında hayatına son veren Beşir Fuad, Tanzimatın ve Materyalist felsefenin kurbanı olmuştu.

4-5 senelik yazı hayatında on beşten fazla kitabı basılan ve 200'den fazla makalesi neşrolan, Beşir Fuad'ın ölümü basında bomba tesiri yaptı. Herkes hayretini gizleyemiyordu. Onun fikrî cephesine âşina olanlar, intiharın sebebini anlamakta güçlük çekmiyorlardı. Hepsi de, inançsızlığın yol açtığı bunalımın neticesinde bu intihar hâdisesinin vuku bulduğunu söylüyorlardı.

Hem dinî inancını kaybetmiş biri olarak tanınması, hem de intihar etmesi dolayısıyle ne hocalar ne de ahâli cenaze namazını kılmağa yanaşmıyorlardı. Sonunda hükümetin işe el atması neticesinde cenazesi kıldırıldı ve Eyüp civarına gömüldü.

İlk önce kendisini hayata bağlayan manevî bağları, daha sonra da maddî bağları kesip atan Beşir Fuad'ın sonu, aradan geçen uzun yıllara rağmen unutulmadı.

Kudurarak ölen Yunan kralı

I. ALEKSANDROS

İstiklâl Harbi yıllarında gazetelerde yer alan bir haber bütün vatan evlâdını derin bir eleme garketmişti. Habere göre, Yunanistan Başvekili Venizelos, İngiliz Başvekili Lloyd George'den elli bin kişilik silah almıştı. Venizelos bu silahlarla Anadoluya taarruz edeceklerini söylüyordu.

Vatanları işgal altındaki, şanlı, fakat talihsiz bir milletin evladları kara kara düşünüyorlardı. Şimdi ne yapacaklardı? Ellerinde ne silah vardı, ne de cephane... Yunan işgal kuvvetleri mel'anetlerine devam ediyorlardı. Girdikleri bütün kasaba ve köyleri yakmışlardı. Masum insanları hunharca katlediyorlardı. Yaşlılar, kadınlar, çocuklar Yunan süngüleriyle delik deşik edilmişti. Yunan Palikaryaları hamile kadınların karnını süngüyle deşiyor, bebeleri kılıçlarına takarak dolaştırıyorlardı. Onların yaptıkları kulaktan kulağa bütün yurdu dolaşıyordu. Şimdi bir de İngilizlerden aldıkları silahları kullanırlarsa neler yapmazlardı?

İstanbul'da İngiliz işgaline karşı mücadele veren Bediüzzaman da bu haberi gazetelerden okumuştu. İngiliz işgal kuvvetlerin köşe bucak kendisini aradığı Bediüzzaman bu haberle yüreğinden bir defa daha yaralanmıştı.

Bediüzzaman bir cuma gecesi yatsı namazından sonra duâya başladı. Sabah namazına kadar dua etti. **"Ya Rabbi, senin askerin daha çoktur. Bu mel'unlara fırsat verme."** diye dua ediyordu.

Anadolu'ya hüzün bulutları kümelenmişken, Yunanlılar bayram ediyorlardı. Kral, büyük bir şölen tertiplemişti.

Kralın sarayında o gece herkes çılgınca eğleniyordu. Attıkları kahkahalara bakılırsa en fazla eğlenenler, Yunan Başvekili Venizelos ile İngiltere Büyükelçisi idi. Birbirlerinden ayrılmıyorlar, kahkahalı sohbetlerini bir türlü bitirmek istemiyorlardı.

Yunan Kralı Aleksandros da çılgınca eğlenmekteydi. Ayakta duramayacak kadar sarhoş olmuştu. Yalpalıyordu. Etrafında toplananlara, "gelecek hafta İstanbul'da vereceğim ziyafete hepiniz davetlisiniz!" diyordu. Davetlilerden birisi, "Ayini, Ayasofya'da yapacağız" diye bağırdı. Diğerleri ona iştirak ettiler. "Evet Ayasofya'da!"

Yunan Kralı Anadoludaki bütün Müslümanları yok edeceğini söylüyordu. İyice kendinden geçmiş, ne söylediğini bilemeyecek hale gelmişti.

Sabaha karşı bütün davetliler gidince Yunan Kralı bahçeye çıktı. Kafası çatlayacak gibiydi. Tam o esnada bahçede bir maymun belirdi. Kral boş gözlerle maymunu süzüyordu. Hizmetçiler maymunu kovmak istediler. Yerinden kıpırdamadığını görünce üzerine atılarak yakalamaya çalıştılar. İşte ne olduysa o anda oldu ve bir anda ileriye fırlayan maymun Yunan Kralını kolundan ısırdı. Aleksandros canhıraş bir feryat kopararak yere yıkılırken, hizmetçiler de atılmış ve maymunu öldürmüşlerdi.

Gelen doktorlar, kralın kolundaki ufacık ısırık yerini sarmışlardı. Kralın durmadan bağırmasına, üstünü başını parçalamak istemesine bir mânâ veremediler. Bu kadarcık yara üzerine bu şekilde bağrılır mıydı? Vakit ilerledikçe kralın feryadı daha da şiddetleniyordu. Kendini yerden yere atıyor, yakasını yırtıyor, üstünü başını parçalıyordu. Etrafına saldırmağa başlayınca her şey anlaşıldı. Kral kuduz olmuştu. Doktorlar yapacak birşey kalmadığını görünce, kralın bir odaya kilitlenmesini istemişlerdi.

Her tarafı kapalı bir odaya kilitlenen Yunan kralı, bağırıyor, feryad ediyor, kendini yerden yere atıyordu, fakat kimse yanına yaklaşamıyordu. Kral bu şekilde çırpına çırpına can verdi. Daha önce Anadolu'ya giderek işgal birliklerini teftiş eden mağrur Yunan Kralı, ordusunun denize döküldüğünü göremeden kudurarak ölmüştü.

Haber bütün dünyada bomba tesiri yaptı. İstanbul gazeteleri haberi büyükçe vermişlerdi. Anadolu'da herkes bayram ediyordu.

Gazeteleri gören Bediüzzaman da çok sevinmişti. Yanındaki talebesine, "Bir kalem getir de bu hayvanın arkasından mersiye yazalım" dedi ve gazetenin kenarına şu latif mersiyeyi yazdı. "Vema ya'lemü cünude Rabbike illâ hu (Müddesir suresi âyet 31 [Rabbin Teâlâ'nın askerini kendinden başka hiç kimse bilmez.])

İşte o cünuddan bir gazi şehid,
Nev'-i hayvandaki maymun-u saîd,
Ey maymun-u meymun! (ey mes'ud ve bahtiyar hayvan)
Mü'minleri memnun,
Kafirleri mahzun,
Yunan'ı da mecnun eyledin
Öyle bir tokat vurdun ki,
Siyaset çarkını bozdun,
Lloyd George'u kudurttun,
Venizelos'u geberttin.

Mizan-ı siyasette pek ağır oturdun
Ki, küfrün ordularını, zulmün leşkerlerini

Bir hamlede havaya fırlattın...
Başlarındaki maskelerini düşürüp, maskara ederek
Bütün dünyaya güldürdün.

Cennetle mübeşşer olan hayvanların isrine gittin (Cennetle müjdelenen, Ashab-ı Kehfin köpeği, Süleyman Aleyhisselam'ın karıncası ve Salih Aleyhisselam'ın devesinin yolundan gittin.)

Cennette saîdsin, çünkü gazi, hem şehidsin. (Sen de cennette mesud olacaksın, çünkü hem gazi, hem de şehidsin.)

Yunan Kralının kudurarak ölmesi üzerine siyaset çarkı bozulmuştu. Yunanlılar ne yapacağını şaşırmışlardı. Bu esnada Anadoludaki millî mücadele hareketi daha da güçlenmek için zaman kazanmıştı.

Maymunun Yunan Kralını ısırmasına kızanlar arasında İngiltere Başvekili Lloyd George de vardı. Şöyle demekteydi:

"Doğu, belki de Batı tarihinin bir maymunun bir adamı ısırması yüzünden değişmesi, her büyük faciânın sahifelerinde rastgelinen tuhaf tesadüflerin bir oyunundan başka bir şey değildir..."

Vatanından ayrı kalmaya dayanamayan
Hakkın gür sesi şâirimiz

MEHMED ÂKİF

Mehmed Âkif'in Mısır'dan döndüğünü öğrenen dostları, ahbapları onu ziyaret için koşuşmaktaydı. Hepsi de on bir yıllık hasretle kavrulmuş; vatanı ve mukaddesatı için her türlü meşakkete göğüs germiş bu fazilet timsali insanı çok özlemişlerdi.

Âkif'in yanına giden dostları onu tanımakta güçlük çektiler. Gördükleri, bir deri bir kemik kalmış şahıs; bildikleri, tanıdıkları o pehlivan yapılı Mehmed Âkif'ten ne kadar farklıydı...

Hastalığın yanı sıra, gurbet âdeta onu eritmişti. Vatanı için canını, cânânını, bütün varını seve seve fedâya hazır olan Âkif için bu çok sevdiği beldeden yıllarca ayrı kalmak ne demekti?.. Bunu Âkif'i tanıyanlar çok iyi biliyor ve bu hale gelişin sebebini kavramakta güçlük çekmiyorlardı.

İstiklâl mücadelesi verildiği günlerde, gün olmuş, bu vatanın evlâtlarına vaaz kürsüsünden seslenmiş, gün olmuş hislerini manzum olarak terennüm etmiş, gün olmuş cepheye koşmuş ve Mehmedcik'e kuvve-i mâneviye aşılamıştı.

Onun saâdeti, vatanın hür oluşunda ve bu vatanda şühedânın ruhunu şâd ettirecek çalışmaların yapılmasındaydı. Ancak bu ideallerinin gerçekleştiğini gördüğü an seviniyor, tebessüm ediyordu.

Çanakkale zaferinin kazanıldığını öğrendiğinde ne kadar sevinmişti. Dünyalar âdeta kendisinin olmuştu. En yakın dostu Eşref Sencer Bey'e hislerini şöyle açıklıyordu:

"Artık ölebilirim Eşref... Gözüm açık gitmez."

Âkif, vatanın düşmandan tamamen temizlendiğini de görmüştü. Fakat, bu cennet beldeyi maddî ve manevî yönden terakkinin zirvesine çıkaracağına inandığı düşüncelerinin tatbikatını görememişti... O andan itibaren Âkif vatanda iken, gurbette kalmışların hâlet-i ruhiyelerine bürünmüştü. Yazmış olduğu manzume o halini tasvir etmekteydi:

"Vatan-cüdâ gibiyim ceddimin diyarında,
Na toprağında şu yurdun, ne cuybarında.
Bir âşina sesi, yahut bir âşina izi var!
Sadâma beklediğim aksi vermiyor ovalar."

Âkif, karşılaştığı bu durumu çok yadırgamaktaydı. Hislerinin ifadesini yine manzumeleri arasında bulmaktayız:

"Vatan-cüâ olayım sînesinde İslâm'ın,
Bu âkıbet ne elim intikamı eyyamın?"

İstiklâl Marşının şâiri, şiirlerinde hâlet-i ruhiyesini de tasvir etmiş, kalbinden kopup gelenleri şöylece kaleme almıştı:

"Görünmez âşinâ bir çehre olsun rehgüzârında
Ne gurbettir çöken İslâm'a, İslâm'ın diyarında?
Umar mıydın ki; mâbetler, ibâdetler yetim olsun?
Ezanlar arkasından ağlasın bir nesl-i me'yusun?"

O günlerde zihnini, o vakte kadar hatırından bile geçirmediği bir düşünce meşgul etmekteydi: Bir müddet uzak diyarlara gitmek, sâkin sâkin düşünmek...

"Bana dünyada emin ol, ne yer kaldı, ne de yâr;

Ararım göçmek için başka zemin, başka diyâr.
Bunalan ruhuma ister bir uzun boylu sefer;
Yaşamaktan ne çıkar, günlerim oldukça heder?"
diyordu.

Âkif 1920'de Mısır'a gitti. Bu tarihten itibaren artık her yıl kışı Mısır'da, yazı İstanbul'da geçirmeğe başlamıştı. 1926'dan itibaren Mısır Üniversitesi Edebiyat Fakültesinde Türkçe hocalığına başlamıştı. Bu tarihten itibaren de ilk defa uzun müddet vatandan ayrı kalmıştı.

1936 yılının ortalarına doğru vatan hasreti Âkif'in yüreğini kavurmağa başlamıştı. Üstelik hastalığa da yakalanmıştı. Sonunda son nefesini vatanında vermek üzere yola çıkmıştı. Bunu yakınlarına açıkça söylüyordu.

Âkif ziyaretçilerle, ömrünün bu son yıllarında yaşadığı hadiseleri konuşuyor, onlara hâtıralarını anlatıyordu. Bir dostu, "özledin mi bizi?" dedi. Âkif yatağından doğruldu, sanki kendisine kısa cümlelik bir soru sorulmamış da, yüreğindeki yarasına dokunulmuşçasına ıztırap dolu bir yüz ifadesine bürünerek şöyle demişti:

"Özlemek mi oğlum? Özlemek mi?.. Mısır'dan üç gecede geldim. Bu üç gece, otuz asır kadar uzun sürdü... Orada On bir yıl kaldım... Fakat bir an oldu ki, on bir gün kalsaydım çıldırırdım..."

Âkif, sözlerini şöyle tamamlamıştı:

"Cenab-ı Hakka şükürler olsun... Artık Cennet gibi yurdumdayım ya..."

Mehmed Âkif ziyaretine gelenlerle sohbet ediyor, onlara düşüncelerini söylüyor, mühim meseleler üzerine mütâleada bulunuyordu.

Doktorlar kendisine ihtimamla bakıyorlardı. Bir müddet hastahanede yatmış, daha sonra, yakınlarına ve dostlarına âit havadar yerde kalmıştı. Ne var ki, artık ömür defteri kapanmak üzereydi ve bu hakikati Âkif büyük bir tevekkül ve metanetle karşılıyordu.

26 Aralık 1936 gününün akşamı ruhu Rahman'a kavuştu. Âkif büyük bir tevazu ile şöyle demişti:

"Toprakda gezen gölgeme toprak çekilince,
Günler şu heyûlayı er geç silecektir.
Rahmetle anılmak, ebediyyet budur, amma
Sessiz yaşadım, kim beni nerden bilecektir?"

Oysa onu bütün genç nesil çok iyi biliyordu. Nitekim, Âkif'in vefatını duyan gençlik akın akın cenaze merasimine koşmuştu.

İstiklâl Marşı şâiri, gençliğin omuzları üzerinde Edirnekapı Şehidliğine götürülerek oraya defnedildi.

Yeni nesil, Âkif'i hiçbir zaman unutmadı. Dilinden düşürmediği İstiklâl Marşını her söyleyişinde hatırladı ve Âkif'in duâ mahiyetinde söylediği İstiklâl Marşının şu mısralarının her satırına yürekten iştirak ederek tekrarladı:

"Ruhumun senden İlâhî şudur ancak emeli:
Değmesin mâbedimin göğsüne nâ-mahrem eli.
Bu ezanlar -ki şehâdetleri dinin temeli-
Ebedî yurdumun üstünde benim inlemeli.

O zaman vecd ile bin secde eder-varsa taşım.
Her cerihamdan, ilâhî boşanıp kanlı yaşım,
Fışkırır, rûh-u mücerred gibi yerden na'şım!
O zaman yükselerek Arşa değer, belki başım!"

İktidardakilerin öfkesi

Gençliğin bu şekilde Mehmet Âkif'e sahip çıkması o sırada iktidarı ellerinde bulunduran idarecileri çok kızdırmıştı. Cumhuriyet gazetesi yazarı Mustafa Ekmekçi, 23 Ekim 1985 tarihli yazısında, M. Âkif vefat ettiği sırada, hem Cumhurbaşkanı, hem de CHP Genel Başkanı olan M.Kemal'in tavrını şu şekilde nakletmektedir:

"... Cumartesi günkü 'Arnavut Elçiliğinde...' başlıklı 'Ankara Notları'nda Mehmed Akif'e de değinmiş, Atatürk'ün onun cenazesiyle ilgilenmemesine karşılık, ondan bir süre sonra ölen Abdülhak Hamit için yaveriyle birlikte çiçek gönderdiğini yazmıştım. Bu konuyu kurcalamayı sürdürdüm, ilginç şeyler çıktı. 29 Aralık 1936 günkü Ulus gazetesi, ikinci sayfasında Âkif'in cenazesinin kaldırılışını şöyle bir haberle veriyordu:

"İstanbul 28 - Şair Mehmed Âkif bugün Edirnekapı mezarlığına ve Süleyman Nazif'in yanına gömüldü. Cenaze töreninde profesörleriyle beraber Edebiyat Fakültesi ve üniversite talebeleri bulundular...

Cenaze Beyazıt'tan Edirnekapı'ya kadar el üstünde taşındı. Mezarının başında heyecanlı nutuklar söylendi. Üniversiteliler, Çanakkale şiirini okudular ve İstiklâl Marşı'nı söylediler. Üniversiteliler şairin mezarını yaptıracaklardır'

"Aynı günlü Cumhuriyet'te, daha ayrıntılı bilgi var. Başlığa, 'Mehmed Âkif'in cenazesi merasimle kaldırıldı'dan başka, 'Gençlik, büyük şairin tabutunu eller üstünde taşıdı.' 'Her sene Âkif için ihtifal yapılacak.' 'Mezarı gençlik tarafından yaptırılacak' gibi başlıklar konmuş. Bir de resim var. Haber şöyle:

"Evvelki gün vefat ettiğini teessürle yazdığımız büyük şair Mehmed Âkif'in cenazesi dün Beyoğlu'nda Mısır apartmanından kaldırılarak Beyazıt Camisi'ne getirilmiş ve cenaze namazı burada kılındıktan sonra Edirnekapı'da şehitlik karşısındaki kabristanda hazırlanan hususi makberesine defnedilmiştir.

"Cenazeye merhumun birçok dostlarından başka üniversite talebesinin büyük bir kısmı da iştirak etmiştir. Beyazıt Camisi'nde cenaze namazı kılındıktan sonra tabut cenaze otomobiline konacak iken, talebe bunu istememiş ve yüzlerce genç Beyazıt'tan Edirnekapı'ya kadar büyük şairin tabutunu elleri üzerinde taşımışlardır..."

"Haber, Edirnekapı Mezarlığı'nda yapılan töreni anlatarak sürüyor. Burada öğrenciler, dinî törenden sonra İstiklâl Marşı'nı söylerler. Öğrencilerden Abdülkadir (Karahan), Âkif'in yaşam öyküsünü anlatıyor...Öğrenciler şiirler okurlar.

"Mezarı başında yontucu Ratip Aşir, Âkif'in alçı ile kalıbını alır.

"Gazetede de yok, ama törene katılanlar arasında, Şemsettin Günaltay, Fahrettin Kerim Gökay'ın da bulunduğunu, kurcalarken öğreniyorum. Birçok ozan, belki Orhan Veli de var. Abdülkadir Karahan'ın bana anlattığına göre, Orhan Veli, cenazenin kaldırılacağı gün, Abdülkadir Karahan'a:

"Âkif'in cenazesini dört hamal getirmiş. Emin Efendi lokantasının önüne bırakmışlar. Bu nasıl olur?" diye haber verir.

"Abdülkadir Karahan kolları sıvar. Gidip Âkif'in cenazesini Türk bayrağına sararlar. Bir yandan da öğrencileri toplamağa girişirler. 300-400 öğrenci toplaşır. Tıp Fakültesi'nde öğrenci olan Fethi Tevetoğlu'nun da tıplı öğrencileri topladığını öğrenmiştim. Mezarı başında konuşan öğrencilerden biri de Fethi Tevetoğlu muydu?

"Öğrencilerin, 'İstiklal Marşı' ozanı Âkif'in cenaze törenini böyle görkemli bir biçimde kaldırmaları bir açıdan kimine göre doğal karşılanabilir. Ancak yıllar, özellikle 1950'den sonra, Âkif'in adı gericilerin, sağcıların bayrak olarak kullanmak isteyecekleri bir ad olacak! Her fırsatta Mehmed Âkif adı, bu açıdan yinelenecektir.

"30 Aralık 1936'da Peyami Safa, Cumhuriyet'te 'Mehmed Âkif' başlıklı bir yazı yazar. Ürkek bir kalemle yazılmış olduğu bellidir. Âkif'i, Fikret'le, Namık Kemal'le birlikte över. ulus'un 1 Ocak 1937 günlü sayısında. N.A. imzası ile yazan Nurettin Artam, Mehmed Âkif'i satır arasında eleştirir: "...Osmanlı edebiyatının son mertebelerinden birisi, Âkif'in sözleri ile birlikte kapanmıştır...' der.

"Cenazenin böyle kaldırılışına Mustafa Kemal çok üzülecek. Törenden sonra İstanbul'a geldiği bir gün Pera-Palas'ta, Yüksek Ticaret Okulu'nun yıllık balosunda, kendisine gösteri yapan, 'Yaşa Gazi' diye bağıran gençlere:

"Ben size devrimleri emanet ettim. Siz ise, benim devrimlerime karşı olan Mehmed Âkif'in cenazesini büyük törenle kaldırdınız" diye sitemde bulunur. Ağır konuşur!

"Atatürk'ün yanında bulunan İsmail Müştak (Mayakon), Abdülkadir'in (Karahan) mezarı başında konuşma yaptığını söyleyince, Atatürk **'Getirin onu buraya'** der. Abdülkadir Karahan, bir arkadaşının haber vermesi üzerine kaçar. Savcı yardımcılarından Karaşıhlı Ahmet Bey'in evinde saklanır. Sonra, emniyette Karahan'a, 'Senin nene lazım Âkif'in mezarında konuşmak?' diye çıkışırlar..."

Mustafa Ekmekçi'nin bu yazısını okuduktan sonra, Fakülteden hocam olan muhterem Abdülkadir Karahan'la görüşmüş, olup bitenleri bir kere de birinci ağızdan dinlemiştim. Karahan, Ekmekçi'nin yazdıklarını tasdik etti. "Aynen vâki" olduğunu söyledi.

Halk, "Bu adam İslâm düşmanıydı"
diyerek cenaze namazını kılmamıştı

ABDULLAH CEVDET

Ayasofya Camiinde camiden çıkan cemaatın bir kısmı musalla taşındaki tabutun önünde toplanmıştı. Herkes bir şey söylüyordu. Çoğunun ağzından çıkan cümle şuydu: "Götürün şu Allah düşmanını buradan!"

Hiç kimse cenaze namazını kılmak üzere safa geçmiyordu. "Bu adam hayatı boyunca İslâm dinine tecavüz etti. Hazret-i Peygambere (asm) hakaret etti. Bu sebeple, bir çok gencin ruhî ve imanî buhranına, hatta bir kısmının intiharına vesile oldu. Böyle bir kimsenin namazı kılınamaz!" diyorlardı.

Dr. Abdullah Cevdet hayatta iken, İslâmiyetin aleyhinde bulunmuştu. Yazılarında devamlı olarak İslâmî değerlere hücum etmişti. En büyük hedefinin, "halk arasında dinin nüfuzunu kırmak" olduğunu söylüyordu. Bu bakımdan ahali kendisine "Adüvvullah Cevdet" (Allah düşmanı Cevdet) ismini takmıştı.

Hiciv ve nükteleriyle meşhur Süleyman Nazif, Abdullah Cevdet'in yüzünün çopurluğunu ima ederek şöyle demişti:

"Cenab-ı Hak, onun yüzünden hayayı tırnakla kazımıştır."

Süleyman Nazif iğnelemesini Abdullah Cevdet'in yüzüne karşı da yapmaktaydı. Bir gün, mürettip hatasından bahis açılınca Abdullah Cevdet şöyle demişti:

"Bak şu başıma gelen mürettip hatasına. Ben bu milletin **öksüzüyüm** diye yazmıştım; **öküzüyüm** diye çıkmış..."

Süleyman Nazif'in cevabı ise şöyleydi:

"Ayol, buna hata-yı mürettip değil, savab-ı mürettip denir."

Abdullah Cevdet'in yazdıklarını halk nefretle karşılamaktaydı. İslâm düşmanlığı yapan gazetelerin batıp gitmesi gibi, Abdullah Cevdet de halk nazarında yok sayılmaktaydı. Öldüğünde de yanında kimse bulunmamıştı. Şimdi de cenaze namazını hiç kimse kılmak istemiyordu.

İmamlar da cenaze namazını kıldırmak istemiyorladı. Ayasofya'daki tartışma gittikçe şiddetleniyordu. Abdullah Cevdet'in yakınları cenaze namazının kılınmasını, cemaat ise kılınmamasını istiyorlardı.

Abdullah Cevdet'in yakınları vakit namazını kılmamışlardı. Cenaze namazına da katılmayacaklardı, fakat, cemaatın cenaze namazı kılmasında ısrar ediyorlardı.

Tartışmanın daha fazla uzamasını istemeyen bir vatandaş bağırmıştı:

"Bu adam İslâm düşmanıydı, dinsizdi, namazı kılınamaz!"

Bu tartışmalardan sonra Abdullah Cevdet'in ölüsünü alan yakınları cenazeyi koyacak araba bulamazlar. Sağa sola koşuşurlar, fakat yok... Cenazeyi koyacak araba yoktur. Ne gariptir ki, o gün, bütün İslâm cenaze arabaları meşguldür. Neticede, Fener Rum Patrikhanesine telefon edilerek cenaze arabası istenir.

Abdullah Cevdet'in cenazesi haç işaretli cenaze arabasına konularak götürülür.

Cenazenin yanında sadece birkaç yakını bulunmaktadır...

Karnından 12 litre su alınmasına rağmen ızdırabı dinmiyordu

MUSTAFA KEMAL

Prof. Dr. Fissinger, Prof. Marcchionini, Ord. Prof. Dr. Erich Frank, Prof. Bergmann, Dr. Eppinger, Dr. Chabrol, Dr. Chiray gibi dünya çapındaki doktorların ve Türkiye'deki en meşhur mütehassısların bütün ihtimamlarına, çırpınmalarına, didinmelerine rağmen M. Kemal'in hastalığı bir türlü iyileşmemiş, aksine gittikçe daha da ağırlaşmaya başlamıştı. Bilhassa 1937 ve 1938 yıllarında hastalığı daha da şiddetlenmişti.

M. Kemal 20 yaşlarında iken "Belsoğukluğu" hastalığına yakalanmış, bu hastalık sonraki yıllarda zaman zaman nüksetmişti. Derne'de iken de şiddetli bir göz iltihabı geçirmiş, bu hastalık nedeniyle bir gözünde şaşılık kalmıştı. (Prof Dr. Bedii Şehsuvaroğlu. Atatürk'ün Sağlık Hayatı. Hürriyet Yayınları. İstanbul: 1981, s. 8). Daha sonraki yıllarda da böbrek ve kalb rahatsızlığı geçirmişti, ama bu defaki hastalık hiçbirisine benzemiyordu. Doktorlar ne yapsa ızdırabı dinmiyor, bilakis günden güne artıyordu.

Hastalığın Seyri

M. Kemal'in "son anları"na dâir zengin bilgi kaynakları ne yazıkki "sansüre" tâbi tutulmuştur. Prof. Şehsuvaroğlu, 1923'ten son dakikasına kadar kendisine özel hekimlik eden Ord. Prof. Dr. Neş'et Ömer İrdelp'in hatıra bırakabileceği ihtimalinin tek parti devrinin idarecilerini telaşlandırdığını yazmaktadır. Prof. İrdelp bir defasında yurt dışına çıkarken Cumhurbaşkanı İsmet İnönü kendisine şöyle demiştir:

"Güle güle git! Fakat senden bir ricam var, katiyyen hatıranı yazma!"

Bunun üzerine Neş'et Ömer Bey, "Hiç niyetim yok" cevabını vermiştir, ama o devirde iktidarı ellerinde bulunduranlar bu cevaptan tatmin olmamış olacaklar ki 1949-50 senelerinde bir hırsızlık süsü verilerek M. Kemal'in özel doktorunun evleri aranmış ve böyle bir hatırat olup olmadığı araştırılmıştır. (a.g.e., s. 6)

M. Kemal'in son anlarında konsultan hekimlerinden Dr. Mehmet Kâmil Berk'in tuttuğu hatıralar da Prof. Neş'et Ömer tarafından elinden alınmış, daha sonra bu defter de sırra kadem basmıştır. (a.g.e., s. 6)

İşte bu bakımdandır ki M. Kemal'in son demleriyle ilgili bilgi kaynakları sınırlıdır. Biz bu kaynakların en sağlıklısı olan Prof. Dr. Bedii Şehsuvaroğlu'nun eserinden faydalanarak bu mühim devreye ışık tutmaya çalışacağız.

Yukarıda da kaynak olarak verdiğimiz "Atatürk'ün Sağlık Hayatı" isimli kitabın mevzuumuzu ilgilendiren kısımlarına göz gezdirelim:

1937 senesinde M. Kemal'in en çok şikayetçi olduğu rahatsızlık, vücudunun muhtelif yerlerindeki, bilhassa ayaklarındaki kaşıntıdır. 1937 Ekim'inde bu kaşıntıların müsebbibinin Çankaya köşkündeki "et yiyen cinsinden kırmızı karıncalar" olduğu söylenince, bu defa âdeta bir seferberlik ilan edildi. Genelkurmay zehirli gaz uzmanı Nuri Refet Korur'un tavsiyesi ile köşkün "Cyclon B" denen siyanidrik asit gaziyle dezenfekte edilmesi kararlaştırıldı.

Bu zehirli gaz gemilerde farelere karşı da kullanılmaktaydı. Bu bakımdan Yavuz gemisinden uzman bir ekip getirtildi. 7 Şubat 1938 günü işe girişilerek, köşkün bütün pencere ve kapıları zamklı bez ve kağıtlarla kapatılarak gaz geçirmez bir hale getirildi. 48 saat müddetle köşk yoğun bir gaz altında tutuldu. (a.g.e., s. 68)

Bütün bu faaliyetlerden sonra köşk kırmızı karıncalardan temizlendi ama M. Kemal'in kaşıntıları yine geçmedi. Bunun üzerine yurt dışından doktorlar getirtildi. O sırada M. Kemal'in karnı da çok miktarda su toplamaya ve bu su şiddetli rahatsızlık vermeye başlamıştı. Doktorlar yaptıkları muayene neticesinde hastalığa teşhis koymuşlardı. Bütün belirtiler, hastalığın "Siroz" olduğunu ortaya koyuyordu. M. Kemal o zamana kadar her gece yaklaşık bir litre rakı içmekteydi. Dotorlara göre hastalığın âmili bu alışkanlıktı.

Doktorlar hastanın karaciğerinin artık vazifesini yapmadığını, zehirlenmenin başladığını, vücuttaki yağların tamâmen eridiğini, şimdi de etlerin erimekte olduğunu söylüyordu.

12 Litre su

Ağustos 1938'de hastalık iyice artmış, karında çok miktarda su toplanmıştı. Bu yüzden M. Kemal ızdırap içerisindeydi. Sonunda bu suyun alınmasına karar verildi. Prof. Mim Kemal Öke, 7 Eylül 1938'de M. Kemal'in karnında toplanan suyu şırınga ile aldı. Karından 12 litre su çıkmıştı. (s. 38)

Ne var ki bu müdahaleden birkaç gün sonra karında tekrar su toplandı. Bunun üzerine 22 Eylül 1938'de yine Prof. Öke karındaki suyu aldı. Bu defa da yaklaşık 12 litre kadar mayi çıktı. (a.g.e., s. 6)

Bu gibi çalışmalarla, bütün bakım, tedavi ve ihtimamlara rağmen rahatsızlık günden güne şiddetleniyor, karında yine su birikiyordu.

Ekim başlarından itibarenki gelişmeleri Prof. Şehsuvaroğlu'nun kaleminden takip edelim:

"(13 Ekim '38'de yine karından su alındı.) Çekilen su şişelere boşaldıkça M. Kemal:

"Bu kadar su aşağı yukarı bir gaz tenekesini doldurur. Karın içinde taşınabilir mi?" diye sordu.

"On buçuk litre dolayında su boşaltılmıştı. Su alınması sona erince M. Kemal:

"Oh... Çok rahat ettim. Şimdi bana bir sigara ile bir kahve verin dedi." (a.g.e., s. 6)

"16 Ekim 1938 Pazar: Dr. Neş'et Ömer İrdelp M. Kemal'in geçen geceden beri bozulduğunu ve yine bundan evvel olduğu gibi tenebbüh (üstün uyarlılık) arazı, fikirlerde confusion (karışıklık) ve hareketlerinde gayri tabiilik husule geldiğini anlattı. Gece sıkıntılı ve uykusuz geçmiş. Bazen hiddet ve şiddet göstermiş. Sabah yatağından def'i hacet (büyük abdest) için bidet (bide-alafranga oturak)ye binmiş. Arkaya doğru yatak tarafına düşmüş. Lâkin kendini bilmiyormuş. Günü agitation (ajitasyon, çırpınma) ile geçirmiş. Yatakta çırpınıyormuş; bağırmış, hiddet etmiş. Birkaç defa kusmuş. Nihayet saat 18.50'de kendisinden tamamıyle geçmiş.

"Bir gün evvel 40 dakika kadar bayanlarla görüşmüş ve diğer bazı zevatı kabul etmiş. Şüphesiz yorulmuştur. Odasına girdik. Yatakta yatıyor, kendini hiç bilmiyordu. Mütemadiyen bilhassa sağ bacağını çekiyor. Kollarını oynatıyor, başının vaziyetini değiştiriyordu. Gözleri açık, bakış mânasız idi, bazen: 'Off!...' diyordu." (a.g.e., s. 6)

"Aman dil"

"Bu günler için Dr. İ. A. Özkaya şöyle diyor:

"16 Ekim pazar günü saat: 14.30'u gösterirken Dr.

Neş'et Ömer İrdelp ile Prof. Dr. M. Kemal Öke, M. Kemal'in yattığı odanın koridorunda bazı ilaçları hazırlamaktaydılar. M. Kemal yatağında oturmuş devamlı olarak öğürüyordu. Bir taraftan da:

"Bırak, bırak..." diye bağırıyordu.

"Etrafındakiler kendisini yatırmak istedilerse de o buna karşı geldi. Bu yüzden gerekli görülen ilaçların enjeksiyonu otururken yapıldı. 'Bırak, bırak... Çabuk...' gibi kelimeleri ardı sıra tekrarlıyordu. Bir ara ağzından az miktarda sarı renkte sıvı geldi. Küçük buz parçaları yutturuldu. Aradan bir müddet geçince öğürtü kesildi. Bundan sonra M. Kemal:

"Beni kaldırınız" dedi.

"Oysa yatırınız" demek istemişti. Böyle olduğu anlaşılınca yatırıldı.

Bu sırada baş ucuna yaklaşan Hasan Rıza Soyak'ın:

"Buz iyi geldi mi efendim?" sorusuna:

"Evet" cevabını verdikten sonra kendisini kaybetti. Komaya girmişti. Sık sık başını iki tarafa çeviriyordu. Bir yandan da 'aman' kelimesini uzatarak:

"Aman dil, aman' diye söylenmeye başladı" (a.g.e., s. 6)

"18 Ekim Salı sabah saat 10.30'dan başlamak üzere sık olarak 'Aman dil, aman dil, bu geceden efendim' sözlerini tekrarladı. 17.30'dan itibaren 65 dakika süre ile uyudu. 17.37'de bol idrar dolayısı ile yatağı değiştirildi. 19.45'te aynı hal tekrarlandı.

"19 Ekim: Çamaşırları, bu arada yatmakta olduğu büyük karyola çarşafları ile birlikte küçük bir karyolayla değiştirildi. Saat 15.30'da kendisinden istenilen hareketleri yapabildiği dikkatleri çekti. Örneğin söylendiğinde dilini gösterdi. Vakit vakit uyukluyor ve etrafı ile ilgileniyordu. Saat 17.00'de kendiliğinden şişeyi isteyerek idrarını yaptı."

"21 Ekim: M. Kemal gözlerini açtı ve karşısında o anda yanında olan Başsofracısı İbrahim Ergüven'i gördü ve ona:

"İbrahim, sen burada mısın? Bu yatağı ne zaman değiştirdiniz? diye sordu."

"İbrahim Ergüven, bazı durumlardan dolayı yatağı sık sık değiştirdiklerini, bir defasında da dört kişinin yardımı ile kendisinin bir battaniyenin üzerinde başka bir yatağa alındığını, bu sırada üzerine çıkılan karyolanın kırıldığını ve şimdiki ile değiştirildiğini anlattı." (a.g.e., s. 6)

"7 Kasım 1938 Pazartesi: Bu günün ilk dakikalarında Atatürk arka üstü yatarken, bir ara tükürdü ve tükürüğünde kan dikati çekti. Çok sıkıntı içindeydi. Arada bir öksürüyordu. Gece, aralıklı olarak bir saat uyudu. El ve ayaklarında farkına varılan soğukluk oğuşturularak giderilmeye çalışıldı.

"Aynı günün sabahı saat 10.30'da doktorlar yanına geldiler. Karnında toplanan sudan o kadar rahatsız olmaktaydı ki bunun mutlaka alınmasını istedi.

"M. Kemal o gün öğleden evvel Dr. Nihat Reşat Belger'i çağırdı ve ona:

"Doktor, karnımdaki bu suyu çekmek zamanı geldi. Çünkü, bu mayi benim nefesime dokunuyor. Soluk almamı güçleştiriyor. Bunu çekip alın' dedi.

"Dr. Nihat Reşat Belger'in:

"Emr-i devletinizi yarın ifa ederiz. Çünkü malum-u devletiniz üzere su çekilmeden önce kalbi takviye edecek tedbirler almak zarureti vardır," demesi üzerine M. Kemal:

"Emrediyorum. Bunu bugün çekin' diye çıkıştı.

"Vakit öğleye yaklaşmıştı. M. Kemal başta özel doktoru Prof. Dr. Neş'et Ömer İrdelp'le diğer doktorları yanına çağırttı ve:

"Ben çok muzdaribim, hemen suyu alın! diyerek isteğini tekrarladı.

"Prof. Dr. Neş'et Ömer İrdelp:

"Efendimiz, yarın yapılacak, herşey hazırlanıyor' diye cevap verdi.

"Atatürk:

"Bugünle yarın arasında ne fark var? Hemen yapınız' diye direndi.

"İlk ponksiyonu yapmış olan Prof. Dr. M. Kemal Öke'nin halen Gülhane'de (Askeri Tıp Akademisi) ders vermesi dolayısı ile sarayda bulunmadığı, ertesi güne ertelenmesi gerektiği anlatıldı ise de o:

"İşte Dr. Kâmil (Berk) Bey var, zaten bu işi en iyi beceren de o imiş, o yapsın dedi.

"Bu direniş karşısında doktorlar yanından ayrıldılar. Doktorların dışarı çıkmalarıyla beraber M. Kemal'in kaşları çatıldı ve sesi de hiddetlendi:

"Niçin tereddüt ediyorlar? Olacak olur' dedikten sonra karnını göstererek, 'Bu insupportable (dayanılmaz)dır' diye ekledi.

"Hazırlığını tamamlayan Dr. Kâmil Berk saat 12.00'de ponksiyona başladı. M. Kemal karnındaki bütün suyun alınmasını istedi ve boşaldıkça ne kadar su çıktığını soruyordu. Çekilen su miktarı litre hesabı olarak Dr. Nihat Reşat Belger tarafından izlenmekteydi. Gerçekte altı litre su alındığı halde Atatürk'e bunun iki katı söylendi.

"Bu ikinci su alınmasından sonra M. Kemal epeyce rahatladı ve canı enginar yemeği istedi. Fakat sebze o zaman İstanbul'da bulunmadığından Hatay'a ısmarlandı. Enginar geldiğinde durumu ağırlaşmıştı ve yemesi kısmet olmadı." (a.g.e., s. 6)

"8 Kasım 1938: Gece fena geçti, derin confusion mentale (düşüncede, aklî çalışmalarda karışıklık)var. Bu sabah daha açıktır. Saat: 18.00'de iki defa kay etti. Akşama doğru yine dimağî teşevvüşler oldu ve geceye doğru fazlalaştı.

"Saat 24'e kadar sakin. Saat 24'te etrafındakileri tanımıyor. 2.10'da uyanıyor. Bay Rıdvan'ı çağırıyor, uyuyamadığından şikayet ediyor:

"Hayret Monşer!" diyor. Bir sigara istiyor, içiyor. Bu daha bitmeden ikinci bir sigara daha istiyor. Onun da yarısın içiyor. Evvelâ:

"Beni gezdir" diyor, sonra:

"Ben sağ tarafıma yatır' diyor. 'Ört, ört!' diye emrediyor. Bay Rıdvan çıkmak istiyor.

"Nereye gidiyorsun? Of beni kaldır, belki birşey olur' diyor. Yatırılıyor, uykuya dalıyor. 6.00'da uyanıyor. Süt veriliyor.

"Denizde bir motor sesi var. Bu nedir?' diye soruyor ve tekrar uyuyor.

"7.40'da:

"Rıdvan!" diye çağırıyor. Bir şey ister gibi bir jest yapıyor. Lâkin istediğini ifade edemiyor. Nihayet çay istiyor. Ördek getiriliyor. İdrar ediyor. O esnada:

"Beni kaldır' diye ısrar ediyor.

"Ördek var' deniliyor.

"Of! Of! diyor. Bir şey söylemek istiyor. Lâkin kelimeleri bulamıyor."

"9 Kasım 1938: Gece, M. Kemal tekrar komaya girdi. Adalî secousse (sekus)lar (sıçramalar) var. Akşama doğru traşe (nefes borusu) ralleri (dolgunluk sesleri) başladı. Serum şırıngaları. Agoni (can çekişme). İdrar 560 cm^3).

"10 Kasım 1938: Ehval-i umumiye fenadır. Koma devam ediyor. Agoni ralleri var. Saat 0.05'te sonda ile 140 cc.lük idrar boşaltıldı. Saat 2.00'de yarım balon oksijen verildi.

"Saat 8.00'i geçerken M. Kemal'in yüzü daha da soldu; sapsarı oldu ve birden gırtlağından 'Hi... Hi... Hi...' diye sesler çıkmaya başladı. Bu sırada oradaki doktorlardan Kâmil Berk gözleri yaşlı ve bir eli karyolaya dayalı olarak, diğer elindeki ıslatılmış pamukla M. Kemal'in ağzına su verme çabasında... üzüntüleri solgun yüzlerinden okunan Prof. Dr. Süreyya Hidayet Serter ile Dr. Abravaya Marmaralı, tabanla ilgili reflekslseri kontrol etmekteler.

"Saat 9.05 M. Kemal birden gözlerini açtı, başını sert bir hareketle sağ tarafa çevirdikten sonra önceki durumuna getirdi... Ve son nefesini verdi." (a.g.e., s. 95)

"M. Kemal'in Sağlık Hayatı" isimli kitapta M. Kemal'in son anları bu şekilde naklediliyor. Prof. Bedii Şehsuvaroğlu'nun bu eseri bir araştırma ürünüdür. Şüphesiz M. Kemal'in yakınında bulunan doktorlar ve şahıslar hatıralarını nakletselerdi, yahut yazılmış hatıralar neşrolsaydı bu hususta daha geniş ve daha teferruatlı bilgi edinilecekti.

Öldüğü gece başını duvarlara çarpmıştı
ZİYA GÖKALP

Ziya Gökalp Fransız hastahanesine yatırıldığında bitkin bir vaziyetteydi. Yataktan kımıldayamıyordu. Gökalp'ın hastalığı ağırlaştıkça asabiliği de artıyordu. En ufak bir hadiseye öfkeleniyor, bağırıp çağırıyordu. Öldüğü gece de başını duvardan duvara çarpmıştı.

Ziya Gökalp'in öldüğü geceyi, Necip Fazıl şu şekilde naklediyor:

"Ziya Gökalp'in Allah'a karşı tavrına ait bir müşahade... Tarihin ve kimsenin bilmediği bir hadise... Benim 40 yıllık bir hatıram:

"Bundan 40. küsur yıl önce, Abdülhak Hamid'in evinde bir hanımefendiyle tanıştım. Bu hanımefendi, ömrü Avrupa'da geçmiş, ne Ziya Gökalp'i tanıyan, ne Türkiye'yi, Türk Edebiyatını bilen, züppe, Avrupalılaşmış bir kimse... Kimsenin, kastla, ne lehinde olabilir, ne aleyhinde..."

"Ben Abdülhak Hamid'e, Ziya Gökalp'in dinsizliğinden bahsederken birden doğruldu ve aynen şunları söyledi:

"İstanbul'a gelişlerimden birinde hastalandım ve Fransız hastahanesinde yattım. Bitişiğimdeki odadan garip sesler geliyordu. Kim olduğunu, bu sesleri çıkaran hastanın kim ve ne olduğunu sordum. Meşhur Ziya Gökalp, dediler. Mebusmuş, profesörmüş... İsmini bile yeni duyuyordum. Öldüğü, gece, başını duvarlara çarparak, sabaha kadar, Allah'a en galiz kelimelerle sövdü. O kadar fena oldum ki, bu hal karşısında, odamdan çıkıp başka bir yere sığındım. Öğrendiğime göre Allah'a inanmazmış...'

"Hem Allah'a inanma, hem ona söv!' Duyulmamış, görülmemiş şey..." (Necip Fazıl. Sahte Kahramanlar, s. 74-75)

Daha önceleri de muhtelif defalar ruhî bunalım geçiren Ziya Gökalp bir defasında intihara teşebbüs etmiş, şakağına tabancayı dayayarak tetiği çekmişti. Kurşun kafasını delip içerde kalmasına rağmen ölmemişti. Öldüğü gece yine böyle bir krizin tutmuş olduğu anlaşılmaktadır.

Fransız hastahanesinde hayata gözlerini yuman Gökalp aynı hastahanenin ölülerin bekletildiği odasına kaldırılmıştı. Gölap'in başucuna bir haç konulmuştu. İttihat ve Terakki dönemi ile Cumhuriyet döneminin mütefekkiri olarak bilinen Gökalp'e hıristiyan muamelesi yapılmaktaydı.

Enver Behnan Şapolyo, Gökalp'in bu son anlarını şu şekilde anlatmaktadır:

"Ziya Gökalp'ı son defa görmek istediğimi söyledim. Doktorlardan biri, 'lütfen benimle birlikte geliniz' dedi. Doktor ve ben... Dar ve temiz bir koridordan geçtik. Çakıl taşlı bir bahçeden ilerledikten sonra doktor, beyaz önlüğünün cebinden çıkardığı bir anahtarla önünde durduğumuz kapıyı açtı.

"Burası, tavan pencerelerinden donuk ışık sızan kubbeli bir odaydı. Ölüler, buraya konuyordu. Her yer mermer döşeli ve bembeyazdı. İlahi bir sessizlik ve ortada yüksekçe bir yere oturtulmuş tabut biçiminde mermerden bir mezar üstü vardı.

"Başucunda bir haç, haçın altında Meryem ana kandili... Kandil, donuk ışığıyla hafif hafif titreşiyordu. Kandilin gölgesinde de yatan Ziya Gökalp'ti beyaz kefenlere bürünmüştü.

"Doktor, eliyle Ziya Gökalp'in kendini öldürmek istediği

zamandan kalma alnındaki ize parmağıyla dokunarak: 'İşte kurşun buradan girmişti' diyordu. Alnından giren kurşunun bıraktığı dörtlü işaret, sanki baş ucunda duran haçın gölgesiydi. Birlikte bu ize dokunduk, sonra da ellerimizi kavuşturup büyük Türk düşünürünün önünde gözyaşı döktük. Bizi kendimize getiren, hastahanenin Fransız bekçisi oldu. Bekçi, Fransız Büyükelçisinin gönderdiği çelengi getirdi. Gökalp'in ayak ucuna konulmak istenen bu çelengi, baş ucuna bıraktırdım. Sonra da başının üstünde duran ıstavrozun üstüne çelengi sararak, bu kutsal dörtlüyü kapattım.

"Cenazesinin yanından ayrılırken de yanan mumu söndürmekten kendimi alamadım. Bu, Hıristiyan gelenekleriyle yatırılan bir Müslüman cenazesine karşı, yerine getirilmesi gerekli, kaçınılmaz bir vazifeydi." (Enver Behnan Şapolyo, Ziya Gökalp: İttihad-ı Terakki ve Meşrutiyet Tarihi s. 231-232)

İşgalci İngiliz ordularına karşı
"pasif direniş silahı"nı kullandı
MAHATMA GANDİ

Açlık grevleri yüzünden bir deri bir kemik kalmıştı. Fakat o yine İngilizlere karşı açlık grevini devam ettiriyordu. Koskoca devlete kafa tutan bu adam Mahatma Gandi idi.

Gandi Hindistan'da doğmuştu. Yüksek tahsilini İngiltere'de tamamlamış ve avukat olmuştu. İngiltere'de bulunduğu esnada İngilizleri yakından tanımış ve onların politikalarını iyice öğrenmişti. Gandi, İngiltere'nin yıllardır Hindistan'ın bütün zenginliklerini sömürdüğünü bilmekteydi. İngilizlerin milyonlarca insanı köle gibi kullanmasını hazmedemiyordu. Daha Londra'da iken kararını vermişti. İngiltere'ye karşı mücadele edecek ve halkını İngilizlerin boyunduruğundan kurtarmak için yılmadan çalışacaktı.

Hindistan'a döndükten bir müddet sonra henüz 24 yaşlarında iken Afrika'nın Pretoria şehrine mühim bir dâvâ için çağrılmıştı. Bir dâvâ için gittiği Afrika'da tam 21 sene kaldı. Çünkü oradaki 150 bin hemşehrisinin esaret hayatı yaşadığını görmüş ve onları bu hayattan kurtarmak için mücadele vermişti. Bütün Hintlileri bir araya toplaması ve pek çok haklar ede etmelerini temin etmesi Gandi'ye cesaret vermişti. Şimdi sıra Hindistan'da idi.

Hindistan'a dönen Gandi ilk önce gazete çıkartarak

halkı aydınlatmaya çalıştı. İngilizlerin baskısının gittikçe artması üzerine açıkça mücadele etmeğe karar verdi ve herkesi İngilizlere karşı pasif mukavemete çağırdı. Gandi'nin protesto hareketi 1919'dan başlayarak bütün Hindistan'a yayılmağa başladı. Buna göre, İngiliz mahkemelerine karşı grev yapılacak, çocuklar İngiliz okullarına gönderilmeyecek, İngiliz postasına karşı cephe alınacaktı. Ayrıca her yerde istiklaliyet için yürüyüşler yapılacaktı.

Gandi İngilizleri kovmak için ilk başlarda Müslümanlarla da işbirliği yapmıştı. Muhammed Ali Cinnah ve İkbal ile temaslar kurmuş, her hususta onların fikrini almaya çalışmıştı.

1922'de İngilizler tarafından tevkif edilen Gandi'yi artık herkes tanımaktaydı.

Görünüş itibariyle zayıf, çelimsiz bir yapıya sahipti. Fakat dâvâsına candan inandığı için İngiltere'nin orduları, zırhlıları, topları yanında güçsüz kalıyordu.

Gandi açlık grevleriyle ismini dünyaya duyurdu. Silahlı İngiliz işgal kuvvetlerine karşı değişik bir tarzda mücadele ediyordu.

İngilizler 1930'da Gandi'yi tevkif ettiler, ancak diğer devletlerin tepkisi üzerine serbest bırakmak mecburiyetinde kaldılar.

1932-1933'te yine açlık grevi yaptı ve üç defa tevkif edildi. Bilahere iki sene de hapis yatmıştı.

Gandi İngilizlerden o kadar nefret ediyordu ki, İkinci Dünya Savaşı esnasında, Hindistan'ın Japonya'ya yardım etmesi fikrini ileri sürmekten çekinmiyordu.

Sürgünler, hapisler, baskılar Gandi'yi yıldırmamıştı. Onun bu tavrı İngiltere'nin gerçekleri kabul etmesini temin etti. Çünkü artık Gandi yalnız değildi. Milyonlarca insan uyanmıştı ve artık bu insanlar İngilizlerin hakimiyeti altında yaşamak istemiyorlardı.

1944'ten itibaren İngiltere ile yapılan bağımsızlık görüşmelerine Gandi de katıldı. Uzun görüşmelerden sonra nihayet İngiltere Hindistan'a bağımsızlığını vermeyi kabul etti ve 15 Ağustos 1947'de müstakil bir devlet oldu.

Üzerinde basit bir "örtü", elinde bir asa bulunan, çok zayıf bir adam, çalışmaların ve dâvâda sebat etmenin muvaffakiyet yolunu açacağını isbatlamıştı.

Mahatma Gandi artık Hindistan'ın lideriydi. Bir sözü üzerine milyonlarca insanı harekete geçirebiliyordu.

Gandi hayat mücadelesini bu şekilde gözünün önüne getirdiği bir gün, bir Brahman'ın kendisine yaklaştığını gördü. Onun geliş niyetini anladığında ise iş işten geçmişti.

30 Ocak 1948'de suikaste uğrayan Gandinin ölümüne en fazla İngilizler sevinmişlerdi.

Günlerce ayağından asılı kaldı
MUSSOLİNİ

Bir zamanların astığı astık kestiği kestik idarecisi Benato Mussolini, metresi Clara Pettaci ile birlikte Almanya'ya doğru kaçıyordu. İkisi de Alman üniformaları giymişlerdi.

Mussolini artık eski haşmetli günlerin hayal olduğunu biliyordu. Bundan böyle milyonlara hükmeden birisi olmayacaktı. Bunu düşünmüş ve bundan sonra lüks içerisinde yaşamak için tedbirini almıştı. Metresi ile birlikte Almanya'ya iki yüz kilo altın ile çantalar dolusu yabancı döviz götürüyorlardı. Bunlar kendilerine ömür boyu yeter de artardı...

Yol boyu giderken yaşadığı hızlı günler ve ikbal merdivenlerini süratle tırmanışı gözlerinin önünde canlandı.

Demirci olan babası koyu bir sosyalistti. Babası kendisini de koyu bir sosyalist olarak yetiştirmişti.

Bir müddet öğretmenlik yapan Mussolini, askerlik yapmamak için İsviçre'ye kaçmıştı. (1902)

İlerlemenin askerlik yoluyla mümkün olduğunu görünce 1915'te İtalya saflarında cepheye gitmiş ve yaralanmıştı.

Cepheden döndükten sonra gazete çıkarmış ve gururları okşadığı için devamlı surette Milliyetçilik fikrini işlemişti.

Mussolini'nin yıldızı gittikçe parlıyordu. 1921'de Duçe

(Faşist Partisi) şefi olmuştu. 29 Ekim 1922'de Başbakanlığa getirildikten sonra bütün ipleri eline almak için hızlı bir çalışmaya koyulmuştu.

25 Kasım 1922'de meclisten tam yetki alınca dilediğince hareket etmeğe, 1924'te partisinin mecliste ekseriyeti elde etmesinden sonra diktatörlüğe doğru uzun adımlarla ilerlemeye başlamıştı.

Seçimleri hile ve zorbalıkla kazanmıştı. Milletvekili Matteoti hilelerini açığa çıkarmağa uğraşınca onu öldürtmüştü.

Kendisine karşı tertiplenen suikast teşebbüsünü büyük bir koz olarak kullanmasını bilmiş ve 2 Ocak 1925'te diktatörlüğünü ilan etmişti.

Mussolini yanındaki Alman subayının, "Asiler geliyormuş Duçe. Daha hızlı gitmeliyiz." demesi üzerine kendisine geldi. Demek geliyorlardı. Bütün Alman Ordusu bozguna uğramış kaçışıyordu. Bu durumda kiminle mukavemet edebilirdi? Kendi milleti kendisine karşı ayaklanmış ve ele geçirmek için köşe bucak kendisini aramaya çıkmıştı. Bir ellerine geçerse, kendisine kimbilir neler yaparlardı? Bunu düşünmesiyle birlikte, şoföre, "Daha hızlı sür, daha hızlı!" diye bağırdı. Araba homurdanarak giderken, "yok yok, yakalayamazlar, bizi ele geçiremezler!" diyordu.

Mussolini yine geçmişi düşünmeye dalmıştı.

Ülkenin yegâne hakimi olmak için çok kurnazca davranmıştı. Sosyalist proğramla ortaya çıkmış, fakat zenginlerin desteğini alarak iktidara gelmişti. Allah'a inanmadığını söylerken kilisenin desteğini almaya uğraşmıştı. Bütün bu çalışmalar sonunda İtalya'nın en büyük lideri olmuştu. Artık milyonlar tek bir emriyle ileri atılmaya hazır hale gelmişti.

22 Mayıs 1939'da Hitler'le anlaşınca gücüne güç kattığını zannetmişti. Artık diğer ülkelerin iç işlerine de müdahale ediyordu. Sırf bir prestij meselesi yüzünden Arnavutluk Kra-

lı Zogo'yu tahtından düşürmüştü (1939)

Habeşistan seferi esnasında binlerce silahsız masum Habeşliyi öldürtmüştü. Bir çırpıda 24 bin masum insanı kurşuna dizdirmesi hâlâ dehşetle hatırlanmaktaydı. Temizleme kampına toplattığı 35 bin kişiden 18 binini katletmişti.

Hitler'le birlikte girdiği ikinci dünya savaşında ilk öncelerde kârlı çıkacağını ummuş ve Hitler'in sözlerine inanmıştı. Fakat işler bir türlü umduğu gibi gitmemişti. 1940'larda İtalya Almanya'nın bir sömürgesi durumuna düşmüştü.

240 bin İtalyan askeri Rus cephesine gönderilmiş, yüzbinlerce İtalyan da Almanya'da işçi olarak çalıştırılmak üzere götürülmüştü. Bu durum italya'da büyük bir hoşnutsuzluğun doğmasına yol açmıştı. Artık halk Mussoli'nin her sözünün altında bir hikmet olduğuna inanmıyordu. Üstelik Alman ordusu üst üste bozguna uğramaya başlamıştı. Alman askeriyle birlikte İtalyan askerleri de telef oluyordu. 1943 Temmuz'unda müttefiklerin Sicilya'ya çıkartma yapması Mussolini'nin de sonunu hazırlamıştı.

İtalya Kralı Vittorio Emanuele Mussolini'yi tevkif ettirmişti. Bu, Duçe'nin aklından hayalinden geçirmediği bir durumdu. İtalya'yı dilediğince idare eden kendisi işte apar topar yakalanmış ve Abruzzi'de bir otelde göz altına alınmıştı. Yedi hafta esaret altında kalan Mussolini Alman paraşütçüleri tarafından kurtarılınca, herşeye yeniden başlamıştı.

Garda Gölü yakınındaki Salo'da, Hitler'in de yardımıyla Sosyal İtalyan Cumhuriyeti'ni kurmuş ve kendisine bağlı olanları teşkilatlandırmıştı. "Kara Gömlekliler" denilen adamlarının temel hedefi, intikam almaktı.

Mussolini ilk olarak 12 Ocak 1944'te kendisini devirenlerin arasında yer alan damadı Ciano'yu idam ettirmiş, daha sonra, bütün liderleri öldürtmüştü. Yeniden İtalya'nın yegâne idarecisi olmak üzereyken, Alman ordusu üst üste bozguna uğramaya başlamıştı. Durumun kötü olduğunu düşünen

Mussolini de bir Alman birliği ile İsviçre'ye kaçmaya başlamıştı. Günlerce durmaksızın devam eden kaçışın sonu gelmişti. Artık dayanamayacağına inanmaya başlamıştı. Düşüncesinin tam burasında silah sesleriyle kendine geldi. Dört bir taraflarından yağmur gibi mermi boşanıyordu. Alman birliği dört bir yana kaçışmaya başlamıştı. Kısa bir müddet sonra geri kalanlar da teslim oldu.

İtalyan mukavemet güçleri Mussolini'nin de bu Alman birliği arasında olduğundan haberdardı. Ne kadar kılık değiştirmiş olursa olsun, onu derhal tanımışlardı. Mussolini kendisini yakalayanlara yalvarıyor ve serbest bırakılmasına mukabil bütün altın ve parasını onlara vereceğini söylüyordu. Mukavemet lideri, "Onlar zaten bizim, halkımızın!" diye onu tersledi.

Mussolini 27 Nisan 1945'te yakalanmıştı. O gün gözleri önünde kendisiyle birlikte kaçan bütün bakanları ve adamları kurşuna dizildi.

Mussolini ve metresi ise 28 Nisan 1945'te kurşuna dizildi. Üzerine sayısız kurşun sıkılmıştı. Her ikisinin de cesedi Milano yakınındaki bir benzin istasyonunda ayaklarından baş aşağı asıldı.

İtalya'ya yıllarca tek başına hükmeden Mussolini'nin cesedi, günlerce o şekilde baş aşağı asılı kaldı. Cesetler kokmaya başlayıp etrafı rahatsız etmeye başlayınca indirildi ve sessizce gömüldü.

Dünyayı zaptetmek istiyordu,
sonunda bir sığınakta intihar etti
ADOLF HİTLER

Hitler, 20 Temmuz 1944'te maruz kaldığı suikastın ardından sinir hastası olmuştu. Artık, herkesten şüphe ediyordu.

Genel karargahına yerleştirilen bombanın infilak etmesi üzerine, bina yerle bir olmuş, fakat kendisi bu hadiseyi birkaç hafif sıyrıkla atlatmıştı.

Hitler suikastın ardından öldüğünü duyurtmuş, bunun üzerine kendisini öldürmek isteyenler serbestçe ortalıkta dolaşmaya başlayınca hepsini öldürtmüştü. Yine suikastçılardan olan ve Almanya'da büyük nüfuz sahibi, Kluge ile Rommel intihar etmiş, Mareşal Von Witzleben, general Von Stulpnagel ile amiral Canaris ise idam edilmişti. Hitler bir defa daha bütün rakiplerini temizlemişti. Şimdi artık dilediğini yapabilirdi.

Üst üste gelen bozgunlar Hitler'i gittikçe yıkmaktaydı. Kazanmak için her yola başvurmayı aklına koymuştu. V_1 V_2 atom bombalarının süratle hazırlanmasını emretti. Akabinde de son Alman taarruzunu hazırladı.

1944 sonu ile 1945 başlarında bütün taarruzlarda bozguna uğranılması üzerine artık savaşı kaybettiklerini anladı. Almanya ikiye bölünecekti. Bu durum karşısında bütün hayalleri yıkılan Hitler, 20 Nisan 1945'te yüksek kumandayı amiral Dönitz ile Görüng'e verdi.

Yakınlarının bütün teselli konuşmaları tesir etmiyordu. Hitler artık tek kelime konuşmuyor, gözleri sabit bir noktaya takılı olarak devamlı düşünüyordu. Doğru dürüst ne yeyip içiyor, ne de uyuyordu. Nereden nereye gelmişti? Badanacılıktan ikbal basamağının en uç noktasına çıkmıştı. Fakat işte düşüşü de tırmanışı kadar hızlı oluyordu...

Yakınları da bir zamanlar, milyonları ayağa kaldıran, tek bir işaretiyle milyonları ölüme dahi gönderebilen Hitler'in düştüğü durumu görüyor ve çok üzülüyordu.

Nereden nereye?

Küçük yaşta öksüz kalınca, kimsesiz ve perişan bir vaziyette yaşamaya başlamıştı. Ne iş bulursa yapmış, fakat yine de çoğu zaman işsiz kalmıştı.

Hitler'in yıldızı 1914'te onbaşı rütbesiyle Bavyera ordusuna girdikten sonra parlamağa başladı.

1919'da siyasete atılarak İşçi Partisinin yönetim kuruluna girmiş, daha o yıllarda hedefini tesbit etmişti. Hitler'e göre Alman ırkı yüksek bir ırktı ve bütün Avrupa'nın hakiki efendisiydi. Bu bakımdan bütün Avrupa Almanya'nın idaresi altında toplanmalıydı.

Hitler Nazi Partisi saflarında hızlı çıkışlarıyla sesini duyurmaya başlamış, 1932'de Başkanlık seçimine adaylığını koyarak büyük bir çıkış yapmıştı. Seçimi kazanamamıştı, fakat istediğini elde etmiş, sesini bütün ülkede duyurmuştu.

1934'te Başkanlığa seçilmesi ve hemen akabinde şansölyelik selahiyetini de üzerinde toplaması üzerine Almanya'da tek adam durumuna yükseldi.

Hitler'e göre, yalnızca kendi düşünceleri Almanya'yı kurtaracaktı ve bu düşüncelerini gerçekleştirmek için hiçbir engel tanımayacaktı.

Nasyonal Sosyalizmi savunan Hitler, kopkoyu bir milliyetçilik tezini ortaya atmıştı. Son derece gururlu ve ihtiraslıydı.

Durmadan yaptığı propaganda ile, bütün Almanların "şefin hazırladığı geleceğe" güvenmelerini temin etti. Yapılanlar, bir nevi beyin yıkama idi. Artık halkın gözünde de Hitler, "tek adam" olmuştu. *

30 Haziran 1934 tarihi Hitler'in hayatında mühim bir yer tutar. Çünkü o günün gecesi Hitler, bütün rakiplerini ortadan kaldırmıştır. "Uzun bıçaklar gecesi" diye bilinen bu gecenin sonunda artık Hitler'e karşı çıkacak kimse kalmamıştı...

Hitler Almanya'da söz sahibi olduğu andan itibaren savaş sanayiine büyük ehemmiyet verdi. Hitlerin hazırlıkları boşuna değildi. Avusturya'yı işgal etti. Çekoslovakya'nın dörtte birine el koydu. 1939'da Polonya'yı işgal ederek bile bile İkinci Dünya Savaşını başlattı. İlk başlarda aldığı zaferler Hitlerin hırsını arttırmıştı. Fakat 1943'ten sonra işler istediği gibi gitmemeğe başladı. Rusya'ya saldırmıştı, fakat, Amerika'nın desteklediği müttefiklerin kendisine saldırması üzerine bocalamaya başlamıştı. Normandiya cephesinin açılmasından sonra bozgunlar peş peşe gelmeye başlamıştı. Artık Almanya'da tek ses çıkmıyordu.

Bozgunların ardından Almanya'da iç muhalefet baş göstermeğe başlamıştı. Muhalifler, Almanya toptan yok olmadan Hitler'i durdurmanın hüzumuna inanmışlardı. Bunun için de Hitler'i ortadan kaldırmaktan başka çıkar yol göremiyorlardı. Ustaca bir plan hazırlamışlar, Hitler'in karargahına bomba yerleştirmişlerdi. Hitler, içerideyken bombayı ateşliyeceklerdi. Nitekim dediklerini yapmışlar, fakat Hitler'i öldürememişlerdi.

Berlin'de ölmek istedi.

Almanya'nın düşmesinin an meselesi olduğunu gören Hitler, müthiş bir sıkıntı içine düşmüştü. Nisan sonlarına doğru aldığı bir haberle bütün ümitleri kayboldu:

"Düşman orduları Berlin'e yaklaşıyor!" deniliyordu.

Adamları Hitler'i Bavyera'daki karargâhına götürmek için çok uğraştı. Fakat o, "Berlin'den ayrılmayacağım!" diyor, başka birşey demiyordu. Uykusuzluktan şişmiş gözlerini kurmay subaylarının üzerine çevirmiş, "Hitler'i ele geçiremeyecekler!" diye bağırmıştı. Subaylar hâlâ, "Fakat Führer, burada kalırsanız, sizi mutlaka bulurlar" diyor, onu ikna etmeğe uğraşıyorlardı. Ne söylendiyse kâr etmedi. Hitler Berlin'de kalmağa kararlıydı.

Hitler kararını çoktan vermişti. Ülkesinin bütünüyle işgal edildiğini görmek istemiyordu. Ölecekti. Daha doğrusu intihar edecekti. Bunun için yer olarak, Berlin'i seçmişti.

30 Nisan 1945. Hitler'in metresi Eva Braun ile birlikte kaldığı daireden iki el silah sesi duyulunca hizmetçiler telaşla koştular. Odaya girdiklerinde Hitler ile metresini cansız yerde yatarken bulurlar. Şakaklarından sızan kanlar halıda göllenmiştir. Hitler ilk önce metresine ateş etmiş, onu öldürdükten sonra, tabancayı beynine dayayarak tetiği çekmiştir. Dinmek bilmeyen bir hırsa sahip Hitler'in sonunu noktalayan tabanca hemen yanıbaşında durmaktadır... Vasiyeti gereğince Hitler'in ve metresinin cesetleri yakılmıştır. Kemikleri bile kalmamıştır.

Darağacında Can Veren Üç mazlûm
MENDERES, ZORLU, POLATKAN

Yassıada'da dünya tarihinde birçok örneği görülen "Zulüm Mahkemeleri"nden birisi kurulmuştu. Tıpkı Engizisyon mahkemeleri, Çin'deki Halk Mahkemeleri, Fransa ihtilalindeki "Devrim Mahkemeleri", Demirperde ülkelerindeki mahkemeler gibi bir mahkeme 27 Mayıs ihtilalinden sonra maznunları "sözde" muhakeme ediyordu.

Mahkeme savcısının **"Sizi buraya tıkan kuvvet böyle istiyor"** dediği, bir sanık avukatının **"kararlar sümen altında"** diye tavsif ettiği bu mahkemede herşey "tuhaf"tı. Muhakemeden önce maznunların fiziken ve ruhen çökertilmesi için "ilmî metodlarla" çalışmalar yapılıyordu. Başbakan, bakan ve milletvekili sıfatlarını taşıyanlar küfürlere, ağır hakaretlere, tahkir edici davranışlara maruz bırakılıyorlardı.

Mahkemeden bir safha

Türkiye'de 1960 yılında bir ihtilal olmuştu. Halk adına, halkın verdiği silahları taşıyan bazı kişiler, o silahları halkın temsilcilerine çevirmişler, "Bu ülkeyi biz irade edeceğiz!" demişlerdi. Yapılan, silah zoruyla ülke idaresini ele geçirmekti. Kanunlara göre "idamlık suç"tu. Nitekim daha sonraki tarihte "başarısız ihtilalciler" idam edileceklerdi. Ne var ki ihtilalciler, karşılarında o tarihte sivil bir güç bulmamış ve halkın seçtiklerini zorla alaşağı etmişlerdi. Hedefleri parlamentodaki bir partinin mensuplarıydı. Muhalefetteki partinin mensuplarını ise el üstünde tutacak, onlara Kurucu Meclis'te yer verecek, iktidarı onlara teslim etmek için çalışacaklardı.

İşte böylesine bir ihtilalden sonra Marmara denizinin ortasında, yani "gözden Irak" bir mekanda, izleyicilerin sıkı bir incelemeden sonra alındığı bir mahkeme kurulmuştu. Mahkemenin üyeleri bizzat ihtilalciler tarafından "seçilmiş"ti. Böylesine bir mahkemenin nasıl bir muhakeme yaptığına bir misal verelim.

Bir duruşma günü, duruşmanın bitmesine tam on dakika kala, Başkan Salim Başol'un sesi duyulmuştu:

"Polatkan, sen gel!" diyordu.

Polatkan yerinde kalkınca, yine Başol'un sesi duyuldu:

"Müdafaan kaç sahife?"

Polatkan şu cevabı verdi:

"Sahife adedini maalesef söylemeyeceğim. Müsvedde halindedir. Fakat mahkememizin tatiline 10 dakika var. Bu müddet zarfında bitmez zannederim."

Başol, **"Öyle şey olmaz, kısa kes. Sen zaten diğer davalarda da uzun müdafaa yaptın!"** dedi.

Polatkan; "Hayatımın mevzubahis olduğu bir meselede son sözlerimi söylememe müsaade edin efendim!" diye cevap verince, Başol;

"Olman, kısa kes, az konuş!" dedi.

Bu sözler karşısında Polatkan, "Öyle ise müdafaa yapmayayım mı?" diye sordu. Başol'un cevabı şöyle oldu:

"Yapma!"

Halbuki bu duruşma "hayatî" bir duruşma idi. Artık karar verilecekti. Bu durumda maznunların "son müdafaalarını" yapmalarına dahi izin verilmiyordu.

İdamı istenen maznunlardan Adnan Menderes'in müdafaası esnasında da aynı tavır sergilenmişti. Menderes konuşurken Salim Başol lafını ağzına tıkamış ve "Kes!" diye bağırmıştı. Menderes konuşmasına devam edince Başol şöyle demişti:

"Ben kes dediğim zaman keseceksiniz. Eğer kesmezseniz, ben kestirmesini bilirim." (1 kasım 1960, Milliyet)

İdamla yargılanan maznunların beş on dakika konuşmasına dahi tahammül edemeyen mahkeme üyeleri ise saatlerce konuşuyordu. Mesela Başsavcı Ömer Altay Egesel 4 günde tam 21 saat konuşmuş ve 107 kişinin idamını istemişti. (15 Temmuz 1961, Milliyet)

İdam cezaları

Henüz mahkeme devam ederken ihtilalcilerle ihtilal fetvacıları, **"idamlar 50'den aşağı olursa üstünü biz tamamlarız"** diyorlardı.

27 Mayıs darbesinden sonra kurulan "Düzmece Mahkeme"de görülen dâvalar 9 ay 25 günde yapılan 202 duruşma neticesinde tamamlanmıştı. 1961 yılının Ağustos ayının ortasında neticelenen mahkemede toplan 7701 sanık yargılanmıştı.

Sonunda "sümen altındaki" kararlar açıklanmıştı. 15 kişiye idam 449 kişiye de muhtelif miktarlarda hapis cezası verilmişti. MBK bu 15 idamdan 12'sini "Müebbet hapse" çevirmiş, Adnan Menderes, Hasan Polatkan ve Fatin Rüştü Zorlu hakkında verilen idam cezasını ise tasdik etmişti.

Üç mazlumun idamı

Haklarında idam kararı verilen üç mazlumun infazı geciktirilmeden gerçekleştirilmişti. Şimdi bu üç mağdurun son anlarına bakalım.

Darağacına ilkönce Demokrat Parti iktidarının faal Dışişleri Bakanı Fatin Rüştü Zorlu çıkartılacaktı. Zorlu'nun yaptığı mühim hizmetlerden birisi "Londra Antlaşması" ile Kıbrıs'ta Türkiye'nin "Garantör Devlet" olmasını temin etmesiydi. Bu anlaşmaya dayanılarak 1974'te Kıbrıs'a müdahele edilecek ve dehşetli bir katliâm engellenecekti.

İdamın infaz edileceği Zorlu'ya bildirildiğinde işte bu anlaşmayı hatırlatmış ve şöyle demişti:

"Beni asabilirsiniz, ama şu anda Kıbrıs'ta Türk bayrağı var, Mehmedçik var; bunu tarihten silemezsiniz."

Zorlu'nun son anları

Zorlu son derece metindi. "Vakit geldi haydi!" denildiğinde, hiç telaş etmeden kapatıldığı hücreden çıktı ve vakur bir şekilde darağacının olduğu yere doğru yürümeye başladı.

Sehpanın yanına gelindiğinde Zorlu, Başsavcıya dönerek: **"Ben mason değilim! Allah da biliyor ki dinime çoğ bağlıyım. Bırakın iki rek'at namaz kılayım"** dedi. Bu son arzusu idi.

Müsaade edilince abdest aldı, iki rekat namaz kıldı. Namazda bütün kalbiyle kendisini Yaratana yöneltmişti. Huşû içerisinde namazı eda ettikten sonra duâ etti ve daha sonra, "Evet beyler, buyrun!" dedi.

Orada bulunan Hoca efendinin yaptığı telkini aynen tekrarladı ve yapılan telkinin sonunda, **"Eşhedü en lâ ilâhe illallah ve eşhedü enne Muhammeden abdühü ve Resulühü"** dedi.

Elleri arkadan bağlanmak istenince, önden bağlanmasını talep etti. Fakat, bu isteği reddedildi.

Başsavcı, Zorlu'ya, "Bir diyeceğin var mı?" diye sordu. Zorlu acı acı tebessüm ederek:

"Ne diyeceğim olacak? Muradınıza erdiniz! Bu gece rahat uyuyabilirsiniz!" dedi.

Daha sonra pehlivan yapısından umulmayacak bir çeviklikle masanın üzerine, akabinde de masanın üzerine konulmuş olan sandalyeye çıktı. Zorlu'nun gayet sakin oluşuna mukabil, cellat heyecandan tir tir titriyordu. Zorlu cellada dönerek:

"Oğlum, ne titreyip duruyorsun? İlmik senin değil, benim boynuma geçecek!" dedi.

Zorlu daha sonra, "Allah memleketi korusun, millete zeval vermesin, haydi Allahaısmarladık" dedikten sonra ayağının altındaki sandalyeye bir tekme vurdu. Sandalye masanın üzerinden yere yuvarlandı. Oradakiler bu manzarayı dehşetle seyrediyordu. Zorlu'nun boyu uzun olduğu için ayakları masanın üstüne değmekte idi. Cellat yine elleri titreye titreye masayı Zorlu'nun ayağının altından çekti.

Tarih 16 Eylül 1961 idi. Vakit ise sabaha karşı saat 5 suları... İmralı'da sert bir rüzgar esmeye başlamıştı. Ağaçların dalları kırılırcasına eğiliyordu.

Polatkan'ın idamı

Zorlu'nun idamından 15 dakika sonra da darağacına Hasan Polatkan çıkartılacaktı.

Polatkan o sırada henüz 46 yaşındaydı. Genç yaşta Eskişehir'den Demokrat Parti milletvekili seçilmiş, Menderes Kabinelerinde önce Çalışma, sonra Maliye Bakanı olarak vazife yapmıştı. DP iktidarı zamanındaki halkın menfaatine olan kalkınma hamlelerinde onun mühim katkısı vardı. Fabrika, baraj, yol yapımında kaynak bulmak için büyük gayret sarfetmişti.

Kendisini sehpaya çıkarmak için hücreye gelindiğinde gayet sakindi. Gitmeden önce abdest aldı, dua etti, daha sonra sakin adımlarla yola koyuldu. Bütün hayatı bir filim şeridi gibi gözlerinin önünden geçti. Darağacına çıkmadan önce, kelime-i şehadet getirdi. Orada bulunanlara; "Suçsuzluğum konusunda vicdanen müsterihim" dedi.

Cellet kendisine verilen emri yerine getirdi.

Sıra Menderes'te

Zorlu ve Polatkan'ın idamından sonra sıra Adnan Menderes'e gelmişti. İmralı adasındaki mahkumlar 17 Eylül 1961 günü fevkalâde gelişmeler olduğunu hissetmişlerdi. Adadaki vazifeliler telaşla sağa sola koşturuyor, telsizlerden, **"Ameliyat hazır mı?" "Ameliyat hazır... Ameliyat hazır..."** cümleleri dökülüyordu.

Müebbet hapse mahkum olanlara, pencereden dışarıya bakmamaları ihtar edilmişti. Tecrübeli politikacılar, çok sevdikleri başvekillerinden bu dünyada ayrılacakları zamanın geldiğini anlamışlardı. İçlerinden bazıları bir köşeye çekilmiş sessizce gözyaşı dökerken, bazıları da Kur'an-ı Kerim'i açmışlar bekâ âlemine göçecek yolcuya rahmet vesilesi olması için okumaktaydılar.

Saat 13'e doğru telsizlerden "Ameliyat doktorları geldi" sözcükleri döküldü. Bunun ne mânâya geldiğini mahkumlar gayet iyi anlamışlardı. Hiç kimsenin ağzını bıçak açmıyordu.

Adnan Menderes ise gayet sakindi. O sabah erkenden kalkmış abdest almış, ebedî âleme doğru çıkılacak sefere hazırlanmıştı. 27 Mayıs 1960'tan sonra öylesine günler yaşamıştı ki, o günlerdeki hâdiseler esnasında ölümü bin kere o yaşadığı hayata tercih etmişti. Hakaretler, küfürler, işkenceler, zehirlemeler, ruhen çökertme taktikleri... Zindan içerisinde zindan, zulüm içerisinde zulüm olan bir hayat...

Menderes'in idamı

Vazifeliler koğuştan içeriye girdiklerinde Adnan Menderes başını elleri arasına almış hâlâ düşünüyordu. Bir vazifeli, "vakit geldi!" dedi. Menderes ağır ağır yerinden kalktı. Oğlu Yüksel Menderes'e verilmek üzere yazdığı vasiyyetini teslim etti. Daha sonra, "Ben hazırım, gidelim!" dedi ve vakur adımlarla yürümeğe başladı.

Bu gidişin bir yokoluş, bir kayboluş olmadığına inanmaktaydı. Birazdan çıkacağı darağacı ebedî âleme açılan bir kapıydı. Âdeta bir terhis tezkeresi idi. Zâlimlerin zulmünden kurtulup Âdil-i Mutlak'ın huzuruna çıkıştı.

Hava pırıl pırıldı. Yapraklar kımıldamıyor, kuşlar ötmüyordu. Etrafa derin bir sessizlik çökmüştü.

Menderes vakur adımlarla darağacına çıktı. Kelime-i şehadeti söyledi. Tam ilmik boğazına geçirildiği anda **"Allah!"** diye haykırdı. İşte tam o anda oradakileri dehşet içerisinde bırakan bir hâdise cereyan etti. Masmavi sema bir anda kararıverdi. Az önce etrafa ışık saçan güneş, bulut kümeleriyle örtülüverdi. Akabinde de bir fırtına ile birlikte dolu ile karışık çok şiddetli bir yağmur başladı. Garip olan, yağmurun sadece idamın infaz edildiği sahaya yağması, diğer taraflara yağmaması idi.

Saat 14.30 civarında artık ruhu bekâ âlemine göçen Menderes'in nâşı defnedilmek üzere darağacından indirildi. Yağmur yine devam ediyordu. Ambülans mezarın bulunduğu yere gelinceye kadar yağmur bulutları üzerinden ayrılmamıştı. Yağmur yine, sadece mezarın bulunduğu yere yağıyor, diğer taraflara yağmıyordu...

**Zalimler unutuldu,
mazlumlar unutulmadı**

Bu üç idam, ihtilâlcileri tatmin etmemişti. Onlar 33 idam beklemekteydi. Bunun için isim hanesi boş bırakılarak 66 hüküm özeti hazırlamışlardı. Bu hüküm özetinin bir tanesi mahkumun boynuna asılırken diğeri ikametgahlarına asılacaktı.

İhtilalciler o kadar kararlıydı ki, İmralı'daki Martıtepe'ye 33 mezar çukuru kazdırmış, 33 tabut yaptırmış, toplarla kefenlik kaput bezi tedarik etmişlerdi. (25 Eylül 1961, Akis)

İhtilal yapmaya, Demokrat Parti'nin 14 Mayıs 1950'de iktidara gelişlerinden hemen sonra Ezan-ı Muhammedi'yi aslî şekliyle okutmaya başladıkları gün karar verdiklerini söyleyen, tesettüre savaş açan, büyük İslam âlimi Bediüzzaman Said Nursi'nin Urfa'daki mezarını balyozlarla kırdırıp naaşını meçhul bir yere taşıyan, yüzlerce insana düzmece bir mahkeme ile hapis cezası verdiren, üç politikacıyı idam ettiren 38 ihtilalci ile onların yardımcıları sonraki yıllarda unutulup gitti. Adları sanları duyulmadı. Sadece yaptıkları nefretle hatırlandı. Onlar kamuoyu vicdanında toptan mahkum oldular.

Darağacında can veren üç mazlum ise her zaman sevgiyle yâdedildi. Aradan uzun yıllar geçtikten sonra İmralı'daki cenazeleri "Devlet Merasimi" ile İstanbul'da Topkapı'da yaptırılan "Anıt Mezar'a nakledildi.

Kur'an hizmetkârı son anlarında da yine hizmetini düşünüyordu
BEDİÜZZAMAN

18 Mart 1960 Cuma günüydü. Bediüzzaman hasta yatağından doğrularak talebelerine şöyle dedi: "Kardaşlarım! Risale-i Nur bu vatana hâkimdir. Mason ve komünistlerin belini kırmıştır. Biraz sıkıntı çekeceksiniz. Fakat sonunda çok iyi olacak."

Ertesi sabah sanki hastalıktan emâre kalmamışçasına doğruldu. Sabah namazını kıldı. Talebeleriyle kucaklaşıp helâlleşti. "Allah'a ısmarladık! Ben gidiyorum." derken gözleri yaşlıydı.

Emirdağ'daki dostlarıyla ve talebeleriyle teker teker vedalaştıktan sonra Isparta'ya hareket etti.

O hasta haliyle de yatsı namazlarında kendisi imamlık yapmakta, teravihi ise talebesi Tahiri Mutlu kıldırmaktaydı. 20 Mart 1960 Pazar günü talebelerini yanına çağırarak şöyle dedi:

"Evlâdlarım çok rahatsızım. Fakat hiç merak etmeyin. Risale-i Nur on misli fazlasıyla benim vazifemi yapıyor. Bana hiç ihtiyaç bırakmıyor.

Bu sözleriyle artık bekâ âlemine gideceğini de belirtiyor, talebelerine teselli veriyordu.

O gece bir ara hasta yatağından doğrularak talebelerine, "Urfa'ya gideceğiz, hazırlanın!" dedi.

Sabahleyin araba hazırlanmıştı. Bediüzzaman yanında talebeleri Hüsnü Bayram, Zübeyir Gündüzalp ve Bayram Yüksel'le birlikte yola çıktı. Hedef, Peygamberler diyarıydı. Talebeleri yola çıkmadan önce gerekli "tedbiri" almış, arabanın plakasını çamurla kaplamışlardı. Zira değişen iktidarlara rağmen değişmeyen rejimin nefesi devamlı enselerindeydi ve Bediüzzaman'ın bulunduğu yerden ayrılması mümkün değildi. Nitekim Bediüzzaman'ın Isparta'da olmadığı anlaşılınca bütün emniyet teşkilâtı ayağa kalktı. Bediüzzaman neredeyse bulunmalı, derdest edilmeli ve tekrar Isparta'ya getirilmeliydi.

Emniyet teşkilatı dört dönedursun, Urfa yolcuları namaz molaları dışında hiç durmaksızın yol alıyorlardı.

Bu gidiş bir "kaçış" değil, terhis teskeresine doğru iştiyakla koşuş idi.

İnsanlık ve İslâm tarihinde çok mühim bir yer işgal eden yirminci asra mührünü vuranlardan olan Bediüzzaman'ın yanında bulunan talebeleri yol boyunca onun hayat safhalarını düşünüyor, bir kısmını birlikte yaşadıkları bu safhaları, bir film şeridi gibi gözlerinin önünde yeniden canlandırıyorlardı.

İslâm Deccalı olan Süfyan'ın çıktığı dehşetli bir asırda, çileli, zahmetli, meşakkatli bir hizmeti omuzlayan Bediüzzaman, dâvâsının zafere erdiğini müşâhede eden bahtiyarlardandı.

Kafkas Cephesinde Gönüllü Alay kumandanı olarak Ruslara karşı savaşırken bile Kur'an-ı Kerim'in mühim bir tefsiri olan "İşaratül-İ'cazı" telif eden Bediüzzaman, daha sonraki hayatında da hep Kur'an'la hadislerle haşir neşir olmuştu.

Ezan-ı Muhammedî'nin, Kur'an-ı Kerim okumanın ve okutmanın yasaklandığı, ders kitaplarında Tevhid akidesini inkar eden yığınla bahislerin bulunduğu dehşetli bir devirde Anadolu'nun ücrâ bir köşesine sürgüne gönderilmiş olan Bediüzzaman, yanında Kur'ân-ı Kerim'den başka kitap bulunmadığı halde, "doğrudan doğruya Kur'an'dan ilham alarak, Kur'an'ı asrın idrakına söyletmiş", imanın ve İslâm'ın esaslarını, ilme fenne, akla, mantığa dayanarak anlatmıştı.

Kur'an-ı Kerim tefsiri olan Risale-i Nur külliyatı, âşikâre ve münâfıkâne her türlü dinsizlik cereyanının karşısına dikilmiş, Allah'ın izniyle bu cereyanları ve bütün ifsat komitelerini hezimete uğratmıştı.

"Din ve namus telakkisini ortadan kaldırmadıkça devrimlerimizi yerleştiremeyiz. Hocaları da toptan ortadan kaldırmalıyız" diyenler elbette ki bundan şiddetli rahatsızlık duymuşlardı. İşte onun içindir ki tıpkı Mekke müşriklerinin yaptığı gibi, fikirle Mücâdele edemeyince bu defa kaba kuvvete başvurmuş, Bediüzzaman'ın vücudunu ortadan kaldırmak için her yolu denemişlerdi.

Bediüzzaman, hürriyetin, insan haklarının jakoben kadronun iki dudağının arasında bulunduğu o dehşetli devirde defalarca zehirlenmiş, göz hapsinde tutulmuş, sürgüne gönderilmiş, hapsedilmiş, tenhâ yerlere gidince arkasından kurşun sıkılmış, ama Cenab-ı Hakk'ın inayetiyle bütün bu baskı ve zulümlerden yalnızca hastalık ve geçici sıkıntılarla kurtulmuştu.

Bediüzzaman bütün bu baskı ve zulümlere beş para ehemmiyet vermemişti. Zulüm silahını kullananlara şöyle sesleniyordu:

"...Madem sizlerle, îtikadınızca ve bana edilen muameleye nazaran, küllî bir muhalefetimiz var. Siz dîninizi ve âhiretinizi dünyânız uğrunda fedâ ediyorsunuz. Elbette, mâbeynimizde (aramızda) -tahmininizce- bulunan muhalefet sırrıyla, biz dahi hilâfınıza olarak, dünyamızı, dinimiz uğrunda ve âhiretimize her vakif fedâ etmeye hazırız. Sizin zâlimâne ve vahşiyâne hükmünüz altında bir iki sene zelîlâne geçecek hayatımızı, kudsî bir şehâdeti kazanmak için fedâ etmek; bize âb-ı kevser hükmüne geçer. Fakat Kur'an-ı Hakîm'in feyzine ve işârâtına istinaden, sizi titretmek için, size kat'î haber veriyorum ki:

"Beni öldürdükten sonra yaşayamıyacaksınız! Kahhar bir el ile, Cennetiniz ve mahbubunuz olan dünyâdan tardedilip ebedî zulümata çabuk atılacaksınız! Arkamdan, pek çabuk sizin Nemrudlaşmış reisleriniz gebertilecek, yanıma gönderilecek. Ben de huzur-u ilâhîde yakalarını tutacağım. Adâlet-i İlâhiyye, onları esfel-i sâfilîne atmakla intikamımı alacağım!..

"Ey, din ve âhiretini dünyaya satan bedbahtlar! Yaşamanızı isterseniz, bana ilişmeyiniz! İlişseniz, intikamımın muzâaf bir surette sizden alınacağını biliniz, titreyiniz!.. Ben rahmet-i İlâhîden ümid ederim ki: mevtim, hayatımdan ziyade dine hizmet edecek ve ölümüm başınızda bomba gibi patlayıp başınızı dağıtacak! Cesaretiniz varsa ilişiniz! Yapacağınız varsa, göreceğiniz de var!.. Ben bütün tehdidatınıza karşı, bütün kuvvetimle bu âyeti okuyorum:

"Elleziyne, kâle lehümü'nnâse kad cemâû leküm fahşevhüm fezâdehüm iymânen. Hasbunallahu ve ni'me'l vekîl." (Mektubat, s. 455)

Kuvvete dayanan ve hakkı kuvvette bilen gürûhun yüzünde şamar gibi şaklayan bu ifadelerin pek çok benzeri gelecekti. Bediüzzaman aynı zamanda haliyle de hakîkî imanı elde edenin, değil bir avuç zorbaya, kâinata da meydan okuyacağını göstermişti.

Urfa yolundaki Bediüzzaman son derece huzurluydu. Zira bütün engellemelere rağmen Risale-i Nur Külliyatı ilk önce beş yüz bin nüsha elle çoğaltılarak Anadolu'nun dört bir yanına dağılmış, bilahare matbaalarda yüzbinlerce basılmıştı. Kur'an hakikatinin pırıltıları olan bu eserler artık ellerde, dillerde gönüllerdeydi. Bu bakımdan bekâ âlemine gülerek, âdeta uçarak gidiyordu.

Bediüzzaman ve talebeleri 21 Mart 1960 Pazartesi günü öğle saatlerinde Urfa'ya vasıl oldu ve on yıldır Urfa'da bulunan Abdullah Yeğin'in tavsiyesi üzerine İpek Palas oteline yerleşti.

Bediüzzaman'ın geldiğini öğrenen binlerce Urfalı otele akın etti. Yıllarca insanlarla görüşmekten uzak duran Bediüzzaman bu defa her gelen ziyaretçiyi kabul ediyordu. Talebeleri de anlamıştı. Artık bu bir "vedalaşma merasimi" idi. Karşılıklı helallik isteniliyor, duâlar ediliyordu. Bu merâsim, birliğinden terhis olan askerin, arkadaşlarıyla vedalaşıp, daha çok ahbabının bulunduğu aslî memleketine doğru yola çıkışını hatırlatıyordu.

Gizli el devrede

Bediüzzaman'ın Urfa'ya geldiğini öğrenenler sadece halk değildi. Polisler de öğrenmiş ve derhal otelin etrafını çembere almışlardı. Kalabalıkça bir kısmı Bediüzzaman'ın odasına girerek şöyle demişti:

"İçişleri Bakanı Namık Gedik'in emri var. Derhal Isparta'ya dönmeniz lâzım."

Bediüzzaman onlara şu cevabı verdi.

"Acayip... Ben buraya gitmeye gelmedim. Ben belki de öleceğim. Siz benim halimi görüyorsunuz. Siz beni müdafaa edin."

Ne var ki polisler aldıkları emri yerine getirmekte kararlı görünüyorlardı. İktidar kim olursa olsun "değişmeyen iktidar" sahnedeydi. Bediüzzaman'ın Kur'an hizmeti dâvâsından rahatsızlık duyan "gizli el" hedef göstermişti. Bediüzzaman derhal Urfa'yı terkedip Isparta'ya dönecekti.

Durumu öğrenen Urfalılar galeyana gelmişti. Binlercesi otelin önünde toplanmışlardı. Hepsinin de kararlığı yüzlerinden okunuyordu. Ne pahasına olursa olsun Bediüzzaman'ı göndermeyeceklerdi.

Emniyet mensupları "Emir kuluyuz" diyorlardı" Emir kullarından biri olan Emniyet âmiri bizzat otele gelerek arabanın anahtarını almış ve Bediüzzaman'a "emrin kat'î olduğunu, derhal Isparta'ya dönmesi icap ettiğini" söylemişti. Bunun üzerine Bediüzzaman şöyle dedi:

"Ben şimdi hayatımın son dakikasını geçiriyorum. Ben gidemeyeceğim. Belki de, burada öleceğim. Siz benim suyumu hazırlamakla mükellefsiniz. Âmirinize bildiriniz."

22 Mart günü de bu şekilde âdeta "psikolojik savaş"la geçti. Daha doğrusu bu tek taraflı savaştı. Zirâ Bediüzzaman bu nevi baskılara hiç ehemmiyet vermiyordu. O artık yönünü ebedi âleme çevirmişti. Gün boyunca namazlarını edâ edip tesbihatını ve duâsını yaptıktan sonra Urfalıları kabul ediyor, akın akın gelen ahâliyle helalleşiyordu.

23 Mart 1960 Çarşamba gününün ilk saatlerinde Bediüzzaman'ın başucundaki Bayram Yüksel, üstadının elleri göğsünde huzurlu bir çehreyle yattığını görünce kendi kendine "Üstad biraz iyileşti, uykuya daldı" demişti.

Sahur vakti Bediüzzaman'ın diğer talebeleri de gelmiş, ancak Bediüzzaman uyanmamıştı. Sabah ezanı okununca, namazı tam vaktinde kılan, bir dakika bile geciktirmeyen Bediüzzaman'ın kalkmadığını gören talebeleri vâiz Ömer efendiyi çağırmıştı. Zira onlara göre Bediüzzaman nurlu çehresiyle uykudaydı. Ömer Efendi gelip Bediüzzaman'a bakmış ve "İnna lillah ve inna ileyhi raciûn" diyerek ilâhi hükmün vukû bulduğunu belirtmişti.

Mezar soygunculuğu

Hayatı boyunca Bediüzzaman'ın yakasını bırakmayan

"gizli el" vefatından sonra da onu rahat bırakmayacaktı. 12 Temmuz 1960 günü insanlık tarihinde eşine ender rastlanan bir hunharlık tablosu sergilendi. Silah zoruyla iktidarı ele geçirenler, Bediüzzaman'ın Urfa'daki kabrini balyozlarla parçalattı. Emri yerine getiren askerler, hiç bozulmamış naaşa bakarak, "Bu zat şehitmiş. Bunun mezarını açmak günahtır" deyip daha fazla ileri gitmek istememişlerse de başlarındaki mezar soyguncusu başların emrini yerine getirmek mecburiyetinde kalmışlardı.

Sağlığında Bediüzzaman'a rahat ve huzur yüzü göstermeyen zihniyet şimdi de naaşıyla uğraşıyordu.

Bediüzzaman'ın naaşı uçağa kondu. Uçak Afyon'a indi ve askerî bir vasıtayla Isparta'ya götürülerek orada bir yere defnedildi.

Asıl mekanına gitti

Bu hâdiseden sonra aradan yıllar geçmişti. Risale-i Nur talebelerinden birisinin çocuğu vefat etti. Mezar yeri kazılırken toprak kaydı ve bitişikteki mezardaki bir tabut ortaya çıktı. Bayram Yüksel'in ifadesine göre, tabut ters konulmuştu. Öte yandan tabutla defnedilen naaş da meraklarını celbetmişti. Tabutu açtıklarında Bediüzzaman'ın hiç bozulmadan duran naaşıyla karşılaşmışlardı.

Vefat eden çocuk Bediüzzaman'ın defnedildiği yere gömüldü. Bediüzzaman'ın naaşı da "vasiyyeti" gereği ancak birkaç kişinin bildiği bir yere defnedildi. Böylelikle bir büyük İslâm âliminin yıllar önce talebelerine yaptığı vasiyyet yerini bulmuş oldu.

Vefatından yaklaşık dört sene önce, "Benim kabrimi gayet gizli bir yerde... bir-iki talebemden başka hiç kimsenin bilmemesi lâzım geliyor. Bunu vasiyyet ediyorum." diyen Bediüzzaman, "Kabri ziyarete gelenler, fatiha okur, hayır kazanır. Acaba siz ne hikmete binaen kabrinizi ziyaret etmeyi men ediyorsunuz?" diye soran talebelerine şu cevabı vermişti:

"Bu dehşetli zamanda eski zamandaki firavunların dünyevî şan ve şeref arzusiyle heykeller ve resimler mumyalarla nazar-ı beşeri kendilerine çevirmeleri gibi enaniyet ve benlik verdiği gafletle, heykelle ve resimler ve gazetelerle nazarları, mânâ-yı harfiden mânâ-yı ismiyle tamamen kendilerine çevirmeleri ve uhrevî istikbalden ziyade dünyevî istikbali hayal edinmiş olmaları ile, eski zamandaki lillah için ziyarete mukabil, ehl-i dünya kısmen bu hakikata muhalif olarak mevtânın dünyevî şan ve şerefine ziyade ehemmiyet verir. Öyle ziyaret ediyorlar. Ben de Risale-i Nur'daki âzamî ihlâsı kırmamak için o ihlâsın sırriyle kabrimi bildirmemeyi vasiyyet ediyorum. Hem Şark'ta, hem Garb'da, her kim olursa olsun, okudukları fatihalar o ruha gider.

"Dünyada sohbetten beni meneden bir hakikat cihetiyle vefatımdan sonra da o hakikat bu surette beni sevap cihetiyle değil, dünya cihetiyle menetmeye, mecbur edecek." (Emirdağ Lahikası, c. 2, s. 173)

Bediüzzaman yine talebelerine sıkı sıkıya şunu vasiyyet eder:

"Hazret-i Ali'nin kabri nasıl, gizli ise, benim de kabrimi kimsenin bilmediği bir yere defnedersiniz. Size bunu vasiyyet ediyorum."

Çağdaşlarından bazıları için Firavunlara taş çıkartacak mezar yaptırılıp, o mezarlar puthâneye çevrilirken, Bediüzzaman mezar yerinin bilinmesini istemiyordu.

Yine çağdaşlarından bâzı mühim sîmalar dünyadan göçerken arkalarında çiftlikler, köşkler, on binlerce dönüm araziler, Kârun'a taş çıkartacak paralar bırakırken, Bediüzzaman geride maddî varlık olarak sadece şunları bırakmıştı:

Bir cüppe, bir sarık, bir cep saati ve sadece yirmi lira para...

Bolşevik devriminin beyniydi
beynine inen çekiçle son nefesini verdi

TROÇKİ

On iki seneden beri, her gün öldürülme korkusu ile yaşamak Troçki'yi iyiden iyiye yıpratmıştı. Her nereye gitse Stalin'in pençesini ensesinde hissediyordu.

Meksika'da kaldığı villaya hiç kimse yaklaştırılmıyordu. Üstelik akla gelebilen her tertibat alınmıştı. Evin kapısı demir kolla takviye edilmiş, demir parmaklıklara alarm sistemi konulmuş, bahçe betondan bir duvarla çevrilmişti. Bunların yanı sıra, silahlı nöbetçiler gece gündüz nöbet beklemekteydi.

Rusya'daki komünist ihtilalinin babası olarak bilinen Troçki yine de tedirgindi. Hele 23 Mayıs'ı 24 Mayıs'a bağlayan gece (1940) silahlı yirmi kişinin villaya hücum etmelerinden sonra artık gözüne uyku girmez olmuştu. Emindi, o silahlı adamlar mutlaka, Stalin'in talimatı üzerine harekete geçmişlerdi...

Troçki, nereden nereye geldiğini düşünüyordu. Çara karşı başlatılan harekatın elebaşılarından birisi olmuş, iki defa yakalanmış, her defasında kaçmasını bilmiş, sonunda 1917'de yeniden Rusya'ya dönerek ihtilalin gerçekleşmesinde faal rol oynamıştı.

Lenin'le birlikte yan yana ilk komünist hükümette yer

almıştı. Lenin Başbakan, kendisi dışişleri bakanı idi. Kızılorduyu kurduktan, hele hele rejim aleyhtarı ilan ettirdiği binlerce masum insanı öldürttükten sonra ülkenin en söz sahibi kişilerinden olmuştu. Ne var ki bu durum ancak yedi sene devam edebilmiş, 1924'te Lenin'in ölümü ve yerine Stalin'in geçmesi üzerine yıldızı sönmeğe başlamıştı.

İdareyi tek başına ele geçirmek isteyen Stalin, öteden beri diş bilediği Troçki'nin bütün yakınlarını temizletmeğe başlamıştı. Sadece Troçki'nin değil, Lenin'in de yakınlarını öldürtüyordu.

Akıbetini gören Troçki, Stalin'e karşı bir ihtilal yapmağa çalışmış, fakat başaramamıştı. 1927 senesinde yaptığı bu teşebbüs ile kendi sonunu hazırlamıştı.

Stalin, Troçki taraftarlarının tam olarak temizlenmediğini hesab ederek bu rakibini sürgüne göndermiş, orada öldürtmeyi planlamıştı... Bunu anlayan Troçki, yıllardır düşmanlık beslediği ülkelere kaçmaktan başka çare görememişti. Her gittiği yerde ölüm korkusu ile yaşamıştı.

1937'de geldiği Meksika'da üç sene boyunca dört duvar arasında bir zindan hayatı yaşamıştı. Dışarı çıkmağa bir türlü cesaret edememişti. İşte sonunda izini bulmuşlardı.

Troçki, resmî vazifelilerin dışında ancak birkaç kişi ile görüşmekteydi. Bunlardan ikisi Sylvia Agellof ile nişanlısı Jackson Mercader idi. Jackson ile tanışalı çok olmamıştı, fakat ona güvenmişti. Daha doğrusu Mercader Troçki'ye yaklaşmasını bilmişti.

Jacson, İspanyoldu ve komünistti. Fakat, Troçki'nin değil Stalin'in görüşlerini kabul etmekte ve kızıl ihtilalin başarısı için Troçki'nin ortadan kaldırılması gerektiğine inanmaktaydı. Bu yüzdendir ki, Troçki'yi ortadan kaldırmak için seçilmişti.

20 Ağustos 1940 günü Jackson yine her zaman olduğu

gibi elini kolunu sallayarak, serbestçe villaya geldi. Bir müddet Troçki ile konuştu. Onun bir ara sırtını dönmesini fırsat bilerek, ceketinin altında sakladığı çekici çıkardı. İki eliyle sım sıkı kavradıktan sonra hızla indirdi. Troçki'nin kafasından fışkıran kan yüzüne gözüne sıçramıştı.

Kızıl ihtilalin hazırlayıcısının ağzından boğuk bir feryat çıktı. Bu sesi işiten nöbetçiler içeriye daldılar ve Jackson'u kıskıvrak yakaladılar.

Troçki, "Bu sefer başardılar!" der demez kendinden geçti. Bir daha ayılmayacaktı. Hastahaneye kaldırılmış, fakat bir şey yapılamamıştı. Kafatası kemiği ile birlikte beynin de darmadağın olduğunu gören doktorlar çaresiz kalmışlardı...

İki acımasız diktatörden biri, elini daha çabuk tutarak rakibini ortadan kaldırmıştı.

38 kişiyle darbe yaparak başa geçmişti
38 doktorun raporuyla baştan gitti
CEMAL GÜRSEL

Bir zamanlar ağzından çıkan her söz kanun olan, ihtilâlin perde önündeki lideri her gün ızdırap içerisinde kıvranmaktaydı.

27 Mayıs ihtilâlinin lideri Cemal Gürsel'in hastalığı 1966 yılı başında ilerlemişti. Doktorlar hastalığına çâre bulamıyorlardı. Amerika da hastalığını çok yakından tâkip etmekteydi. ABD idaresi, onun tedavisi için bütün imkânlarını seferber etmişti. Gürsel, 2 Şubat 1966'da ABD Başkanı Johnson'un gönderdiği uçakla Amerika'ya götürüldü. Orada en meşhur hastaneye yatırıldı. Ülkenin bütün meşhur doktorları seferber edildi. Ancak nâfileydi. Gürsel yataktan kalkamıyordu. Üstelik müthiş acılar içerisinde kıvranıyordu. Doktorların yaptığı, yapabileceği tek şey, vücuda uyuşturucu zerkederek acıları mümkün mertebe hafifletmekti.

Nereden Nereye...

O günleri çok iyi bilenler ve onun yaptığına şâhit olanlar, **"Nereden nereye..."** demekten kendilerini alamıyorlardı. Gerçekten de nereden nereye gelmişti.

Önceleri ihtilâlin içerisinde değildi. Niyeti emekliliğin tadını çıkartmaktı. 26/27 Mayıs gecesi evinin kapısı çalınıp ta karşısında askerleri görünce ilk önce korkudan titremişti. Ancak korktuğu başına gelmeyecekti. Evine gelen genç subaylardan üsteğmen rütbeli olanı şöyle diyordu:

"Paşam, ihtilâl oldu, Demokrat Parti iktidarı devrildi, Silahlı Kuvvetler idareyi ele aldı. Ben, İstanbul Komitesi'nden Muzaffer Özdağ, arkadaşlar sizi Ankara'da bekliyorlar, uçak hazır."

Acaba söylenilenler doğru muydu? Daha sonra durumu öğrenecekti.

Kaç kişi oldukları tartışmalı olan, "Ben de ihtilalcilik oyununa katılacağım" diyenler yüzünden sayıları devamlı değişen, ancak en sonunda 37 kişide karar kılınan bir subaylar grubu darbe yapmıştı. Ne var ki bu subayların çoğu Üstteğmen, yüzbaşı, binbaşı, yarbay, albay rütbesindeydi. Aralarında paşa, hele hele bir orgeneral yoktu. Başta bir paşa olması darbeyi daha "ciddi" hale getirecekti. İhtilalciler ilk saatlerde harıl harıl paşa aramış, sonunda kendilerinin dediğini yapacağından emin oldukları Gürsel isminde karar kılmışlardı.

Pijamasını giyerek emekliliğin tadını çıkarmaya çalışan Gürsel paşa sonraları bu **"ihtilâlcilik oyunu"**nu çok sevecek ve işin havasına kendisini kaptıracaktı.

İlk başlarda ihtilâlin lideriydi. Ama bu hep bu sıfatla devam edip gidemezdi. "Ele güne rezil olmadan" kendisine yeni ve daha münasip bir sıfat bulmalıydı.

1961'de yapılan genel seçimde evdeki hesap çarşıya, daha doğrusu Çankaya'da yapılan hesap sandığa uymamıştı. İhtilalcilerin istediği olmamıştı. Üstelik muhalif parti Ord.Prof. Ali Fuat Başgil'i Cumhurbaşkanlığına aday göstermişti. Kendisi memlekette sevilen bir isimdi. Yapılan seçimde İstanbul'dan senatör seçilerek parlamentoya girmişti.

İhtilâlcilik oyunu oynayanlar, senaryosunu kendilerinin hazırladığı oyunda çabucak değişiklik yapmakta gecikmediler. 24 Ekim 1961 günü bütün parti liderlerini

Çankaya'da topladılar. Onlara "nâzik bir biçimde" Cemal Gürsel'in Cumhurbaşkanı seçilememesi durumunda parlamentonun açılamayacağını söylediler. Peki ne yapılacaktı? Partiler aday göstermeyecek, gösterilen adaylar geri çekilecek ve herkes seçimde ortada kalan bir adaya, yani Gürsel paşaya rey vereceklerdi. Bütün bu hususlar yazılı hale getirildi. Liderlere imzalattırıldı. "Çankaya protokolü" diye meşhur olacak olan bu metin, yakın tarihimizde kara bir leke olarak yerini alacaktı.

Bu protokolden sonra planın diğer safhaları uygulamaya konuldu. Senatör Ali Fuat Başgil Başbakanlığa çağrıldı. Ona Cumhurbaşkanlığı adaylığından ve senatörlükten istifa etmediği takdirde, "hayatının tehlikede olduğu ve bir kazaya kurban gidebileceği" söylendi. Daha sonra subaylar refakatinde İstanbul'a götürüldü ve "ne olur ne olmaz" denilerek Cumhurbaşkanlığı seçimi neticeleninceye kadar İstanbul'da göz hapsinde tutuldu.

Bu gibi "tedbirlerden" ve operasyonlardan sonra, 26 Ekim 1961'de parlamentoda oylama yapıldı ve Cemal Gürsel Cumhurbaşkanı seçildi. Böylesine bir seçimde, "seçildi" kelimesi çok komik kalmaktaydı.

"Yobazları bir adaya tıkacağım!"

"Zoraki lider" Gürsel, sonraları kendisini oyunun gidişatına kaptıracak ve git gide rolünü mükemmel oynayacaktı. öyle ki, bir gün, **"Bütün yobazları bir adaya tıkacağım! Bana bir ada bulun!"** diye gürlemiş, bu çıkışıyla hızlı ihtilâlcileri bile şaşırtmıştı. İhtilâlcilerden Orhan Erkanlı Gürsel'in bu gürleyişini şu şekilde naklediyor:

"**Başkan (Gürsel Paşa) yaz tatili için Florya Köşküne gelmişti.** Büyükada'daki Anadolu kulübü, Paşa'yı Ada'ya davet etti, yolda birden bire:

"Çocuklar bana bir ada bulun. Bütün yobazları bu adaya toplayacağım. Siyaset yobazlarını Yassıadaya topladık, medeniyet yobazlarını da başka bir adaya tıkmazsak başarılı olamayız. Her yerde aleyhimize ça-

lışıyorlar. Bu herifleri toplamak lazım. Erkanlı, sen bu işi plânla, kimseye bir şey söylemeyin," dedi.
" (Rifat) Baykal ile birbirimize baktık ve sevindik. Başkanın ihtilâlciliği tutmuştu. O günlerde Yalova ve Şarkta bir kaç olay olmuş ve yobazlar kıpırdamışlardı."
"Paşa medenî ve ilerici bir adamdı. Onun devrinde yetişmiş hiç bir generalde bulunmayacak toleransa sahipti. Bu sözleri söylerken samimî ve ciddî idi. Bazen geleceğe âit hesaplardan, endişelerden kendisini sıyırıyordu. Yine öyle anlardan birisiyle karşılaşmıştık."
(Askerî Demokrasi / 268)

İşte bu şekilde, "yobaz" dediği dindarları bir adaya tıkmaktan dem vuran, hakiki bir ihtilal lideri gibi düşünen ve konuşan Gürsel, Amerika'da yattığı hastanede "sade bir insan gibi" bile düşünemiyor ve konuşamıyordu. Komaya girmişti. Vücut artık tedaviye cevap vermiyordu. Amerika'da 46 gün kalan Gürsel komadan çıkamayınca 25 Mart 1966'da Ankara'ya getirildi. İhtilâlin meşhur generali şimdi "canlı cenaze" gibiydi.

Konuşamayan, hareket edemeyen Gürsel hâlâ Cumhurbaşkanıydı. 26 Mart 1966'da Gülhane Askerî Tıp Akademisi'nde **"Müşterek Sıhhî Kurul"** toplanarak bir rapor tanzim etti. Raporda **"Gürsel görevine devam edemez. Vücut ölmüştür"** deniliyordu. Acâip bir tevafuk eseri, rapora imza atan doktorlar 38 kişiydi. Gürsel 38 kişilik ihtilal komitesinin başı olmuş, ülkenin başına geçmiş, 38 kişinin raporuyla baştan gitmişti.

Gürsel artık "dünyadan ve kendinden habersiz" yatıyordu. Doktorların raporundan iki gün sonra 28 Mart 1966'da Cumhurbaşkanlığı seçimi yapıldı ve Cevdet Sunay Cumhurbaşkanı oldu.

Cemal Gürsel ise 219 gün komada kaldıktan sonra 14 Eylül 1966'da son nefesini verdi.

Ölür ölmez "Kızıl Kitap"ı ve resimleri çöplüğe atıldı

MAO ÇE-TUNG

Mao hasta yatağında yatarken, işlerin artık istediği tarzda yürümediğini görüyordu. Gerçi, bunamıştı, zaman zaman ne dediğini bilmiyordu, fakat yine de krizin geçtiği anlarda düşünebiliyordu.

Milyarlık Çin'i titreten adam yatakta inliyordu. Beynini besleyen damarlardaki kanın pıhtılaşması neticesinde felç olmuştu. Kımıldayamıyordu. Yatağına çivilenmiş gibiydi. Bu yüzdendir ki hemşireler sık sık onun pisliklerini temizlemek mecburiyetinde kalıyorlardı.

Mao yavaş yavaş, çökmekte, tükenmekteydi. Hastalığı ilerledikçe ızdırabı da artıyordu. Mao'nun bu dehşetli ızdırabı tam dört yıl devam etmişti.

1949'da komünist ihtilali gerçekleştirerek Çin'de idareyi ele alan Mao, korkunç bir terörle ahâliyi sindirmişti. Komünizme karşı çıktıkları için onbinlerce Çinli'yi öldürmekten çekinmemişti. Bütün dinî inançlara savaş açmış ve ülkedeki dinî eserleri imha ettirmişti. Bilhassa Doğu Türkistanlı Müslüman Türklere çok baskı yapmış, buradaki yüzlerce cami ve mescidi tahrip ettirmiş, Kur'an-ı Kerîm'leri toplattırarak yaktırmıştı.

Kültür Devrimini başlatan Mao, ahâliye kendi yazmış olduğu Kızıl Kitab'ı zorla ezberletmişti.

1959'da partideki rakiplerinin kim olduğunu öğrenmek için Cumhurbaşkanlığından çekilmiş, muhaliflerinin kendilerini belli etmesinden sonra, müthiş bir temizlik harekatı başlatarak hepsini yoketmişti. İşte bu şekilde milyonlarca insanı pençesi altına alan, zulmüyle inleten adam, yavaş yavaş çöküyordu.

Mao'nun hastalığı ilerledikçe, beyin dokularında bozulmalar olmaktaydı. Bunun tesiriyle davranışları ve hareketleri gittikçe bozulmaya başlamıştı. Bu bakımdan Mao, yabancı ülkeden gelen devlet adamlarıyla görüştürülmüyordu. Öbür taraftan daha ölmeden Komünist Partisinde iktidar kavgası başlamıştı.

Mao'nun hareketleri, hayatının sonlarına doğru tamamen anormalleşmeye başlamıştı. Ülkenin bütün meşhur doktorları başbaşa vermişler Çin'in bu rakipsiz diktatörünün derdine çare araştırıyorlardı. Ne var ki, ellerinden hiçbir şey gelmiyordu. Çaresiz kalmışlardı. Mao'nun her gün yeni yeni hücreleri ölüyor, yavaş yavaş tükeniyor, sonu yaklaştıkça da müthiş acı çekiyordu.

Mao yıllardır çektiği hastalığın sonunda 9 Eylül 1976'da öldü. Ölümüyle birlikte "Mao Devri" de bitti. Çünkü yerine gelenler, ilk başta eşi Chiang Cihing olmak üzere bütün adamlarını tevkif ettirmişlerdi. Mao'nun eşi ve adamları ilk önce idama çarptırılacak, daha sonra cezaları müebbed hapse çevrilecekti.

Çin'de devir çok çabuk değişmişti. Bir zamanlar bütün ülkenin merkezi yerini, cadde ve sokaklarını süsleyen Mao'nun portreleri çöplüklere atılmıştı. İşin garibi, hiçbir ilgili bu duruma müdahale etmiyordu...

Tek parti devrinin meddahı kalemşör
YAKUP KADRİ KARAOSMANOĞLU

Yakup Kadri, sonunda gerçekle yüzyüze gelmişti. Ölümün kolları kendisini kucaklamak üzereydi. Sağlığında o kadar çok zikzak çizmişti ki, her uğradığı fikir iskelesindekiler, ayrılınca onu tamamen defterden silmişlerdi., Yakup Kadri ömrünün sonunda, kimsenin defterinde yer almadığını gördü...

Sosyalist geçinmiş, daha sonra ferdiyetçilikte karar kılmış, kendi köşesine çekilmiş, sık sık bunalımlar geçirmiş, sık sık hayatına son vermeyi düşünmüş... En nihayet, işte hiç hatırlamak istemediği ölümle burun buruna gelmişti...

Elçilik yapmış, milletvekilliği yapmış, 27 Mayıs ihtilalinden sonra kurucu meclis üyeliğine seçilmiş, 1961'den sonra CHP'den milletvekili olmuş, 1962'de bu partiden ayrılmış, elhasıl; fikrî platformda; müptelâsı olduğu içkiyi içmişçesine yalpalayarak yürümüştü. Fakat sonunda gerçekle yüz yüze gelmişti...

Yakınlarına, öldüğü zaman cenaze namazının kılınmamasını arzuladığını söylemişti. "Nasıl olur, sonra ne denir?" yollu itirazlara aldırış etmemişti. Cenaze namazının kılınmasını istemiyordu. Bunda ısrar edip duruyordu.

Öldüğü zaman vasiyyeti okununca sözlerinde ciddi olduğu anlaşıldı. "Karımdan, dostlarımdan son dileğim" diye başlayan vasiyyetinde; "Ölümümde ne resmî, ne de dînî merasim isterim. Hastahaneye kaldırılacak cesedimin doğrudan doğruya mezarlığa nakli!" demekteydi.

Son anında zaten, başucunda çok yakın tanıdıklarından başka kimse yoktu. Cenazesinde de onlar bulundu. Ölümü duyulmasına rağmen, onun romanlarını okuyanlardan hiç kimse cenazesine gitmemişti...

Yakup Kadri, "Yaban"ındaki gibi, yıllardır kitabını satın alanlara bile "yaban" kalmıştı...

Onun devrinde "Geldi İsmet kesildi kısmet"
sözü darb-ı mesel oldu

İSMET İNÖNÜ

Doktorlar, İsmet İnönü'ye kat'î istirahat tavsiye etmişlerdi. Yüzüne karşı söylememişlerdi, ama İnönü bu defa durumun oldukça ciddî olduğunu hissetmişti. Son otuz yılda altı kalb krizi geçirmişti, fakat bu defaki hiç birine benzememekteydi.

Doktorlar, İnönü'nün yakınlarına durumu hakkında geniş mâlûmat verip, durumun ciddiyetini açıkça anlattılar. Doktorların bu sözleri "Pembe Köşk"te değişik bir atmosfer meydana getirdi...

İkinci Cumhurbaşkanı İnönü, bir seneden beri bambaşka bir hâlet-i rûhiyeye bürünmüştü. Son hâdiseler onu oldukça değiştirmişti. Değiştirmemesi de mümkün müydü?.. Kurduğu ve yıllarca başında bulunduğu partisinden istifa etmek durumunda kalmıştı. Ne kendisinin, ne de yakınlarının aklından hayâlinden geçirmediği bu durum, partinin olağanüstü genel kurultayında seçimi kaybetmesi üzerine meydana gelmişti.

7 Mayıs 1972 günü yapılan CHP olağanüstü kurultayında, kendisinin yetiştirdiği bir partili kendisine rakip olarak çıkmış ve neticede o kazanmıştı. Artık partinin başında Bülent Ecevit ve ekibi vardı. İnönü, milletvekili genel seçimle-

rinden sonra, ilk defa kendi partisi içerisinde ağır bir mağlubiyete uğramıştı.

İnönü, seçim neticesinin gerektirdiğini yapmış ve 8 Mayıs 1972'de parti başkanlığından istifa etmişti. Tam otuz dört sene başında bulunduğu partinin ideresini bırakmanın üzerindeki tesiri büyük olmuştu.

İnönü, Partisinin Genel Başkanlığından istifâ ettikten sonra milletvekilliğinden de istifa etmiş ve ardından, 6 Kasım 1972'de, "Parti politikası memleket için sakıncalı istikamet aldığından CHP'den ayrılıyorum" diyerek, yıllarını verdiği partiden de istifâ etmişti.

İnönü istifa etmekle TBMM'den ayrılmış, fakat konunun verdiği salahiyetle bu defa "Tabiî Senatör" olarak senatoya girmişti. Siyâsî hayatı artık senatodan takip etmeğe başlamıştı. İnönü'yü, Cumhuriyet Senatosu sıralarında, "tabiî üye" olarak görenler, aktif politikaya alışmış bir kimsenin bu yeni halini yadırgamışlardı.

İnönü'nün rahatsızlığı, sadece Pembe Köşkün duvarları arasında konuşulmamaktaydı. Herkes onun durumu ile yakından ilgilenmekte ve merakla takip etmekte idi. Çünkü, o herkesin tanıdığı şahsiyetlerdendi. Birinci Dünya Savaşında aktif olarak bulunmuş kişilerin yanı sıra, "Cumhuriyet nesli" denilen kimseler ve daha genç kuşak... Hepsi, hepsi İnönü'yü çok iyi tanıyorlardı. Bunlardan bir kısmı onun idarecilik devrinin her safhasını bütün teferruatiyle bilmekteydi.

1938-1950 devresi arasında Cumhurbaşkanlığı yapan İnönü, üç defa da Başbakanlık vazifesinde bulunmuştu. (1923-1924, 1925-1937, 1961-1965)

İnönü'nün Cumhurbaşkanlığı yıllarının tamamına yakını ve Başbakanlık yıllarının büyük bir kısmı "tek partili" devrede geçmişti.

İnönü"nün yıldızının en parlak olduğu zaman, Cumhurbaşkanlığı yaptığı zaman olmuştu. O yıllırda paraların bile üzerine kendi resmi basılmış, her yere heykellerinin dikilmesi için hazırlıklar yapılmış, resmî daireler fotoğraflarıyla donatılmıştı. Yakınları tarafından kendisine, "millî şef" sıfatı o yıllarda verilmişti.

Kendi partisinden başka partinin bulunmadığı, yâni "muhalefeti" temsil eden bir siyasî teşekkülün bulunmadığı devirlerde, idareden en mühim söz sahibi olarak tarihlere geçmişti. Salahiyet ve icrada bulunma bakımından oldukça güçlü durumda olmasına rağmen, içtimâî ve iktisadî bakımdan ülke oldukça çalkantılı günler geçirmişti. Ne İnönü'nün, ne de o devre şahit olanların o yılları unutabilmesi mümkündü... O yıllarda ekmekler karneye bağlanmıştı. Yeni yeni vergiler konmuştu. Bunlar arasında "yol vergisi" de vardı. Vatandaşların çoğu yol yapımında çalışmışlardı. Ülkede giyecek ve yiyecek sıkıntısı başgöstermişti. "Çarık devri" tabiri o yıllar için kullanılmıştı. Çünkü, vatandaşların çoğu giyecek ayakkabı bulamadığından altı lâstikli çarıklar giymişti...

Tek parti devri diye bilinen ve İnönü'nün idarede ön planda bulunduğu devirlerde pek çok hürriyetin varlığı da tartışma mevzuu olmuştu. Din ve Vicdan hürriyeti bunların arasında gelmekteydi. O yıllarda Kur'ân-ı Kerim okuyanların bile tâkibata uğraması, Ezan-ı Muhammedî'nin aslî şeklinden değişik bir şekilde okunmaya mecbur tutulması gibi icraatlar yapılmıştı. O yıllarda basın ve fikri açıklama hürriyeti de oldukça tahdit edilmişti. Resmî ilgililerin emri ile, gazetelerde "Allah" lâfzının yer alması ve "memlekette dinî hissiyatı uyandıracak bir şekilde yayın yapılması" yasaklanmıştı.

İnönü'nün genel başkanı bulunduğu parti de o zamana kadar hiç kimsenin aklından, hayâlinden geçirmediği yep yeni fikirler ortaya atmıştı. CHP'nin 1945 yılında yapmış olduğu kurultayda alınan kararlar arasında; Kur'ân-ı Kerim'in Türkçe okunması, ibâdet usûl ve zamanının yeniden tanzim edilmesi ve camilerin halkevlerine benzer bir şekle konulması, yeni camilere de halkevlerinde olduğu gibi sıralar konulması da vardı. Aynı kurultayda buna benzer "çok yeni" ve "çok değişik" daha birçok kararlar alınmıştı.

"Cumhuriyet nesli" denilen "orta kuşak" İnönü'nün, ülkede parlamenter demokratik sisteme geçişte oynadığı rolü çok iyi hatırlamaktaydı.

Cumhurbaşkanı ve ülkedeki yegâne parti olan CHP'nin Genel Başkanı İnönü, sıkı temasta bulunmak istediği ülkelerin siyasî yapısının oldukça değişik olduğunu görmüştü. Bu Avrupa ülkelerinde idare sistemi, demokrasi idi. Bu sistemin teorik esaslarına göre; ülkeyi idare edecek şahısları, "birden fazla" partinin iştirak ettiği seçimlerde millet seçiyordu. Bu seçimlerde birden fazla partinin bulunması esastı ve söz milletindi. Seçilenleri ancak millet değiştirirdi. Hükümetler ancak, millet ekseriyetinin güvenoyu vermemesi halinde değişirdi. Bu da seçimlerde ortaya çıkardı. Dünyadaki siyasî gelişmeleri yakından takip eden İnönü, Türkiye ile diğer Avrupa ülkelerinin durumunu etraflıca gözden geçirdikten sonra 19 Mayıs 1945'te çok partili demokratik hayatın başlayacağını müjdelemişti. 1 Kasım 1945'te ilk defa ülkede "muhalefet partisi eksikliğinden" bahsetmişti.

Gerçi daha önceden çok partili hayat devresi geçirilmişti, fakat CHP'den başka partilerin ömrü fazla uzun olmamış, kısa bir müddet yaşadıktan sonra kapatılmışlardı.

1945'e gelindiğinde, ülkede tek parti diktatörlüğüne tepki gözle görülür şekilde hissedilmeye başlanmıştı. Dünyada demokrasi ile idare edilen ülkeler de Türkiye'nin demokrasiyi kabul etmesini ısrarla istiyor ve beynelmilel mahfillerde bu mevzuu konuşuyorlardı. Dünyada olduğu gibi ülkedeki gelişmeleri de adım adım takip eden İnönü bunun farkında olmuş ve sonunda kabul etmek mecburiyetinde kalmıştı.

1946'da yapılan seçimde Demokrat Parti İnönü'nün tahmininin aksine bir netice elde etmiş ve parlamentoya girmeye mavaffak olmuştu. Hele 1950'de yapılan seçim İnönü'nün bütün tahminlerini alt üst etmişti. Bu seçim sonunda CHP muhalefete düşmüş, kendisinin de Cumhurbaşkanlığı sona ermişti.

"Orta kuşak", muhalefetteki İnönü'yü çok yakından takip etmişti. 1961'e kadar muhalefette kalan İnönü, 27 Mayıs 1960 ihtilâlinin ardından 1961'e kadar bu vazifede kalmıştı.

İnönü'nün 1965'ten sonra verdiği siyasî mücadele de çok iyi hatırlanmaktaydı. 1950'den sonra yaptığı, "seçimle iktidara gelme" mücadelesinde hep yenik çıkmış, fakat bir türlü yılmamıştı. 1965 seçimlerinin ardından 1969'da da mağlûbiyeti tatmış, fakat pes etmemişti. İşte bu inatçı vasfıdır ki, onu her zaman hatırlattıracak ve tarihlere bu yönü ile geçecekti.

Mücadele etmeyi seven, yılmayan, en ağır mağlûbiyetlerde bile kendisini toparlamasını bilen İnönü'nün, 1972'deki davranışı yüzündendir ki herkesi çok şaşırtmıştı. Nasıl olmuş da, partiden istifa etmiş, üstelik milletvekilliğinden ayrılmıştı... Bütün hayatı gözler önünde olan İnönü bunu nasıl yapardı?.. Bir türlü anlaşılamamıştı... Sürpriz çıkışlarıyla tanınan İnönü, siyasî hayatta en son sürprizli çıkışını yapmıştı...

İnönü hasta yatağında yatarken, bütün yurtta onun bu hayat safhaları konuşuluyordu.

....

Yakınları bir ara İnönü'nün durumunun düzelir gibi olduğunu görerek sevindiler. İnönü kendileriyle konuşuyordu. Onlara Ermeni alfabesinde kaç harf olduğunu sormuş, doğru cevap alamayınca da bütün harfleri teker teker saymıştı. Onun bu şekilde konuşması doktorları da ümitlendirmişti.

25 Aralık 1973 günü öğleden sonra doktorlar telâşla İnönü'nün başına eğilince yakınları endişelendiler. İnönü kalb

krizi geçirmekteydi. Sahalarında mütehassıs olan doktorlar gerekli müdâhaleyi yaptılar, bütün tıbbî tedbirleri aldılar, ancak bu tedbirlerin hiç biri kâr etmedi. Saat tam 16.10'da İnönü bu dünyadan göçtü.

Başlıbaşına bir tarih olan kişi ölmüştü. "Milî Şef" olarak anılmış, bir müddet ülkenin en selahiyetli idarecisi olmuş, Lozan andlaşması gibi ülke sınırlarını tayin eden mühim bir anlaşmayı yapan heyete başkanlık etmiş, ülkenin siyasî hayatında uzun yıllar söz sahibi olmuş, sonunda "tabiî senatör" ünvanını hâizken ölmüştü...

Bir zamanlar debdebe ile geçirilen hayat,
sürgünde ve hor bir şekilde sona erdi

ŞAH RIZA PEHLEVİ

Tahran sokakları "Şah'a ölüm!" sesleriyle çınlamaktaydı. On binlerce insan sokağa dökülmüştü. Ne asker, ne tank onları durduramıyordu. Sesler, sarayda da yankılanmağa başlamıştı. Şah Muhammed Rıza Pehlevi hangi odaya giderse gitsin, sesler peşini bırakmıyordu.

İran'da karışıklıkların başladığı ilk zamanlarda hiç ehemmiyet vermemişti. Ordunun kendisine karşı çıkanları bir anda ezip yok edeceğini düşünmekteydi. Fakat işte bu defa hesapları tutmamıştı, tahtı sallanmağa başlamıştı.

Yıllarca debdebe içerisinde yaşamıştı. 1967'de su gibi para harcayarak yapılan ihtişamlı bir merasimle taç giymişti. Ahâli karnını zor doyururken kendisi uçağının tuvaletini altından yaptırarak ihtişamını göstermek istemişti.

Ahâlinin maddî ihtiyaçlarının yanı sıra inançlarını da nazar-ı dikkate almamış ve ahâlinin inancına uymayan bir tavır sergilemişti. Elindeki petrolüne güvenerek hayaller kurmakta, Dünya'nın en büyük ordusunu kuracağını söylemekteydi. Fakat işte, bu büyük hırsın, gururun, şan şöhret düşkünlüğünün, ihtişam peşinde koşmanın âkıbetini görmekteydi. Halk kendisini istemiyordu.

Şah, ilk önce bu hadiselerin neticesinin 1953'teki gibi

olacağını düşündü. O yıllarda da ahâlinin ayaklandığını, hatta bu ayaklanma neticesinde ülkeden kaçmak mecburiyetinde kaldığını hatırladı. O zaman, Başvezir Musaddık ipleri tamamen eline alınca kendisi açıkta kalmıştı Fakat General Zadî'nin bir darbe ile Musaddık'ı devirmesi üzerine 19 Ağustos 1953'te muzaffer bir kumandan gibi İran'a geri dönmüştü. Bütün bu hadiseleri hatırlayan Şah, yanıldığını anladığında iş işten geçmişti.

16 Ocak 1979 tarihi Şah'ın hayatında dönüm noktası teşkil edecekti. Rıza Pehlevi o gün ülkesini terketmeğe karar vermişti. Bu terkediş, aslında bir kaçıştı.

Saraydan ayrılmadan önce bu ihtişamlı binaya uzun uzun baktı. Ne eğlence ve sefahet dolu günler geçirmişti bu binada. Oysa şimdi bir suçlu gibi gizlice terkediyordu.

Ailesi ile birlikte bindiği uçak havalandığında, sanki uçak değil de kendisi boşlukta yüzüyormuşçasına bir hisse kapıldı. Ne yapmalı, nerelere gitmeliydi? Kafasının içi bomboştu. Sanki bütün hisleri uyuşmuş, kaybolmuştu. Düşünmek istiyor, düşünemiyordu. İstenmediği bir yere bir daha nasıl dönecekti? Dile kolay tam 38 sene yegâne söz sahibi olarak idare ettiği ülkeden, şimdi kaçıyordu.

Ne kendisinin, ne de eşinin ağzını bıçak açmıyordu. Gözleri sabit bir noktaya takılı, donmuş bir halde duruyorlardı. Uçakları Mısır'a ulaşıp havaalanına indiğinde, tekerleklerin yere değmesiyle meydana gelen sarsıntı da onları daldıkları derin düşüncelerden uyarmağa yetmedi.

Mısır'da Şah gibi değil de, ülkesinden kaçmış birisi gibi karşılandı. Bu, hiç alışmadıkları bir muamele idi. Yine sessizce Asuan şehrine götürülmüşlerdi.

Ne kadar sessiz götürülürse götürülsün Şah'ın geldiği bir anda ülkenin her yanında duyulmuştu. Mısır'lı talebelerin başlattığı Şah aleyhtarı gösterilerin sınırları gittikçe yayılmaya başladı. Rıza Pehlevi ve ailesi Mısır'da ancak 6 gün kalabildi ve 22 Ocak 1979'da Fas'a gitmek mecburiyetinde kaldılar.

Daha Fas'a ayak basar basmaz aleyhinde tertiplenen yürüyüşler başladı. Ahali sokaklarda gösteri yaparak Şah'ı istemediklerini söylüyorlardı.

Devrik Şah, Amerika'ya müracaat ederek kendilerini kabul etmelerini istedi. Ancak, red cevabı aldı. Yıllarca su gibi para harcayarak silah sanayiini beslediği ülke kendisini kabul etmiyordu.

Fas'ta daha fazla kalamayacağını anlayan Rıza Pehlevi 31 Mart'ta Bahama adalarına gitti ve orada bir villaya yerleşti. Bu lüks villa sâbık Şah'a zindan gibi geliyordu. Sanki diken üstünde durur gibiydi. Her anı azab içerisinde geçiyordu. Sinirleri harab olmuştu.

İran'da idareyi ele alanların baskısı üzerine, Bahama adaları idarecileri Şah'ı istemediklerini bildirdiler. Bu, açıkça kovulma idi.

10 Haziran'da Meksika'ya giden Şah'ın sıhhati artık bozulmuştu. Her gün vücudunun bir başka yeri ağrıyordu. Tedavi olmak üzere Amerika'ya gitmek istiyordu. Bunun için yeniden müracaat etti. Bu defa müracaatı kabul edildi ve 22 Ekim'de New York'a giderek hastahaneye yattı. Doktorlar safra kesesinin alınması gerektiğini söylüyorlardı. Başka çare yoktu. Ve safre kesesi vücudundan sökülüp alındı. Bu esnada İran'da talebeler Amerika Büyükelçiliğini basarak diplomatları rehin almışlardı. Karşılığında Şah'ı istiyorlardı.

Amerikalı idareciler Rıza Pehlevi'yi gözden ırak bir yere nakletmeyi münasip görerek 2 Aralık 1979'da San Antonio'ya gönderdiler. Fakat her halleriyle Şah'ı istemedikierini belli ediyorlardı.

Son yılların en meşhur sürgünü 15 Aralık'ta Panama'ya gitti. Artık canlı cenaze gibiydi. Hastalığı adım adım ilerliyordu. 23 Mart 1980'e kadar Panama'da kaldıktan sonra Mısır'ın kendisini kabul edeceğini bildirmesi üzerine ailesiyle birlikte Mısır'a gitti. Gider gitmez de Kahire'deki hastahaneye yatırıldı. Kansere yakalanmış, üstelik kanser hayli ilerlemişti. Kanserli dalağı almaktan başka çare göremeyen doktorlar, bu ameliyatı yaptılar. Şah, safra kesesinden sonra dalağını da kaybetmişti. Uzuvları parça parça vücudunu terkediyordu.

Bir ara iyileşir gibi olmuş taburcu edilmiş, ancak yine ağırlaşınca 27 Haziran 1980'de tekrar hastahaneye kaldırılmıştı.

Doktorlar, pankreasta meydana gelen apsenin ciğerin altında su toplamasına sebep olduğunu tesbit etmişler ve yaptıkları bir operasyonla toplanan suyu boşaltmışlardı. Ne var ki Şah'ın sıhhati bir türlü düzelme bilmiyordu. Bu defa da kanser, karaciğerine sıçramıştı. Ateşi de bir türlü düşme bilmiyordu. Üstelik tifoya yakalanmıştı. Ardından sarılığa da yakalanınca artık doktorlar da ümidi kesmişlerdi.

27 Temmuz 1980 günü doktorlar Şah'ın pankreasındaki apsenin kanamasını durdurmaya çalışırlarken ateşin 40 dereceye çıktığını ve komaya girdiğini gördüler. Bundan sonra yapılan müdahaleler neticesiz kalacaktı. Şah o gün bu dünyadan Şah'la gedânın bir olduğu dünyaya göçtü...

O da diğer zâlimler gibi
bağıra bağıra can verdi
LENİN

Sovyetler Birliğinin bir numaralı isminin yaşadığı evden yükselen çığlıklar, o civarda yaşayanların tüylerini ürpertiyordu. Moskova'nın 60 kilometre güneyinde bulunan dinlenme evinde bulunan Lenin hayatının son günlerini yaşıyordu ve hemen hemen 24 saat boyunca tiz çığlıklar atıyor, ızdırap içerisinde feryad ediyordu.

Onun yakınında bulunanlar, nâdir kişinin görebileceği "ibret tablosunu" ürpererek seyrediyorlardı.

1917'de gerçekleşen "Bolşevik Devrimi"nin lideri, 7 sene ülkenin bütün iplerini elinde bulunduran, astığı astık, kestiği kestik olan, on binlerce "muhalif"i türlü yollarla ortadan kaldıran Lenin, şimdi ne hallere düşmüştü. Türlü hastalıklardan ayrı olarak aklını da yitirmişti. Bazan normal "deli" olurken, bazan "zır deli" olup çıkıyor, gözleri yuvalarından fırlıyor, cinnet geçiriyor, bağırıp çağırıyordu. Felçli olmamış, diğer hastalıklardan dolayı ızdırap içerisinde kıvranmamış olsaydı, etrafı kırıp geçireceği muhakkaktı.

Hastalıklar pençesinde...

Ateist ve materyalist bir dünya görüşünü benimseyen, Kâinatın sahibi olan Allahu Teâlâyı inkar eden ve bu inkarını "resmî ideoloji" haline getiren, iktidarın gücüne güvenerek firavunlaşan Lenin, gözle görünmeyen mikropların "esiri" olmuştu. Kıvranıp duruyordu. Zaten hayatının son yıllarında hep acılar içerisinde kıvranmıştı.

Lenin, ömrünün sonlarında iyice azan frengi hastalığını 1902'de Paris'te sürgündeyken kapmıştı. 1918'de karşı-devrimci Fanny Kaplan'ın tabancasından çıkan kurşunlara hedef olmuş, o kurşunlardan sonuncusu ancak 1922 yılında çıkartılabilmişti.

Lenin 1922'de beyin kanaması geçirmişti. Onun "devlet sırrı" olarak gizlenen diğer hastalıkları şunlardı:

1922'deki beyin kanamasından sonra Lenin'e sık sık felç inmeye başlamıştı. Daha sonra sara hastalığına tutulmuş, ardından damar sertliği ve migrene yakalanmıştı.

Bu patalojik rahatsızlıklarının yanı sıra Lenin yavaş yavaş delirmeye başlamıştı. Sık sık şuurunu kaybediyor, cinnet geçiriyordu. 16 Aralık 1922'deki krizden sonra sekreterlerinden siyanür istemiş, ancak bunun sır olarak kalmasını tembihlemişti.

1923 Mart'ındaki felçten sonra Lenin tamamen delirmişti. Artık devamlı sayıklamaktaydı. Anlaşılabilen son sözleri şunlardı:

"**...İnsanlar... bana yardım edin... inkılap... şeytan... burada burada**"

Lenin'in son günleriyle ilgili bilgileri yayınlayan Le Figaro dergisinde yer alan yazıda, Lenin'in son günlerinde uzun uzun uluduğu belirtilmekteydi. Fransa'da yayınlanan dergideki bu bilgileri haber yapan Zaman gazetesi şu başlığı kullanmıştı:

"**Lenin de diğer zalimler gibi bağıra bağıra ölmüş**"

"**Canavarca yaşa, uluyarak öl!**"

Komünist liderin çığlıkları o civarda yaşayan insanların kalplerini dondurmaktaydı.

Lenin bu şekilde çığlık ata ata, Fransız dergisinin tâbiriyle "uluya uluya" ve tamamen delirmiş vaziyette 24 Ocak 1924 tarihinde ölmüştü.

Öldüğünde suratı korkunç bir hal almıştı. Onun bu halinin bilinmesini istemeyen Stalin, doktorlara emir vererek, cesedin "güzelleştirilmesini" istemiştir. Doktorlar da bir nevi "estetik cerrahi" tekniğiyle ve ilaçlarla onun yüz şeklini "normal hale" getirmiş, daha sonra mumyalamışlardı.

Lenin'in mumyalı vücudu bir "cam fanusa" yerleştirilmiş, onun da üzerine bir "anıt" mezar yapılmış ve ziyarete açılmıştı.

Putların yıkılışı

Son anlarında derin acılar içerisinde bağıra bağıra ve delirmiş vaziyette ölüp giden Lenin'in düzinelerle heykeli yapılacak, bu heykeller SSCB başta olmak üzere Kızıl diktatörlükle idare edilen ülkelerde pek çok şehrin en merkezî yerlerine "zulmün taşlaşmış ve tunçlaşmış sembolü olarak" dikilecekti. Ta ki, 1990 yılına kadar.

Kızıl imparatorluğun çatırdaması, ardından büyük gürültüyle yıkılması üzerine, hürriyete susamış olan insanlar, bütün diktatörlerin heykelleriyle birlikte, Lenin'in, milyonlarca insanın katili Stalin'in ve diğer komünist meşhurların heykellerini yıkacak, ya çöplüğe atacak, ya da satacaktı.

Çekoslovakya'nın **Zabreh** kasabasının ilgilileri, kasaba hastahanesine gelir sağlamak maksatıyla Stalin'in dev heykelini satışa çıkarmış ve heykel için biçtikleri fiyatı ise 50 bin dolar olarak açıklamışlardı.

Kamarov (Çekoslovakya) kasabası halkı da aynı şekilde Stalin heykelinin dövizle satılmasını kararlaştırmıştı.

Kamarov halkı şöyle diyordu:

"Artık Stalin'in bize kazandıracağı bir şey kalmadı. Hiç olmazsa şehrin merkezinde bulunan heykelini satıp para kazanalım."

Polonyalılar'ın düşüncesi ise daha değişikti. Onlar Kızıl diktatörlerin heykelini bir an evvel ortadan kaldırmak istiyorlardı. Gdansk'ta toplanan on binlerce halk, dev Lenin heykeline saldırmış, binlerce molotof kokteyli ile Lenin'in heykelini polisin gözü önünde cayır cayır yakmışlardı.

Polonya'nın güneyindeki Nowa Huta şehrindeki 10 metre yüksekliğindeki dev Lenin heykeli ise, şehir ahalisinin iki hafta devam eden aleyhte gösterilerinden sonra, şehir meclisinin aldığı **"huzuru bozuyor"** gerekçeli kararından sonra kaidesinden sökülerek götürülüp şehir çöplüğüne atılmıştı.

Bu şekilde, Demirperde ülkelerindeki bütün heykeller, bu arada komünizmin sembol ismi Lenin'in heykelleri kaldırılıp atılmıştı.

"Putlar hurdaya çıktı"

Diktatörlerin heykellerinin düştüğü durumu haber yapan Bugün gazetesi 21 Şubat 1992 tarihli nüshasında, **"Putlar hurdaya çıktı"** başlığını kullanmıştı. Haberde, eski komünist ülkelerin hurdalıklarının Marks, Lenin ve Stalin heykelleri ile dolu olduğu belirtiliyordu. Haberde enteresan fotoğraflar da kullanılmıştı. Büyükçe bir fotoğrafta yere devrilmiş Lenin heykelinin halk tarafından tekmelendiği görülmekteydi. Resimaltı şöyleydi:

"HEY GİBİ KOCA LENİN... Lenin, kendi vatanından kovulur da başka yerlerde durabilir mi?.. Etiyopya'da önce diktatör Mengistu, sonra da Lenin heykelleri alaşağı edilip, tekme tokat memleketten kovuldu. İşçi sınıfının siyasi iktidarı ve üretim araçlarını ihtilal yoluyla ele geçirmesini öngören Lenin işçiler tarafından tekmelenirken görülüyor."

Diğer karelerde boynunda urganla sırt üstü yere uzanmış Stalin heykeli, soytarıya çevrilmiş Marks heykeli ve ağaca asılmış Çavuşesku büstü görülmekteydi. Müşterek resimaltında şunlar yazılmıştı:

"İlahların hazin sonu: Stalin yerlerde, Marks soytarıya çevrilmiş, Çavuşesku ağaca asılı..."

"Komünist ilahların en kanlısı Stalin'in heykelleri, diğer ilahların heykelleri gibi fırınlarda eritilerek maden haline getirilmeyi bekliyor. onları önce putlaştırıp, sonra alaşağı eden insanların, bu madenlerden yeni yeni putlar yapıp yapmayacağını kimse bilemez. Tıpkı Romanya diktatörü Çavuşesku'nun günün birinde heykellerinin ağaçlara soldaki resimde görüldüğü gibi asılacağını kimselerin tahmin edemeyeceği gibi... Ya komünizmin babası Karl Marks... 3 yıl önce kafasına böyle karton kutu takıp soytarıya çevirmek kimin haddiydi ki..."

Bu dünya böyleydi. Hiç kimseye kalmıyordu. Zulm ile âbâd olanlar er geç kahr ile berbâd oluyorlardı. İlâhî kanun işlemeye devam ediyordu. İmtihan gereği, küfür devam etmekte, ama zulüm devam etmemekteydi...

Kızıl diktatörlüğün korkunç
çehresini görmesi hayatına mal oldu

MAKSİM GORKİ

Uhta ve Solovetsk toplama kampındaki "aşırı düzenlilik ve tertiplilik" ismi bütün dünyada duyulan meşhur romancı Maksim Gorki'nin dikkatini çekmişti. Burası için tüyler ürpertici şayialar yayılmış, buradan kaçan Malsagov isimli bir rejim muhalifinin yazdığı "Cehennem Adaları" isimli kitap bütün dünyada ses getirmişti.

Yazılanlara ve söylenilenlere göre binlerce insan bu toplama kamplarında can veriyordu. Komünist idareye muhalif olanların toplandığı bu kamplarda yüzlerce çeşit işkence uygulanıyordu. ÇEKA ve GPU (Devlet Politik Diktatörlüğü) elemanları, tutukluların üzerlerine benzin dökerek diri diri yakıyor, bazan da taş ocaklarında kayaların içerisine dinamit koydurarak "karşı devrimciler" kategorisine dahil edilen esirleri o kayaların üzerine çıkartıyor, sonra da dinamitleri patlatıyor ve esirlerin parçalanışını zevkle seyrediyorlardı.

Aleksandr Soljenitsin "Gulag Takım Adaları" isimli eserinde bu kamplardaki vahşeti misalleriyle gözler önüne serecekti.

Çilelerle Yoğrulan Hayat

Dehşet verici zulümler ve Stalin Rusyasındaki katliamlar Demirperdeyi aşıp hür dünyada duyulmaya başladıkça Kızıl diktatörlük büyük darbeler alıyor, dış dünyaya karşı itibarını kaybediyordu.

Lenin de yüzbinlerce insanı öldürtmüştü, ancak bu kızıl diktatörün 1924 yılında felç geçirerek ve aklını yitirerek korkunç bir şekilde ölümünden sonra türlü dalaverelerle iktidarı ele geçiren Stalin'in yaptıkları, yazıyla ve sözle ifade edilemeyecek derecede korkunçtu. Profesör Kuganov'un 14 Nisan 1964 tarihli "Novie Rousskoi Slov" dergisinde yer alan resmî Sovyet istatistiklerine dayanarak yaptığı demografik çalışmaya göre, 1917 ile 1950 tarihleri arasında, büyük ölçüde Stalin'in olan toplam kurban sayısı 66 milyon civarındaydı.

Hür dünyada bu cinayetlerle ilgili haberler ve kitaplar yayınlandıkça Stalin ve ekibi çok zor durumda kalıyordu. Karşı atağa geçmeliydiler. Bunun için de ismi bütün dünyada duyulan ve Komünizmin "fikir babalarından" olan Maksim Gorki'yi kullanacaklardı. Onun için onu işkenceleriyle meşhur toplama kamplarına göndermişlerdi. Ama daha önceden tedbirlerini alarak... Kampta ızdırap içerisinde inleyen hasta mahkumları uzak yerlere göndermiş, Sağlık servislerindeki hastaları taburcu etmiş, mahkumlara yeni elbiseler giydirilmiş, hatta kampa giden yol kenarlarına kökten yoksun çam dalları dikilerek birkaç bulvar meydana getirilmişti.

Ama bütün bunlar Gorki'nin şüphesini arttırmaktan başka bir işe yaramamıştı.

Hayatı acılar içerisinde geçen Gorki, "fildişi kulede" oturup yazı yazanlardan değildi. Onun hayatı "roman"dı. Asıl adı Aleksey Moksimoviç Peşkov olan Maksim Gorki, yazılarında Rusça'da "aç" mânâsına gelen "Gorkiy" adını kullanmıştı.

Gorki beş yaşındayken babasını kaybetmiş, annesi ikinci defa evlenince bir müddet büyükbabasının yanında kalmış, dokuz yaşından itibaren de hayata atılarak pek çok işte çalışmıştı. Okula gitmediği için okumayı ve yazmayı çalıştığı sırada öğrenmiş ve kendisi büyük gayret göstererek okumasını ve yazmasını ilerletmişti. Tiflis'te gazeteciliğe başladıktan sonra da artık kendini tamamen "yazı dünyası"nın içinde bulmuş ve 1895'te ilk hikayesi yayınlanmıştı.

1899'da sosyal demokratlarla temasa geçen Gorkiy, yazılarında gelir dağılımındaki korkunç dengesizliği, fakir halkın dramını işlemekteydi. Bu bakımdan Çarlık idaresince yakın tâkibe alınmıştı. 1905'te "ihtilâl hazırlığı yaptığı" gerekçesiyle yurt dışına sürülmesi onun Çarlık idaresine karşı tepkisini arttırmıştı. 1907'de Capri'ye yerleşmiş, Lenin'le arkadaş olmuştu. 1913'te Rusya'ya dönünce, ismi artık dünyada duyulan ve eserleri Batı dillerine tercüme edilen Gorkiy'e Lenin ve arkadaşları sahip çıkmışlardı. Lenin onun halk nezdindeki itibarından yararlanmak istiyor, çıktığı seyahatlara onu da yanında götürüyor, halkın karşısına birlikte çıkmaya dikkat ediyordu.

Şiddete Karşı

Bolşevik devriminden kısa bir müddet sonra Gorki ile Lenin'in yolları ayrılmaya başlamıştı. Lenin'in artık Gorki'ye ihtiyacı kalmamıştı.[1] Onun tenkitlerinden de fazlaca rahatsız olmaktaydı.

Gorkiy, şiddete, baskıya, zorlamaya ve zorbalığa karşıydı. Oysa Lenin ve yoldaşları işbaşına geçtikten sonra ülkede terör estirmeye başlamışlardı. Gorki Lenin'e mektup yazarak bu şiddetten vazgeçilmesini isteyince, Lenin'den hiç ummadığı bir üslupta karşılık almıştı.

Lenin Gorki'ye gönderdiği mektuplarında şöyle diyordu:

"... Aslına bakarsak Rus aydını bizim beynimiz değil, bizim bo.........zdur. Eğer fazla cana kıyıyorsak, bu Rus aydınının kabahatidir. Neden bizimle beraber yürümüyorlar?"

"Nerede hürriyet varsa orada devlet yoktur. Halk hürriyet istemiyor; o, bunun mânâsını da anlamıyor. Halkın istediği kuvvettir. Halk neticenin kuvvetle, dehşetle, kanla alınmasını istiyor. Diktatörlüğün kılıcı olan ÇEKA, devrimin uyanık sert gözüdür.

"Rus demokrasisi tehlikeye girmiş, canı cehenneme... Bu sadece dünya ihtilâli yolunda geçmemiz lâzım gelen bir aşamadan ibarettir." (Aleksandr Soljenitsin. Gulag Takım Adaları. 1/279)

Gorki Lenin'in bu fikirlerine katılmadığını ortaya koymaya başlamıştı.

Lenin uzun müddet Gorki'den nasıl kurtulacağını düşünmüştü. Onu öldürtse, yahut toplama kamplarına göndertse, göz hapsine aldırtsa hep dünya kamuoyunda tenkide uğrardı. Ondan kurtulmanın en akıllıca yolu onu sürgüne göndermekti. Bunun için de hastalık kılıfı bulundu ve 1922'de Almanya'ya gönderildi. Artık 1928'e kadar yurt dışında kalacaktı.

Gorki'nin Rusya'ya dönüşünü Stalin istemişti. Zira, dünyadaki ağır baskılara ve tenkitlere karşı onun gibi güçlü bir kaleme ve fikir adamına ihtiyacı vardı. İşte bunun için en güvendiği elemanları ona göndererek Rusya'ya dönüşünü sağlamıştı.

Uhta ve Solovetsk toplama kampına ziyaret fikri de Stalin'e aitti. Gorki şimdi bu kampları geziyor, ama her gördüğü manzaranın sun'iliğini farkediyordu.

"Beni Dinle Baba Gorki"

Gorki sağlı sollu dizilmiş tutukluların arasından geçerken, on dört yaşındaki bir genç ok gibi fırlayarak ileri çıkmış, Gorki'nin ayaklarına kapanarak feryat etmeye başlamıştı. Genç şöyle diyordu:

"Ne olursun bir dakika beni dinle Baba Gorki! Burada gördüklerinin hepsi yalan, sana gerçekleri anlatacağım. Ne olursun beni dinleyin, yalvarıyorum, günlerdir senin yolunu bekliyoruz."

ÇEKA görevlileri de ne yapacağını şaşırmıştı. Genci oradan uzaklaştırmak istediler, ama Gorki izin vermedi. Genci hususi bir odaya aldı ve saatlerce onun anlattıklarını dinledi. Genç ağlayarak başından geçenleri şu şekilde anlatmıştı:

"Biz Kiev'de oturuyorduk. Çevrede çok güzel olarak tanınan benden büyük kız kardeşime, bir polis görevlisi zorla sahip olmak isteyince kendisine hep birlikte karşı koyduk. Bizim kolay lokma olmadığımızı anlayınca tabancasını ateşleyerek, abimi, annemi ve kız kardeşimi oracıkta öldürdü. Ben bacağımdan, babam ise başından yaralanmıştı. Bu faciaya rağmen kimse yardıma gelmedi. Halimiz nedir diye soran olmadı. Müracaat ettiğim her kapı yüzüme çarpıldı ve hepsinden de bir daha rahatsız etmemem hususunda tehdit dolu ikazlar almıştım. Çok geçmedi babamı da kaybettim. Yapayalnız kalmıştım ortada...Polis elimdeki ekmek karnesini de almıştı. Bana acıyan komşular gizlice bir parça ekmek gönderirlerdi, onunla idare ederdim.

"Bir gece ev tekrar basıldı. Ellerime kelepçeler vuruldu ve buraya getirildim. Suçum ise anne, baba, abi ve bacı katili olmakmış. Yani onlar komünizm sempatizanıymış, ben de anti-komünist olduğum için onları hunharca öldürmüşüm. Baba Gorki, şu işe bakın, şu mantığa bakın... Bu faciânın hesabını polis vermediği gibi, suçu da benim üzerime yıkıyor, cezasını ben çekiyorum, bunun adı da komünizm ahlakı öyle mi?

"Hele burada çektiklerimiz!..."

Genç daha sonra, Ada idaresinin mahkumlar üzerinde uyguladığı dayanılmaz baskı ve katliâmları birer birer anlatmaya başlamıştı. İnsanların aç köpeklere nasıl parçalatıldığını ve buz üstünde nasıl can verdiklerini anlattıkça Gorki ürperiyordu. İnsanlık tarihinde eşine ender rastlanan bu zulüm tabloları karşısında Gorki şoke olmuştu. Gencin anlattıklarını hıçkıra hıçkıra ağlayarak dinliyordu. (N. Halid Ertuğrul, Yıkılan Hayal/40)

Gorki iki gün sonra, kampın iç yüzünü anlatan o gencin öldürüldüğünü duyunca dehşete düşmüştü. Komünizme karşı zihninde beliren soru işaretleri gittikçe çoğalıyor ve büyüyordu. Daha dikkatli bir şekilde araştırıyor, araştırdıkça kızıl diktatörlüğün korkunç çehresini daha yakından görüyordu. Artık komünizmden nefret etmeye başlamıştı.

Suskun Dev

"Ana", "Çocukluğum", "Dünyada", "Üniversitelerim", "Yaz Misafirleri", "Artamonovlar" gibi bütün dünyada bilinen ve okunan eserlerin yazarı Maksim Gorki, bu dehşetli zulümleri protesto için kendince şöyle bir yol bulmuştu: SUSMAK... Yıllar yılı yazan ve konuşan edebiyat dünyasının bu dev isminin suskunluğu, yazmaktan ve konuşmaktan da tesirli olmuştu.

Onun suskunluğu dünyanın ve Rus halkının dikkatini çekmişti. Gorki artık niçin hiçbir yerde yazmıyor, hiçbir yerde konuşmuyor, hiçbir yerde gözükmüyordu?..

Politbüro nazarında Gorki gibi birisinin susması da suçtu. Hem de büyük suç. Onun bu suskunluğu "rejime muhalefet" olarak telakki ediliyordu. Gorki ya Sovyet rejimini övmeli, ya da ebediyyen susmalıydı.

Stalin, Gorki'yle "ilgilenme" işini Gizli Polis Şefi Yagoda'ya havale etti. O bu işlerin uzmanıydı.

Genrik Yagoda, Stalin'in vurucu gücü, tetikçisi idi. Yüzbinlerce insanı ya öldürtmüş, ya sürgüne göndermiş, ya hapishanelerde işkencelerle sorgularken öldürüvermişti.

Yagoda "cinayet, suikast ve işkence uzmanı" idi. Kimi hangi işkenceyle konuşturacağını, kimi hangi metodlarla ortadan kaldıracağını çok iyi biliyordu.

Stalin Gorki'yi Öldürtüyor

Yagoda ilk önce Gorki'ye adamlarını göndererek ona komünizm lehine yazmaya ve konuşmaya devam etmesini telkin etti. Gorki bu teklifi reddettiği gibi, kanlı terörü şiddetle kınadığını belirtti. Bu tepki üzerine Gorki evinde göz hapsine alındı. Dostları onunla görüştürülmedi.

Yagoda'nın hedefi Gorki ile onun bütün sırlarını bilen Gorki'nin oğlu Maksim Peşkov'du.

Rejim ilk önce baba ile oğulun "hasta" olduğunu ilan etti. Devlet onların tedavileri ile çok yakından "ilgileniyor"du. Yagoda "temizleme işini" dört doktora havale etmişti. Onlar da daha sonra mahkemede açıklayacakları gibi Gorki ile oğlunu şu şekilde öldürmüşlerdi:

Maksim Gorki hava cereyanına bırakılarak zatürre olması sağlanmış, oğlu Peşkov da sarhoş ettirildikten sonra karlar üstüne yatırılmıştı. Böylece silah, neşter, zehir kullanılmadan, her iki "muhalif"in öldürücü hastalığa yakalanmaları sağlanmıştı.

Moskova radyosu normal yayınını keserek Maksim Gorki'nin öldüğünü şu şekilde duyurmuştu:

"Sovyet hükümeti ve Polit Büro üyeleri, bu büyük Sovyet evlâdının ve Lenin-Stalin partisinin bu amansız mücahidinin cesedi önünde saygıyla eğiliyorlar."

Ertesi günü ise Kızıl rejimin yayın organı olan Pravda gazetesi kenarları siyah çıkarak Gorki'nin ölümünü manşetten duyuruyordu. Ölüm nedeni ise şu şekilde açıklanmıştı:

"Maksim Gorki bir kalp krizinden öldü."

Pravda'nın bu haberi de, Kızıl diktatörlüğün sayısız yalanlarından birisiydi. Yalan üzerine kurulu rejim, yalanlarla ancak yetmiş yıl devam etmiş ve yalan mumu ancak 1990 yılına kadar yanabilmişti...

Çile ve mücâdele ile dolu bir ömür
yaşayan dâvâ adamı
NECİP FAZIL KISAKÜREK

Necip Fazıl evine çekilmiş, yarım kalan işlerini bitirmek ve elini çabuk tutup "yolculuğa çıkmadan önce" bütün işlerini tamamlamak isteyen bir "seferî" havasında harıl harıl çalışıyordu. O sıralarda bir haber geldi. "Vatan Hâini Değil, Büyük Vatan Dostu Vahidüddin" isimli eseri toplatılmış ve bu eserden dolayı, "Atatürk'e hakaretten" dâvâ açılmıştı.

Eserde, "M. Kemal'i Anadolu'ya Sultan Vahidüddin gönderdi" deyişi "hakâret" telakki edilmişti. Hakkında açılan dâvâ süratle neticelenmiş ve iki sene hapse mahkûm olmuştu. Yıl 1982 idi. "Çiçeği burnunda" ihtilâl bütün şiddetiyle devam ediyordu. Necip Fazıl o ilerlemiş yaşına bakılmaksızın hapse konulacaktı. Ama rahatsızdı. Hastalığı sebebiyle cezası ertelendi. Hatırlı kişiler devreye girdi. İhtilâlin lideri olan ve Anayasa oylamasıyla birlikte otomatik olarak Cumhurbaşkanı sıfatını kazanan Kenan Evren'e müracaat ettiler. Cumhurbaşkanlarının hasta mahkûmları affetme selâhiyeti vardı. Ancak ihtilalin lideri af teklifini hiddetle ve şiddetle geri çevirmişti. Bu teşebbüslerden Necip Fazıl'ın haberi olsaydı, ondan daha büyük bir şiddetle ve hiddetle "af için müracaat edilmesini reddederdi. Nitekim teşebbüsleri öğrenince öfkelendi de.

Necip Fazıl için hapis mühim miydi?.. O dâvâsı uğruna her türlü çileyi göze almış ve bu uğurda defalarca hapis yatmış, türlü eziyetlere mâruz kalmıştı. 1943, 1947, 1950, 1951, 1952, 1957 ve 1960 seneleri onun "Medrese-i Yusufiye"de kaldığı yıllardı. Mevkufiyeti bazan 1 gün, bazan 18 ay sürmüştü.

Çile ve mücâdele

Çile ve mücâdele Necip Fazıl'ın hayatını hülâsa eden iki kelimeydi. Çileler onu mücadelesinden vazgeçirememişti. Eline para geçtikçe o parayı son kuruşuna kadar dâvâsı ve mücadelesi için harcamış, "Büyük Doğu" gazetesini yayınlamıştı.

Necip Fazıl'ın yanında paranın hiçbir değeri yoktu. Para onun için sadece ve sadece dost ve ahbaplarına ikram ve dâvâsını neşretme "vasıtası" idi.

Sıra İslamî değerlere düşman olanlara geldi mi, kalemi tıpkı akıncıların kılıcına benzerdi. İslama saldıranlar Necip Fazıl'ın kalemine hedef olmaktan çekinirlerdi. Necip Fazıl da hasımlarının "parasızlıktan" sıkıntı çektiğini ve yaptığı neşriyatın bu yüzden tatile uğradığını bilmelerini istemezdi. Mustafa Özdamar, bu hususta Sezâi Karakoç'tan naklen şöyle enteresan bir hâtırayı kaydediyor:

"Üstad'ın günlük gazete çıkardığı yıllarda, bir gün paraları bitince Üstad Necip Fazıl, Sezâi (Karakoç) Bey'e: 'Ne yapacağız Sezâi?' demiş.

"Sezâi Bey de: 'Valla Üstadım, yapacak pek bir şey yok! Yarından itibaren, yeni bir imkân yakalayıncaya kadar çıkamayacağız herhalde' deyince, Üstad: Bak Sezâi, ben, Falih Rıfkı'ya, Ahmed Emin Yalman'a, Hüseyin Câhid'e - daha böyle bir sürü isim sayarak- ben bunlara, Büyük Doğu parasızlıktan kapandı, dedirtmem!... demiş. Bunlara arkamızdan def çaldırtmayacağım ben! demiş, diretmiş.

"Sezâî Bey: İyi hoş da ne yapacağız Üstadım peki? diye sorunca: Bak, demiş Sezâi, sistemin burnuna üfüren, suç unsuru ihtiva eden bir manşet atacağız! Sonra da savcılığa ihbarda bulunacağız telefonla: Bugünkü Büyük Doğu'yu gördünüz mü Savcı Bey! diyeceğiz.

"Biz bu ihbarı yapınca Savcılık Büyük Doğu'yu toplatarak bir müddet kapatacak! Sistemin kuklaları da, bizim gizli plânımızı bal gibi yutarak: "Büyük Doğu toplattırılarak kapatıldı!... diye manşet çekecekler.

"Bu dediğini hakikaten de yapmış Üstad. Yapmış ve hüküm de giymiş o sayıdan dolayı.

"İslâm'ın izzetini koruyan adam Necip Fazıl, böyleydi işte!.." (Üstâd Necip Fazıl / 39)

Önce Alkışla, Sonra Hırpala!

Necip Fazıl'ın "hasmı" kalemlerin tamamı, "önceleri" Necip Fazıl'ı methetmek için birbirleriyle yarışmaktaydı. Ta ki 1934'e kadar. Hattâ 1940'a kadar.

26 Mayıs 1904'te dünyaya gelen Necip Fazıl 15 yaşındayken şiire başlamış, 1923'te artık, Yahya Kemal, Ahmet Haşim, Halide Edip, Fuat Köprülü gibi meşhur edip ve şairlerin yazdığı mecmualarda şiirleri yayınlanmaya başlamıştır. Şiirleri mektep kitaplarında yer almakta, Ahmet Hamdi Tanpınar gibi edebî tahlil yapan uzmanlar onun san'atını methetmektedir. Necip Fazıl 1934'te Abdülhâkim Arvasî ile tanışır. O tarihten sonra da eserlerindeki üslup ve muhteva tamamen değişir. O andan itibaren de bir zaman kendisini alkışlayıp metheden çevreler, onu ya görmezlikten gelmeye, ya da şiddetle tenkit etmeye başlar.

Sultanü's-Şuâra

Necip Fazıl artık, sisteme meddahlık yaparak isim yapmış, mevki kapmış olanların medihlerine de yermelerine de beş para ehemmiyet vermemektedir. Harıl harıl eser telif etmekte, imkan buldukça Büyük Doğu'yu çıkartmakta, Anadoluyu adım adım gezerek konferanslar vermektedir. Mü'minlerin teveccühü ve duâsı, onu, 1934 öncesindeki meddahların yazılarıyla ve sözleriyle kıyaslanamayacak ölçüde mes'ud etmektedir.

Hayatındaki unutulmaz anlardan biri de 25 Mayıs 1980 tarihinde yapılan merasimdir. Kültür Bakanlığı ile Türk Edebiyatı Vakfı'nın müştereken tertipledikleri merasimde bir "vefâ örneği" sergilenmiş, kültürümüze emek veren değerli bir ismin unutulmadığı herkese gösterilmiştir. O gün yapılan merasimde kendisine "Sultanü'ş-Şuara" (Şairler sultanı) ünvanı verilmişti..

"Bana Kur'an Oku"

25 Mayıs 1983 günü, gece saat 1'den sonra Necip Fazıl, oğlu Ömer'i yanına çağırmıştı. Fenalaşmıştı. Oğluna, "Beni kaldır ve oturt!" demişti.

Necip Fazıl yatağına oturunca, elini alnına götürmüş, ufuklarda bir yolcu ararcasına uzaklara bakmış, tebessüm etmiş ve oğluna tekrar son talimatını vermişti: "Beni yatır!"

Yattıktan hemen sonra, "Bana Kur'an oku! Yâsin suresini oku!" demişti.

Tıpkı Hasan Can'ın Yavuz Sultan Selim'e okuduğu gibi, oğlu Ömer de Yasin suresini okumaya başlamıştı. Bu arada Necip Fazıl'ın yüzünde boncuk boncuk ter belirmeye başlamıştı. Sûre henüz bitmeden Necip Fazıl Kelime-i Şehâdet getirmeğe başlayınca, oğlu okumaya ara vererek babasına bakmış ve sevgili babasının ruhunu Rahman'a teslim ettiğini görmüştü.

Ölüm Şiirleri

Ölüm, bir son değil, bir başlangıçtı. Cenab-ı Hakkın "Kudret" dairesinden tekrar "İlim" dairesine geçişti. Hiç ölünmeyecek ebedî bir hayatın başlangıcıydı. Dostlarla bir arada olunacak bir "düğün merâsimi"ydi. İşte Necip Fazıl yıllar öncesinden manzum olarak bu hakikatleri terennüm etmiş ve kendi ölümü başta olmak üzere ölümü her zaman sıcak bir tebessümle karşılayacağını ifade etmişti.

"İşim Acele" başlıklı şiirinde şöyle diyordu:
"Gökte zamansızlık hangi noktada?
Elindeyse yıldır yıldız hecele!
Hüküm yazılıyken kara tahtada
İnsan yine çare arar ecele

"Gençlik... Gelip geçti... Bir günlük süstü
Nefsim doymamaktan dünyaya küstü.
Eser darmadağın, emek yüzüstü
Toplayın eşyamı, işim acele!"

Ölüm gerçeğini görmek istemeyenlere ise şöyle sesleniyordu:
"Ticaretin tüm ziyan! diye bir ses rüyada:
Mezarına birlikte girecek şeyi kazan!
Seni gözleyen eşya, bitpazarı dünyada,
Patiska kefen, çürük teneşir, isli kazan.

"Minarede 'Ölü var!" diye bir acı salâ...
Er kişi niyetine saf saf namaz... Ne âlâ!
Böyledir de ölüme kimse inanmaz hâlâ!
Ne tabutu taşıyan, ne de toprağı kazan..."

Necip Fazıl son zamanlarında yazdığı şiirlerinde ölümü beklediğini belirtmekte ve "hoşgeldin ölüm!" demektedir. İşte manzumelerinden bazıları:
"Dostlarım ev eşyamdı, bir bir gitti, diyorum.
Artık boş odalarda ölümü bekliyorum."
"Sultan olmak dilersen, tacı, sorgucu unut!
Zafer araban senin, gıcırtılı bir tabut!"
"O demde ki, perdeler kalkar, perdeler iner,
Azrail'e 'hoş geldin!" diyebilmekte hüner..."

1973 yılında, on sene sonra son ânında tebessüm edişini tasvir edercesine şöyle demektedir:
**"Bu dünyada renk, nakış, lezzet, ne varsa küsüm;
Gözümde son marifet, Azrail'e tebessüm..."**

Bir başka beytinde,
**"Büyük randevu... Bilsem nerede, saat kaçta?
Tabutumun tahtası, bilsem hangi ağaçta?"**
diyen Necip Fazıl, **"Tabut"** şiirinde Rabıta-ı mevt'i mükemmel şekilde ifade etmekte ve şöyle demektedir:
**"Tahtadan yapılmış bir uzun kutu,
Baş tarafı geniş, ayak ucu dar.
Çakanlar bilir ki, bir boş tabutu,
Yarın kendileri dolduracaklar.
"Her yandan küçülen bir oda gibi,
Duvarlar yanaşmış, tavan alçalmış.
Sanki bir taş bebek kutuda gibi,
Hayalim, içinde uzanmış kalmış.
"Cılız vücuduma tam görünse de,
İçim, bu dar yere sığılmaz diyor.
Geride kalanlar hep dövünse de,
İnsan birer birer yine giriyor.
"Ölenler yeniden doğarmış; gerçek!
Tabut değildir bu, bir tahta kundak.
Bu ağır hediye kime gidecek,
Çakılır çakılmaz üstüne kapak?"**

Vasiyyeti

Ebedî hayattan ve Ahirette hesap verme gerçeğinden habersiz olan, ya da avcının kendisini görmemesi için başını kuma gömen devekuşu misali, başını gaflet, dalâlet ve sefâhet kumuna gömen ehl-i dünyanın "ölüm kelimesinden bile şiddetle ürkmesine ve hatırına dahi getirmek istememesine mukabil Necip Fazıl yıllar öncesinden ölüm gerçeğini işte böyle terennüm ediyordu. Vasiyetini bile çoktan hazırlamıştı. Ailesini ilgilendiren vasiyyetinden ayrı olarak bir de onu tanıyan, seven, bilen dostları, mü'min kardeşleri için bir vasiyyet hazırlamıştı. Bu vasiyyetinin bazı maddelerine bakalım. Necip Fazıl şöyle diyor:

"... Fikir ve duyguda vasiyete lüzum görmüyorum. Bu bahiste bütün eserlerim, her kelime, cümle, mısra ve topyekün ifade tarzım vasiyyettir. Eğer bu kamusluk bütünü tek ve minicik bir daire içinde toplamak gerekirse söylenecek söz "Allah ve Resûlü; başka bir şey hiç ve bâtıl" demekter ibarettir.

"... Nasıl, nerede ve ne şekilde öleceğimi Allah bilir. Fakat imkân âleminde en küçük pay bulundukça, biricik dileğim, Ankara'da Bağlum Nahiyesindeki yalçın mezarlıkta, Şeyhimin civarına defnedilmektir. Elden gelen yapılsın...

"... Cenazeme çiçek ve bando muzika gönderecek makam ve şahıslara uzaklığımız ve kimsenin böyle bir zahmete girişmeyeceği malum... Fakat bu hususta bir muziplik zuhur edecek olursa, ne yapılmak gerektiği de beni sevenlerce malûm... Çiçekler çamura ve bando yüzgeri koğuşuna...

"... Cenazemde, namazıma durmayacaklardan hiç kimseyi istemiyorum! Ne de, kim olursa olsun, kadın... Ve bilhassa, ölü simsarı cinsinden imam!.. Ve "bid'at" belirtici hiçbir şey!.. Başucumda ne nutuk, ne şamata, ne medh, ne şu, ne bu... Sadece Fatiha ve Kur'an...

"... Allah'ı, Allah dostlarını ve düşmanlarını unutmayınız! Hele düşmanlarını!.. Olanca sevgi ve nefretinizi bu iki kutup üzerinde toplayınız!

"Beni de Allah ve Resûl aşkının yanık bir örneği ve ardından birtakım sesler bırakmış divanesi olarak arada bir hatırlayınız!".

Cenaze Merasimi

Necip Fazıl'ın vefat haberi duyulur duyulmaz, yurdun dört bir tarafından İstanbul'a sefer hazırlığı başlamıştı. Seferler son seferine çıkan Necip Fazıl'ı uğurlamak için İstanbul'a koşuyordu.

Necip Fazıl teneşirde yıkandıktan sonra, enteresan bir hâdise olmuştu. Fahri Duran Hoca o ânı şu şekilde anlatıyor:

"Cenâzeyi yıkadık, havluyla kuruladık, kefene sararken yüzüne şöyle bir baktım... Yanaklarından aşağı gözlerinden, diri insan nasıl ağlıyorsa, aynen öyle yaş aktığını gördüm!..

"Kırk yıllık imamım ben! Yüzlerce cenâze yıkadım ben ama, ölü gözünden yaş geldiğine ne daha önce, ne daha sonra hiç rastlamadım. Hatırlamıyorum!" (Üstad Necip Fazıl / 104)

26 Mayıs 1983 günü, yani doğduğu tarih olan 26 Mayıs'ta Necip Fazıl'ın cenazesi Fatih Camiine getirilmişti. Mahşerî bir kalabalık refakatinde cenaze namazı kılındı. Tabutu Eyüb Sultan'a kadar omuzlar üzerinde taşındı.

 "Haykırsam geçenlere kavşağında bir yolun,
 Aman müslüman olun, aman Müslüman olun" diyen,
 "Yol Onun, varlık Onun, gerisi hep angarya;
 Yüzüstü çok süründün, ayağa kalk, Sakarya!"
diye imanlı bir gençliğe seslenen,
 "Göklerde son ilâm:
 Allah bir; bir İslâm...
 Lâmelif, Eliflâm;
 Amanın ya Mevlâm!
 Esselâm, Esselâm!.."

diye Tevhid hakikatini haykıran bir dâvâ ve gönül adamı, "Misafirhanede" bıraktığı dostlarından bu şekilde ayrılıyordu.

Arabasına konulan bomba ile
paramparça oldu
UĞUR MUMCU

24 Ocak 1993 Pazar günüydü. Gazeteci-yazar Uğur Mumcu eşi ve çocuğuyla birlikte hasta ziyaretine gitmek üzere evinden çıkmıştı. Mumcu eşine, **"Sen burada bekle!"** dedi. Âdetiydi. Her zaman öyle yapardı. Önce arabaya kendisi biner, arabayı çalıştırır, daha sonra eşini ve çocuklarını bindirirdi. Her zaman suikast ihtimalini gözönünde bulundururdu. Yaz günü bile çelik yelekle dolaşırdı.

Saat 13.15 sırasında arabasına binen Uğur Mumcu, kontağı çevirir çevirmez müthiş bir patlama oldu. Araba bir anda paramparça oldu. Mumcu'nun cesedi, arabanın hemen yanında bulunan ASKİ'ye ait su deposunun dört metre yüksekliğindeki duvarını aşarak boş araziye fırladı.

Cinayeti planlayanların son derece profesyonel ve işlerinin "ehli" kişiler olduğu açıktı. İşi şansa bırakmamışlardı. Arabanın motoru ile egzosu arasında, askerî sahada kullanılan C-4 tahrip kalıbı yerleştirilmişti. Tesir sahası çok güçlü bomba, otomobili ortadan ikiye ayırarak paramparça etmiş, patlamanın şiddetinden otomobilin altında 15 santimlik çukur açılmıştı. Mumcu'nun cesedi ise yüzlerce parçaya ayrılmıştı. Hadiseden sonra oraya gelen polisler ellerinde siyah naylon poşetlerle otopsi için ceset parçaları toplamışlardı.

Cinayeti işleyenler

Cinayet sonrasında ortaya çıkan gelişmeler, cinayeti planlayan mihrakların "ustalığını" bir kere daha gözler önüne sermişti. Hadiseden sonra gazeteleri arayan "meçhul kişiler" telefonda, yığınla "islâmcı terör örgütü" ismi vermiş böylece ustaca cinayet sonrasında "bayat numaralar" sergilemişlerdi. Bazı özel televizyonlar ve İslâmiyetten hiçbir zaman hoşlanmamış olan gazeteler de nazarları Müslümanların üzerine çevirmeye çalışmışlardı.

İslam düşmanı mihraklar, en az o vahşi cinayet kadar vahşi saldırılarını Mumcu'nun cenaze merasimi sırasında da sergilemiş ve İslâmın ta kendisi demek olan şariata hakâretler yağdırmışlardı.

Sonradan bu cinayet şöyle ucundan aydınlanmaya başlayınca perde gerisindeki korkunç yüzlerin bir kısmı gözükecekti. Profesyonel cinayet örgütleri, "bir taşla birkaç kuş" birden vurmak istemişlerdi.

Cinayetin zamanlaması

Cinayet öyle bir zamanda işlenmişti ki, ülke gündemine giren çok mühim mevzu bir anda geri planlara atılmıştı. Cinayet öncesinde; Körfez savaşında türlü numaralar çeviren Amerika'ya karşı tepkiler artmıştı. İslâmi yayın yapan radyo ve TV istasyonları çoğalmaya ve İslâmi şuurlanma artmaya başlamıştı. İmam Hatip Lisesi mezunlarının Harp Okulları'na girebilmesi için gerekli düzenlemelerin yapılması TBMM Milli Eğitim Komisyonunda ele alınmış ve kabul edilmişti.

Cinayetten sonra Millî Güvenlik Kurulu'nun talebi istikametinde özel radyo ve televizyonların yayınları durduruldu. Devrin Başbakanı Süleyman Demirel bu hususta şu açıklamayı yaptı:

"Özel radyolar tümüyle anayasaya aykırıdır. TV'ler de aykırıdır. TC Anayasasında yurt içi-yurt dışı diye bir ayırımı, ona göre muâmeleyi tartışmak olmaz. Anayasaya aykırıysa aykırıdır. Kanunda iltimas olmaz." (12.2.'93 Milliyet)

İmam Hatip Lisesi Mezunlarının Harp okullarına girmesine imkan sağlayacak tasarının Milli Eğitim Komisyonunda kabul edilmesinden sonra araya Mumcu cinayeti girmiş, daha sonra tasarı Şubat 1993 başlarında Milli Savunma Komisyonunda ele alınmış ve 6'ya karşı 9 oyla reddedilerek, Harbiye yolu İmam-Hatip Lisesi mezunlarına kapanmıştı.

Mumcu'yu kimler, niçin öldürdü?

Türkiye'de işlenen yüzlerce, binlerce, fâil-i meçhul cinayet gibi Mumcu cinayeti de meçhul kaldı. Ancak ortalıkta sis pertesini birazcık aralamaya yarayacak bilgi kırıntıları dolaşıverdi.

Cinayetten sonra Mumcu'nun yakın dostları, onun son olarak Apo'nun istihbarat teşkilatlarıyla münasebetleri, uyuşturucu ticaretinin arkasında kimlerin olduğu, Gladio'nun faaliyetleri üzerinde çalıştığını söylüyorlardı. Dostlarına göre Mumcu, bazı mühim bilgiler elde etmişti. O bilgilerin açığa çıkmasını istemeyen mihraklar tarafından ortadan kaldırılmıştı.

Yalçın Doğan 26 Ocak '93 tarihli Milliyet'teki yazısında bu hususta şöyle demekteydi:

"... **Uğur'un üzerinde en çok çalıştığı PKK araştırmasına da çok iyi bakmak gerek. O araştırmada 'Apo'nun devletin belli güçleri tarafından himaye edildiği tezi işleniyor. Yani, Apo'yu güçlü tutarak, Türkiye'deki belli karışıklıkları yaratmak ve belki de sonun-**

da ülkeyi bölmek ya da rejimi yeniden askere teslim etmek tezi... Araştırmada bu tez, belgelerle kanıtlanıyorsa, o zaman devletin içinde yer alan bazı güçlerin bundan rahatsız olacakları orta...

"Yani cinayetin arkasında devletin içine yerleşmiş bazı güçler de bulunabilir!"

Ali Sirmen de 25 Ocak '93 tarihli yazısında aynı hususa temas ederek şöyle diyordu:

"... Bugüne değin, terör karşısında eli kolu bağlı kalan devlet, bu kez olayın üstüne göstermelik biçimde gitmemelidir. Uğur Mumcu, son olarak Apo ve PKK konusunda bir çalışma yapıyordu. Hemen hemen son aşamasına yaklaşmış olan bu çalışmada Uğur, Apo'nun geçmişte sıkıyönetim dönemleri de dahil olmak üzere, sürekli bazı güçler tarafından korunup kollandığını kanıtlamakta, Apo'nun yakınlarıyla MİT ilişkilerine dokunmaktaydı.

"Soruşturmayı yürütecek olanların herhalde, 12 Martın sıkıyönetim savcısı Baki Tuğ'a, Uğur Mumcu'nun Abdullah Öcalan hakkında neler sorduğunu ve hangi yanıtları aldığını sormaları bir zorunluluktur."

Sirmen'in "bilgi adreslerinden biri" olarak gösterdiği Baki Tuğ ise konu ile ilgili şunları söylüyordu:

"Uğur Mumcu bana son dönemde Apo ve PKK ile ilgili geniş bir araştırma yaptığını, bu araştırmanın sonucunda elindeki bulguların Apo'nun MİT'le bağlantısı olduğunu söylemiş, bu konuda binimle de görüşme talebinde bulunmuş, bilgi, belge istemişti." (26.1.'93 Milliyet)

Meclisteki tartışma

Mumcu'ya yapılan suikast TBMM'de de ele alınacaktı. Görüşmeler sırasında o sırada RP Grup Başkanvekili olan Şevket Kazan kürsüden bir belge göstermiş, o belgenin gösterilmesi üzerine Mecliste ve basında hayli gürültü kopmuştu.

Kazan, MİT'in hazırladığı belgede, CIA kontrolünde İsrail'den Türkiye'ye giriş yapan altı kişilik bir timin Uğur Mumcu'yu öldürdüğünün, Mehmed Ali Birand'ı ise öldürmek için Türkiye'de bulunduğunun belirtildiğini söylemişti. Kazan Başbakanlık makamına yazılan belgede yazılanları şu şekilde açıklamıştır:

"**ABD'nin güvenliğini ve hayati çıkarlarını yakından ilgilendiren Türkiye'nin gerekli yerlerinde kuvvet bulundurmak ve bu maksatla Ortadoğuyu kontrol altına alıp, Türkiye'nin dine dayalı bir yönetim altına girmesini önlemek maksadıyla, ABD Haberalma Servisi (CIA) denetiminde İsrail kabine görevlisi Haim Bar-Rev kontrolünde İsrail 'GANDA' birliklerinde eğitim gören altı kişilik özel tim, Hayfa Deniz Üssü'nden botla Türkiye giriş yapmışlardır.**"

Kazan'ın açıklamasına göre belgede daha sonra şu ifadelere yer verilmişti:

"**Tim elemanlarının, yaptığımız istihbarat neticesinde, İsrail hükümetinin Ankara Temsilciliği'nde kaldıkları tesbit edilmiştir**"

Bu belge tartışılırken RP Lideri Necmettin Erbakan, MİT belgesinin doğru olduğu konusunda ısrar ederek şöyle demiştir:

"**Kim Türkiye'deki üç ihtilalin arkasında ABD'nin olmadığını iddia edebilir?**" (11.2.'93 Milliyet)

Gladio mu öldürdü?

Bu tartışmalar yapılırken nazarlar, Amerika ve İsrail'in gizli teşkilatlarına, hususan Avrupa'da varlığı ortaya çıkarılan, ihtilâllerin tezgahlanmasında, fâil-i meçhul cinayetlerde, yığınla provokasyonlarda parmağı olduğu tesbit edilen ve kontrolü CIA'nın elinde bulunan Gladio'ya çevrilmişti. Mumcu'yu Gladio'nun Türkiye'deki elleri mi öldürmüştü? Uğur Mumcu'nun eşi Güldal mumcu, cinayetin fâili için Gladio adresini gösterenlerdendi. Güldal Mumcu bu hususta şöyle diyordu:

"... Olayı soruşturan ilk savcı Ülkü Coşkun 'Üstüme gelmeyin. Güldal Hanım; bu olayı devlet yapmıştır' deyince ben de bu soruyu sordum. Açık ve kesin bir cevap vermek mümkün değil. Ama Avrupa ülkelerinde de 'Gladio' diye tanımlanan kontrgerilla örgütü akla geliyor. Niteliği ve bağlantıları tüm açıklığıyla irdelenen bu örgüt Avrupa'da ortaya çıkartıldı. Türkiye'de de aynı şekilde gün ışığına çıkmamış olması utanç vericidir."** (28 Ocak 1996, Milliyet, Nilgün Cerrahoğlu'nun röportajından...)

Susurluk kazası sonrası

Uğur Mumcu cinayetinin ardından verilen parlak beyanatlardan bir netice çıkmayacaktı. Cinayet "meçhul kalmaya" devam edecekti. Zaten hâdise de diğer fâil-i meçhul cinayetler gibi küllenip gitmişti. Ta ki "Susurluk'taki kazaya" kadar. Susurluk ilçesi yakınında meydana gelen bir trafik kazasında, bir milletvekili, bir emniyet mensubu ve sözde aranan ve "Mafya Üyesi" olduğu söylenen bir şahsın aynı araba içerisinde bulunduklarının açığa çıkması üzerine kızılca kıyamet kopmuş, "Devlet içerisinde çetelerin varlığı" bir kere daha gündeme gelmişti. TBMM "Susurluk hadisesini araştırmak için" bir komisyon kurmuş, o komisyonda pek çok şahsın ifadesine başvurulmuştu. İşte o sırada Uğur Mumcu cinayeti bir kere daha gündeme gelmişti. Komisyona ifade verenlerden Jandarma İstihbaratçısı Astsubay Hüseyin Oğuz, Uğur Mumcu cinayeti, Orgeneral Eşref Bitlis'in uçağının düşmesi -ya da düşürülmesi- hususlarında şu açıklamalarda bulunmuştu:

"... Eşref Bitlis (Jandarma Genel Komutanı) Güneydoğu sorununa farklı bir yaklaşım sergiliyordu. Bu nedenle bazı kişilerle ters düşmüştü. Bunun için öldürülmüş olabilir. Uğur Mumcu da, uyuşturucu trafiğini ve bağlantılarını büyük oranda ortaya çıkarmıştı. Bu nedenle öldürülmüş olabilir." (20 Şubat '97 Milli Gazete)

"Mumcu'yu öldürenleri Şişko Tekin adlı biri biliyor. Mumcu'yu öldüren C-4 bombaları Tekin'in Malatya'daki evinde saklandı. Bu konudaki bilgiler emekli istihbaratçı Uğur Tönük'te mevcut. Cinayetlerde kullanılan PKK itirafçıları hâlâ Hakkari'de dolaşıyorlar." (20 Şubat '97 Zaman)

Bu açıklamalar olduğu sırada, olup bitenleri değerlendiren Uğur Mumcu'nun ağabeyi Ceyhan Mumcu, cinayetin çeteler tarafından işlendiğini söylüyordu.

Uğur Mumcu cinayetinin Susurluk kazasından sonra ortaya çıkartılan, devlet içinde oluşmuş çeteler tarafından işlendiğini dile getiren Ceyhan Mumcu, Uğur Mumcu'nun 1992 yılında yazdığı yazılarda, bu tür çetelerin işlediği cinayetleri ve katıldıkları eylemleri gündeme getirdiğini belirterek, devlet içerisinde oluşturulmuş çetelerin kendilerinin işlediği bu tür cinayetleri ve diğer suçlarını bazı kesimlere yüklediğini söylüyordu.

"Katiller İslâmcı değil" diyen Ceyhan Mumcu şöyle diyordu:

"Şeriatçılar bu cinayetleri işlemediler. Fakat cinayetler onların üzerine yıkılarak, ülkede, şeriatçı-laik çatışmaları meydana çıkartmak istediler. Kardeşim Uğur'un katledilmesinde bu tür bir saptırmanın yapılmış olması ve gerçek katillerin bulunmak istenmemesi bizi derinden yaralamıştır.

"... Uğur Mumcu, 1992 yılında yazdığı yazılarda,

devlet içerisindeki çetelerden bahsetmiştir. Bu çetelerin yaptıkları kirli işleri yazmıştır. Bugün bunlar apaçık ortaya dökülmüştür. **Devlet içinde bazı birimler, cinayetler işliyor, bu cinayetleri örtbas etmek için suçlarını bazı kesimlere yükleyerek, hedef saptırıyorlar."** (16 Ocak '97 Akit)

Bütün bu tartışmalara, yüzlerce sayfa tutan açıklamalara mukabil, Mumcu'nun katili veya katilleri bulunamayacaktı. Görünen o ki, Türkiye'yi karıştırmak ve imanları gereği vatanlarını canlarından çok seven dindarları karalamak isteyen mihraklar bir kere daha hedefi vurmuş, ortadan kaldırdıkları Uğur Mumcu'nun cenazesinde İslamiyete sövdürerek kendilerince yüreklerini soğutmuşlardı...

Hayatının son yılları hızlandırılmış film gibiydi

TURGUT ÖZAL

17 Nisan 1993 günüydü. Cumhurbaşkanı Turgut Özal'ın kardeşi Yusuf Özal yataktan çok sıkıntılı kalkmıştı. Rüyasında, kendisinin bir kalb krizinden öldüğünü görmüştü. Eşine, "kötü bir rüya gördüm" dedi, ama rüyanın muhtevasını söylemedi. Birkaç saat sonra Hüsnü Doğan kendisine telefon açtı. **"Turgut Ağabey kalb krizi geçirdi. Durumu ağır..."** diyordu. Yusuf Özal üzüntüsünden olduğu yere çöküverdi.

"Benim rüyam ağabeyime mi çıkacak?!" diyordu.

O sırada Hacettepe Tıp Fakültesi Âcil servisinde müthiş bir telaş ve koşuşturma vardı. Hastaneye yatırıldığı andan itibaren Özal için tıbbın bütün imkanları seferber edilmiş, Ankara'da bulunan bütün meşhur doktorlar hastahaneye koşmuştu.

Yakınları, sevenleri hastahanede endişeyle bekleşiyordu. Eşi, 17 Nisan '93 günü sabahını aile dostlarına anlatıyordu. Özal o gün de her zaman yaptığı gibi kahvaltıdan önce yürüyüş bandına çıkmıştı. Saat 10.30 sıralarıydı. Yanında yalnızca eşi Semra Özal vardı. Birkaç dakikalık hareketten sonra yüzü aniden kararmış ve yere düşmüştü.

Eşinin çağırması üzerine görevliler onu derhal yatağına yatırmış ve hemen doktorlar aranmaya başlanmıştı.

Tuhaf şeydi, köşkte böylesine âcil bir durum düşünülememiş, gerekli tedbirler alınmamıştı.

Özal kendinden geçmişti. Durumun ağırlaşması üzerine doktorların gelmesi beklenmeden Köşkteki ambülansla derhal yola çıkarıldı. Bu rahatsızlık o kadar âni olmuştu ki, görevliler de şaşkınlık içerisindeydi. Öyle ki ambülansı Özal'ın makam şoförü kullanıyordu.

Saat 10.55'te Gülhane Askerî Tıp Akademisi'ne götürülmek üzere Çankaya köşkünden hareket edilmişti. Ancak yolda durumun daha da ağırlaşması üzerine güzergâh değişikliği yapılmış ve 11.15'te Hacettepe Tıp Fakültesi Âcil servisine götürülmüştü.

Hızlandırılmış film gibi...

Bir hastane odasında çok yakın tarihe damgasını vuran bir politikacı son anlarını yaşarken, Türkiye'de milyonlar olup bitenlerden habersizdi. Oraya gelen bir avuç insan endişeyle bekleşiyor, bir yandan da pek çok müşterek hatıraları bulunan Özal'ın son yıllarını düşünüyorlardı. Özal'ın son yılları âdeta hızlandırılmış film gibiydi. Öylesine dolu dolu geçmişti ki, belki yakınları gibi kendisinin de başı dönmüştü.

Tahsil yıllarından sonra girdiği devlet hizmetinde basamakları süratle tırmanmıştı. 1966-1971 yılları arasında DPT Müsteşarlığı yapmış, 1971-1973'te Amerika'ya giderek Dünya Bankası'nda çalışmış, 1973-1977'de özel sektörde çalışmış. 1977'de MSP'den milletvekili adayı olmuş ancak seçilememişti. 1979'da Süleyman Demirel azınlık hükümetinde Başbakanlık Müsteşarlığı ile DPT Müsteşar Vekilliğini birlikte omuzlamış, işte o esnada ismi parlamaya başlamıştı.

Özal'ın devlet hizmetindeki yükselişini 12 Eylül ihtilâli de engelleyemeyecek, bilakis daha da süratlendirecekti. Darbeden sonra ihtilâl hükümetinde Ekonomik işlerden sorumlu Başbakan Yardımcısı olarak vazife yapmış,

1983'te ANAP'ı kurarak 6 Kasım 1983 seçimine katılmış, seçimden birinci parti çıkması üzerine Başbakanlık vazifesini üstlenmiş, bu anda ihtilâlin lideriyle körşkte yaptığı görüşmede, "elensevari" bir hareketle ihtilalin lideriyle kucaklaşarak herkesi şaşırtmıştı.

Şaşırtmaya devam

Özal işbaşındayken pek çok kimseyi "şaşırtmaya" devam edecekti. Meselâ, askerlerin başbaşa vererek yaptıkları planı, umulmadık şekilde bozmuştu. Şöyle ki:

Devrin Genel Kurmay Başkanı Org. Necdet Üruğ ile ikinci başkan Necdet Öztorun'un planına göre, Üruğ normal süresinden bir ay önce emekliliğini isteyecek, hesaba göre yerine Öztorun gelecekti. Bu plan uygulandığı takdirde 2000 yılına kadar belirlenen isimler, belirlenen makamlara gelmiş olacaktı.

Özal bu planı öğrenince öfkelendi. **"Asker bize emrivaki yapıyor ve bizi hiç karıştırmadan Genelkurmay başkanlığı için ve diğer görevleri paylaştırıyor. Biz kim oluyoruz peki? Yarın bunlar kendi kendilerine karar verip harp ilan ederler, kendi kendilerine karar verip darbe yaparlar..."** diyen Özal, derhal harekete geçti. Hiç kimsenin beklemediği bir karar vererek Necdet Üruğ ile Necdet Öztorun'u emekliye sevketti. 29 Haziran 1987'de bu kararı açıkladı ve yeni Genelkurmay Başkanını da ilan etti: Orgeneral Necip Torumtay... Prosedür süratle tamamlanmış, Torumtay önce kara kuvvetleri komutanlığına, sonra da Genelkurmay başkanlığına getirilmişti.

Özal, bu icraatıyla, bazı hesaplar içerisindeki askerlerin oyununu bozmuş, bildiğini okumuştu. Ama bazılarının da şimşeklerini üzerine çekmişti.

Bazıları Özal'ın tabuların üzerine gitmesinden de rahatsızdı. Özal, ülkenin 70 yıldan beri Tek Parti ilkeleriyle yönetilmesinin doğurduğu neticeleri tartışmaya açıyordu. **"Atatürk ilah değil"** diyerek resmî politika haline getirilmek istenen bir yanlışlığa projektör tutuyordu. Televizyondaki açık oturuma kendisi başkanlık yaparak, tabuları tartışmaya açıyordu. Bunlar o zamana kadar alışılmış şeyler değildi. bazı çevreler rahatsızdı. Bu rahatsızlıklar nasıl dışa vurulacaktı? Kafalardaki soru bu iken cevap geciktirilmedi. ANAP'ın 1988'deki kongresinde Özal'a suikast düzenlendi. Kartal Demirağ isimli bir şahıs Özal'a ateş etti. Silahtan çıkan kurşundan biri Özal'ın parmağını yaraladı. Ortalık yatıştıktan sonra kürsüye gelen Özal, **"Bu canı Allah verdi ancak yine O alır. Benim hiçbir şeyden ve hiçbir kimseden korkum yok..."** diyordu.

Bu suikast, sonraki yıllarda çok tartışılacaktı. Özal'ın yakınlarına göre, suikastte bir istihbarat teşkilatının parmağı vardı. Özal'ın kardeşi Korkut Özal da bunu ifade ediyordu ve Korkut Özal'a göre bu gerçeği Turgut Özal da biliyordu.

ANAP Bitlis Milletvekili ve emekli askerî savcı Faik Tarımcıoğlu, suikast silahının salona kocaman bir çelengin içerisine gizlenerek sokulduğunu ve olaydan sonra ceketinin altına makinalı tüfeği gizleyerek kaçan ikinci bir kişiyi net olarak gördüğünü açıklıyordu. Tarımcıoğlu'na göre, bu ikinci kişi, o kargaşa anında suikastçı Demirağ'ı öldürecek, böylece konuşmasını engelleyecekti. (20 Şubat 1997, Zaman)

Tartışılan icraatlar

Özal'ın ekonomik icraatlarının yanı sıra siyasî icraatları da çokça tartışılacaktı. Meselâ Körfez savaşında takındığı tavır bu tartışmaların ilk sırasında yer alacaktı.

O sırada Özal icraatın başında değildi. 31 Ekim 1989'da Cumhurbaşkanı seçilmişti. Ama iktidarda bulunan eski partisi üzerinde tesiri vardı ve istediği kararı aldırabiliyordu. O sırada, **"Bir koyup yirmi alacağız"** diyerek, harekatı desteklemiş ve Amerika'dan yana tavır almıştı. Ama hesapları çıkmayacak, bu karar yüzünden hem ülke, hem halk, çeşitli zarara uğrayacaktı.

Son gezileri

Özal artık son günlerine doğru ABD'nin ve Avrupa ülkelerinin indirdiği darbelerin ezikliğini hissetmeye başlamıştı. Balkan gezisinden sonra Orta Asya gezisine çıkmıştı. Oradaki Türk okullarına sahip çıkıyordu. Verdiği mesajlar Batı dünyasının canını sıkacak türdendi. Meselâ Ermeni tecâvüzleri karşısında Ermeni topraklarına "birkaç bombanın düşmesiyle birşey olmayacağını" söylüyordu.

İşte devlet hizmetinde en üst makama gelmiş olan ve pek çok tartışılan yığınla icraata imza atan Özal, şimdi yoğun bakım odasında ölüm-kalım mücadelesi veriyordu. Özal'ın kalbi, âni tansiyon düşüşü nedeniyle, sık sık duruyordu. Doktorlar kalbe devamlı masaj ve elektroşok yapıyorlardı.

Dakikalar ilerledikçe Özal'ın durumu daha da ağırlaşıyordu.

Ameliyata alınan Özal'ın kalbine pil takılmış, bacak toplar damarına kateter ve akciğerine de tüp konulmuştu.

Kalb damar cerrahisi yoğun bakım ünitesine nakledilmiş olan Özal'ın başında, kalp cerrahları, kardiyologlar, nörologlar ve anesteziologlardan müteşekkil bir konsültasyon ekibi vardı.

Yoğun bakım ünitesinin içerisinde bu şekilde tıbbın bütün imkanları seferber edilirken, dışarda toplanan "gazeteciler ordusu" merakla beklemekteydi.

Özal'ın yakın dostları ise onun son günlerdeki programını konuşuyorlardı. Bu programlar daha önce Amerika'da açık kalp ameliyatı geçiren birisi için çok yüklü ve çok ağırdı. Özal da bunu itiraf etmişti. Orta Asya gezisinden çok yorgun dönmüştü. Yakınlarına, **"Gezi beni çok yordu. Kendimi iyi hissetmiyorum"** demişti. Buna rağmen sağlıklı bir insanın bile dayanmasının zor olduğu programları aksatmamaya çalışıyordu. Kalp krizi geçirmesinden bir gün evvelki, yani 16 Nisan 1993 günündeki programı şöyleydi: Saat 10.30'da Anayasa Mahkemesi asil üyeliğine seçilen Prof. Sacit Adalı'nın ant içme merasimine katılmış, saat 15'te Başbakan Süleyman Demirel'i Çankaya köşkünde kabul ederek bir müddet görüşmüştü.

Aynı gün saat 16'da UNESCO Genel Müdürü Federico Mayor'u kabul etmişti. Saat 18.30'da ise Bulgar Ressam Kamenov Zahari ve heykeltıraş Vejdi Raşidov'un açtıkları sergiyi gezmek üzere Armoni sanat galerisine gitmiş, yaklaşık bir saat kaldığı sergide sanatçılarla konuşmuş, aynı yerde Ankara Yaylı Çalgıcılar Dörtlüsü'nün konserini tâkip etmişti.

Yorgun kalbi sonunda bu hızlı tempo karşısında pes etmişti. İnsanoğlu Acz-i mutlak ve fakr-ı mutlak içerisinde olduğunu hastalanınca daha iyi anlıyordu.

Bir sözüyle milyonların hayatına tesir edecek icraatları başlatan Turgut Özal, ne konuşabiliyor, ne kımıldayabiliyordu.

Sona doğru

Hastanede bekleşenlere ilk resmî açıklamayı Cumhurbaşkanlığı Sözcüsü Büyükelçi Kaya Toperi yaptı ve Cumhurbakanı'nın kalp ve kroner yetmezliği nedeniyle aşırı tansiyon düşüklüğünün yol açtığı rahatsızlığın ciddiyetini sürdürdüğünü belirtti.

Toperi saat 14.00'te yaptığı ikinci açıklamada Özal'ın durumunun ağırlaştığını belirtiyor ve şöyle diyordu:

"Hep beraber duâ edelim."

Saat 14.30'da ise orada bulunanları derin hüzne sevkeden açıklama yapıldı:

"Özal vefat etmiştir. Allah rahmet eylesin."

Bu tek cümlelik açıklama dalga dalga bütün Türkiye'ye yayıldı. O andan itibaren bayraklar yarıya indirildi. Spor karşılaşmaları iptal edildi, radyo ve televizyonlar normal yayınlarını değiştirdi.

Ölüm Gerçeği

17 Nisan '93 günü saat 14.30'da maç seyretmek veya diğer programları takip etmek için televizyonlarının başına geçmiş olanlar, tek satırlık bir alt yazı ile bir anda şoke olmuşlardı:

"Türk milletinin başı sağolsun!"

"Ne oluyor, kim ölmüş?" demeye kalmadan televizyonlar normal yayınlarını keserek haberi duyurdular:

"Cumhurbaşkanı Turgut Özal Hacettepe Hastahanesinde vefat etti"

O dakikadan itibaren bütün Türkiye'nin gözü Ankara'daydı. Bazıları, "Nasıl olur?" diyorladı. "Nasıl olur? Daha dün akşam neşeliydi, konuşuyor, şakalaşıyordu, nasıl olur?"

Ölüm gerçeği karşısında ürperenlerin yanı sıra, onu samimi sevenler de bir anda derin bir hüzne kapılmıştı.

Mü'minler için ölüm yokluk, hiçlik değildi. Sadece bir mekan değişikliği idi, dostlara kavuşmaydı, bir terhis tezkeresi idi.

Hayatları boyunca "hayat nimetini" vücudu ve hayatı veren Rablerinin gösterdiği istikamette kullanmayanlar, hele hele vücut hücrelerinin atomlarının rağmına Yaratıcılarını inkar edenler içinse ölüm, bir "darağacı" gibiydi. Onun için ölümden korkuyor, ürküyor, ölümü düşünmemek için tıpkı devekuşu gibi başlarını "sefahet bataklığına" gömüyorlardı. Ama ne yaparlarsa yapsınlar, sonunda ecel gelip onları da buluyordu. İşte bu gibiler de Özal'ın âni ölümü karşısında şoke olmuşlardı.

Dünyaperestler, her gün binlerce, yüz binlerce cenazenin verdiği dersi görmezlikten gelmekteydi, ama işte bir Cumhurbaşkanının ölümü üzerine, saklamaya ve saklanmaya çalıştıkları "ölüm gerçeğini" bir kere daha farkediyorlardı.

Cenaze merasimi

Özal'ın vefatından sonra ailesi vasiyetini açıkladı. Özal, cenazesinin, İstanbul'daki Vatan caddesinin başlangıcındaki merhum Adnan Menderes, Fatin Rüştü Zorlu ve Hasan Polatkan'ın defnedildikleri yerin yanına gömülmesini vasiyet etmişti.

Özal için o zamana kadar eşine rastlanmayan bir "devlet merasimi" yapıldı. Özal'ın naaşı ölümünden üç gün sonra, 20 Nisan'da TBMM'de katafalka konuldu ve burada saygı geçişi yapıldı. 21 Nisan'da TBMM'den alınarak Kocatepe Camiine götürüldü. Burada kalabalık bir cemaatin iştirak ettiği cenaze namazının ardından naaş uçakla İstanbul'a götürüldü.

22 Nisan Perşembe günü Özal'ın naaşı Çapa Tıp Fakültesi hastahanesinden alınarak Fatih Camiine getirildi. Daha sabahın erken saatlerinden itibaren camiin içerisi, avlusu, yan sokakları, ana caddeleri tıklım tıklım dolmuştu. Öğle namazını müteakip Abdurrahman Gürses hocanın imametinde cenaze namazı kılındı... Daha sonra cenaze top arabasına konularak yola çıkarıldı.

Tartışılan ölüm şekli

Sağlığında icraatları tartışılan Özal'ın ölümünden sonra da ölümü tartışılacaktı. Yakınlarına göre Özal'ın ölümünde pek çok soru işareti ve bilinmeyen noktalar vardı. Mesela; Özal'a otopsi yapılmış mıydı? Kaldırıldığı Hacettepe Hastahanesindeki "öldü" açıklamasından sonra niçin Gülhane Askeri Tıp Akademisi (GATA) morguna götürülmüştü? Şayet ceset ciddi bir otopsi için Gülhane'ye götürülmüş ise otopsi raporu nerdeydi?

Bu soruların yanı sıra, nazarlarını Amerikalı doktorlara çevirenler de vardı. Bazılarına göre, kalp ameliyatlarında hastanın ortalama ömrü ayarlanıyordu. Kalp ameliyatında hastanın vücudunun belli bir yerinden damar alınarak tıkanan damarın yerine naklediliyordu. Bu damarın insan vücudunun neresinden alınmış olduğu ve kaç santim olduğu mühimdi. Bu tıbbî gerçeği bilenlerden bazıları, Amerikalıların onun sağlığıyla ilgili kararlar almış olabileceğini söylüyorlardı.

Velhasıl, sağlığında, bilhassa son yıllarında icraatlarıyla devamlı tartışılmış olan Özal, ölümüyle de yeni bir tartışma kapısı aralamıştı.

Romanya'da halk açlıktan kıvranırken
40 odalı villasında gününü gün ediyordu

NİKOLAY ÇAVUŞESKU

21 Aralık 1989 günü Romanya'da o zamana kadar hiç kimsenin hayal dahi edemiyeceği bir hadise oldu. Ülkenin mutlak diktatörü Nikolay Çavuşesku Başkanlık sarayının balkonundan halka hitap ederken, kalabalık arasında önce homurtular yükseldi. Ardından halk tıpkı bir yanardağ gibi patlayarak 70 yıllık öfkesini ortaya döküverdi. Yıllar yılı astığı astık, kestiği kestik diktatörün benzi sap sarı oldu, titremeye başladı. Nasıl olurdu? Halk kendisine nasıl karşı gelebilirdi? Oysa bu halk o vakte kadar emirlerine mutlak itaat etmiş, bir köle gibi Kızıl rejime sesini çıkartmamıştı. Meydanlardaki Lenin'in, Stalin'in heykelleri önünde saygı duruşunda bulunan, hele kendisinin olduğu toplantılarda bağlılıklarını tekrarlayan halk nasıl olurdu da şimdi bu tepkiyi gösterebilirdi?..

Üstelik protestolar bir anda ülkenin dört bir yanına yayılmıştı Kızıl diktatörlük ta temelinden sallanıyordu. Çavuşesku, saltanatının yıkılmak üzere olduğunu görmüştü. Son bir gayretle, gizli polis teşkilatı Securitate'leri devreye soktu. Protesto yapanların üzerine rastgele ateş açmalarını istedi. Öte yandan askerî birliklere de "karşı koyan herkesin öldürülmesini" emretti.

Debdebeli hayat

Securitate'lerin halkın üzerine ateş açması, halkı daha da öfkelendirmişti. Askerî cephede ise durum çok daha başkaydı. Askerler, kızıl diktatörlüğün pençesinde kıvrananların evlatlarıydı, üstelik onlar da 70 yıllık yalanla büyümüş, Komünizm yalanının yol açtığı ızdırabın pençesinde inim inim inlemişlerdi. Askerler halka silah çekmek şöyle dursun, bilakis tanklarıyla, silahlarıyla birlikte halkın yanında yer almaya başlamışlardı. Askerlere subaylar da katılıyordu.

Gelen haberler, artık kızıl imparatorluğun sonunun geldiği yönündeydi. Çavuşesku çifti 21 Aralık gecesinin her saniyesini kâbus dolu bir rüya gibi yaşamıştı. 40 odalı, iki katlı villaları, artık gözlerinde bir zindan gibiydi. Oysa bu binada ne debdebeli, şaşaalı bir hayat sürmüşlerdi. Halk açlıktan ölürken, onlar her gece altın sofra takımları içinde altı çeşit yemek yemekteydi. Çavuşesku ile eşi Elena'nın bir âdeti de, bir giydikleri kıyafeti bir daha üzerlerine geçirmemeleriydi. Nikolay Çavuşesku'nun gardrobunda Avrupa mallı 85 ipek pijama vardı. Artık elbiselerinin, ayakkabılarının, eşi Elena'nın elbiselerinin ve takılarının haddi hesabı yoktu.

Bu 40 odalı villayı dekore etmek için müzelerdeki birbirinden değerli orijinal eserleri getirtmişti. Çavuşesku'nun banyo yapması için Batı'dan düzenli olarak maden suyu ithal ediliyordu.

Bükreş'teki bu mâlikaneden ayrı olarak daha pek çok villaları, yazlık evleri vardı. Bunlar içerisinde, Karadeniz kıyısında Neptün şehrinde bulunan yazlık ev dillere destan olmuştu. Bu evin özel bir plajı vardı. Plajdaki kumlar özel bir askeri ekip tarafından elekten geçirilmekteydi. Bu evde diş tedavisi için cihazlar ve su ile doldurulmuş bir yüzme havuzu ve özel ısıtma sistemli başka bir havuz bulunmaktaydı.

Diktatörün kaçışı

Ne var ki, işte bütün bu saltanatın sonu gelmişti. Artık o muhteşem malikânenin duvarları Çavuşesku çiftini sıkmaktaydı. Devamlı düşündükleri husus, emin bir yere kaçmak, canlarını kurtarmaktı. Ancak nereye kaçacaklarını da tam olarak kestiremiyorlardı.

22 Aralık 1989 günü sabahın erken saatinde, Çavuşesku ile eşi Elena saraylara taş çıkartan villalarından ayrıldılar. Yanlarında güvendikleri adamları vardı. Arabalarıyla Bükreş sokaklarında bir müddet ilerlediler. O araba ile dikkat çekecekleri kesindi. Araba değiştirmeleri gerekti. Bir sokakta arabasını yıkamakta olan, sonradan adının Petrisor olduğunu öğrenecekleri bir işçiyi görmüşlerdi. Arabada bulunan gizli polis Securatate üyesi, 40 yaşlarındaki işçinin yanına gitti. Arabasını çalıştırmasını emretti. Çavuşesku çifti bu arabaya geçti. Araba şehirde dolaşmaya başladı. Yol boyunca da nereye gideceklerini tartışıyorlardı. Çavuşesku hiçbir yere sığınmak istemiyordu. Daha doğrusu âkıbetinden emin olamıyordu. Vakit ilerledikçe yıllarca ülkeyi inim inim inletmiş olan diktatörün korkusu büyüyordu. Bir ara ağlamaya başlamıştı. Onun bu şekilde kontrolü kaybetmesi üzerine eşi Elena, silahını Petrison'un başına dayayarak, arabayı yönlendirmişti.

Hava kararmak üzereyken, Park ve Bahçeler Müdürlüğünün önüne gelmişlerdi. Oraya gelince Çavuşesku, Patrisor'a, binaya giderek yardım istemesini emretti. Halkın kendisi için her fedakâklığa katlanacağını zannediyordu. Patrisor binaya girdiğinde orada bulunan 12 kişi televizyonu takip ediyordu. Onlara Çavuşesku çiftinin aşağıda arabada olduğunu söyleyince hepsi de şaşırmıştı. Zira televizyon diktatörün tevkif edildiğini duyurmuştu.

İşçiler yıllar yılı kendilerine kan kusturan diktatörün "çıplak kral" olduğunu görmüşlerdi. Artık ondan kurtulmanın hesabını yapıyorlardı. Petrisor ile birlikte başbaşa vererek bir plan yaptılar.

Petrisor dışarı çıkarak Çavuşesku çiftine gelmelerini işaret etti. Onlar binaya girer girmez, işçiler tarafından yakalanarak bir odaya kapatıldılar. İşçiler akabinde askerlere haber vermiş askerler de gelip devrik diktatörle eşini götürmüşlerdi.

Can telaşı ile Elena'nın annesini de villada unutan diktatörler, sonunda yakayı ele vermişlerdi.

Milyonları tir tir titretmiş olan diktatör, şimdi kendilerini yakalayıp götüren üç-beş kişinin yanında korkudan titriyor, serbest bırakılmaları için yalvarıp yakarıyordu. Yalvarmalar kâr etmedi.

Çavuşesku ve eşi, bir kışlaya götürüldü. Burada bir zırhlı aracın içerisine konuldu. Bu araç üç gün boyunca kışlanın içerisinde dönüp duracaktı.

27 Aralık 1989 günü Çavuşeskular için son gündü. Muhakemeleri bitmiş, idama mahkûm olmuşlardı. Her ikisi de canlı cenaze gibiydiler. Bir kışlanın avlusunda kurşuna dizildiler. Daha sonra cesetleri defalarca televizyondan gösterildi. sağken astığı astık, kestiği kestik olanlar, bir duvarın dibinde boş iki çuval gibi yığılıp kalmışlardı.

Diktatörlüğün izleri yok edildi

Halk kızıl diktatörlükten o kadar nefret etmişti, o kadar bunalmıştı ki, o diktatörlüğü hatırlatan en ufak işareti, izi bile ortadan kaldırmak istiyordu. İlk iş olarak bayraklardaki orak çekici kesip çıkarmışlardı. Ülkedeki, zulmün taşlaşmış, tunçlaşmış sembolü olarak dikilmiş olan bütün heykelleri kaldırmış, çöplüğe atmışlardı. Yıllar yılı halkın nefes alışını bile kontrol eden Securitate'lerin binaları istila edilmiş, gizli dosyalar ele geçirilmişti. Bu dosyalara bakan herkes hayret etmekten kendilerini alamamışlardı. Orada hemen her Romen vatandaşının hususi hayatındaki en küçük teferruat dahi fişlenmişti.

Nereden nereye gelinmişti?.. 20 Aralık 1989 günü bütün debdebesiyle ayakta duran, hiç yıkılmaz zannedilen, Securitatelerin ülke çapında korku havası estirdiği bir rejim, 24 saat içerisinde yerle bir olmuştu. Bu dünya 40 odalı sarayda saltanat süren Çavuşesku çiftine de kalmamıştı...

"Huysuz komşu"nun lider ismi
aylarca kıvrandıktan sonra öldü"
ANDREAS PAPANDREU

İkide bir, "Türkiye tehdidi"nden bahsetmesiyle muşhur olmuştu. Bilhassa ülkesi ekonomik kriz içerisindeyken, nazarları başka tarafa çevirmek için hep "komşusuna" yüklenirdi. Bu yüzden 1987 yılında neredeyse iki ülke savaşa girişecekti.

Kendisinden 36 yaş küçük bir hostese gönül vermesinden sonra bütün hayatı ve bütün düzeni değişecekti. O hostes uğruna dört çocuğunun annesi Amerikalı eşi Margaret'ten boşanacaktı. Oysa o "Amerikalı eş" kendisi için ne fedakârlıklara katlanmıştı.

Andreas Papandreu 1959'da Yunanistan'da politikaya atılıncaya ve milletvekili seçilinceye kadar Amerikan vatandaşı idi. Başka ülkelerde de birçok örneği görüleceği üzere, Amerika'da tahsilini tamamlamış, orada Amerikan vatandaşlığına geçmiş, hatta askerliğini Amerikan ordusunda yapmıştı.

Papandreu "siyaseten" Amerikan vatandaşlığından çıkmıştı, ama Amerika ile münasebeti ve "sıcak dostluğu" devam edecekti. 1967 yılında Albaylar cuntasının darbeyle yönetime el koymasından sonra tevkif edilmiş, ama Amerika'nın devreye girmesi ve ABD Başkanı Johnson'un "telkinleri" neticesi serbest bırakılarak yurt dışına gönderilmişti.

Türkiye'ye borçlu

Papandreu sürgünden sonra tekrar politikaya başlamasını, 1981 ve 1993 seçimlerinden sonra başbakan olmasını, bir bakıma "Türkiye'ye borçlu" idi. Zira, Türkiye'nin 1974'te Kıbrıs'a müdahale etmesinden sonra Albaylar cuntası devrilmiş, böylece Yunanistan'da dikta idaresi sona ermiş, birçok politikacı gibi Papandreu da ülkesine dönmüştü.

Papandreu Türkiye'ye olan borcunu, dedelerinin ezeli düşmanlığını dışa vurmakla ödemeye (!) çalışacaktı. Ne var ki o kadar sinirliliği, öfkeyi, fırtınalı aşk hayatını ihtiyar kalbi daha fazla taşıyamaz olmuştu.

Başbakan iken 20 Kasım 1995 tarihinde âniden hastahaneye kaldırılmıştı. Tam dört ay hastahanede, her gün can çekişerek müthiş ızdıraplar içerisinde yatmıştı. Artık iyileşmesinden umut kesildiği için başbakanlıktan istifa ettirilmişti.

21 Mart 1996'da hastahaneden taburcu olan Papandreu evinde müşahade altında tutulmaktaydı. Niyeti tekrar aktif politikaya atılmaktı. Oysa o sırada 77 yaşındaydı.

Papandreu 24 saat içerisinde çok çeşitli ilaç alıyor, her saniyesi kontrol altında tutuluyor, öylelikle gözünü açabiliyordu. 23 Haziran 1996 günü saat 2.30'da Atina'da bulunan radyo istasyonları normal yayınlarını keserek papandreu'nun "kalp yetmezliğinden öldüğünü" duyurdular.

Bu haber üzerine Yunanlılar şok oldu. Tuhaftı, 77 yaşına gelmiş, daha önce akciğer ve kalbinden ağır rahatsızlık geçirmiş, dört ay hastahanede ölümle burun buruna yaşamış bir insanın ölümü bile insanları şaşırtmaktaydı. Herşey açıktı, insanlar ölümü istemiyorlardı. Ancak Âdetullah kanunuydu. "Her nefis ölümü tadacak"tı. Ölümsüzlük ise kabirden sonra, Haşir meydanında uyandıktan sonraydı. Ancak şayet iman yoksa, o hayatta dirilenler, "keşke yüzbin kere acılar içerisinde kıvranarak ölseydim de bugün dirilmemiş olsaydım!.." diyeceklerdir, ama bu temennileri ezeli ve ebedi gerçeği değiştirmeyecektir.

Dünyanın en iyi korunan binası olduğu
iddiâ edilen gökdelenin 25. katında
kurşunlanarak öldürüldü

ÖZDEMİR SABANCI

Hâdise duyulunca, bütün ülkede herkes onu konuşmaya başlayacaktı. Sabancı Holding'in patronlarından Özdemir Sabancı, "dünyanın en iyi korunan binası" olarak lanse edilen "Sabancı Center'in" 25. katındaki odasında kurşunlanarak öldürülmüştü.

"Nasıl olur?" sorusunu çoğu kimse birbirine soruyordu. Üstelik katil veya katiller yakalanamamıştı. Televizyonlar hâdise mahallinden canlı yayın yapıyorlardı. Polisler binanın etrafını kuşatmış, âdeta kuş uçurtmuyorlardı. 9 Ocak 1996 günü, yani hâdisenin olduğu gün söylenilenlere göre, katil veya katiller hâlâ içerideydi ve yakalanmaları an meselesiydi.

Kamuoyu sanki bir polisiye film seyreder gibi, katilin yakalanmasını meraklı bekleyedursun, Sabancı ailesi derin bir üzüntü içerisindeydi. Ailenin müteşebbis ve çalışkan bir üyesini kaybetmişlerdi. Özdemir Sabancı Toyota SA'nın başındaydı. O gün şirket genel müdürü Haluk Görgün ve sekreter Nilgün Hasefe ile birlikte odasında şirketle ilgili günlük programı görüşüyordu. Birazdan bir suikaste maruz kalacakları akıllarının ucundan bile geçmiyordu.

Özdemir Sabancı'nın odasının bulunduğu kat çok sakindi. Binanın diğer katlarında yüzlerce insan hummalı bir çalışma içerisindeydi, ama o kat sakindi.

Suikastı yapan kişi veya kişiler, güvenlik mensuplarını atlatarak binaya girmeyi başarmışlardı. Aynı başarıyı içeriye silah sokarken de göstermişlerdi. Bütün bu operasyonu "içeriden aldıkları destekle mi gerçekleştirmişlerdi"? Bu soruya sağlıklı cevap bulunamamıştı.

Sabancı ve yanında bulanan iki kişi kurşunlanarak öldürüldü. Üç kişinin cesedi bir müddet sonra şirkette çalışan ve sessizlikten şühelenen kişilerce bulundu. Katiller son derece profesyonel kişilerdi.

Cinayet öğrenilir öğrenilmez, binanın çevresi sarıldı. İçeride arama yapıldı. Binada kim varsa içeride gözaltında tutuldu. Daha sonra titiz bir aramadan geçirilerek teker teker dışarı salıverildiler. Ama katil veya katiller bulunamadı.

Cinayetten yaklaşık bir sene sonra ilgililer Sabancı cinayetinin katilini yakaladıklarını açıkladı. Sakıp Sabancı ise bu "yakalama" açıklamasına öfkelenmekteydi. Çünkü gerçekte bir "yakalama" değil, "teslim alma" bahis mevzuuydu.

Mustafa Duyar isimli birisi 1996 Aralık ayının son günü Türkiye'nin Şam Büyükelçiliği'ne giderek teslim olmuştu. Teslim olan şahıs, DHKP-C isimli sol bir örgüte mensup olduğunu, cinayetten sonra örgüt tarafından sahte kimlikle Almanya'ya gönderildiğini, Almanya'dan da Suriye'ye gitmesi istendiğini, ancak örgütün burada kendisini yalnız bıraktığını, parasız kalınca da teslim olduğunu söylüyordu. Sanığın açıklamasına göre, teslim oluşun mühim bir sebebi de örgüt tarafından ortadan kaldıralacak olması ihtimaliydi. Zira suikasti gerçekleştirirken yanında bulunan bir kadın militan örgüt tarafından ortadan kaldırılmıştı. "Sabancıyı ben öldürdüm" diyen şahıs şöyle diyordu:

"Asıl hedef" Sakıp Sabancı'ydı. Ancak, girdiğimiz odada Özdemir Sabancı ile karşılaştık. Zaman kaybetmemek ve tehlikeye düşmemek için eylemi gerçekleştirdik."

"Asıl hedef" Sakıp Sabancı ise, kardeşinin acısını yüreğinde taşıyor ve idam cezasının fiiliyatta olmayışına hayıflanıyordu. Sabancıya göre, şayet teslim olan şahıs "gerçek katil" olmuş olsa bile çok çok 7-8 sene hapis yattıktan sonra elini kolunu sallayarak çekip gidecekti. Ateş ise düştüğü yeri yakacak, işlenen suça muâdil bir ceza verilmemiş olduğu için yüreklerdeki ateş soğumayacaktı.

Tartışılan cinayet

Sabancı'nın ölümü aylar boyunca tartışılacaktı. Adeta cam bir fanusta mükemmel bir şekilde korunan meşhur birinin dahi can güvenliği yoktu. Tartışılan bir konu da fâi-i meçhul cinayetlerin sayısı idi.

Yapılan resmi açıklamalara göre, 1995 yılı sonu itibariyle ülke genelinde "fâil-i meçhul" cinayet dosyası 13 bin 665 idi. Bu adliyeye intikal eden ve hakkında dosya açılan "fâil-i meçhullerdi". "Dosyasız fâil-i meçhul" sayısı ise çok daha kabarıktı. İşte bu ürkütücü durum tartışılırken, bir fâil-i meçhulun aydınlandığı söylenmişti.

Ne var ki Sabancı cinayetinde yığınla aydınlatılmaya muhtaç karanlık nokta vardı. Sabancı gibi bir isim niçin öldürülmüştü? Özel Hareket Polislerinden biri, bir özel televizyon kanalının programına telefonla katılmış ve Sabancı cinayetiyle ilgili şunları söylemişti:

"Özdemir Sabancı, otomotiv sektöründe faaliyet gösteren bir şirketler topluluğu tarafından öldürtüldü. Otomotiv piyasasına bu topluluğun sunamayacağı kadar kaliteli ürünler kazandırması, Sabancı'nın ölümünü hazırladı" (28 Aralık 1996 Akit) Acaba gerçekten öyle miydi?

Konuşulan husus, ölüm gerçeğinden çok, "ölümün

şekli" idi. Çok zengin, çok meşhur biri ölmştü. Ama ne hikmetse, hiç kimse, bir insanın 25. Katta, mükemmel bir şekilde korunmuş olsa bile, günün birinde ölümle karşılaşabileceğini düşünmek istemiyordu.

"Cesedimi yakın", "kadavra yapın" diyordu.
Ölümden sonraki hayattan müthiş korkuyordu

AZİZ NESİN

Tuhaf bir vasiyeti vardı. **"Cesedim kadavra olarak kullanılsın"**, **"Dini geleneğe uygun biçimde gömülmek istemiyorum"**, **"Vakfın Bahçesine gömülmek istiyorum"** diyordu.

Hükümet, "Nesin Vakfı" Bahçesine gömülmesi talebini kabul etmeyince, "Bir dahaki hükümete kadar ölmeyeceğim" diyordu. Ancak zaman, bir ip, bir şerit gibi onun da boynuna dolanmıştı, onu çeke çek "ecel darağacına" götürüyordu. Ölümden kurtuluş mümkün değildi. Hayatı veren Allahu Teâla, bir gün "emanet olarak verdiği" o hayatı alacak! Haşir sabahındaki uyanıştan sonra tekrar iâde edecekti. Ne var ki, Aziz Nesin, vücudunu mükemmel bir şekilde yaratan, kâinattaki her zerreye Tevhid mührünü vuran Allahu Teâla'ya inanmıyordu. İslamın esaslarına inanmıyordu. İnanmayıştan ayrı olarak, inanmadığı değerlere âdeta harp ilan etmişti. Her vesileyle Müslüman halkın inancına saldırıyordu. Hele hayatının sonlarına doğru bu saldırılarının dozu daha da artmıştı.

Halbuki, asıl adı Mehmet Nusret olan Aziz Nesin'in babası Abdülaziz Efendi dindar bir zattı. Oğluna da elinden geldiğince dini bilgileri öğretmişti. Ne var ki Aziz Nesin babasının bütün gayretlerine rağmen inançsızlık yolunu tutuştu. Bu yüzden babası ona "zındık" diyordu.

Aziz Nesin, 23. Tümen İstihkâm Bölüğü Komutanı iken, "İzinli erlerin istihkaklarını zimmetine geçirmekten" 3 ay 10 gün hapse mahkum edilmiş ve ordudan atılmıştı.

Maaşlı işinden olan Aziz Nesin, daha sonra kaleme sarılacak ve üzerinde yaşadığı topraklarda yaşayan insanların inanç manzumesine veryansın edecekti. Onun bu yönü en çok Rusya'nın hoşuna gitmekteydi. Kızıl ideolojinin en katı şekilde uygulandığı sıralarda Aziz Nesin'in kitapları Rusya'da "en çok satan kitaplar" arasında yer alıyordu.

Aykırı sözler

Başta SSCB olmak üzere bütün Demirperde ülkelerinde Komünizmin iflas etmesinden, putlarıyla birlikte yıkılıp gitmesinden sonra, Aziz Nesin bir tuhaf olmuştu. Dikkatleri üzerine çekebilmek için tuhaf tuhaf beyanatlar veriyordu. Meselâ bir gün, **"Türk halkının yüzde 60'ı aptaldır"** diyor, bir başka gün bu nisbeti az bularak şu şekilde konuşuyordu:

"Yüzde 60'a aptal dedim. Fakat az söylediğimi düşünüyorum. 1982 Anayasasına evet diyenlerin oranı esas alınmalı."

Yaşı ilerledikçe sağlığı da bozulmaya başlamış, hırçınlığı da o nisbette artmıştı. 1994 yazında prostat ameliyatı olmuş, ameliyattan sonra gözleri görmemeye başlamıştı. Aziz Nesin 1992 yılında da kalp ameliyatı olduğunu, o ameliyattan sonra gözlerinin artık iyice görmemeye başladığını söylüyor, **"Prostat ameliyatından sonra artık hiçbirşeyi göremez oldum"** diyordu.

Gazetelere ve televizyonlara verdiği beyanatlarla dikkatleri üzerine çekmeye çalışan Aziz Nesin ismi, 2 Temmuz 1993 günü cereyan eden Sivas hadiseleri üzerine bir anda gündemin ön sıralarına yerleşmişti. Halk artık onu, âdeta deniz üzerinde yüzen ve tahrip gücü yüksek bir mayına benzetiyordu. Konya'ya gittiğinde hiçbir otel onu kabul etmemiş, hiçbir taksici onu taksisine bindirmemişti. Herkes ondan kaçmıştı. (8 Nisan 1995, Sabah)

Salman Rüştü isimli İslâm düşmanı yazarın, Müslümanların mukaddesatına hakaretler yağdırdığı "Şeytan Âyetleri" isimli kitabını yayınlamayı kafasına koymuştu. "Ne yapıp edip bu kitabı yayınlayacağım" diyordu. Ne var ki buna ömrü yetmeyecekti.

Son anları

6 Temmuz 1995 günüydü. Foça'da bir tanıdığının evinde sohbet ederlerken fenalaşmıştı. **"Rusya'da yakalandığım krize benziyor, geçer"** demişti. Gaceyarısı kalkıp kaldığı otele gitmiş, otelde rahatsızlığı daha da artmıştı. Nefes almakta ve konuşmakta güçlük çekiyordu. Yanındakiler çaresizlik içerisinde çırpınıyorlardı. Aziz nesin gözlerinin önünde yavş yavaş can veriyordu.

Ambülansla birlikte doktorlar otele yetiştiğinde artık iş işten geçmişti. Aziz Nesin'in yüzü morarmaya, artık cansız vücudu soğumaya başlamıştı.

Çukurlardan bir çukura gömüldü

Aziz Nesin'in ölümünden sonra Bakanlar Kurulu, onun vasiyetine uymayı kararlaştıracak, Cumhurbaşkanı Süleyman Demirel de o kararı onaylayacaktı. Aziz Nesin vasiyeti gereği kendi adını taşıyan vakfın bahçesine gömülecekti.

Yine vasiyeti gereği, cenazesi yıkanmadı, cenaze namazı kılınmadı, dini merasim yapılmadı.

Vasiyetinin bir maddesi de cesedinin tıp fakültesi talebeleri tarafından kadavra olarak kullanılmasıydı. Ancak doktorlar, organlarının bozulduğunu belirterek, "Kadavra olarak kullanılamaz" diyorlardı.

Kadavra olmaya müsait olmayan ceset, vakfın bahçesine götürüldü. Bahçede sekiz çukur kazılmıştı. Vakıftaki herkes o civardan uzaklaştırıldı. Ceset o çukurlardan birine konuldu. Çukurları kazan dozer, toprağı çukurlara yerleştirdikten sonra o kısmı düzledi. Vasiyeti gereği mezar yeri belli değildi.

Son yıllarda, ateist olarak bilinen isimlerin karanlık mihraklarca suikastlerle ortadan kaldırılıp suçu dindarların üzerine yıkmak modaydı. Sonraki günlerde bütün o suikastleri yapan mihrakların mahiyeti bir nebzecik olsun aydınlanacaktı, ama durum anlaşılana kadar da koparılan gürültüler halkı çok rencide ediyordu. Aziz Nesin ise yüzde 80 nisbetiyle "aptal" dediği halkı hayli rencide edici konuşmalar yaptıktan sonra, her hangi bir provokasyona hedef olmadan, bu dünya sahnesinden çekilip gitmişti.

Şan, şöhret, servet kâr etmedi.
Her zaman acılar içerisinde yaşadı...
ZEKİ MÜREN

Kendisine "Sanat Güneşi" deniliyordu. Magazin basınında sık sık, boy boy fotoğrafları yayınlanıyor, apartmanlarından, gösterişli servetinden, tantanalı yaşayışından bahsediliyordu. O şekilde takdim ediliyordu ki, şöhret budalası bazı safdillerin ağızlarınnın suyu akıyordu. Bu "ökse"ye yakalananlar, "Ah biz de onun gibi olsak!" diye iç çekiyor, birçoğu "şöhret" olmak için evini, yuvasını terkediyordu.

Oysa, "milyonların sevgilisi" diye takdim edilen bu şahıs yalnızdı, hem de yapayalnız... "Mutluluktan uçuyor" diye lanse edilen "Sanat Güneşi" kendi kendine ölümlerden ölüm beğeniyordu.

Şan, şöhret, servet sahibi bu sanatçı, Zeki Müren'di. Dış cephesi parlak neon ışıklarıyla kaplı bu "şöhretin" iç dünyası kapkaranlıktı. 56 yaşında iken kendisiyle röportaj yapan gazeteciye şu şekilde içini döküyordu:

"Tam beş ay boyunca, neyle, nasıl öleceğimi düşündüm. Uyku haplarımın tümünü içsem, bağışıklık kazandığım için tam etkisini göstermeyebilirdi. Hastanede kurtarılsaydım, hayattan soğumamın samimiyetine kimseyi inandıramazdım.

"... Kendimi atacak en yüksek binayı aradım. Oturduğum salonun tavanındaki demire kendimi asmayı düşündüm." (30 Ocak '88, Hürriyet)

"Hayat dolu", "cıvıl cıvıl" gibi tabirlerle anlatılan sanatçı, işte bu şekilde; "hüzün dolu", "azap içinde azap çeken" bir vaziyette yaşıyordu. Hani derler ya, "Dışı seni yakar, içi beni" misali...

Röportajı yapan gazeteci "Hiçbir eksiğiniz yok" deyince Zeki Müren hemen sözünü kesmiş ve şöyle demişti:

"Öyle değil. Her insanın bir eksik yönü var. Kiminin maddî, kiminin mânevi. İnsanların hiç bir şeyi tam değil. Ben nice varlıklı kişiler gördüm, bahçıvanına baklava yedirip seyreden. Kendisi perhizde olduğu için..."

Izdıraplar içerisinde bir hayat...

Zeki Müren henüz genç yaşta şöhrete ulaşmıştı. Ondan sonra alkış sesleri devamlı yükselmiş, sesler yükseldikçe o daha çok alkış almanın yollarını aramıştı.

Halkı memnun etmek, dikkatleri üzerine çekebilmek için tuhaf işler yapmaktan çekinmiyordu. Meselâ, sahnede cicili, bicili elbiseler, kostümler giyiyordu. Cumhurbaşkanı Fahri Korütürk'ün Çankaya Köşkü'ndeki dâvetine 28 santimlik "apartman topuklu" ayakkabıyla gitmekte bir beis görmüyordu. Öyle ya, bütün basın kendisinden bahsediyor, halk onu konuşuyordu ya, bu kendisine yeterdi.

Gazinolarda şarkı söylüyor, film çeviriyor, reklamlarda rol alıyor, çuvallar dolusu para kazanıyordu. Tutumluydu. Kazandığı paralarla daireler, apartmanlar, hanlar alıyordu. "En zengin sanatçı" da kendisiydi. Öyle ki, servetinin ucunu bucağını kendisi de bilemez olmuştu.

Ne çâre ki mutlu değildi. Hep halkı mutlu ve memnun

etmek için uğraşıyordu, ama kendisi mutlu değildi. Neredeyse bir düzine hastalıkların pençesinde ızdırap içerisinde kıvranıp duruyordu.

1985'te Kuşadası'nda kalp krizi geçirmişti. Damar genişlemesi vardı. Bunun da tek çaresi kortizon hapları ve iğneleriydi. Bir ayda bu iğneleri olmuş 14 kilo birden almıştı.

Zaten 1980'den sonra sağlığı devamlı bozulmaya başlamıştı. Şişmanlıktan kaynaklanan kroner damar hastalığı, kalp yetmezliği, yüksek tansiyon gut (eklem iltihabı), diabet (şeker hastalığı) vardı. Ayrıca safra kesesinde de taş vardı ve zaman zaman acılar içerisinde kavranıyordu. Bütün bu hastalıklardan kaynaklanan çeşitli rahatsızlar yüzünden devamlı huzursuzdu.

O kadar servete rağmen doğru dürüst yemek yiyemiyordu. Devamlı olarak perhizdeydi. Avuç avuç hap yutuyor, devamli iğneler vuruluyordu. Bu ilaçların herbirinin yan tesirleri de vardı. Bu yan tesirlerin Zeki Müren için en çok rahatsız edici olanı "vücudunun ve yüzünün şeklinin bozulmuş olması" idi. Çok aşırı kilo almıştı.

Halktan kaçış

Onun için şekil ve dış görünüş çok mühimdi. İşte üzerine titrediği "güzelliği" kaybolup gitmişti. Bu yüzden halktan kaçıyordu. Bodrum'daki evine kapanmıştı.

Dışarıdan bakanlar onu mutlu görüyordu, ama o mutlu değildi. Kendisiyle röportaj yapan gazeteciye şöyle diyordu:

"Mezarımın Mecidiyeköy Kabristanında fazla gösterişten uzak inşâ edilmesini ve taşına da 'Gerçek mutluluğu tadamadan öldü' ibaresinin konulmasını rica ederim. Gerçek dost bulamadım. Güldürürken ağlıyordum, farkına varmadılar. Şöhret denen canavarın

pençesinde hayatımı yaşayamadım, yazık. Şöhret eşittir, yaşarken ölmek.. Yalnız yaşadım, yalnız öleceğim." (30 Ocak '88, Hürriyet)

Zeki Müren gerçekten de yalnızdı. Bodrum'daki mâlikanesi'nde pek çok hizmetçi, aşçı, şoför vardı. Ama o bu kalabalık arasında yalnızdı. Kimseyle görüşmek, hele halk içine çıkmak istemiyordu. Öyle ki, ameliyat için hastahaneye bile gitmek istememiş, 1995 yılında, kanserden şüphelendiği karnındaki şişliğin, evindeki gerekli düzenlemeler yapıldıktan sonra orada bir ameliyatla alınmasını istemiş ve bu operasyon gerçekleştirilmişti. (20 Ocak '97, Günaydın)

Naklen ölüm...

TRT ilgilileri sık sık Zeki Müren'in kapısını çalmaktaydı. Onunla ilgili gösterişli bir program düzenlemişlerdi. O programda kendisine 45 yıl önce Ankara Radyosunda ilk şarkısını okuduğu 12 numaralı mikrofonu da takdim edeceklerdi.

Sonunda Zeki Müren bu teklife "evet" diyecekti. İşte o anda program yapımcıları sevinçten havaya fırladılar. Diğer televizyon kanallarına "fark atacak", "reyting rekoru" kıracaklardı. Tarih de kararlaştırıldı: 24 Eylül 1996. Yer: İzmirde'ki TRT stüdyosu.

Zeki Müren çok heyecanlıydı. Uzun zamandır halkın karşısına çıkmamıştı. Heyecandan gözüne uyku girmiyordu. O gece için yeni elbise yaptırdı.

24 Eylül 1996 günü Zeki Müren'in İzmir'e gidişi olay oldu. Stüdyoya girdiğinde peşinde bir "gazeteci ordusu" vardı. Makyajı titizlikle yapıldı. Gazeteciler kare kare fotoğraflarını çektiler.

Derken program başladı.

Program TRT televizyonunda canlı olarak yayınlanıyordu. Sıra mikrofonu vermeye gelmişti Zeki Müren 45 yıl önce şarkı söylediği mikrofonu alırken elleri titremeye başladı. Önce sağ eliyle titreyen sol elini tuttu. Soluk alıp vermesi hızlandı, dizleri titriyordu. Sunucu Hülya Aydın Taşar'ın elini morartırcasına sıkmıştı. Koltuğa doğru yöneldi. Sunucuya şöyle dedi:

"Sakın insanların içinde düşmeyeyim. Benim yere düştüğümü halk görmesin."

Son anında bile "halka güzel görünmeyi" düşünüyor ve "halk için" hareket ediyordu.

Stüdyoda telaş başlamış, televizyon çekimi durmuştu. Zeki Müren koltuğa oturtuldu. Zor nefes alıp vermeye başlamıştı.

Son olarak, "Çocuklar ben bunların hiçbirini yapamayacağım" dedi ve son nefesini verdi.

O andan itibaren Zeki Müren için "imtihan defteri" kapandı. Fânî dünyaya veda etti. Ebedî hayata doğru ilk adımını attı.

Bazı gazeteler onun ardından sayfalar dolusu neşriyat yaptı.

TV kanalları ondan bahsetti. Onun için "devlet töreni" bile yapıldı. Ama, bütün bunlar, artık ona bir fayda vermeyecekti.

O artık toprağın altında ameliyle başbaşaydı...

"Şöhret canavarı" onu yeyip bitirmişti. "Canavar besleyicileri" ise, kısa zamanda onu unutmuş, yeni "avların" peşine düşmüşlerdi...

Cesedi iki defa gömüldü
VEHBİ KOÇ

Halk arasında yaygın, olan **"Kârun kadar zengin"** sözünün pabucunu dama atmıştı. Ahâli artık, **"Vehbi Koç kadar zengin"** diyor, **"Beni Vehbi Koç mu zannettin?"** diye sitemde bulunuyordu.

İsmi, zenginliği hatırlatıyordu. Gerçekten de zengindi, hem de çok zengin. Sadece Türkiye ölçüsünde değil,dünya ölçüsünde de zengin. Dünyanın en zengin kırk kişisi arasında gösteriliyordu.

Nereden nereye...

Vehbi Koç, "anadan doğma zengin" değildi. İş hayatına babasının yanında "bakkal çırağı" olarak atılmıştı. Ancak fırsatları iyi değerlendirmesini bilmişti. Birinci Dünya savaşından yeni çıkıldığı sıralarda, ülkede "iğneden ipliğe" herşeye ihtiyaç vardı. Vehbi Koç, Rumlarla köseleciliğe, Musevilerle hırdavatçılığa girişerek işlerini büyütmüştü. Sonraları bu yabancılarla işbirliğini devam ettirecekti. Bilhassa Amerikan şirketleriyle sıkı diyalog kuracak, onların temsilciliklerini alacaktı.

Vehbi Koç, esaslı servetini devlet ihalelerinden elde etmişti. Tek Parti-Tek Şef devrinde iktidarın gözde işadamlarındandı. Artık evlerinde sobanın, banyonun, buzdolabının, çamaşır makinasının olmadığı, 5 numaralı gaz lambanın yandığı fakirlik günleri geride kalmıştı.

Soyadını taşıyan holdingi kurarak iş sahasında "imparatorluğunu" ilan eden Vehbi Koç, 1987'de Hindistan Başbakanı Rajiv Gandi'nin elinden, "Dünyanın en iyi işadamı" ödülünü almıştı.

Maddi olarak her imkana sahipti, ancak sağlık problemleri yüzünden doğru dürüst yemek yiyemiyor, devamlı doktor kontrolünde yaşıyordu. 1984'te bağırsak düğümlenmesi geçirmiş ve ameliyat olmuştu.

Doktoru, "yormayın kendinizi" dedikçe, Vehbi Koç; "Fazla frenlemeyin beni, öleceksem de ölürüm" diyordu.

25 Şubat 1996 günü bayram tatilini geçirdiği Antalya'daki otelin kral dairesinde son nefesini vereceği yakınlarının hayalinden bile geçmemişti. O gün doktoruyla birlikte kral dairesine çıkmıştı. Doktoru henüz kapıya çıkmıştı ki, hemşirenin çığlığı üzerine dönüp içeri girdi. Vehbi Koç yerde uzanmış yatıyordu.

Doktor derhal telefona sarıldı, hastahaneden tıbbî cihazlar getirtti. Yapılan bütün müdahalelere rağmen Vehbi Koç'un nefes darlığı giderilemedi. Kızı ve özel doktoru başucundayken son nefesini verdi.

Vehbi Koç öldüğünde 95 yaşındaydı. Ancak 195 yaşında da olsa bir gün ölüm gerçeği ile karşılaşacaktı. Takdir-i ilâhî böyleydi.

Eli sıkılığıyla tanınan Vehbi Koç ömrünün sonlarına doğru elini açmış, "Nüfus planlaması" için hayli para harcamıştı. Avrupa, "çocuk doğurma kampanyası" açarken, Vehbi Koç Türkiye'de nüfusun sınırlandırılması için kampanya başlatmıştı. Bu çalışmalarından dolayı, "Birleşmiş Milletler Nüfus Ödülü"ne layık görülmüş ve ödülünü 14 Haziran 1994'te yapılan bir merasimle BM Genel Sekreteri Butros Gali'nin elinden almıştı.

Şatafatlı merasim ve sonrası

Vehbi Koç için, Türkiye'de eşine ender rastlanan bir tören yapılmış, cenazesine ülkenin tanınmış politikacıları, bürokratları, sanatçıları katılmıştı. Ancak bütün o insanlar dağılıp gitmiş; dünyanın en zengin kişisi Vehbi Koç, mezara, en fakir insanın cenazesine de sarılan birkaç metrelik kefenle birlikte konulmuştu.

Vehbi Koç 27 Şubat 1996'da gömülmüştü. 25 Ekim 1996 tarihli gazetelerin manşeti ise yine Vehbi Koç'la ilgiliydi. Bu çok zengin işadamının naaşı çalınmıştı.

Çalınan naaş, aylar boyunca sırra kadem bastı. Aradan yaklaşık üç ay geçtikten sonra, çalınan cesedin bulunduğu açıklandı. Ceset bozulmuş, tanınmaz hale gelmişti. Cesedi çaldıkları açıklanan dört kişi, bu işi "inceleme yapmak maksadıyla" yaptıklarını söylüyorlardı..

"Yüzde 99 Vehbi Koç'a aittir" denilen ceset, 10.1.1997 tarihinde yapılan ikinci bir merasimden sonra, Zincirlikuyu'daki aile kabristanına tekrar defnedildi. Böylece bu meşhur iş adamı, ikinci defa gömülmüş oldu.

Hakikî îmanı elde edenin kâinata meydan okuyacağını bütün dünyaya gösteren şehid

CEVHER DUDAYEV

22 Nisan 1996 tarihinde bütün dünya bir haberle çalkalandı. "Çeçen lider Dudayev bir Rus bombardımanı sonunda öldürüldü!"

Haberin doğru olduğunun anlaşılması üzerine İslâm dünyası hüzne büründü. Ama Müslümanlar Dudayev için, yabancı ajansların kullandığı "öldü" kelimesini kullanmıyorlardı. Zira Kur'ân, o kelimeyi kullanmayı yasaklıyordu. Allahu Teâlâ Bakara Sûresi'nin 154. âyetinde şehidler için şöyle buyurmaktaydı:

"Allah yolunda öldürülmüş olanlar için 'ölüler' demeyin. Bilakis onlar diridirler. Fakat siz iyice anlamazsınız."

Dudayev bütün dünyaya, **"hakikî imanı elde eden kişilerin kâinata meydan okuyabileceklerini"** gösteren mücâhitlerin lideriydi. Çeçenistan topu topu 1 milyon 200 bin nüfuslu bir yerdi. Karşılarında ise 150 milyon insan gücü olan, dünyanın en gelişmiş silahlarına sahip koca Rusya vardı. Fakat o bir avuç Müslüman, tıpkı Tâlut'un ordusu gibi sebat etmiş, küfrün bütün ordularına karşı durmuştu. Bu, dünya tarihinde eşine ender rastlanan bir mücâdeleydi.

Mücadelenin başlangıcı

Çeçenler asırlardan beri Moskof keferesiyle mücâdele etmekteydi. Şeyh Şâmil'in 1859'a kadar tam 40 yıl devam eden şanlı mücadelesi dillere destan olmuştu.

Çeçenler her fırsatta istiklâl için ayaklanmaktaydı. En son 2. Dünya Savaşı yıllarında ayaklanmış, bu ayaklanmanın bedelini çok ağır ödemişlerdi. Kızıl diktatörlüğün meşhur "kasabı" Stalin'in emriyle 1944 tarihinde bütün Çeçenler, çoluk çocuklarıyla birlikte Sibirya'ya, Kazakistan'a sürgün edilmişti.

Dudayev işte o sürgün senesinde doğmuş, 13 yıl sürgünde yaşadıktan sonra 1957 yılında ailesiyle birlikte Kuzey Kafkasya'ya yani vatanına dönmüştü.

Tahsiline Rus harp mekteplerinde devam eden Dudayev, Tambov Askerî Pilot Eğitim Yüksek okulu'ndan mezun olmuş, ondan sonra süratle terfi etmeye başlamıştı.

Dudayev daha küçük yaşlarda ailesinden dinî bilgileri edinmiş, ruhunun derinliklerine İslâm hakikatlerini yerleştirmişti. O bir yandan kendisini yetiştirirken, bir yandan da Cenâb-ı Hak'tan niyaz ettiği, "müsait günlerin gelmesini" kollamaktaydı.

Kızıl diktatörlüğün çatırdamaya başladığı sırada Dudayev Estonya'da, "Tartus Garnizon Komutanı" olarak vazife yapmaktaydı. Estonya'da bağımsızlık hareketleri başlayınca SSCB yöneticileri Dudayev'e bu Cumhuriyetin parlamentosunu ve televizyon kulesini kuşatması emrini vermişti. Ancak Dudayev bu emri uygulamayı reddetti. Bu tavrıyla bir anda dünyanın gözünü üzerine çevirdi. Artık o, "isyancı general" olarak tanınıyordu.

SSCB idaresi onu Estonya'daki vazifesinden alıp başka üst düzey görevlere vermek istedi. Dudayev bu teklifi reddetti ve 1990'da Grozni'ye döndü. Bu esnada rütbesi "Tümgeneral"di.

Böylece tahsilini tamamladıktan ve yeterli tecrübe edindikten sonra vatanına dönen Dudayev, ordudaki görevinden istifa etti. Müslüman halkın arasına sâde bir insan olarak katıldı. Ancak Çeçenler, onu bağırlarına basmakta gecikmeyeceklerdi. Dudayev, önce "Çeçen Birleşik kongresi"nin başkanı, 1991'de de devlet başkanı oldu.

Dudayev, bütün dünyaya Çeçenistan'ın bağımsız bir ülke olduğunu ve bundan böyle Şer'î hükümlerle yönetileceğini duyurmuştu. Bu arslan kükreyişi dünyadaki bütün zındıka komitelerini sarsacaktı.

Rusya bu sesi boğmak için harekete geçti. Kasım 1991'de Çeçenistan'a ordu sevketti. Ancak çetin bir kayaya çarptığını anlamakta gecikmedi. Çeçenler meydanlara toplanmış cihad marşları söylüyor, tekbirler getiriyor, savaşa hazırlanıyorlardı. Üç gün devam eden savaş sonunda Rusya, Afganistan'daki âkıbete uğramaktan çekindi. Rus ordusundaki bütün Müslüman askerler tanklarıyla, silahlarıyla birlikte Çeçenlerin safına iltihak etmişlerdi. Bu durumu gören Rusya geri çekilmek mecburiyetinde kaldı.

Çeçenistan, Kafkasya bölgesinin "Kuveyt"i gibiydi. Çok zengin perol yataklarına sahipti. Üstelik çok stratejik bir noktada bulunuyordu. Bu ülke âdeta Orta Asya'nın kapısı ve Türkiye'nin sırtını yasladığı yalçın bir kaya gibiydi.

O bölgede müstakil bir İslâm ülkesinin varlığı hem Rusya'nın, hem Amerika'nın, hem de bütün Batı dünyasının işine gelmiyordu.

Kapalı kapılar ardında yapılan toplantılar sonunda Rusya'nın harekete geçmesi kararlaştırıldı. Rusya 11 Aralık 1994'te bütün ordularıyla birlikte Çeçenistan'a saldırmaya başladı.

Bu savaşta tarafların kuvvetleri târif edilemeyecek şekilde muvazenesizdi. Rusya'nın elinde yüzlerce savaş uçağı, binlerce tank ve sayısız bomba vardı. Çeçenler bir avuçtu ve ellerinde derme çatma silahlar bulunmaktaydı.

Ruslar başşehir Grozni'yi ele geçirmiş, şehri yakıp yıkmıştı. Ayrıca bütün yerleşim merkezlerini bombalıyor; kadın, çocuk, yaşlı demeden sivilleri hunharca katlediyorlardı.

Çeçenlerse dedeleri Şeyh Şâmil'in ve Ruslara kan kusturmuş olan mücâhitlerin taktiğini uygulamış ve dağlara çekilmişlerdi.

Vurkaç taktiği

14 Haziran 1995'te Şâmil Basayev liderliğindeki Çeçen operasyonu bütün dünyada hayretle karşılandı. Çeçen mücâhidler Rus topraklarında ilerlemiş, Buddennovsk kasabasındaki hastanede binden fazla insanı rehin almış, bu operasyondan sonra zayiat vermeden geri çekilmişlerdi.

9 Ocak 1996'da bu defa Dudayev'in damadı Salman Raduyev liderliğindeki bir mücahid grubu operasyon düzenledi. Dağıstan'ın Kızılyar kasabasında iki bin kişiyi rehin alan mücahitler Rus ordularının kuşatmasını yararak geri çekildiler.

Bu gibi operasyonlar Rusya'nın gözünü yıldırmıştı. Onlar ve destekçileri Dudayev'i ortadan kaldırmadan çeçen direnişini kıramayacaklarını düşünüyorlardı. Bu bakımdan bütün dikkatlerini Dudayev üzerine teksif etmişlerdi.

Şehâdet gecesi

ABD Başkanı Clinton'la Rusya Federasyonu Başkanı Yeltsin 20 Nisan 1996'da bir görüşme yapmıştı. Bu görüşmede, "Çeçenistan operasyonu"nun görüşüldüğü bilâhare kamuoyuna yansıyacaktı.

21 Nisan'ı 22 Nisan'a bağlayan gece (1996) Dudayev bir telefon bağlantısı için Gekhi-Çu köyüne gitmişti. Bu-

rada bulunan uydu telefonuyla Rus milletvekili Konstantin Borovoy'la arasında şu konuşma cereyan etti:

Dudayev: Yakında Moskova çok ısınacak. Siz kent merkezinde mi yaşıyorsunuz?

Borovoy: Evet, İçişleri Başkanlığı binasının hemen yanında.

Dudayev: Taşınsanız iyi olur.

Borovoy: Benden böyle bir şey isteyemezsiniz!

Dudayev: Rusya yaptıklarına pişman olacak!

Konuşmanın tam bu kısmında köye peş peşe bombalar düşmeye başlamış, telefon görüşmesi kesilmişti.

Savaş uçakları Grozni'nin 35 kilometre güneybatısındaki Gekhi-Çu'ya bombalar yağdırıyordu. Ayrıca köye güdümlü roketler de düşmekteydi. Atılan bombaların tahrip gücü o kadar yüksekti ki, bir otomobili elli metre havaya kaldırmıştı. O kargaşa esnasında bomba parçalarından biri Dudayev'in kafasının arkasına isabet etti.

Dudayev artık son anlarını yaşadığını anlamıştı. Henüz şuûru yerindeydi. Yanında bulunanlara, **"Davamızdan vazgeçmeyin, sonuna kadar götürün"** diye vasiyette bulundu. Daha sonra kelimei-i şehâdet getirdi ve son nefesini verdi.

Dudayev'in cihad arkadaşları bu aziz şehidi, Salazşi'de annesinin mezarının yanına defnettiler.

Suikastte ABD parmağı

Dudayev'e yapılan bu suikastte ABD'nin parmağının da bulunduğu bilâhare ortaya çıkacaktı.

Çeçen yetkililere göre bu suikast, 20 Nisan'daki Yeltsin Clinton görüşmesinde kararlaştırılmıştı. Dudayev'in hayatını kaybetmesine sebep olan güdümlü roket, Amerikan yapımı INMARSAT uydusu tarafından koordinatların verilmesi üzerine hedefi vurmuştu.

Dudayev'in şehâdetinden sonra liderlik nöbetini devralacak olan Selimhan Yandarbiyev, Dudayev'in, seyyar uydu telefon bağlantısı sırasında Rus füzeleriyle vurulduğunu belirterek şöyle demekteydi:

"Uydu telefonun yerinin belirlenebilmesi için, Rusya'ya gerekli bilgileri ABD verdi".

Dinin gücü

Dudayev, İslâm'a candan bağlı bir liderdi. İman gücünün neler yapacağını fiilen ispatlamıştı. Şehâdetinden önce yaptığı son basın toplantısında bir Fransız gazetecinin, **"Hayatınızda dinin yeri nedir?"** sorusuna şu cevabı veriyordu:

"Din, bizim hayatımızın temelidir. Rusya gibi büyük, asker ve silah bakımından bizden bin kere güçlü bir devletin zulüm, işkence ve soykırımına karşı iki senedir inancımız olduğu ve Müslüman olmamız sebebiyle yüce Allah yardım ederek bizi koruduğu için direnebildik. Dinimiz, Rusya gibi bir dinsiz gücün bize karşı sürdürdüğü tarihin en kanlı ve şiddetli savaşını, adaletli ve kanunlara uyarak yapmamız için bize güç veriyor."

Gerçeken de Ruslar, kimyevî silahlar ve zehirli gazlarla sivil halkı imha etmek isterken kadınları, yaşlıları ve çocukları dahi hunharca katlediyorlardı. Dudayev'se İslâm'ın hükümlerine harfiyyen uymakta, esirlere şefkatle muamele edilmesini emretmekteydi.

Dudayev yine o son basın toplantısında Rusya'nın yaptığı hunharlıktan Batı dünyasının da mesul olduğunu, zira Batı dünyasının bu soykırımı durdurmak için harekete geçmedikleri gibi, bilakis her sahada Rusya'ya destek verdiklerini söylüyordu.

Dudayev, mücahidlere karşı çok şefkatli bir komutan,

ülkesinin geleceğini hesap ederek tedbirler alan müdebbir bir idareciydi. O savaş yıllarında dahi çok sayıda Çeçen gencini muhtelif İslâm ülkelerine göndererek oralarda ilim tahsil etmelerini sağlamış ve onları savaş için geri çağırmamıştı. Savaş için çağırdığı bir tek genç vardı: Oğlu... İsviçre'de tahsil yapan oğlunu çağırarak cepheye göndermiş, bu yiğit oğlu kendisinden kısa müddet önce cephede şehid düşmüştü.

Ateist düşünce, kendisine
kanserden daha fazla ızdırap veriyordu
FRANÇOIS MİTTERAND

3. Napolyon'dan sonra iktidarda "en uzun süre kalan" lider olarak tanınan François Mitterand, âdeta Fransa'nın sembolü olmuştu. Bir insanın hayatta elde edebileceği dünyalıkları, mevki ve makamları fazlasıyla elde etmişti. Hayatı âdeta bir "macera ve mücadele filmi" gibiydi.

İkinci Dünya savaşında vurularak Almanlar'a esir düşmüş, ancak daha sonra esir kampından kaçmayı başarmıştı. Ekim 1916'da doğan Mitterand, çok genç yaşta politikaya atılmış, 30 yaşında milletvekili, 31 yaşında bakan olmuştu.

Başbakan yardımcısı, devlet bakanı, Denizaşırı Toprakları Bakanı, İçişleri Bakanı, Adalet Bakanı olmuştu. Ama bütün bu mevki ve makamlar onu tatmin etmiyordu. Onun gözü yükseklerdeydi. Hem de en yükseklerde... Cumhurbaşkanlığında... Bu makam bu ülkede "sembolik" değildi. "Devlet Başkanlığı" gibiydi. Yetkileri çok fazlaydı. Ülke idaresine, renk, şekil ve yön verebilen bir makamdı.

Mitterand, De Gaulle yönetimine muhalifti. Bu muhalefetini gitgide arttıracak ve Fransa'nın en güçlü siması De Gaulle'nin karşısına aday olarak dikilecekti.

Demokratik ve Sosyalist Sol Federasyonu kuran Mitterand, Aralık 1965'te yapılan Başkanlık seçiminde solun tek adayı olarak General De Gaulle'nin karşısına çıktı. İkinci turda oyların yüzde 44.8'ini aldı ve seçimi kaybetti.

Bu mağlubiyet, Mitterand'ı daha da kamçılamıştı. 1971'de Yeni Sosyalist Parti'nin kuruluş çalışmalarına katıldı ve bu partinin genel sekreteri oldu. Sosyalist Parti, Komünist Parti ve Sol Radikallerin imzaladığı ortak bir hükümet programı çerçevesinde birleşen solun adayı olarak Mayıs 1974'teki başkanlık seçimine katıldı.

Bu seçimde de ikinci turda oyların yüzde 49.19'unu alarak V. Gescard d'Estaing karşısında mağlup oldu.

Cumhurbaşkanı Oluşu

Bu ikinci mağlubiyet te Mitterand'ı pes ettirmemişti. 1981'deki seçimde yine sol muhalefet güçlerini birleştirerek tekrar sahneye çıkan Mitterand, bu defa ikinci turda oyların yüzde 51.75'ini alarak Cumhurbaşkanı seçildi. Seçilir seçilmez de Millet Meclisini lağvederek sol tandaslı Pierre Mauroy'u başbakanlığa getirdi.

Mitterand'ın sırtını dayadığı Sosyalist Parti günden güne zayıflayacak ve 1986'daki seçimde muhalefet yarışı kazanacak ve Mitterand muhalif partinin mehsubu J. Chirac'ı hükümeti kurmakla vazifelendirecekti.

Şaşaalı günlerinde ülkenin dört bir yanında dev gibi binalar yaptırmasıyla meşhur olmuştu. O da tıpkı Mısır Firavunları gibi bu binalarla hatırlanmak, unutulmamak istiyordu. Batı ülkelerinin ve Amerika'nın İslâm ülkelerini ezme ve sömürme politikalarını destekliyordu. Bu maksatla, Ruanda, Bosna, Somali ve Körfez'e asker yollamıştı.

Müslüman ülkelerin bölünüp parçalanmasını savunurken, Avrupa ülkelerinin birleşmesini, kenetlenmesini ve aradaki bütün duvarların kaldırılmasını istiyordu. Bunun için de gece gündüz demeden çalışıyordu. Bu çalışmalarıyla Avrupa Birliği'nin mimarlarından biri olarak hatırlanacaktır.

Bu birlik ve beraberliğe ehemmiyet vermesi onu ayakta tutacak ve partisi puan kaybetmesine rağmen, kendisi halk desteğini kaybetmeyecekti. Bu destekle 1988'de yeniden Cumhurbaşkanı seçildi.

1990'a gelindiğinde bütün dünyada esen fırtına Fransa'yı da etkileyecekti. Komünizm; ideolojisi, sistemi ve hatta zulmün taşlaşmış, tunçlaşmış sembolü olan putlarıyla birlikte yerle bir oldu. Komünizmin yavrusu olan sosyalizm de bundan büyük ölçüde etkilenecekti. Mitterand'ın kurup iktidara taşıdığı sosyalist parti, güneşin önündeki kar gibi eriyip gidiyordu. Mart 1993'te yapılan genel seçimlerle sosyalistler ağır bir yenilgiye uğramışlardı. Karşılarındaki sağ ittifak 577 sandalyeli mecliste 482 sandalye elde etmişti.

Vücudu da Eriyor

Partisi ve ideolojisi gibi Mitterand'ın hücreleri de erimeye başlamıştı. Doktorları ve yakınları onun hastalığını uzun müddet sır gibi saklamışlardı.

Mitterand, prostat kanseriydi. Ne kadar saklamaya çalışsa da, yüzünün rengi, halsizliği, derin ızdırap içerisinde kıvranırken uzun müddet kamuoyu önüne çıkmayışı, ortada saklanan bir gerçek olduğunu haber veriyordu.

İlaçla tedavi kâr etmeyince bıçak altına yatmıştı. Bir ameliyat, bir ameliyat daha... Ama nafileydi, kanser vücudu kemirmeye devam ediyordu.

1995'te görevi Jacques Chirac'a devreden Mitterand, artık ölümü beklemeye başlamıştı.

Ateist Düşüncenin İflası

Ölüm gerçeğiyle yüz yüze gelen Mitterand, büyük şok geçirmişti. Mükemmel bir san'at eseri olan insan, nasıl yok olup giderdi? Ölüm yokluk muydu?

Yeryüzünde milyonlarca, milyarlarca insan vardı. Hiçbirinin siması diğerine benzemiyordu. Hatta parmak izleri ve sesleri dahi farklı farklıydı. Bütün bunlardan öte her bir çiçek, her bir ot dahi birbirinden farklıydı. Bu "benzemezlik" bir tesadüf müydü? Vücut organlarının dengeli, ölçülü ve en güzel bir şekilde yerleştirilişi bir tesadüf müydü?

Mükemmel bir san'at eseri olan tabiattaki varlıkların doğumu, büyümesi, faaliyetleri tamamen bir tesadüfün eseri miydi? Bir avuç toprak içerisinde, binlerce, milyarlarca fabrika veya bilgisayar programı mı vardı ki, farklı farklı bitkiler, sebzeler filiz veriyordu?

Güneşin belli bir mesafede duruşu, dünyanın belli bir hızda, belli bir eğimde dönüşü, ayın dünya etrafında pervane oluşu, yağmurun yağışı mahlukatın birbirinin imdadına koşturuluşu hep birer tesadüf müydü?

Mitterand artık hep bunları düşünüyor ve sır arkadaşı doktorlara bu mevzuları açıyordu.

Yıllar yılı Fransa'da ateizmin öncülüğünü yapmıştı Mitterand. Allah'ın varlığına, âhiret inancına karşı çıkmıştı.

Ama son zamanlarda bir vakitler ülkeye hükmeden, bir işaretiyle yüzbinleri idare eden o mağrur Mitterand gitmiş, yerine acz-i mutlak ve fakr-ı mutlak içerisinde olduğu apaçık gözler önünde duran bir insan gelmişti.

Yetmiş küsur yıl boyunca, vücudun harap olan her zerresinin yerine yeni hücreler gönderen, hem de o hücreleri "gaybî bir kışlada" talim ettirerek vazifesini öğreten ve meselâ bir göz hücresine göze yerleşir yerleşmez görme kabiliyeti veren Kuvvet ve Kudret Sahibi, imtihan gereği, o hücrelerden bir kısmının vazifesine son vermişti. Hangi güç, hangi kuvvet, hangi servet o yok olan hücrelerinin yerine yenisini getirebilirdi? Tıbbın bütün imkanları kullanılıyor, ama gözle görülmeyen bir mikropla başedilemiyordu. İşte mağrur insanlık, bu kadar âciz ve bir hücreyi satın alamayacak, elde edemeyecek kadar fakirdi.

Artık Mitterand'ın dünyasında da ateizm iflas bayrağını çekmişti. Ürolog Prof. Vallancien, Mitterand'ın son günleriyle ilgili şu bilgileri veriyordu:

"Mitterand, birkaç gün önce bana son derece sakin ve soğukkanlı bir şekilde, bir aydan fazla yaşayamayacağını söylemişti. Ölüm onu korkutmuyordu, ancak sonrası hakkında bir çok soru soruyordu."

Ölüm Sonrası Hayat

Mitterand hayatı boyunca din adamlarına karşı hep soğuk ve mesafeli durmuştu. Oysa kanser hastalığına yakalandıktan sonra bu tavrı tamamen değişmişti. Din adamlarını sık sık evine davet ediyor, onlarla uzun uzun sohbet ediyordu. Onlara bıkıp usanmadan ölümden sonra ne olacağını, âhiret hayatını soruyordu. Mezardan sonrası sonsuz bir karanlık mıydı? Tekrar dirilişin mahiyeti nasıldı? Sorularının ardı arkası kesilmiyordu. Papazlar bütün bildiklerini anlatıyorlardı. Ama Mitterand'ın soruları bitmek bilmiyordu. Öldükten sonra ne olacaktı?

Bu kâinatın hâkimini, sultanını, insanları imtihan için bu dünyaya gönderip âhiret hayatında tıpkı bahar mevsiminde yüzbinlerce çiçeği bitirişi gibi var edecek olan Kudret Sahibini, yani Allahu Teâlâ'yı inkar etmiş olmak, artık ona kanser mikrobundan çok ızdırap veriyordu. İki sene boyunca çok şiddetli acılar çekmişti, ancak inançsızlık acısı çok daha dehşetliydi.

Mitterand 8 Ocak 1996'da 79 yaşında öldüğünde, ardında yığınla sorular bırakarak gitti. Onun ölüm haberini veren bir gazete resim altı yazısında şöyle diyordu:

"Ateist olduğu söylenen Mitterand, son aylarında durmadan din adamlarına, öteki dünya sırlarını soruyordu ve sonunda o da bu sırra erdi." (9 Ocak '96/Hürriyet)

Gerçekte, "o sırra erip ermediği" meçhuldü. Onun gibi daha niceleri, gözlerinin önündeki sayısız haşir delillerini, yani öldükten sonraki dirilmenin delillerini göre göre âhiretin varlığını inkara; Bütün kâinatı sonsuz ilmiyle, hikmetiyle, rahmetiyle idare eden Yaratıcı'nın sonsuz eserlerini göre göre Allah'ı inkara devam ediyorlardı. Tıpkı devekuşu gibi, "ölüm avcısı" kendilerini görmesin diye kafalarını içki, uyuşturucu, müstehcenlik, sefih bir yaşayış kumuna gömüyorlardı. Ama sonunda Cumhurbaşkanı da olsalar "ölüm avcısı" gelip onları buluyordu. O mağrur insanlar, gözle görülmeyen bir mikrop tarafından kaldırılıp yere vuruluyordu...

Son anlarında öyle neşeliydi ki ölüm gerçeği kimsenin hayâlinden geçmemişti.

ALPARSLAN TÜRKEŞ

4 Nisan 1997 günü geceyarısına doğru televizyonlarının karşısında vakit geçirenler birkaç satırlık altyazıyı okuyunca donakalmışlardı. "Türkeş öldü" deniliyordu. Haber bir anda Türkiye'yi sardı. Kısa zaman sonra TV kanalları Alparslan Türkeş'in yattığı hastahaneden canlı yayın yapmaya başladılar.

Haberi işiten Ankara'daki Ülkücü gençlik, hastahaneye koşmuştu. Bu arada devamlı tenâkuzlu açıklamalar yapılıyordu. Gençler, "Türkeş öldü" haberini veren TV kanallarını protesto ediyorlardı. Bazıları, "Başbuğ ölmez, öldü denemez" diye slogan atarken, bazıları, "Ya Allah, Bismillah, Allahu Ekber" diye hislerini ortaya koyuyorlardı. Bu arada zaman zaman topluca duâ ediliyor, gecenin o ayazında üşüme hissi duymadan sabırla bekleşiliyor, zaman zaman okunan Kur'an-ı Kerim dinleniliyordu.

Habere en çok şaşıranlar, o gece düğünde Türkeş'le birlikte olanlardı. Meselâ, Türkeş'le aynı masada yemek yemiş olan milletvekili Köksal Toptan, habere bir türlü inanamıyordu. "Gayet neşeliydi. Çok güzel yemek yedi. Menüde kızarmış tavuk, krep yedi. İki bardak portakal suyu içti" diyordu.

Kesif program

Türkeş, 80 yaşında olmasına rağmen, çoğu delikanlıların bile dayanamayacağı hızlı bir tempoda koşuşturmaya devam ediyordu. Check-up yaptırmak için Almanya'ya gitmiş, 3 Nisan '97 Perşembe günü saat 23'te Ankara'ya dönmüştü. Henüz dinlenmeden, ertesi günü erken saatlerde partisinin Amasya il kongresine yetişmek üzere otomobille yola koyulmuştu. Kongrede uzunca bir müddet konuşmuş, yine dinlenmeden gerisin geriye Ankara'ya dönmüştü. Yol boyunca da doğru dürüst dinlenememişti. Acele ediyordu, zira akşama bir yakın dostunun kızının nişan merasimi vardı.

Türkeş 4 Nisan '97 Cuma günü akşamı Hilton otelindeki nişana tam zamanında yetişti. Türkeş'in gelmesi düğün sahiplerini çok sevindirmişti. Merasim neşe içerisinde başlamıştı. Türkeş nişanlı çiftin yüzüklerini takarken bol bol espri yapmıştı.

Türkeş "düğün atmosferine" uygun olarak bulunduğu masada da neşeli ve esprili sohbet yapıyordu. Bir ara durgunlaşmıştı. Orada bulunanlar bu durgunluğu, Of Aman Nalan ismiyle şöhret olan bayan şarkıcının söylediği, "Ceylan" şarkısına yordular. Şarkıda, **"Gurbette yorgun düştün be Ceylan"** deniliyordu.

"Camı açın, daralıyorum!"

Türkeş düğün mahallinden ayrıldığında da neşeliydi. Görünüşünde fevkalâde bir durum yoktu. Arabasına binmiş, hızlı koşuşturmacanın ardından dinlenmek üzere evine doğru yola çıkmıştı. Saat 22.30'da, henüz eve ulaşmamışken, Türkeş şoföre dönerek şöyle dedi:

"Oğlum, sıcak oldu. Şu kaloriferi kapatın! Camı açın! Daralıyorum!"

Bu sözler, Türkeş'in son sözleriydi. Zira o andan sonra bir daha konuşamayacaktı. Koruma görevlisi Türkeş'in benzinin sarardığını, nefes almakta güçlük çektiğini görmüştü. Derhal camı açtı, Türkeş'in yaka düğmesini çözdü, kravatını gevşetti, koltuğu arkaya doğru yatırdı.

Arabadakiler Türkeş'i en yakın hastahane olan Çankaya hastahanesine ulaştırdılar. Burada kalbi güçlendirici iğne yapıldı, masaj ve şok tedavi uygulandı. Netice alınamayınca, ambülansla Bayındır Tıp Merkezi'ne götürüldü.

Buradaki doktorların sonradan yaptıkları açıklamalara göre, Türkeş hastahaneye geldiğinde kalbi durmuş vaziyetteydi. Doktorlar şöyle diyordu:

"Geldiğinde kalbi tamamen durmuştu. Masaj ve şok tedavi uygulandı. Bir ara kalp yeniden çalışır gibi oldu. Sonuç alınamayınca yoğun tedavi merkezine kaldırdık. Ama yine sonuç alamadık."

Gerçekte Türkeş 22.45'te son nefesini vermişti. 23.15'te Bayındır Tıp Merkezi'ne getirilmişti. Doktorlar tıbbın bütün imkânlarını seferber etmiş, kalbe masaj yapmış, şok tedavisi uygulamış, ancak netice alamamışlardı. Saat 2.30'da da heyet olarak "ölüm raporunu" vermişlerdi.

"Kulağı delik" acar muhabirler, ölüm haberini ânında öğrenmiş, bu haberi bağlı bulundukları gazetelere ve TV merkezlerine geçmişlerdi. Televizyondan haberi öğrenen Ülkücüler, bunun üzerine hastahaneye koşmuşlardı.

Ateş düştüğü yeri yakardı. Bir insanın sevdiği bir kişiden ayrılması kolay değildi. Ancak Âdetullah kanunuydu. Her nefis ölümü tadacaktı. Ancak yüzbinlerce, milyonlarca ölüm hâdisesi değil de, bir liderin ölümü, insanlara ancak "ölüm gerçeğini" hatırlatabiliyordu.

Alparslan Türkeş'in öldüğünü, saat 3.15'te hastahane önünde derin bir acıyla bekleşenlere Ülkü Ocakları Başkanı Azmi Karamahmutoğlu açıkladı. Orada toplanan herkesin gözleri yaşlıydı.

Mühim bir sayfa

Alparslan Türkeş, yakın tarihte mühim yer tutan bir sîmaydı. Albay rütbesindeyken, yakın tarihimizin en mühim hâdiselerinden biri olan 27 Mayıs 1960 darbesine damgasını vurmuştu. İhtilâlin başlangıcında, ihtilâlin en önde gelen isimlerinden biriydi. Ancak sonraki günlerde diğer darbecilerle anlaşamayınca, ellerini çabuk tutan grup, Türkeş ve 14 arkadaşını tasfiye etmişti. Önce emekli edilen, daha sonra Yeni Delhi'de Büyükelçilik Müşavirliği'ne tayin edilen Türkeş için artık "sivil hayat" başlamıştı.

1963'te Türkiye'ye dönen Türkeş, Cumhuriyetçi Köylü Millet Partisi'ne (CKMP) girmiş, 1965'te hem bu partinin Genel Başkanı olmuş, hem de Ankara milletvekili olarak parlamentoya girmişti.

1969'da partisinin adını Milliyetçi Hareket Partisi (MHP) olarak değiştirmişti. 1975-1978 yıllarında Birinci ve İkinci Milliyetçi Cephe hükümetlerinde Başbakan yardımcısı olarak vazife alan Türkeş, 12 Eylül 1980 darbesinden sonra tutuklanmıştı.

Türkeş'i hayatında en çok şaşırtan hâdiselerden biri bu tutuklama olmuştu. Darbeye zemin hazırlanması için gençlerin birbiriyle vuruşmasına göz yuman, hatta el altından tahrik eden ihtilâlci kadro, ihtilâlden sonra "vatanperverlik" hisleriyle ortaya çıkanlarla "Türkiye'de Rus tipi komünizm mi olsun, Çin tipi komünizm mi?" diyenleri ve bütün dindarları aynı kefeye koymuştu. Onlar için bir tek hedef vardı, "İdareyi ele geçirmek..." Beş bin genç can vermiş, ihtilalciler de muratlarına ermişlerdi.

Türkeş tam 4 yıl, 7 ay, 25 gün hapis yatacakdı. Bir zamanlar kendisinden alt rütbede olan askerlerin kendisine yaptıklarını yüreği burkularak hatırlıyor ve şöyle diyordu:

"Nurettin Ersin ve Kenan Evren bizim mahkeme başlamadan önce, 'iyi bir tiyatro seyredeceğiz. Türkeş'in nasıl ter döktüğünü göreceğiz' demişler. Hatta benim mahkemede ağlamamı, yalvarmamı beklemişler. Bütün bu sahneleri seyretmek için mahkeme salonuna özel tv kameraları yerleştirip, Çankaya Köşkü'ne naklen yayın yaptırmışlar." (9 Nisan '97, Sabah)

1987'de siyaset yasağının kaldırılması üzerine Milliyetçi Çalışma Partisi'ne (MÇP) giren, partinin 4 Ekim 1987'deki kongresinde Genel Başkan olan, daha sonra partinin adını MHP olarak değiştiren Türkeş, politik hayattaki ağırlığını korumasını bilmişti.

İşte bu şekilde çok renkli, üzerinde hayli araştırma ve değerlendirme yapılacak bir ömür 80. yılında sona ermişti. Oysa Türkeş'in hedefi çok daha sonraki yıllara taşmaktaydı. Gazeteci Hulûsi Turgut'a "DYP ve MHP benim liderliğimde birleşirse, iktidar olup, on yıl hizmeti garanti ediyorum." demişti. (6 Nisan '97, Sabah)

Tuhaf manzara

Türkeş'in ölümünün ardından, bazı kişilerin sergiledikleri tavır yakın tarihe âşina olanları hayretler içerisinde bırakmıştı. Türkeş'in sağlığında ona karşı en şiddetli tenkitte bulunan Marksist yazarlar ve onunla cedelleşen sol kulvardaki politikacılar, onun için "kendi yakınlarını kaybetmişçesine" methiyelerde bulunuyorlardı. Bütün bu tavırların kaynağı; kararlı bir kitleye sempatik gözükmek, yüzbinleri küstürmemek, dolayısıyla oy ve tiraj kaybetmemek miydi? Yoksa bu tavırlar bir samimiyetin ifadesi idiyse, önceki yıllardaki tavırlar neyin nesiydi? Niçin geçmiş yıllarda siyasî ve içtimaî atmosfer gerginleştirilmiş, kitlelerin huzursuzluğuna yol açacak bir dizi hâdiselere sebebiyet verdirilmişti?.. Şüphesiz bu soruların sağlıklı cevapları ileriki yıllarda verilecekti.

Cenaze merasimi

Alparslan Türkeş için, toprağa verildiği 8 Nisan '97 Salı günü üç ayrı merasim yapıldı. O gün Ankara'da fevkalâde bir gün yaşanıyordu. Yurt içinden ve yurt dışından gelen onbinler Ankara'ya akın etmişti. O gün, kışın ortasında bile rastlanmayan bir hava vardı. Kar yağışı aralıksız devam ediyordu. Bahar mevsiminde "karakış" yaşanıyordu. Ancak cenaze merasimi için gelenler bu havaya aldırış etmiyordu. 4 kilometreye ulaşan kortej, yoğun kar altında 8 saat yürüyecekti.

Hastahaneden alınan Türkeş'in naaşı, önce TBMM'ye getirilmiş, buradaki merasimden sonra MHP Genel Merkezi'ne götürülmüş, bu ikinci merasimin ardından Kocatepe Camii'nin avlusundaki musalla taşına konulmuştu. Camiin içerisi, avlusu ve dışarısı insanlarla doluydu. O izdihamda protokolde yer alan mühim simalar "ezilme tehlikesi" atlatmışlardı.

Öğle namazının ardından kılınan cenaze namazından sonra, Türkeş'in naaşı, aynı topluluğun refakatinde, Atatürk Orman Çiftliği'nde hazırlanan mezar yerine götürülmüş ve orada defnedilmişti.

İmtihan sırrı

Hâdiselere "reyting" ve "tiraj" gözlüğüyle bakan medya cenazenin defnedilmesinden bir gün sonra Türkeş'i unutacaktı. Onlar "ölüm gerçeğini" de unutmuşlardı. Yine sayfaları bol bol, elbisesiz kadın fotoğraflarıyla süslemeye, renkli ekranlara süflî hisleri tahrik edici görüntüleri getirmeye devam ettiler. Bir liderin ölümü ile bir anlık şoka giren nice kimseler, tekrar başlarına gaflet ve sefâhet yorganını çekerek hayatlarını yaşamaya başladılar.

Oysa insanlar unutsa da, yahut unutmuş gözükse de ölüm gerçeği her an insanın karşısında durmaktaydı. Her canlı ölümü tadacaktı.

Kâinatın Sultanı olan Allahu Teâlanın inşa ettiği bu dünya sarayında bir müddet misafir kalanlar ve imtihana tabi tutulanlar, er-geç bu misafirhâneden ayrılacak, kabir durağında bekledikten, haşir meydanında hesap verdikten sonra ebedî mekanlarına gideceklerdi.

Kitlelere yön veren meşhurlar da gün gelip ölmekte, ama dünya dönmeye devam etmekteydi. Ne var ki gün gelecek bu dünya da, bu dünyanın yer aldığı galaksi de, bütün Kâinat ta "ölecek," harap olacak, ondan sonra bu Kâinatı yaratan Zat, artık ölünmeyecek bir hayat sayfasını açacaktı. Şuûrlu şekilde Kur'an okuyan, namaz kılan, "Allahu Ekber" diyenler bunun farkındaydı. Onlar ayrılığın "ebedî" olmadığının idraki içerisindeydiler...

Serveti, şöhreti, ünvanı vardı
Ancak, huzuru ve saadeti yoktu!

PRENSES DİANA

Gözünü dünyaya çevirmiş herkesin hayal bile edemeyeceği imkanlara sahipti. Çok çok zengindi. Parasının hesabı belirsizdi. Göz kamaştırıcı ve çok pahalı mücevherleri vardı. Her biri TL ile milyarlık rakamlara malolan gardroplar dolusu elbiseler onundu. Dünyevî ünvanlardan en "yükseğine" ulaşmıştı. Bugüne bugün "Prenses"ti. Ama o yine de mutsuzdu. Hem de çok mutsuz... Milyonlarca kadın ona gıpta ile, birçoğu hasetle bakıyordu. Oysa o; sade, isimsiz, fakir, ancak çocuklarıyla ve kocasıyla başbaşa, kocası kendisine bağlı hanımlara imreniyordu. Ölümünden çok kısa süre önce şunları söylemişti:

"Milyonlarca kadının benim yerimde olmak için can attıklarını biliyorum. Aslında onlar ne kadar şanslı olduklarını bilmiyorlar."

Külkedisi

Bu sözleri söyleyen ve 16 yıllık saray hayatında "mutluluğu yakalayamadığını" belirten kişi, Prenses Diana idi.

Diana, 1 Temmuz 1961'de, Dük Spencer'in 8. çocuğu olarak dünyaya gelmişti. Varlıklı, şöhretli ve asil bir ailenen el bebek gül bebek yetiştirilen bir kızıydı. Derken bu kız büyümüş ve tıpkı masallardaki gibi bir prensle evlenmişti. Hem de gelecekte İngiltere krallığının tahtına oturacak birisiyle. Prens Charles'le... 29 Temmuz 1981 günü muhteşem bir düğünle evlenmişlerdi. Diana o gün külkedisi masalının kahramanı gibiydi. Düğünü milyonlarca insan takip etmişti. Bu evlilikten iki çocuğu dünyaya gelmişti. William (1982) ile Harry (1984).

Çocuklarına rağmen Diana mutlu değildi. Hiçbir zaman peşlerinden ayrılmayan medya mensuplarını, hele hele hususiyle adları daha sonra "kelle avcıları" gibi şöhret bulacak paparazzilere "mutlu kadın pozları" vermekten de yorulmuştu.

Kocasının kendisini aldattığını öğrenmesi, dünyasını yıkmıştı. 15 Haziran 1992'de bu yüzden intihara teşebbüs etti. Bu tarihten sonra artık "zoraki evliliği" yürütemeyeceğini ortaya koydu. Zaten o, krallığın katı, donuk, yapmacık kaidelerinden, prensiplerinden müthiş sıkılmıştı. O, halkla haşir neşir olmayı seviyordu. Oysa saray kendi halkına da tepeden bakıyordu.

Bir ada devleti olmasına rağmen siyasetiyle, entrikalarıyla uzun yıllar dünyayı parmağında oynatan, koca Osmanlı devletini parçalayan, İslâm birliğini yıkmak için türlü komplolar düzenleyen İngiltere, zaten bütün dünyaya tepeden bakıyordu. Ama Diana öyle değildi. Fakirler, kimsesizler, savaş mağdurları ile iç içe idi o. Bu da sarayı çok rahatsız ediyordu.

Masalın Sonu

Kocasının ihanetini öğrendikten sonra saraydan tamamen soğuyan Diana, kendi dünyasına çekilmişti. Artık o âdeta "Saraya muhalefet cephesi" gibi çalışıyordu. Her hareketiyle, her davranışıyla sarayı kızdırıyordu. Derken "çağdaş masal" ayrılıkla noktalandı. 28 Ağustos 1996'da Charles ve Diana, resmen boşandılar.

Kameralar ve objektifler yine devamlı Diana'nın üzerindeydi. Prenses bundan çok şikayetçiydi. Le Monde'ye verdiği beyanatta şöyle diyordu:

"Basın, hayatıma büyük bir mutsuzluk getirdi. Elimde olsaydı, başka bir ülkeye giderdim. Beni İngiltere'ye bağlayan tek şey çocuklarım."

Çağdaş Kelle Avcıları

Prenses Diana'nın Mısır asıllı işadamı Muhammed el Fayed'in oğlu Dodi el Fayed'le tanışmasından sonra, hayatında yeni bir safha açılmıştı. mutluluğu yeniden yakaladığını, 16 aylık saray hayatında hayal edemediği huzura kavuştuğunu ifade ediyordu. Daily Mail gazetesi muhabirine verdiği son beyanatında, hayatında köklü değişiklikler yapmak istediğini söylüyordu.

Ne var ki, eski devirlerdeki kelle avcıları gibi, yahut kelle başına ödül alan kovboylar gibi çalışan Paparazzilerden kurtulamıyorlardı. Paparazziler Diana ile Dodi'yi görüntüleyerek 1 trilyon TL'ye yakın para kazanmışlardı. Onlara göre, bu çift iyi bir "malzeme" ve eşi bulunmaz bir "gelir kaynağı" idi.

Ölüm Gecesi

Dodi ile Diana paparazzilerden kurtulmak için Sardunya Adası'ndan Paris'e uçmuşlardı. Aslında bu bir kaçış değil, ecelin çağrısına uyuş, ruhun bedenden ayrılacağı mekana gidişti.

31 Ağustos 1997 gecesi saat 21.50'de Muhammed el Fayed'e ait Paris'teki Ritz oteline gelen Dodi ile Diana, burada yemek yemiş ve saat 00.19'da otelden ayrılmışlardı.

Kendilerine göre bütün tedbirleri almışlardı. Otelin arka kapısından "gizlice" çıkmış, son model Mercedes'e binmişlerdi. Tam hareket edecekleri zaman, flaşlar patlayınca paparazzilere yakalandıklarını görüp telaşa kapılmışlardı.

Otomobilde dört kişiydiler. Arabayı otelin güvenlik görevlisi Henri Paul kullanıyordu. İngiliz gizli servisi ajanı koruma Trevon Rees Jones, önde oturuyordu. Dodi ile Diana da arka koltukta oturmuşlardı.

Motosikletli Paparazzilerle otomobil arasında müthiş bir kovalamaca başlamıştı. Otomobil önde paparazziler arkadaydı. Sanki Paris sokaklarında "sürek avı" vardı.

Mercedes'in sürati 130-200 km. arasında değişiyordu. Otomobil o süratle Eyfel kulesi yakınlarında Sen Nehri üzerindeki Alma köprüsünün altındaki bir tünele hızla girmişti. Kontrolden çıkan araba önce tüneldeki beton direklerden birine çarpmış, ardından takla atmış, daha sonra da beton duvara bindirmişti. Bu çarpmaların neticesinde otomobil hurdahaş olmuştu. Öyle ki, otomobilin radyatörü ön koltuğa kadar gömülmüştü.

Dodi ile şoför, kaza anında ölmüştü. Koruma ile Diana, ağır yaralanmıştı. Kazaya şahit olan Dr. Fredic Maillez, kolu kırılmış, ayağında derin yaralar açılmış olan Diana'ya ilk müdahaleyi yapmıştı. O anı şöyle anlatıyordu:

"Sonradan Diana olduğunu öğrendiğim kadının nefes alabilmesine çalıştım. İnliyor, elleri kolları sağa sola çırpınıyordu."

Paparazziler o durumda bile cama yapışmışlar fotoğraf çekmeye devam ediyor, üstelik hâdise mahalline gelen polisi tartaklıyor ve yardım ekibinin de görev yapmasını engelliyorlardı.

İtfaiyeciler cesetleri çıkarabilmek için otomobili kesmek zorunda kalmışlardı. Bu arada Diana da yaklaşık bir saat sonra otomobilden çıkartılabilmiş ve ağır yaralı olarak hastahaneye kaldırılmıştı. Doktorlar 5 saat uğraşmış; ancak Diana, akciğer kanamasından can vermişti.

Time Dergisi'ne göre Diana'ya müdahale eden doktor,

şunları anlatmıştı:

"Diana o gece birinci derecede komada. Şuuru zaman zaman gelip gidiyor. Şuuru yerine gelen Diana, eliyle karnını tutarak '6 haftalık hamile olduğunu' söyledikten sonra yeniden kendini kaybetti."

Dünyanın Gözü

Kaza duyulur duyulmaz ajanslar, haberi bütün dünyaya geçmişlerdi. O andan itibaren dünyanın gözü bu hâdiseye çevrilmişti. Yüzlerce TV İstasyonu canlı yayın yapıyor, gazeteler baskı üstüne baskı yaparak en son gelişmeleri okuyucularına duyuruyorlardı.

Herkesin gözü Diana'nın üzerindeydi. Dodi'nin cenazesi ise, Londra Merkez Camii'nde kılınan cenaze namazının ardından sessizce toprağa verilmişti. Medya, Dodi ile hiç ilgilenmemişti. Onlar için "Prim yapacak malzeme" Diana idi. Sağlığında onun sayesinde hayli "iş" yapmışlardı. Madem artık bu "kârlı malzeme" yoktu, öyleyse ölümünden de olabildiğince "parsa" koparmalıydılar.

Medya'nın bu tavrı, kamuoyunda büyük tepki görmekteydi. Diana'nın erkek kardeşi Dük Charles Spencer, artık duygularını saklamaya gerek görmüyor ve kardeşinin ölümünden basını mes'ul tutarak, şöyle konuşuyordu:

"Paparazzilere büyük miktarlarda para veren editör ve redaktörlerin eli kana bulandı. Kız kardeşimi basın öldürmek istiyordu. Ancak ölümünde bu denli doğrudan rol oynayacaklarını asla düşünmemiştim."

Krallık Sarsıldı

Diana'nın ölümüyle neticelenen kaza üzerindeki sis perdesinin bütünüyle kalkıp kalkmayacağı bilinmez. Ama bilinen bir husus var. O da bu ölümün İngiltere'de krallığı sarstığıdır. Bu ölümle sarayla halk arasındaki derin uçurum iyice gün ışığına çıkmıştır.

1952'de tahta çıkan Kraliçe II. Elizabeth'in, prenses'in ölümünü umursamaz görünmesi İngiliz halkını çok öfkelendirmişti. Tabloid basın kraliçeyi **"kalpsizlikle"** suçluyordu.

Halkın büyük bölümüne göre Diana'nın ölümü, monarşinin de sonuydu. İngiltere'nin sömürgelerinden Avustralya'da yapılan bir kamuoyu yoklamasına göre, halk İngiltere monarşisi ile son bağlarını kesmekten yanaydı.

Kraliçenin tahtı sallanmaya başlamıştı. Tepkilerin gittikçe arttığını görünce geri adım atmak zorunda kalmış ve 5 Eylül 1997 günü TV'ye çıkarak "dokunaklı" bir konuşma yapmış ve eski gelinini övmüştü. Kraliçe ayrıca saraydaki bayrağı da yarıya indirtmişti.

Naklen Merasim

Ölümüyle bir anda dünyanın ilgi odağı haline gelen Diana, 6 Eylül 1997 günü yapılan büyük bir cenaze merasimi ile toprağa verildi. Bu merasim, "Asrın düğünü" diye bilinen düğün merasimini gölgede bırakmıştı. 1981'deki düğününü dünyada 200 milyon kişi izlerken, cenaze merasimini TV'den yaklaşık üç milyar kişi seyretmişti. Ayrıca Londra'daki cenaze merasimine altı milyon kişi katılmıştı.

Diana'nın cenazesi ailesine ait Northamptonshire'deki malikânenin bahçesindeki gölün ortasındaki adaya gömüldü. Böylece, "çağdaş masal" sona erdi.

Kıssadan Hisse

Her masal ve her kıssa gibi bu "çağdaş masalın" da bir "hissesi" olmalı. Ancak ne tuhaftır ki, çağdaş uyuşturucularla ve "gününü gün etme" sevdâsıyla aklî muhâkemesini yitiren ve çoğu defa bile bile "dünya hayatını âhiret hayatına" tercih eden "çağdaş insanlık" bu "şok ölümden" de gerekli dersi almamıştır.

Bir insan, hadsiz-hesapsız maddî servete, dünyaya nam salan saltanata ve şöhrete, köşklere, saraylara da sahip olsa sonunda ölüm gelip kendisini bulmaktadır. Ölümle kimin ne vakit karşılaşacağı meçhuldür.

Öldükten sonra ise, isterse muhteşem cenaze merasimi tertiplensin, isterse hatırasına 100 ton çiçek bırakılsın, ne yapılırsa yapılsın ona bir faydası yoktur.

Var ettiğini yok etmemek, Kâinatın Sultanı olan Allahu Teâlâ'nın hükmüdür. Bu hükmünü Semâvî kitaplar vasıtasıyla ve 124 bin Peygamberinin diliyle ilan etmiştir.

"En güzel surette yarattığı, kâinatın fihristesi haline getirdiği, yeryüzünde halife tayin ettiği insanı ebedî hayatta var edecektir. İşte o ebedî hayata "giriş kapısı" ve bir "bekleme salonu" olan kabir hayatında ve sonrasında da geçerli "bilet" sadece ve sadece iman ve ameldir. Şan şöhret, para, pul herkesin bir gün gideceği o âlemde "geçer akçe" değildir ve beş para kıymeti yoktur.

Bugün Prenses Diana gittiyse, bu dünyanın bütün şöhretlileri de o âleme gidecek, toprağın altına girecektir. "Ölüm avcısı"ndan kurtulmak mümkün değildir. Devekuşu gibi, kafa "gaflet toprağı"na gömülse de...

Acılarını şöhret maskesiyle saklayan sanatçı
SAFİYE AYLA

6 Aralık 1997'de Amerikan hastahanesine koma halinde bir hasta getirildi. Çok yaşlı olduğu belliydi. Âdeta iskelet halindeydi.

Hasta derhal yoğun bakıma alınmıştı. Böbrek yetmezliği nedeniyle devamlı diyaliz tedavisi uygulanıyordu. Artık haftanın üç günü diyaliz makinasına bağlı yaşayacaktı.

Bu büyük acılar içerisinde kıvranan, yaşlı, yalnız, perişan hasta, bir zamanların ünlü, hem de çok ünlü bir sanatçısı olan Safiye Ayla idi.

Devamlı şöhret imal eden, nefsanî arzuları tahrik edici söz ve müziği ön plana çıkartan çevreler, magazin basını ve "taze şöhretleri" takip eden genç kesim için, Safiye Ayla ismi bir mânâ ifade etmiyordu. Oysa bu isim bir zamanlar günümüzün bütün "şöhretlerini" gölgede bırakacak ve onları kıskandıracak şöhrete sahip birisiydi.

Cumhurbaşkanlarının Huzurunda

Safiye Ayla, Birinci, İkinci ve Üçüncü Cumhurbaşkanları ile çok samimi bir münasebet kurmuş, onların huzurunda şarkılar söylemişti. Âdeta bir "devlet sanatçısı" gibiydi. Mısır Kralı Faruk, Ürdün Kralı Abdullah gibi yabancıları "eğlendirmek" için akla ilk gelen isimdi.

Televizyonun olmadığı bir zamanda, radyonun vazgeçilmez sanatçısıydı. Gazinolarda şarkı söylüyor, yurt içinde ve yurt dışında konserler veriyor, plak üzerine plak dolduruyordu. 500'den fazla plak doldurmuştu ki bu bir rekordu.

Kucak dolusu para kazanıyor, paralarıyla daireler, hanlar, apartmanlar alıyordu. Şöhretin zirvesinde olmasına ve çok çok para kazanmasına rağmen Safiye Ayla bir türlü mutlu olamıyordu. Zaten hiçbir zaman mutlu olamamıştı.

Yetimhaneden Şöhretin Zirvesine

1907'de İstanbul'da doğan Safiye Ayla, küçük yaşta annesini ve babasını kaybetmişti. Yetimhanede büyümüştü. Vekil öğretmenlik yaparken kalacak yeri olmadığı için Eyüb Sultan Camiinin musalla taşında yatmıştı.

Sesinin güzel olduğunu farkeden "şöhret simsarları" onu gazinoya çıkartmışlardı. Henüz çocuk denecek yaştaydı. Asıl şöhreti, Mustafa Kemal'le tanışmasından sonra edinecekti. İlk defa 13 yaşında iken Birinci Cumhurbaşkanının huzurunda şarkı söylemişti. Ondan sonra "protokol sanatçısı" olarak tanınmaya başlayacaktı.

Yıllar geçtikçe Safiye Ayla'nın şöhreti artıyor, yurt dışına yayılıyordu. Gazeteler, dergiler ondan bahsediyordu.

Günler çok çabuk geçmiş, Safiye Ayla "yaşlı bir sanatçı" olarak köşesine çekilmişti. Artık gazeteciler kapısını çalmıyor, kimse onunla röportaj yapmıyordu. Yalnızca bazan 10 Kasım'larda hatırlanıyor, bazı TV programlarına çıkartılıyordu.

Bir zamanlar onun çalıştığı gazinoları dolduranlar, plaklarını dinleyenler çoktan onu unutup gitmişlerdi. İşte hastahane odasında yalnızdı, yapayalnız. O da şatafatlı, ancak sahte bir dünyanın, çarkları arasında ezip posasını çıkardıktan sonra bir kenara kaldırıp attığı isimlerden birisi olmuştu.

Sahnede binlerce insanın huzuruna çıkan, TV'de milyonlarca insanın karşısında arz-ı endam eden sanatçılar, aslında kendi husûsi dünyalarında yapayalnızdılar. Onların ya sesine, ya fiziğine bakan kişiler; deriler buruşup ses kaybolunca dönüp yüzlerine dahi bakmıyorlardı. Bu sahte dünyanın kaidesi buydu...

Safiye Ayla hastahane odasında inliyordu. Yalnızdı, yapayalnız. Zaten hayatı boyunca gerçekte yalnız olmuştu. Acılar içerisinde kıvranmıştı. Türlü hastalıklar geçirmiş, bazan derin ızdırap içerisinde kıvranırken bile yüzüne sahte gülücükler takınarak sahneye çıkmıştı. Ama işte artık yolun sonuna gelmişti. Izdırabını saklayamıyordu. Tam dört hafta boyunca acılar içerisinde kıvranmıştı. Bir ayın sonunda solunum yetmezliğine bağlı kalp dolaşım yetmezliği de ortaya çıkmıştı. 91 yaşındaydı ve harap olmuş bir binaya benzeyen vücudu çökmüş, bitip tükenmişti. Artık şuuru da kapanmıştı. Yanında konuşulanları duymuyor, bir tepki vermiyordu. Doktorlar da artık ümitlerini kesmişlerdi. Safiye Ayla 14 Ocak 1998'de hastahane odasında acılar ve yalnızlıklar içerisinde son nefesini verdi.

Ölünce Hatırlandı

Nice eski şöhretlerde olduğu gibi, Safiye Ayla da aradan uzun yıllar geçtikten sonra ölünce hatırlanmıştı. Televizyonlar, gazeteler, dergiler yine kendisinden bahsetmişti. Cenaze merasimi de şatafatlı olmuştu.

16 Ocak 1998 günü tabutu önce İstanbul Radyosu önüne getirilmiş, burada yapılan merasimde kendi sesinden "Çile bülbülüm çile" şarkısı çalınmış, bando eşliğinde Teşvikiye camiine getirilmişti.

Cenaze merasimine, Muazzez Abacı, Emel Sayın, Esin

Afşar, Zehra Bilir, Muazzez Ersoy gibi sanatçılarla potokolün önde gelen simaları katılmıştı.

Merasime gelenlerin birçoğu cenaze namazından sonra ayrılmış, bir kısmı Zincirlikuyu mezarlığına gitmişti. O günkü merasimi gazeteciler, televizyoncular tâkip etmişti. O akşam televizyonlar cenaze merasimine katılan şöhretlileri gösterdi, onları konuşturdu. Hepsi de ağlamaklıydı. "Üzgün" olduklarını belirtiyorlardı. Halbuki içlerinde Safiye Ayla ile kanlı bıçaklı olan, mahkemelik olan sanatçılar da vardı.

Ertesi gün gazeteler cenaze merasimine katılan şöhretlerin fotoğrafını yayınladı.

Yine Tek Başına

17 Ocak 1998 günü ise, Safiye Ayla'nın kabrinin başında bir tek kişi yoktu. Tıpkı bir zamanlar musalla taşında yattığı gibi tek başına kalmıştı. Hayatta bir tek akrabası bile yoktu. Bütün gayrımenkullerini bir vakfa bağışlamıştı.

Ne var ki artık bütün bu malvarlığının ona bir faydası yoktu. Üzerinde şatafatlı, cicili bicili sahne kostümü değil, bembeyaz bir kefen vardı. Ebedî hayat yolculuğunda, kabir durağında beklemekteydi. Ameliyle başbaşaydı. Şan, şöhret, para, alkış geride kalmıştı. Zaten kabir istasyonunda bütün bunların hiçbir değeri de yoktu.

Bazı gazeteler birkaç gün onun şatafatlı hayatından bahsettiler. Daha sonra artık tek kelimeyle olsun ondan bahsetmez oldular. O sahte dünyanın kanunu buydu. Unutulmak...

Safiye Ayla'nın cenaze merasimine katılan meşhur kadın sanatçılar ne düşündü bilemem ama, ben onların, şayet yaşarlarsa on sene, yirmi sene sonraki hallerini düşündüm. Yani şimdiki "taze şöhretlerin", bir gün "eski şöhretlerin" âkıbetine uğrayacağını...

Bir de o cenaze merasimine bakarken Bediüzzaman'ın söylediklerini düşündüm. Ölümü düşünüp te ibret almak ve ona göre "hazırlık" yapmak istemeyen herkesin ibretle okuması gereken sözler söyleydi:

Geleceği gösteren bir sinema olsaydı

Bir zaman, Eskişehir hapishânesinin penceresinde bir cumhuriyet bayramında oturmuştum. Karşısındaki lise mektebinin büyük kızları, onun avlusunda gülerek raksediyorlardı. Birden mânevî bir sinema ile elli sene sonraki vaziyetleri bana göründü. Ve gördüm ki: O elli-altmış kızlardan ve talebelerden kırk-ellisi, kabirde toprak oluyorlar, azap çekiyorlar. Ve on tanesi,yetmiş-seksen yaşında çirkinleşmiş, gençliğinde iffetini muhafaza etmediğniden sevmek beklediği nazarlardan nefret görüyorlar. Kat'î müşahede ettim.Onların o acınacak hallerine ağladım. Hapishanedeki bir kısım arkadaşlar ağladığımı işittiler.. geldiler, sordular. Ben dedim: Şimdi beni kendi hâlime bırakınız, gidiniz.

"Evet gördüğüm hakikattır; hayal değil. Nasılki bu yaz ve güzün âhiri kıştır. Öyle de; gençlik yazı ve ihtiyarlık güzünün arkası kabir ve berzah kışıdır.

"Geçmiş zamanın elli sene evvelki hâdisâtı sinema ile hâl-i hazırda gösterildiği gibi, gelecek zamanın elli sene sonraki istikbâl hâdisatını gösteren bir sinema bulunsa, ehl-i dalâlet ve sefahatin elli-altmış sene sonraki vaziyetleri onlara gösterilse idi, şimdiki güldüklerine ve gayr-ı meşrû' keyiflerine, nefretler ve teellümlerle ağlayacaklardı."

Bediüzzaman'ın yakın talebesi
BAYRAM YÜKSEL

Gurbetçi bir aile, arabasıyla birlikte Türkiye'ye doğru yol alırken Sofya'ya 50 km. uzaklıkta bulunan Elin Pelin yakınlarında trafik kazası yapmış olan bir araba görür. Araba TIR'la çarpışmıştır. Vatan hasretiyle kavrulan aile fertleri, "Bunlar da büyük ihtimalle bizim gibi vatan hasreti çeken birileriydi. Bir an evvel Türkiye'ye girmek için süratle gidiyordu. Acaba durumları nasıl?" diyorlardı.

19 Kasım 1997 Çarşamba günü henüz daha kaza mahallinden kaldırılmamış olan arabayı gören aile yurda dönmüş, ancak kazayı bir türlü unutamamıştı. 21 Kasım Cuma günü, bazı özel radyoların normal yayınlarını keserek yaptıkları bir anonsla ürpermiş, "Eyvah" diye hayıflanmışlardı. Radyolar, Bediüzzaman Said Nursi Hazretlerinin yakın talebesi Bayram Yüksel ile Kur'ân hizmetkarlarından Ali Uçar ve Mehmet Emin Çiçek'in Sofya yakınlarında geçirdikleri bir trafik kazası neticesinde vefat ettiklerini duyuruyordu.

Ailenin reisi, hepsini de yakından tanıyordu. "Niçin durmadık? Niçin kim olduklarını sormadık?" diyordu. Ama olan olmuştu.

Ömrünü, Kur'ân-ı Azimüşşan'ın bu asırdaki parlak bir tefsiri olan Risale-i Nur hakikatlerinin yayılması ve iman hakikatlerinin ders verildiği bu eserlerin geniş kitlelere ulaştırılması hizmetine adamış olan Bayram Yüksel ile, yıllar yılı Almanya, Amerika ve İngiltere başta olmak üzere birçok Avrupa ülkesinde Kur'ân hakikatlerinin yayılması için fedakârca çalışan Ali Uçar ve Almanya'nın Mainz eyaletinde Kur'ân dâvâsına hizmet eden Mehmed Emin Çiçek, mânevî şehid olarak Cenab-ı Hakkın huzuruna çıkmışlardı.

Ölüm Yolculuğu

Onlar için ölüm, bir "terhis tezkeresi" idi. Dostlara ve ahbaplara kavuşma vesilesiydi. Ebedî saadet diyarına çıkılacak yolculuk için lüzumlu bir pasaport idi. Onların ders aldıkları Haşir Risalesi'nde Bediüzzaman, öldükten sonra dirilişi yüzlerce âyet-i kerimeden aldığı dersle iki kere iki dört eder derecesinde isbat etmişti. Bu bakımdan her an ölüme hazırlıklı idiler. Son yolculuklarına da sabah namazını kıldıktan sonra abdestli olarak çıkmışlardı.

Bayram Yüksel'in Sesi Kısılıyor

50 seneden beri Kur'ân hakikatlerini neşretmek için gece-gündüz demeden koşturan Bayram Yüksel, yaklaşık bir aydan beri Almanya'da idi. Orada, "Bediüzzaman Said Nursi Kültür Vakfı"na ait iki hizmet binasının açılışını yapmış, ayrıca pek çok yerde toplantılarda bulunmuş, yüzlerce nura müştak ve hizmet ehli insanla görüşmüş, sohbet etmiş, anlattığı hatıralarla onlara büyük bir şevk vermişti.

Son zamanlarda en çok üzerinde durduğu husus, birlik ve beraberlikti. Aynı dâvâya gönül verenlerin birbirlerini sevmesi, birbirlerini ziyaret etmesi, birbirlerinin hizmetine destek vermesi gerektiğini anlatıyor, anlatıyordu.

Almanya'daki son günlerinde sesi iyice kısılmıştı. Doktora götürülmüş, çeşitli tahliller yaptırılmıştı.

Bayram Yüksel, yanında bulunanlara sesinin kısılması hakkında şöyle diyordu:

"Kardeşlerim, son zamanlarında Üstadımız Bediüzzaman hazretlerinin sesi kısılmıştı. Bu münasebetle bize dedi : 'Kardeşlerim, benim sesim kısıldı, artık bana ihtiyaç kalmadı. Benim gitmem lâzım...' Dünyadan dâr-ı bekâya irtihal edeceğini böyle haber vermişti.

"Kardeşlerim, işte görüyorsunuz, benim de sesim kısıldı. Bana ihtiyaç kalmadı artık. Benim de gitmem lâzım herhalde..."

Yanındakiler, Bayram Yüksel'in bu sözlerini ürpererek dinlemişler, "Allah korusun ağabey, Allah sizi başımızdan eksik etmesin" demişlerdi.

Aynı günlerde, Bayram Yüksel'in sohbetlerine iştirak eden bir Nur talebesinin gördüğü rüya, dilden dile dolaşmaktaydı. Bediüzzaman'ı rüyasında gören o Nur Talebesi, ondan şu sözleri duymuştu:

"Bu günlerde bazı kardeşleri yanıma alacağım, ta ki bana Risale okusunlar..."

"Bizi Birbirimizden Ayırmayın"

Türkiye'ye dönme vakti gelmişti. Ali Uçar'la Mehmet Emin Çiçek arabayla birlikte döneceklerdi. Bayram Yüksel de onlarla birlikte gitmek istiyordu. Almanya'daki dâvâ arkadaşları, **"Ağabey şimdi kıştır, yollar sislidir, buzludur, seni uçakla gönderelim."** diye ısrar ediyor, ancak Bayram Yüksel, "Ben onlardan ayrılmam" diyordu. Artık karar verilmişti. Üçü birlikte gidecekti.

Yola çıkmadan az önce Mehmed Emin Çiçek evine telefon etti. Kızına söylediği şu sözler, âdeta vasiyeti olmuştu:

"Biz Bayram Ağabey ve Ali Uçar ağabeyle beraber

arabayla geliyoruz. Eğer yolda başımıza bir şey gelirse, sakın bizi birbirimizden ayırmayın."

Kalbleri aynı dâvâ aşkıyla yanıp tutuşan üç Allah dostu son yolculuklarına birlikte çıkmışlardı.

Haber Duyuluyor

Trafik kazası, Bulgaristan'daki bürokrasi sebebiyle yaklaşık iki gün sonra öğrenilmişti. Türkiye'deki dostları onların yola çıktığını öğrenmişlerdi. Ama hudut kapısında Çarşamba günü gece yarısına kadar beklemelerine rağmen, bekledikleri misafirler bir türlü gelmemişti. Almanya ve Avusturya ile telefonlaşma başlamıştı. En son Viyana'dan yolcu edilmişlerdi. Ne olmuşsa Bulgaristan'da olmuştu. Bu defa Bulgaristan'da soruşturma derinleştirilmiş, nihayet hastahaneler taranmış, en sonunda Sofya Akademi Hastahanesinin morgunda üç yolcuya rastlanmıştı. Haber bir anda dünyanın dört bir yanında duyuldu. Onları tanıyanların ilk sözleri, "İnnâ lillah ve innâ ileyhi râciûn" oldu.

Mahşerî Kalabalık

23 Kasım 1997 Pazar günü öğle namazında İstanbul Fatih Camiinin içini dışını mahşerî bir cemaat doldurmuştu. Oraya gelenler, askerlik vazifeleri devam edip te tezkere almış olan arkadaşlarını asıl memleketlerine yolcu edecek olanlar gibiydi. Onların gittikleri mekana iştiyak duyuyorlardı. Ama gidinceye kadar kendilerine tevdi edilen vazifeleri hakkıyla yerine getirmeleri lazımdı.

Öğle namazından önce yurdun dört bir yanından, hattâ yurt dışından gelenler öbek öbek toplanmışlar, birbirlerine musalla taşında duran üç Nur talebesini nasıl tanıdıklarını ve onların hizmetlerini anlatıyorlardı.

Bayram Yüksel'in hizmetleri unutulmazdı. O, "Allah" demenin bile yasaklandığı, Kur'ân cüzlerinin bile toplanıp yakıldığı bir devrede, başta Allah'ın varlığı ve birliği olmak üzere bütün iman esaslarını Kur'ândan ve hadis-i şeriflerden aldığı derslerle isbat eden, şerh eden, izah eden Bediüzzaman'a çok ağır baskının yapıldığı bir devrede, bu Kur'ân hizmetkârına destek olmuş, onun hizmetine koşmuştu.

Bediüzzaman'ı tanıyıp, hizmetine koştuğunda henüz 16 yaşındaydı. 1947 senesinde tanıştığı, Bediüzzaman'ın "Medrese-i Yusufiye" dediği Afyon hapsinde iken Kur'ân dâvâsına bağlılığı artmıştı.

Bayram Yüksel "Kore Savaşı"nda...

Afyon hapsinden tahliye olduktan sonra Kur'ân hizmetinde bulunan Bayram Yüksel 1951'de askere gitmişti. Acemilik devresinden sonra kur'ası Kore'ye çıkmıştı.

Yola çıkmadan önce Bediüzzaman'ı ziyaret eden Bayram Yüksel, Üstadının şu sözleri üzerine daha da şevklenmişti:

"Ben bir Nur Talebesini Kore'ye göndermek istiyordum. Onu da ya seni veya Ceylan'ı (Çalışkan) düşünmüştüm. İnkâr-ı Uluhiyete karşı Kore'ye gitmek lâzım.

"Hiç korkma korktuğun zaman beni hatırla, bizler daima inayet-i Rabbaniye altındayız. Hiç merak etme, Cenab-ı Allah senin yardımcın olsun."

Bayram Yüksel'e dua eden Bediüzzaman ona kendi cevşenini hediye olarak vermiş, ayrıca Risale-i Nur eserlerinden beş adedini vererek onları Japon Başkomutanına vermesini istemişti.

Kore'ye doğru yola çıkan Bayram Yüksel, gemide Mehmedciklerle beraber beş vakit namazını cemaatle kılmıştı. Cephede iken de hiçbir vakit namazını aksatmamıştı. Orada büyük bir çadır mescid haline getirilmişti. Bayram Yüksel müezzinlik yapıyor, Tabur Komutanı Niyazi Bengisu da imam oluyor, bütün askerlerle birlikte cemaat halinde namaz kılıyorlardı.

Kore'ye giden Türk Tugayı IX. Amerikan Kolordusunun emrine verilmişti. Bu tugay, en şiddetli çarpışmalarda bulunacak, devamlı ateş hattında vazife yapacaktı. Bayram Yüksel de birliğiyle birlikte pek çok savaşlara iştirak edecek, defalarca ölümün eşiğinden dönecekti.

Bayram Yüksel bir çarpışmalarını şu şekilde nakletmişti:

"... Biz cepheye tekrar takviye gitmiştik. Cephe bir ana baba günü idi. Zifiri karanlık... Ateş, barut, havan topları. Ben o esnada makinalı tüfek komutanı idim. İki tane ağır makinalıya bakıyordum. Bir üsteğmen gördüm. '3. tabur yandı, Allah'ını, Peygamberini seven yürüsün' diyordu. O esnada Üstadımızın, 'Sen korktuğun zaman beni hatırla' sözü hatırıma geldi. Ben o esnada ezan okudum. Ve arkadaşlara, 'ateş!' dedim. Ve yürüdük. O gece çok sevdiğim manga arkadaşlarımdan şehid olanlar oldu. Sabahleyin taarruz ettik. Cepheyi aldık."

Kore'de vazifesi bittiğinde, Bayram Yüksel. Üstadının verdiği vazifeyi nasıl yerine getireceğini düşünür. Subayların dışında kimsenin Japonya'ya gitmesine izin verilmemektedir. Bayram Yüksel komutanlarına durumu açıklar, Bediüzzaman'ın verdiği eserleri Japon kumandanına vermek istediğini söyler. Onun cephedeki fedakârlıklarını çok iyi bilen komutanlar, hususi bir izinle onu gönderirler. Tokyo'da Kazak Türklerinin bulunduğu camie giden Bayram Yüksel, Japon Başkumandanının birkaç sene önce öldüğünü öğrenince, eserleri oradaki Müslümanlara teslim ederek geri döner.

"Ben Seni Vermeyeceğim"

Kore gazileri İzmir'e çıktığı gün Bediüzzaman da Bayram Yüksel'in köyüne giderek, **"Bayram gelmedi mi?"**

diye sormuştu. Köylülere, **"Bayram Kore'den gelmiş, gelsin"** haberini bırakınca köylüler, "Yok hocam, henüz gelmedi. Bekliyoruz" demiş, ama Bediüzzaman, "gelmiş" diye tekrarlamıştı.

Bayram Yüksel köyüne dönüp annesinin elini öpüp, akrabaları ve dostlarıyla hasret giderdikten sonra ertesi günü, Emirdağ'a giderek Üstadının elini öpmüştü. Sevinçle kendisini karşılayan Bediüzzaman, "Ben seni vermeyeceğim" diyerek onu hizmet için yanında alıkoymak istediğini söylemişti.

Bayram Yüksel köyde iken Bediüzzaman Hazretleri iki defa onun köyüne giderek, "Evladım, ben seni bekliyorum, gel" demiş, ikinci gelişinde Bayram Yüksel, "Başüstüne Üstadım" demiş, annesiyle ve dostlarıyla vedalaştıktan sonra yatağını yorganını alarak Üstadının yanına gitmişti. Gidiş o gidiş... Artık, bir an için olsun Bediüzzaman'ın yanından ayrılmayacaktı. Bediüzzaman Dar-ı Bekaya göçtüğü sırada da başucundaydı.

Bayram Yüksel Üstadının vefatından sonra da Kur'ân hizmetine devam etmiş, geceli gündüzlü koşturmuştu. Tâ ki, 19 Kasım 1997'ye kadar.

23 Kasım 1997 Pazar günü öğleyin Fatih Camiini dolduranlar kendi aralarında işte bunları ve Bayram Yüksel'le diğer iki dâvâ arkadaşlarının hizmetlerini konuşuyorlardı.

Cenaze Namazı

Üç dâvâ erinin cenaze namazı bambaşka bir havada kılındı. Sanki orada ete-kemiğe bürünüp görünen binlerce insanın dışında varlıklar da vardı. Ahmed Şahin ile Mehmed Dikmen'in birlikte hazırlayıp sundukları bir radyo programında yayına telefonla iştirak eden bir dinleyici, bu hususa açıklık getirmişti. Programda Bayram Yüksel anlatılmış, onun Kore gazisi olduğundan bahsedilmiş, Fatih Camiinde cenaze namazı kılındığı söylenmişti. Bayram Yüksel'i tanımayan ve daha önce görmemiş olan dinleyici, telefonun öbür ucunda şunları söylüyordu:

"Ben dün gece rüya gördüm. Bediüzzaman Hazretleri vefat etmiş. Fatih Camiinin avlusunda da namazı kılınacakmış. Ancak camiin avlusu farklı giyimli askerlerle doluydu. İğne ucu basacak kadar boş yer yoktu. Bu askerler kimler diye sorduğumda, bunlar Kore gazi ve şehitleri dediler. Cenazeye iştirak için gelmişler, arkadaşlarını yalnız bırakmıyorlar, beraberlerinde götürecekler. Merak ettim. Bediüzzaman Kore'ye gitmedi, nasıl Kore şehitleriyle arkadaşlık etmiş olacak?

"Sabah gazetelerden öğrendim ki, Fatih Camiinde cenaze namazı kılınacak olan Bediüzzaman değil, çok yakın talebeleri imişler. Ancak yine de Kore şehitlerinin iştirak sebebini bulamamıştım. Şimdi radyodan sizi dinlerken öğrendim ki, Bayram Yüksel Kore'ye gitmiş, cephede savaşmış, şehitlerin arasından çıkıp gelmiş. Demek ki gördüğüm o askerler gerçekten Kore kahramanlarıymış, şehit arkadaşları gelmiş, namazını kılacak, beraberlerinde götüreceklermiş. Bundan dolayı diyorum ki, verdiğiniz bilgilerle rüyamın yorumunu yapmış, beni de meraktan kurtarmış oldunuz."

Cenaze namazından sonra Bayram Yüksel'in elli yıllık dâvâ arkadaşı Mustafa Sungur onun hizmetlerini anlatmış ve ülkemiz üzerinde dolaşan şerlerin def'i için Bayram Yüksel ve arkadaşlarını Cenab-ı Hakkın kurban olarak kabul ettiğini belirtmişti. Osman Demirci Hocaefendi de yaptığı konuşmada, "İnsanlar nasıl yaşarlarsa öyle ölürler. Bayram Yüksel ve arkadaşları da hayatları boyunca imana ve Kur'ân'a hizmet ederek yaşadılar" demiş ve cenaze kaldırılırken mühim bir ikazda bulunarak, cenazeleri götürürken sessiz olunmasını ihtar etmişti. Böylece Osman Demirci Hoca, nice zamandır ülkemizde yerleşmiş olan cenazede bağrılması bid'asını da önlemişti.

Barla'ya Defin

Bayram Yüksel ile Ali Uçar'ın cenazesi 24 Kasım 1997 Pazartesi günü Barla'da, Risale-i Nur eserlerinin ilk defa telif edilmeye başlandığı mekanda defnedildi. Buradaki merasime yurdun dört bir yanından ve yurt dışından gelen on binlerce Nur talebesi iştirak etti. Mehmed Emin Çiçek'in cenazesi ise Bingöl'de Hacıçayır köyünde toprağa verildi.

Kubbede "hoş sadâ" bırakarak giden üç mânevî şehidin arkasından yüzlerce hatim okundu, duâlar edildi. Birbirlerini Allah için sevenlerin üzerine "geçici ayrılığın" hüznü çökmüştü...

İki Milyon İnsanı Katleden Cani...
POL POT

Faal gazetecilik zamanımızdaydı. Yazı işlerinden bir arkadaş **"Ölüm Tarlaları"** isimli bir filmden bahsetti. Filmin çok tesirinde kalmıştı. "Video bantını bulursam getiririm, birlikte seyrederiz!" dedi. O sıralarda film yeni vizyona girmişti.

Video bantı bulan arkadaşımız getirdi, birlikte seyrettik. Filmde Kamboçya hakkında bildiklerimiz dramatize edilerek işlenmişti. Yarı belgesel mahiyetteydi. Kızıl Kmerlerin katliâmlarından kaçanların maceralarını anlatıyordu. Kaçanlar yol boyunca, cesetlerle dolu pirinç tarlalarından geçiyorlardı. O tarlalarda binlerce on binlerce ceset vardı. Bundan dolayı filmin adına "Ölüm tarlaları" denilmişti.

Bu dehşetli tablonun baş müsebbibi Pol Pot isimli bir caniydi.

Hâdiseler, aklını ve diğer bütün duygularını küfürde, şerde, tahripte kullanan bir kişinin nasıl canavara dönüştüğünün müşahhas misali gibiyidi.

İnsanlık tarihinde eşine ender rastlanan bu zâlimin hayatı "zulme en ufak meyil duyan" kimselerin ibret alacağı hâdiselerle doludur.

İki ayaklı canavar

Pol Pot 19 Mayıs 1925'de doğmuştu. Ailesi çiftçiydi. Çocukluk ve gençlik yıllarında iki yılı keşiş olmak üzere altı yıl bir Buda manastırında kaldı. Daha sonra Ho şi Minh liderliğinde Fransızlar'a karşı yürütülen direniş hareketine katıldı.

1949-1952 yılları arasında Paris'te yüksek eğitimini yaptığı sırada komünizmle ilgilenen Pol Pot'un o yıllardaki ismi Saloth Sar idi.

Pol Pot ülkesine komünizmi benimsemiş olarak döndü. Kamboçya 1953'de bağımsızlığını kazanmıştı. Pol Pot da o sıralarda komünist partiyi kurma çalışmalarına başlamıştı. 1960-1963 yılları arasında Komünist Partisi'nin genel sekreterliğini yapan Pol Pot, hükümete karşı silahlı ayaklanmayı başlatan komünist Kızıl Kmerler teşkilatının liderliğini ele geçirdi.

1970 yılından sonra Kızıl kmerler ve Pol Pot isimleri bütün dünyaya yayılmaya başladı. Bu terör teşkilatı, merhametsizliğiyle nam salmıştı. Köylere, kasabalara baskınlar düzenliyor, silahsız insanları hunharca katlediyorlardı.

Kızıl Kmerler, 17 Nisan 1975'te başşehir Phnom Penh'e doğru yürüyüşe geçti. Bu esnada on binlerce sivil insan katledildi. Kamboçya'nın dünya ile bağlantısı kesilmişti. Kamboçya'da neler olur bittiği yıllar sonra ortaya çıkacaktı. Ortaya çıkan manzara korkunçtu. Kızıl Kmerler'in işbaşında olduğu 1975-1979 yılları arasında iki milyondan fazla insan öldürülmüştü. Ayrıca iki milyon insan da kayıptı. Bunların bir kısmı civar ülkelere kaçarken, bir kısmının da öldürülüp toplu mezarlara gömüldükleri tahmin ediliyordu.

Kızıl Kmerler'in başında başşehre girip idareyi ele geçiren Pol Pot akıllara durgunluk verecek işlere girişmişti.

Milyonlarca kitabı yakmıştı. Hedefi "komünist insan tipi" yetiştirmekti. Şehirdeki yüz binlerce insanı zorla evlerinden koparıp köylere sürmüştü. Çoğu ömürlerinde pirinç tarlası görmemişti. Bu insanlar o tarlalarda bazan günlerce tek lokma yiyecek yemeden çalıştılar. Onbinlerce insan o tarlalarda, ya hastalıktan, ya Kızıl Kmerler tarafından kurşunlanmak suretiyle can verdi.

Pol Pot kendi ülkesini kısa zamanda bir "viraneliğe" çevirmişti. Ülkenin her yerinde ölüm, vahşet, zulüm ve sefâlet hâkimdi. Düşman ordusu bile onun kendi halkına yaptığını yapmazdı.

Vietnam 25 Aralık 1978'de Kızıl Kmerlerin sınır saldırılarını durdurmak için Kamboçya'yı işgal etmeye başladı. Pol Pot kendi halkına o kadar baskı yapmış, o kadar zulmetmişti ki, halk Vietnam'ın işgaline ciddi bir mukavemet göstermemişti. Zaten mukavemet edecek halleri de kalmamıştı.

Vietnam birlikleri 1979'da başşehri ele geçirmişti. Kızıl Kmerler de Tayland sınırına kaçarak, ormanlık sahada gerilla savaşı vermeye başlamışlardı.

O bir kaçak

Yaklaşık dört sene Kamboçya'da "tek adam" olarak idarenin başında bulunan, bu zaman zarfında yüzbinlerce insanı evinden ve işinden ederek sürgüne gönderip perişan eden Pol Pot, 1979'dan itibaren artık bir kaçaktı. Hem de başına yüklüce mükâfat konulan ve her yerde aranan bir kaçak. Bu namlı caninin hayatı artık kaçmakla geçecekti.

Pol Pot liderliğindeki Kızıl Kmerlerin kaçışından sonra Kamboçya üzerindeki sis perdesi aralanmış ve bu ülke kapılarını yeniden dünyaya açmıştı. İşte ondan sonra bu ülkedeki tüyler ürpertici manzara ortaya çıktı. Toplu mezarlardaki dağlar gibi kafatasları ve kemikler dünya basınına gösterildi. Bu kafatasları ile kemikler bir araya toplanarak "Barbarlık Müzeleri" meydana getirildi.

Pol Pot yapacağını yapmıştı. Artık o ormanlarda köşe bucak kaçan ve bir kıymet-i harbiyesi olmayan birisiydi. O vaziyetteyken bile cinayetler işlemekten geri durmuyordu. 1997'de savunma bakanlığını yapmış olan Son Sen'le birlikte onun karısını ve 9 çocuğunu öldürttü.

Kızıl Kmerler arasında bölünme olmuştu. Bir grup artık yaşlanmış olan, ayakta bile güçlükle duran, türlü hastalıkların pançesinde kıvranan Pol Pot'u istemiyordu. Bu muhalif grubun lideri "kasap" lakaplı General Ta Mok, Pol Pot'u yakalayıp esir aldı. Göstermelik bir mahkeme kuruldu ve Pol Pot "Ömür boyu hapis" cezasına çarptırıldı. Pol Pot son olarak bu tarihte Batılı gazetecilerin önüne çıktı. Meşhur câni eli ayağı titreyen bir hastaydı. İki kişinin yardımıyla ayakta durabiliyordu.

1998'in Nisan ayında Ta Mok'un maiyetindeki Kızıl Kmerler'in bir kısmı da ayaklandı. Ta Mok, kendilerine bağlı adamları ve rehinesi Pol Pot ile birlikte dağlara kaçtı.

Kamboçya hükümeti ve Vietnam birlikleri Kızıl Kmerler'in, ayrıca Kızıl Kmerler'den bir grup ta Ta Mok ile Pol Pot'un peşindeydi.

Pol Pot ormanlarındaki vahşi hayvanlardan da perişan bir hayat yaşamaya başlamıştı.

16 Nisan 1998 günü Kızıl Kmerler bütün dünyaya Pol Pot'un öldüğünü duyurdular. Ajanslar önce bu haberi ihtiyatla karşıladı. Çünkü daha önce de defalarca Pol Pot'un öldüğü açıklanmış, ancak daha sonraları bu haberlerin bir şaşırtmaca olduğu ve Pol Pot'un yer değiştirdiği ortaya çıkmıştı.

Ama bu defaki haber gerçekti. Pol Pot, 15 Nisan 1998

günü Kamboçya'nın kuzeyinde Tayland sınırına iki kilometre uzaklıktaki Anlong Veng'teki evinde ölmüştü. Kızıl Kmerler'e göre kalp krizinden ölmüştü. Ama bazı çevreler onun Kızıl Kmerler tarafından öldürüldüğünü söylüyordu. Zira Pol Pot, ölümünden bir gün önce demir grisi saçlarını siyaha boyayarak, "Olur da son anda kılık değiştirip kaçmak zorunda kalırsam" diye tedbir almıştı.

Ancak artık kaçamamıştı. Azrail Aleyhisselam, bu zâlimin ruhunu teslim almıştı.

Zâlimler için yaşasın Cehennem!

Pol Pot'un ölümü üzerine milyonlarca insan, âdeta, **"Zâlimler için yaşasın Cehennem!"** diye haykırdı. Zira bu zâlimin zulmü karşısında ancak **"Cehennem Hapishanesi"** lazımdı.

Dünyada mahkeme edilmeyen, doğru dürüst ceza görmeyen, ceza görse bile alacağı en büyük ceza bile yaptığı katliamların ve "küfür cinayetinin" karşılığı olmayacak Pol Pot gibi zâlimlerin mevcudiyeti "Âhiretin varlığına" bir delildir.

"Ölüm Tarlaları" filmini seyrederken ve Pol Pot'un öldüğünü duyunca hep Âhiretle ilgili mevzuları ve Bediüzzaman'ın bu mevzu ile ilgili açıklamalarını düşünmüştüm.

Cenab-ı Hak "Âdil-i Mutlak"tı. Mutlak Adâlet sahibiydi. Adaletinin tecellileri bu dünyada da görülmekteydi. Ancak küfür cinayetini işleyenler, zulmedenler, yaptıklarının cezasını tam olarak bu dünyada görmüyorlardı. Onların cezası mahkeme-i kübraya bırakılıyordu. Şimdi bu husustaki Bediüzzaman'ın açıklamalarına bakalım:

"... Hem, adâlet ve mîzan ile iş görüldüğüne bürhan (delil) mi istersin? Herşeye hassas mîzanlarla, mahsus ölçülerle vücud vermek, sûret giydirmek, yerli yerine koymak, nihayetsiz bir adâlet ve mîzan ile iş görüldüğünü gösterir.

"Hem, her hak sahibine istidâdı nisbetinde hakkını vermek, yani vücudunun bütün levâzımâtını, bekâsının bütün cihazâtını en münâsip bir tarzda vermek, nihayetsiz bir adâlet elini gösterir.

"Hem, istidat lisânıyla, ihtiyâc-ı fıtrî lisânıyla, ıztırar lisânıyla suâl edilen ve istenilen herşeye dâimî cevap vermek nihayet derecede bir adl ve hikmeti gösteriyor.

"Şimdi hiç mümkün müdür ki, böyle en küçük bir mahlukun, en küçük bir hâcâtının (ihtiyaçlarının) imdâdına koşan bir adalêt ve hikmet, insan gibi en büyük bir mahlûkun bekâ gibi en büyük bir hâcetini mühmel bıraksın, en büyük istimdâdını ve en büyük suâlini cevapsız bıraksın, Rubûbiyetin haşmetini, ibâdının hukukunu muhâfaza etmekle, muhâfaza etmesin? Halbuki, şu fânî dünyada kısa bir hayat geçiren insan, öyle bir adâletin hakîkatine mazhar olamaz ve olamıyor. Bu belki bir mahkeme-i kübraya bırakılıyor. Zirâ, hakikî adalet ister ki, şu küçücük insan, şu küçüklüğü nisbetinde değil, belki cinâyetinin büyüklüğü, mâhiyetinin ehemmiyeti ve vazifesinin azâmeti nisbetinde mükâfat ve mücâzat görsün. Mâdem, şu fânî, geçici dünya, ebed için halk olunan (yaratılan) insan hususunda öyle bir adâlet ve hikmete mazhariyetten çok uzaktır; elbette Âdil olan o zât-ı Celîl-i Zülcemâlin ve Hakîm olan o Zât-ı Cemîl-i Zülcelâlin dâimî bir Cehennemi ve ebedî bir Cenneti bulunacaktır." (Sözler, 10. Söz Üçüncü Hakikat, s. 67).

Bediüzzaman aynı bahsin devamında adâletin iki şık olduğunu belirterek şu açıklamada bulunmaktadır:

"Evet, adâlet iki şıktır: Biri müsbet, diğeri menfidir. Müsbet ise, hak sahibine hakkını vermektir. Şu kısım adâletin bu dünada bedâhet derecesinde ihâtası vardır.

Çünkü, herşeyin istidat lisanıyla ve ıztırar lisanıyla Fâtır-ı Zülcelalden istediği bütün matlubâtını ve vücut ve hayatına lazım olan bütün hukukunu, mahsus mîzancıklarla, muayyen ölçülerle bilmüşahede veriyor. Demek adâletin şu kısmı, vücut ve hayat derecesinde katî vardır.

"İkinci kısım menfîdir ki, haksızları terbiye etmektir. Yani haksızların hakkını, tâzib ve tecziye ile veriyor. Şu şık ise, çendan tamamiyle şu dünyada tezâhür etmiyor; fakat, o hakîkatin vücudunu ihsas edecek bir sûrette hadsiz işârât ve emârât vardır.

"Ezcümle: Kavm-i Âd ve Semûd'dan tut, tâ şu zamanın mütemerrid kavimlerine kadar, gelen sille-i te'dip ve tâziyâne-i tâzip, gayet âlî bir adâletin hükümrân olduğunu hads-i katî ile gösteriyor." (Sözler / 82).

Pol Pot gibi bir zalim, milyonlarca insanın ölümüne vesile olmuştur. Bütün bunları düşünen her insan, **"Zalimler için yaşasın Cehennem!"** diye haykırmaktan kendini alamaz ve Âhiretin varlığı, Hesap Günündeki Adalet ve Cehennem Hapishanesinin mevcudiyeti karşısında **"Oh, Elhamdülillah"** der, sevinç duyar, teselli bulur...

İnsaniyet damarı ölmemiş her insanın Pol Pot'un ölümüne sevinmesi ve **"Dünya bir başbelâsından kurtuldu!"** demesi ne kadar ibret verici bir hâdisedir...

"En Kötü Adam" rolünü
"En İyi" yapan aktör

EROL TAŞ

10 Kasım 1998 günü öğle vakti Teşvikiye Camiinin avlusu Yeşilçamın "meşhur yüzleri" ile dolmuştu. Kimler yoktu ki?.. Cüneyt Arkın, İzzet Günay, Fikret Hakan, Kemal Sunal, Orhan Gencebay, Tekin Akmansoy, Hülya Koçyiğit, Perihan Savaş, Tarık Akan ve daha yüzlerce sîma... O gün camiin avlusunda bekleşenler "rol yapmaya" değil, hayatının "son rolünü" oynayan bir arkadaşlarını bu dünya misafirhanesinden yolcu etmeye gelmişlerdi.

Hepsi de, rol icabı değil, gerçekten üzgündü. Yıllar yılı birlikte oynadıkları "kötü adam rollerinin" unutulmaz ismi Erol Taş'ı kaybetmişlerdi.

"Kötü adam"ın kötü günleri

Sinemaya adım attığı 1953 yılından 1998 yılına kadar 830 filmde rol alan Erol Taş bir rekortmendi. En çok filmde rol alan aktör olarak "Yeşilçam tarihi"ne geçmişti.

Erol Taş'ın temel vasfı, kötü adam rolünü en iyi şekilde oynamasıydı. "Kötü adam rolünü" o kadar "iyi" yapıyordu ki, seyircilerin birçoğu bunun rol olduğunu düşünemiyordu. Bu yüzdendir ki Erol Taş Anadoluda birçok defalar dayak yemekten güçbela kurtulmuştu.

Filmlerde zâlim, haydut, ırz düşmanı, kâtil gibi rolleri "ustalıkla" canlandıran, bazan da Rus generali gibi tipleri oynayan Erol Taş; defalarca bütün bu yaptıklarının "rol" olduğunu anlayamayan seyircilerin saldırısına mâruz kalmıştı...

Erol Taş, "kötü adam rolü oynamaktan" hep memnun olmuş ve o rolleri severek oynadığını açıklamıştı. İşte bu şekilde kötü adam rolünü büyük bir beceriyle oynayan aktörün başına gerçek hayatta yığınla "kötü işler" gelmişti.

Erol Taş'ın son yılları derin acılar içerisinde kıvranmakla geçmişti. Kalp yetmezliği ve şeker hastalığı sebebiyle devamlı müşahede altında tutuluyordu. Bu hastalıkların yanı sıra, kangren teşhisiyle sol ayak parmakları kesilmiş ve ardından sol ayağı bileğine kadar alınmıştı. Bu acılarını kısmen dindirecek ailevî huzurdan da mahrum yaşıyordu. İlk karısı ve ilk karısından olan çocuklarıyla görüşmüyordu. Damadıyla da başı dertteydi. Damadına torununu vermemek için hukuk mücadelesi veriyordu. Damadı eski kayınpederine karşı bütün Türkiye'de seyredilen bir rol yapmış ve Boğaz köprüsünden atlayarak intihar etmek için köprünün üzerine çıkmış, oradan güçbela aşağıya indirilmişti.

Bu şekilde yığınla "acı günler" geçiren aktör, Yeşilçam'a adımını da "Acı Günler" isimli filmle atmıştı.

Misafirliğin sonu

Bu dünya bir misafirhaneydi. Bir bekleme salonuydu. Bu dünyaya gelen her canlının boynuna "Âcizlik ipi" dolanıyor, onu çeke çeke asıl mekanına götürüyordu. İnsanoğlu "rol icabı" vursa, kırsa, etrafını titretse de gerçekte son derece âcizdi. Zamanı durdurmaya gücü yoktu. Gecenin yerini gündüzün almasını, zamanın geçmesini önleyemiyordu. Yani mutlak acziyet içerisindeydi. Zamana rengini veren güneşin ve dünyanın dönüşünü sağlayan mutlak Kudret Sahibi olan Allahu Teâlayı bulan ve O'nun, zamanın olmadığı Ebedî Hayatta saadeti kazanma müjdesine kulak veren kimseler rollerini muvaffakiyetle tamamlamaktaydılar.

Teşvikiye Camiinin avlusunu dolduranlardan kaçı bu gerçeği düşündü, bilemeyiz. Ama bilinen birşey vardı. Erol Taş'ın bu dünya sahnesindeki son görüntüleri 8 Kasım 98 günü çekilmişti.

Erol Taş o gün kalp krizi geçirmiş, ikinci hanımı ve kızı tarafından hastahaneye götürülürken yolda son nefesini vermişti.

"Kötü adam" rolünü en iyi oynayan, ancak etrafına kötülüğü dokunmayan aktör bu dünyadan ayrılmıştı. Tıpkı kötü adamlığı rol olarak seçen değil, bir hayat tarzı olarak gerçeğe dönüştüren nicelerinin ayrıldığı ve daha nicelerinin de ayrılacağı gibi...

Son anlarını kendisi yazan gazeteci-yazar:
YAVUZ GÖKMEN

Yakınlarıyla birlikte hastahaneye gittiğinde, orada kendisini tanıyıp halini hatırını soranlara gülümseyerek cevap veriyordu. O zamana kadar hastalığını ciddiye almamış, doktorlarının sıkı sıkıya yaptıkları tavsiyeleri de bu yüzden hep kulak ardı etmişti. Doktoru son gidişinde sert çıkmıştı:

"Siz hayatın üstüne üstüne gidiyorsunuz. Sizi göremesem bile gözlerinizden izliyorum. Sigarayı bırakın diyorum, bırakmıyorsunuz. Biraz dinlenin diyorum dinlenmiyorsunuz. Ara sıra anjin olup buraya geliyor, benden habersiz, hemşirelere iki iğne olup gidiyorsunuz. Kendinizi iyi hissedince tekrar aynı hayatın içine dalıyorsunuz. Artık bunu yapamayacaksınız."

Yavuz Gökmen, doktorun bu sözleri üzerine o kendine has bakışı ve gülüşüyle doktorun yüzüne bakmıştı.

Doktoru, **"Artık bunu yapamayacaksınız"** demişti. Gerçekten de yapamamıştı. Gökmen, 21 Kasım'98 tarihli, **"Hayatın Üstüne Gitmek"** başlıklı yazısında doktorun izin vermediği, ama kendisinin çok yapmak istediği şeyleri şu şekilde aktarıyordu:

"...Biliyorum ki, benim gibi birçokları da hayatın üstüne üstüne gidiyorlar ve yaşamları büyük bir koşturmaca içinde geçiyor. Bu arada, ortaya büyük bir çelişki çıkıyor:

"Başkalarına kötülük ederek, içindeki düşmanlık duygularını kusarak sağlıklı kalmaya çalışmakla; başkalarına karşı asla kin ve nefret duymadıkları için kendi kendisine kötülük ederek hastalanmak arasındaki çelişki...

"Ben bu çelişkinin, ikinci yanıydım. Kimseye kin ve nefret duyamıyor ve kötülük etmeyi aklıma bile getiremiyordum. Kaçış yolunu kendi kendime kötülük etmekte buluyordum.

"'Altın beyinli adam' gibi bir yandan beynimi, öte yandan sağlığımı harcıyordum. Hayatın üstüne üstüne gidiyordum. Durmak dinlenmek bilmiyor, kendi sorunlarımı bir kenara bırakıyor ve hep başkalarının sorunlarıyla uğraşıyordum.

"Ne var ki, bundan hiç de pişman değildim."

Sakin duruşlu adam

Herkes onu TV'deki programında "sâkin duruşuyla" tanıyordu. Yılların gazetecisiydi, Hürriyet gazetesinde köşe yazarıydı, ama zihinlerde; Kanal 7 televizyonunda, Fehmi Koru ve İlnur Çevik'le birlikte yaptıkları programda gayet rahat, kendinden emin ve "hastalıklı" duruşuyla yer etmişti.

O, İslâmî değerlere ve Müslümanlara saldırmanın ve onları rencide etmenin, âdeta temel politika olarak benimsendiği bir topluluğun içerisinde yükselen "aykırı" bir sesti. Bu cemiyetin temel değerlerine ters düşmemeye gayret ediyor, yazılarıyla bu ülkenin masum halkını incitenlerden olmadığını açıkça ortaya koyuyordu.

O, çilekeş bir fikir adamıydı. 12 Mart darbesinden sonra 2,5 yıl hapis yatmış, 1974'teki aftan sonra dışarı çıkabilmişti. O devrede kendisiyle beraber hapis yatan veya yatmayan nice arkadaşları daha sonraları tamamen değişmiş, "köşe dönmeyi" hedeflemişlerdi. Ama o, her gelenin keyfine uygun hareket etmeyi reddetmişti.

28 Şubat 1997'deki "çağdaş darbeden" sonra, darbecilerin telkinlerinin tesirinde kalmamış, "irtica geliyor!" yollu ucuz polemiklere girmemişti. Çünkü o yarını ve yarınlarda "hesap vermeyi" düşünenlerdendi.

Hastahaneye yatışı

Yavuz Gökmen, 21 Kasım 1998 Cumartesi akşamı, ağır ateşli soğukalgınlığı şikayetiyle Ankara'da özel bir hastahanede tedavi altına alındı. Doktorlar bu defa onu bırakmamışlardı. Yapılan muayene sonunda kendisine "çift taraflı zatürree" teşhisi konulmuştu. O haldeyken bile yazısını düşünüyordu. 23 Kasım'98 günü Hürriyet'te yayınlanan yazısı, âdeta bir "vedâ mektubu" gibiydi.

Yazısının başlığı, **"Ne hasta bekler sabahı.."** idi. Bu başlığı Necip Fazıl'ın, **"Ne hasta bekler sabahı / Ne taze ölüyü mezar"** diye başlayan şiirinin ilk mısraından almıştı.

Yazısının başında; **"Bu şiirin tamamını bir kere yazmıştım. Şimdi yeniden yazmak istemiyorum.**

Çünkü insan bazı şeyleri romantizm olgusu dışında bölümleriyle yaşayınca bazı gerçekler tüylerini ürpertiyor. **Hele bu insan özgürlüğüne sonsuzca düşkün ve bir ideal uğruna başına hiçbir şey gelmiyecekmişcesine didinen biriyse kaçış süreci daha da hızlı oluyor."** diyor ve yazının devamında hastalığı hakkında bilgiler veriyordu.

Başına "birşeyler geleceğini" hisseden Gökmen, yazısının sonunda şöyle diyordu:

"... Dün sabah bana 'bronkoskopi' yapıldı. Ayıldığımda çevremde yüzleri gülen insanlar gördüm. Bronkoskopi burundan içeriye kameralı bir hortum sokularak akciğerin taranmasıydı. Sonuç bende sadece iki taraflı zatürree olduğu, başkaca herhangi bir patalojik durumun bulunmadığıydı.

"Buna ne kadar mutlu olduğumu anlatamam. Eğer aksi çıksaydı, uzunca bir süre sizlerden ayrılmak zorunda kalacaktım. Varoluşumu hissedebildiğim yazılarımdan ayrılmak zorunda kalacaktım.

"Benim bir tek korumam vardır. O da Allah'tır. Ona bir kez daha hamd ve dua ettim.

"Bence bunu hiç kimse ihmal etmemeli."

Gökmen böylece son makalesinde imanını, inancını ortaya koymuştu.

İnsanoğlu mutlak acz ve mutlak fakr içerisindeydi. Zamanı durduramıyordu. Her geçen saniye bir ip gibi insanın boynuna dolanarak onu mezara götürüyordu.

İnsan mutlak fakr içerisindeydi. İsterse dünyanın en zengin adamı olsun, ölü hücrelerin yerine bir yenisini satın alıp koyamıyordu.

İnsanı ve onun bütün sevdiklerini yok olmaktan kurtaracak bütün bu kâinat çarkını çeviren mutlak kudret sahibi olan Allahu Teâlâ idi. İşte Yavuz Gökmen buna işaret ediyor, **"Benim bir tek korumam vardır. O da Allah'tır. Ona bir kez daha hamd ve dua ettim. Bence bunu hiç kimse ihmal etmemeli."** diyordu.

Son Yazısı

23 Kasım Pazartesi günü Yavuz Gökmen tepeden tırnağa bir kere daha muâyene edildi. Doktorlar 15 gün istirahat etmesini, yazı yazmamasını istemişlerdi. Gökmen bu durumu okuyucularına bildirmeliydi. Saat 15.56'da üç satırlık bir yazı yazarak, bu yazıyı gazeteye aktardı. 24 Kasım tarihli gazetede yayınlanmak üzere kaleme aldığı bu yazısı bir "vedâ" gibiydi. Gökmen şöyle diyordu:

"İnsan en kötüsünden iki taraflı zatürreeye yakalanınca, işler değişiyormuş. Birkaç gün yetmiyormuş. Sizden özür diliyorum. Ama en az 15 gün ayrı kalmamız gerekiyormuş. Sizi çok özleyeceğim."

Gökmen bu yazıyı yazıp gazeteye geçtikten 1,5 saat sonra, 23 Kasım '98 Pazartesi günü âniden fenalaştı. Doktorlar onun başucuna koşuştular. Yapılan bütün müdahalelere rağmen kurtarılamadı. Onun bu fâni dünyadaki "misafirliği" sona ermişti...

Büyük ilgi ve sevgi

Yavuz Gökmen'in son yazısı gibi, bu dünyadaki son yolculuğu da mesajlarla doluydu. Her kesimden insan onu son yolculuğunda yalnız bırakmamış ve Kocatepe Camiine koşmuştu.

25 Kasım günü Kocatepe Camiinin avlusu pek çok tanınmış sima ile doluydu. Prof. Dr. Necmeddin Erbakan, Mesut Yılmaz, Hikmet Çetin, Recai Kutan, Bülent Ecevit, Tansu Çiller, Deniz Baykal, Muhsin Yazıcıoğlu, Hasan Celal Güzel gibi politika dünyasının önde gelen isimlerinin yanı sıra tanınmış gazeteciler ve yazarlar da oradaydı.

Ayrıca orada binlerce namsız, şöhretsiz insan vardı. Bazıları onlara "cahil oy çoğunluğu" diyor, bazıları onları "irtica senaryolarının" figüranı olarak görüyordu.

Adına kısaca "halk" denilen bu insanlar, son derece vefalı, son derece kadirşinas kimselerdi. Onlar "insan sarrafı" idiler. İşte onlar, yağcılık yapılarak köşe dönüldüğü devrede, kalemini kiralamayan ve satmayan bir kalem erbâbını unutmamışlardı.

İnsanları güldürerek yaşadı ama
sonu hazin oldu
ÖZTÜRK SERENGİL

Tabutu başında hüzünle bekleşen sanatçı dostları, gazetecilerin sorusu üzerine onun hakkında şu değerlendirmeyi yapıyorlardı:

İzzet Günay: "**...Beklenen bir sondu, ancak çok çekti**"

Ekrem Bora: "**Son günlerini pek keyifsiz yaşadı ve çok uzun sürdü. Şanssız bir dönemdi Öztürk için**"

Erenköy Galip Paşa Camiindeki musalla taşındaki tabut, meşhur artist Öztürk Serengil'e aitti. 11 Ocak 1999 günü evinde son nefesini veren Serengil, dostlarının dediği gibi gerçekten de son anlarında çok çekmişti.

Beyin ödemi nedeniyle iki defa ameliyat edilen Serengil felç olmuştu ve bir yıldır yürüyemiyordu. Hafıza melekesi çok zayıflamıştı. Son zamanlarda artık konuşamaz olmuştu. En son ölmeden 1,5 ay önce beynindeki ödem nedeniyle fenalaşarak hastahaneye kaldırılmış, 25 gün tedavi gördükten sonra taburcu edilmişti. Daha doğrusu doktorlar, "Artık yapılacak birşey yok. Bekleyeceğiz" demişlerdi. Beklenilen, her fâniyi bekleyen "son"du.

283 filmde rol alan ve bu filmlerin bitimine "son" yazdıran Öztürk Serengil, işte nihayet kendi hayat filminin de "son"una gelmişti. Niceleri gibi o da bu "son"u beklememiş ve bu "son"a hazırlanmamıştı. Hazırlıksız olduğu hayatının her safhasından belliydi.

İnsan bu dünyaya niçin gönderilmişti? Yaratılış gayesi neydi? Nereden gelip nereye gidiyordu? Bir bekleme salonu olan bu dünyadaki aslî vazifeleri nelerdi? İşte asıl mahâret bu soruların cevabını bulmak ve ona göre yaşamaktı.

İnsanı kendisine iman edip ibadet etmesi için yaratan Allahu Teâlâ, "eşref-i mahlukat" olarak, yani yaratıkların "en şereflisi" olarak yaratmış olduğu insanoğlunun bu dünya hayatında meşrû dairede yaşaması için Peygamberleri ve kitapları vasıtasıyla yol göstermişti. Helal dairesi genişti. Her türlü keyfe kâfi gelebilirdi. Allah'ın çizdiği sınırları aşmak, zehirli bal şerbetini yudumlamak demekti. Geçici lezzetin sonu çok acıydı. O haram yola sapışın neticesi bu dünyada da görülürdü.

***

Öztürk Serengil'in kumarbazlığı ve zamparalığı meşhurdu. Sefahete düşkündü.

Kumarbazlığı yüzünden tam 27 dairesini kaybetmiş, iki defa "sıfırı tüketmiş" ve meteliğe kurşun atar hale gelmişti.

"Yeşilçam Benden Sorulur" isimli kitabında kendi hayatını şöyle özetliyordu:

"Benim ayıbım ortada. Kumar oynarım bir, fahişelere zaafım var iki..." (s.27)

Bâtılı tasvir etmemek için onun hayatının bu safhasıyla ilgili teferruata girmek istemiyoruz. Her ne kadar biz tasvir etmesek te kendisi bu "kötü hayatı" filmlere taşımıştı. Filmlerinde âdeta hayatını oynuyordu. Filmlerinde kullandığı, "Abidik gubidik", "Yeşşe", "Şepkemin altındayım" gibi sözlerle argoyu kullanılan dile sokmuştu.

Yaşayışıyla, çevirdiği filmlerle gençlere örnek olamayan Öztürk Serengil, son anlarıyla hem gençlere, hem bütün sanatçılara, hem mutlak acz ve mutlak fakr içerisinde olduğunu unutan herkese ibret dersi vermişti.

Sahnelerde hop hop hoplayan o "delifişek" adam bir adım dahi atamaz hale gelmişti. Konuşmaya başladı mı saatlerce susmayan, konuşmasıyla güldüren ve güldürerek para kazanan o konuşkan adam tek kelime edemiyordu. Beyinde oluşan ur kansere dönüşmüştü ve defalarca ameliyat olmasına rağmen urun büyümesi engellenememişti.

İşte insanoğlu buydu: Mutlak acziyet içerisinde bir varlık... Ona hayat veren, can veren, güç ve kuvvet veren, konuşma kaabiliyeti veren Kâinatın Sultanı olan Allahu Teâlâ, ibret için insanoğlunun gerçekte ne kadar âciz olduğunu gösteriyordu.

Yüzlerce film çeviren ve sözde insanları "güldürmeye" uğraşan, güldürerek para kazanmaya çalışan Öztürk Serengil, 12 Ocak 1999 günü, "dünya sahnesinde" son anlarını yaşarken artık hiç kimseyi güldürmüyordu.

Cenaze Merasimi konserlerine benzedi

BARIŞ MANÇO

2 Şubat 1999 günü Moda'da o zamana kadar görülmemiş bir hareketlilik vardı. Binlerce insan bir evin önüne birikmişlerdi. Kimi Barış Manço'nun seslendirdiği şarkıları hep bir ağızdan söylüyor, kimi hıçkıra hıçkıra ağlıyor, kimi de tekbir getiriyordu. Herkes bir an önce evin içerisinde katafalka konulan tabutu görmek için bekleşiyordu.

Tarihî bir şatoyu, bir köşkü andıran bu güzel evin sahibi, şimdi evin bir bölümünde tabutun içerisinde yatmakta olan Barış Manço idi.

Orada bekleşenler gibi, yurdun dört bir yanında da oradakilerle aynı duyguları paylaşanlar vardı. Binlerce insan şaşkındı. Barış Manço bir anda aralarından ayrılmıştı. İşte o anda milyonlarca insanın gözünün önüne "Ölüm gerçeği" dikilivermişti.

Yunus Emre, **"Bir garip ölmüş diyeler / Soğuk su ile yuyalar / Üç günden sonra duyalar / Şöyle garip bencileyin"** demektedir.

Binlerce, yüzbinlerce "garip" ölmekte, adları sanları duyulmamakta. O gariplerin ölümüyle hiç kimse ölüm gerçeğini hatırlamamakta. Ama bir meşhur ölünce, bir anda o meşhurun ölümü gafil kafalara bir tokmak gibi inmekte...

Sıradan bir meşhur değildi

Barış Manço "sıradan" bir meşhur değildi. İsmi Japonya'dan Çin'e, Belçika'dan Amerika'ya kadar dünyanın dört bir yanında da duyulmuş birisiydi.

Elbette bir anda "meşhur" olmamıştı. 1943'te doğan Manço, ilk defa 1958'te lise orkestrasında boy göstermiş ve sahneye ilk adımı atmıştı. Daha sonra Belçika Kraliyet Akademisi'ne girmiş (1963) ve orada hem çalışıp hem okumuştu. Tamircilik, garsonluk, benzin istasyonunda pompacılık, kütüphanede toz almak dahil türlü işlere girip çıkmıştı. O sıralar adını sanını duyan yoktu.

1970'te Türkiye'ye kesin dönüş yapan Manço, "Kurtalan Ekspresi" isimli bir müzik topluluğu kurarak adını duyurmaya başlamıştı. Çok uzun saçları, on parmağına takındığı iri iri yüzükleri, jest ve mimikleri ile dikkatleri çekmişti.

Kılık-kıyafetiyle farklı olduğu gibi, okuduğu parçaların sözleriyle de "farklı" biriydi. O sanki, hürriyetin mumla arandığı bir dönemde **"Arkadaşım eşek"** diyordu. **"Domates, biber, patlıcan!"** diyordu. (Ama hiç hıyarlardan bahsetmiyordu) **"Oku bakim!"** diyordu ve dinleyicilere **"A-yı!"** kelimesini okutturuyordu. Tabii ayının veya ayıların kim veya kimler olduğunu söylemiyordu. **"İşte hendek işte deve"** diyerek zorluklara işaret ediyordu. **"Sarı Çizmeli Mehmed Ağa bir gün sorar hesabı"** diyerek, yiyenlere, soyanlara, yiyip soyup tüyenlere mesaj yolluyordu.

TV Programcısı

Şarkıcılığıyla meşhur olan Manço, daha sonra TV'de programlar hazırlayarak adını daha geniş kitlelere duyurdu. "7'den 77'ye" isimli programıyla dikkatleri çekti. Dünyanın dört bir yanını dolaştı. Gezip gördüklerini ekranlara yansıttı. En dikkat çekici programlarından birisi, kocaman bir ağacın enine kesilmesiyle içerisinden çıkan "Kelime-i Tevhid" yazısını ekrana getirmesiydi. Materyalistlerin itirazlarına mukabil Manço, o yazıda tahrifat olmadığını, yapmacık olmadığını ısrarla müdafaa ediyordu. Kainatta sayısız Tevhid delilleri vardı. Hiçbir insanın diğerine benzemeyişi bütün insanların parmak izlerinin ve seslerinin farklı oluşu, hattâ hiçbir çiçeğin, otun, kar tanesinin diğerine benzemeyişi de Tevhid delillerindendi. Ama akılları gözlerine inenler, kalp gözleri kör olanlar, bu Tevhid mühürlerini okuyamıyor, ya da okumamakta inat ediyorlardı. İşte ağacın içerisinden çıkan Kelime-i Tevhid yazısı, sanki mânen körleşmiş gözlere **"Beni oku!"** der gibiydi...

Başarılar... Başarılar...

Barış Manço başarıdan başarıya koşan bir sanatçıydı. Bu başarıların karşılığını da alıyordu. Servet, nişan, ödül, yağmur gibi yağıyordu. Türkiye'de "Devlet Sanatçısı" ilan edilmiş; yurt dışında da yabancı devletlerin hatırı sayılır nişanlarını almıştı. Yani bu dünyada insanların pek çoğunun hayal ettiklerini Barış Manço gerçekleştirmişti. Sıra başka mevki ve makamlara gelmişti. **"Hedefim Cumhurbaşkanlığı"** diyordu. 1994'te bir partiden Kadıköy Belediye Başkan adayı gösterilmişti. Ama söylentiler ve spakülasyonlar sanatçı kalbine çok tesir etmiş ve kalp krizi geçirmişti. Ondan sonra bir daha "Cumhurbaşkanı olacağım! Kültür Bakanı olacağım!" gibi sözler söylememişti.

Son anları

Arkasından atlı kovalıyormuşçasına çabuk çabuk konuşan, sahnede yerinde duramayan, kanlı-canlı Barış Manço, 31 Ocak 1999 Pazar gecesi saat 23.00 sularında ailesiyle birlikte oturup sohbet ederken bir anda tansiyonu düşüp kendisini kaybetmişti. Ailesi derhal telefona sarılmış, çok geçmeden bir ambülans gelip kendinden geçmiş halde yatan Barış Manço'yu Siyami Ersek Göğüs, Kalp Damar Cerrahisi Hastahanesine götürmüştü. Doktorlar derhal devreye girmiş, Manço en gelişmiş cihazlara bağlanmıştı.

Dışarıda ailesi ve dostları endişe içerisinde bekleşirken, yoğun bakımdan çıkan doktor acı haberi şu şekilde açıklamıştı:

"**Bazı haberlerin söylenmesi maalesef çok güçtür. Türkiye'nin yetiştirdiği ender sanatçı Barış Manço'yu maalesef kaybettik. Saat 23.30'da hastanemize Hızır Acil 112 ambulansıyla geldi. Ambülansta gerekli tıbbî müdahale yapılmıştı. Hastanemize intikal ettiğinde zaten ex (vefat etmiş) durumdaydı. Solunum yetmezliği ve kalb sıkışması sonucunda rahatsızlandığını öğrenebildik. Ölüm nedeni konusunda kesin birşey söylemek mümkün değil.**

"**Hastanemizde yapılan bütün müdahaleler sonuç vermeyerek saat 01.30'da bütün fonksiyonları tamamen durdu. Müdahaleler konusunda gerekli ilaç tedavisi yapıldı ve kalp pili takıldı. Ancak hiçbir müdahaleye cevap vermedi.**"

"Unutma ki dünya fani"

En büyük ders, en büyük ibret olan ölüm gelip kapıyı çalınca, en bilgili doktorlar, en gelişmiş cihazlar, en kaliteli hastahaneler de âciz kalıyor, bütün o aracıların fonksiyonu bir anda bitiyordu.

Barış Manço, **"Unutma ki dünya fani / Veren Allah alır canı / Ben nasıl unuturum seni / Can bedenden çıkmayınca"** demişti. Dünyanın faniliğini, ancak bu "şok ölümler" hatırlatıyordu. Ama gaflet perdesini yırtmak kolay değildi. Canı veren Allah, tayin ettiği vakitte emânetini geri alıyordu. Haşir sabâhından itibaren canı bedene tekrar iâde edecek, bu defa ebediyyen almayacaktı. İşte o vakit, canı veren Allah'ı hatırlayıp; canı, malı, vücudu, bütün hasselerini Allah'ın emrettiği istikamette kullananlar sonsuz sevinç içerisinde bulunurlarken; emanete ihanet edenler, Allah'ı unutanlar, Allah'ın emir ve yasaklarını hatırlarına getirmeyenler derin ızdırap içerisinde bulunacak, ölümü bin defa arzu edecek, ama bu defa ölüm ellerine geçmeyecekti.

Şan, şöhret, mevki, makam, mal, mülk, servet, alkış, insana ancak kabir kapısına kadar eşlik edecekti. Kabre konulduktan sonra "geçer akçe" sadece ve sadece insanın amelleriydi. Orada "kurtarıcı" yalnızca "Allah'ın rızasına uygun" davranışlardı.

Görkemli bir tören

Barış Manço'nun cenaze merasimi tarihe geçecek kadar "görkemli" oldu. Cenazesine on binlerce insan katıldı. 3 Şubat '99 günü, ilk önce evinin önünde bir merasim yapıldı. Burada yeni bir âdet ortaya çıktı. Manço'nun şarkıları çalındı. Oradakiler şarkılara iştirak ettiler.

İkinci merasim Atatürk Kültür Merkezinde yapıldı. Buradaki merasim "Devlet merasimi" idi.

Üçüncü merasim Levent Camiinde yapıldı. Öğle namazını müteâkip cenaze namazı kılındı. Cenaze Kanlıca Mihrimah Sultan mezarlığına götürülürken, o zamana kadar cenaze törenlerinde rastlanmayan hareketler görüldü. "Türkiye seninle gurur duyuyor!" gibisinden sloganlar atıldı.

"Ahirette seni kurtaracak eserin yoksa..."

Eşine ender rastlanan merasimlerden sonra Barış Manço bir top ak beze sarılı olarak mezara konuldu. Bütün o kalabalık çekilip gitti. Artık Manço, kabirde amelleriyle baş başaydı. Köşkler, villalar, lüks arabalar, tomar tomar paralar, alkışlar, kabrin dışında kalmıştı. Bediüzzaman, **"Âhirette seni kurtaracak bir eserin yoksa, fani dünyada bıraktığın eserlere de kıymet verme!"** diyerek bu gerçeğe işaret etmişti.

İnsanoğlu bir tuhaftı. Barış Manço 56 yaşında öldü diye şoka girenler vardı. Halbuki 6, 16, 36, 46 yaşlarında da, her an, her saniye ölüm gelip kapıyı çalabilirdi. Hiç kimse ne vakit öleceğini bilemezdi. En akıllıca yapılacak davranış, her an ölüme hazırlıklı olmaktı. Manço'nun şu sözleri herkesin kulağında çınlamalıydı:

"Unutma ki dünya fâni
Veren Allah, alır canı..."

Öldürttüğü binlerce Filistinlinin âhı tuttu.
Senelerce acılar içerisinde kıvrandı

KRAL HÜSEYİN

Kral Hüseyin'in altı aydır tedavi gördüğü Amerika'dan Ürdün'e dönüşü herkesi meraklandırmıştı. Ürdün medyası "Kral iyi oldu" haberleriyle doluydu. Oysa Kral iyileşmemişti. Geliş maksadı başkaydı.

Ürdün Kralı Hüseyin ayağının tozuyla şok edici açıklamasını yaptı. 35 seneden beri "Veliaht" olarak bilinen kardeşi Hasan'ı veliahtlıktan azletti. Yerine İngiliz hanımı Tony Gardiner'den olma oğlu Abdullah'ı veliaht ilan etti. Ardından yine geldiği gibi apar topar Amerika'ya döndü.

Bu ani geliş gidişle dünyanın gözü bir anda Ürdün'e çevrildi. Ortadoğu'nun kilit noktasında bulunan bu "Sun'î ülkede" neler oluyordu? Son operasyonun mânâsı neydi?

Yakın tarihi bilenler için bu sorunun cevabı açıktı.

Ürdün'de son olanlar, asrın başında ilk olanların devamı mahiyetindeydi.

Yirminci yüzyılın başında Ürdün diye bir ülke yoktu. O topraklar Osmanlı devletinin hâkimiyeti altındaydı. Ne olduysa, İngiliz elinin o bölgeyi karıştırmasından sonra oldu.

İngiliz oyunu

Çok zengin petrol kaynaklarının bulunduğu Ortadoğu'ya göz diken İngiltere, o bölgeyi ele geçirmek için Osmanlı devletini yıkıp tarih sahnesinden silmek lazımgeldiğini çok iyi biliyordu. Bunun için hummalı bir faaliyete girişmişti. 31 Mart hâdisesini tertiplemiş, böylelikle hilâfet müessesesini ortadan kaldırmak istemişti. Ardından Balkan harbini tezgahladı. Osmanlı devleti bu savaşla büyük yara almıştı. Sıra "öldürücü darbeyi" indirmeye gelmişti. Bunun için sinsi taktiklerle Osmanlı Devletini Birinci Dünya savaşına girmeye zorladı. Çanakkale boğazını geçip İstanbul'u işgal etmeyi denedi.

Osmanlı Devleti Birinci Dünya savaşında yedi cephede birden savaşmaya mecbur bırakıldı. En kritik cephelerden birisi de İngilizlerle savaştığı "Filistin ve Hicaz cephesi" idi.

İngiltere bu savaşta mertçe çarpışmadı. Dessâsane oyunlar tezgahladı. "Yüz yıllık planını" sahneye koydu. Bu plana göre, artık İslam ülkelerinde ele geçirdiği "Çar tabancaları" ile iş görecekti. Bunlar, adı Müslüman, ama gerçete kalben İngiltere'ye bağlı kişilerdi. Başta Lawrence olmak üzere pek çok casusu devreye soktu.

Ürdün Kral'ı Hüseyin'in büyük dedesi Hüseyin'e krallık vaadetti ve ona torbalar dolusu altın verdi. Sultan Abdülhamid'in aslâ güvenmediği Hüseyin'i, Abdülhamid'in devrilmesinden sonra işbaşına geçen İttihatçı komiteciler, İngiltere'nin devreye girmesiyle "Mekke Şerifi" olarak tayin etmişlerdi. Böylece kurda kuzu teslim edilmişti.

İşte bu Hüseyin asırlarca islam birliğinin öncülüğünü yapmış olan Osmanlı devletine "ihanet" etti. Paralı adamları ve İngiliz askerleriyle birlikte mukaddes toprakları müdafaa için Hicaz'da ve Filistin'de bulunan Mehmedçiği arkadan vurdu. Binlerce Mehmedçiği şehit etti.

Bu ihanetin neticesini de mevki, makam, saltanat ve para olarak gördü. Kendisi, oğulları ve torunları, Suudi Arabistan, Irak ve Ürdün'e "kral" oldular. Kendisi ve yakınları önce Suudi Arabistan'dan sonra Irak'tan kovulacaklardı. Ellerinde kala kala bir Ürdün kalacaktı.

Ürdün, İngilizlerin harita üzerinde cetvelle çizmiş olduğu sun'i ülkelerden birisiydi.

Ürdün'de kral olanların hepsinin de âkibeti berbad olmak oldu. Ya suikasta kurban gittiler, ya ağır hastalıkların pençesinde ızdırap içerisinde kıvrandılar, ya da delirdiler. En son, Kral Hüseyin'in babası Tallal da delirdi.

Babasının ruh sağlığının yerinde olmadığının ortaya çıkması üzerine Hüseyin, henüz 17 yaşında iken 11 Ağustos 1952'de Ürdün tahtına oturdu. Artık o bir "kral"dı.

Birçok İslam ülkesinde örneği görüldüğü gibi, Kral Hüseyin'in de ipleri ecnebilerin elindeydi. bu bakımdan en çok yabancıların menfaatine hizmet ediyordu. İngilizler işi "sağlama" almak için, Ortadoğunun bu en kritik yerini idare eden Hüseyin'e bir İngiliz kızı verdiler. Kral Hüseyin İngiliz Toni Gardiner'le 1961'de evlendi. 1962'de de Prens Abdullah doğdu.

Ürdün ordusunu uzun müddet İngiliz subaylar yönetti, teşkilatlandırdı. Hatta General John Bagot Glubb Ürdün Silahlar Kuvvetler komutanı idi. Halkın tepkisi üzerine bu vazifesine 1956'da son verilmişti.

Kaybettiği ve kazandığı savaş

İngiltere'nin ve bilahare Amerika'nın devamlı kontrol altında tuttuğu Ürdün'ü sözde yöneten Kral Hüseyin, ilk ciddi imtihanını 1967'de verdi ve bu imtihanı kaybetti.

1967'de Yahudilerle yapılan savaşta Ürdün en verimli ve en stratejik topraklarını kaybetti. Yani Batı Şeria ile Doğu Kudüs'ü...

Bu savaşın ardından İsrail Filistin topraklarını işgal etti ve baskınlarla, katliâmlarla, tâcizlerle onları göçe zorladı.

Onbinlerce Filistinli Ürdün'e göç etti. Bunlar bir yerde Kral Hüseyin'in misafiri idiler.

Kral Hüseyin bu misafirlere İsrail'in yapamadığını yapacaktı.

1970 Eylül'ünde Filistinli gerillalar üç İngiliz uçağını kaçırmıştı. Bu operasyona misilleme İngiltere'den değil Ürdün'den geldi. Kral Hüseyin bütün ordusunu hareket geçirerek Filistinlilerin kamplarını kuşatmış ve "ateş!" emrini vermişti. Neticede yaklaşık beş bin Filistin'li öldürülmüştü. Tarihe "Kara Eylül" olarak geçen bu hâdise Kral Hüseyin'in alnında kara bir leke olarak kalacaktı.

Kansere yakalanıyor

Beynelmilel politika arenasında Kral Hüseyin için "dengeci politika tâkip ediyor" deniliyordu. Onun dengeciliği, ABD ve İngiltere menfaatlerini koruması ve İsrail için bir tehdit konusu oluşturmamasıydı.

Uzun müddet tahtta kalan Hüseyin'in 1992'de kansere yakalandığı ortaya çıkacaktı. Derin acılar içerisinde kıvranıyordu. Tedavi için Amerika'ya gitti. Kanserin yayılmasının durdurulduğu söylendi. Ama o günden sonra Kral Hüseyin bir türlü eski sağlığına kavuşamadı.

1994'te İsrail'le "resmî savaş halini sona erdiren" anlaşmayı imzaladı. Böylece topraklarını işgal eden Yahudilerle dost olmuştu. Ardından FKT lideri Arafat ile israilli ilgililerin görüşüp anlaşmasında arabuluculuk yaptı. Hedef, İsrail'in işgalini kabullenmeyenleri "ablukaya" almak ve tesirsiz hale getirmekti.

Sancılı yıllar

Kral Hüseyin'in her anı sancılar içerisinde geçiyordu. Acılar dayanılmaz hale gelince, bu defa 1998'de tekrar ABD'ye gitti. Rochester'deki Mayo Clinic'te tam altı ay tedavi gördü. Henüz tedavisi bitmemişken, ani kararla bir günlüğüne Ürdün'e gelip yeni veliahtı açıklayıp tekrar Amerika'ya döndü.

ABD'ye döner dönmez durumu fenalaştı. 29 Ocak 1999'da ABD'li doktorlar son sözlerini söylediler: "Artık yapacağımız birşey yok!" Bunun mânâsı, "Artık ölümünü bekleyeceğiz!" demekti.

Kral Hüseyin apar topar Ürdün'e döndü. Döner dönmez de yatağa çakılıp kaldı. Artık can çekişiyordu.

Zulmeden, çok can yakan, âh alan kimselerin sekeratı uzun sürmekteydi. Kral Hüseyin'inki de öyle oldu. Kalbi ve beyni dışında vücudu tamamen ölmüştü. 4 Şubat 1999'da makinaya bağlandı. Artık kendinde değildi. "Tıbben ölü" idi. Yalnızca cihazlar vasıtasıyla kalbi atmaya devam ediyordu. Ailesi uzun müddet fişi çekip çekmemeyi tartıştı. Sonunda makinanın fişini çekmeye karar verdiler. 7 Şubat 1999 günü saat 11.43'de Kral Hüseyin'in "resmen öldüğü" açıklandı.

Şatafatlı merasim

Kral Hüseyin'in ölümü üzerine bilhassa üç ülkenin tavrı dikkatleri çekecekti. İsrail bütün ülkede yas ilan etti ve bayraklar yarıya indirildi. İngiltere'de Buckingham sarayındaki İngiliz bayrağı yarıya indirildi. ABD de derin üzüntü duyduklarını açıkladı.

Kral Hüseyin için şatafatlı bir cenaze merasimi tertiplendi. 50'den fazla ülkenin devlet başkanları, Cumhurbaşkanları ve Başbakanları Ürdün'e gelmişti. Gelenler arasında İsrail Cumhurbaşkanı ile Başbakanı, İngiltere Başbakanı, ABD Başkanı, Rusya Federasyonu Başkanı da vardı. ABD ayrıca, Kral Hüseyin'le çalışmış ve onunla çok iyi anlaşmış üç eski başkanını da göndermişti. George Bush, Jimmy Carter ve Gerald Ford, Bill Clinton ile birlikte cenaze merasiminde hazır bulunmuşlardı.

14 Kasım 1935'te doğan Kral, 8 Şubat 1999 günü toprağa verildi. Cenaze merasiminde hazır hazır bulunan devlet başkanlarının, Cumhurbaşkanlarının ve başbakanlarının gözleri önünde tabut açıldı. Kral Hüseyin'in naaşı kefene sarılmış vaziyette mezara indirilerek üzeri toprakla örtüldü.

İşte o son an çok ibret vericiydi. Kral da olsa bir kimse bu dünyadan "göç ederken" yanında ancak bir top bez götürüyordu. Bütün yaptıklarının hesabını vereceği Âhiret Âleminin ilk durağı olan Kabir'de yalnızca amelleriyle başbaşaydı. Bütün o şatafatlı merasim geride kalmış, cenazeye katılıp üzüntülü yüz ifadesi takınan bütün o büyük ünvanlı insanlar geri memleketlerine dönmüşlerdi.

Bibliyografya

- Abdülhamid Cûde Es-Sehhâr, Peygamberimiz Efendimiz. Müt. Mustafa Varlı - Ahmet Gül. İstanbul: 1964
- Abdülhamid Cûde Es-Sehhâr. Resûlüllah'ın Dört Halifesinin Hayat Hikayeleri. Müt. Hüseyin Küçükkalay
- Ahmed Cevdet Paşa. Kısas-ı Enbiya ve Tevârih-i Hulefâ. İstanbul: 1966
- Ahmed Cevdet Paşa. Tarih-i Cevdet. İstanbul: 1893
- Aydın, Mehmet, Meşhur Olan Fakir Çocuklar, İstanbul: 1974
- Binark, İsmet. Türk Sefer ve Zaferleri Bibliyografyası. Ankara: 1969
- Bozgeyik, Burhan. Tarihimiz Üzerine Oynanan Oyunlar. İstanbul: 1996; Zulme Boyun Eğmeyenler. İstanbul: 1996; Zulme Boyun Eğmeyenler. İstanbul: 1995
- Büyük Adamlar, Varlık Yayınları, İstanbul: 1972
- Carnegie, Dale. Meşhur Adamların Meçhul Tarafları. Müt. Ömer Rıza Doğrul. İstanbul: 1976
- Danişmend, ismail Hami. İzahlı Osmanlı Tarihi Kronolojisi. İstanbul: 1971
- Danişmend, İsmail Hami. 31 Mart Vak'ası. İstanbul: 1974
- Danişmend, İsmail Hami. Tarihî Hakikatler. İstanbul: 1979
- Dikmen Mehmet ve Bünyamin Ateş. Peygamberler Tarihi. İstanbul: 1977
- Ersoy, Mehmed Âkif. Safahat. İstanbul: 1981
- Fatih, Emin. Turgut Özal. istanbul: 1993
- Göztepe, Tarık Mümtaz. İmam Şamil. İstanbul: 1971
- Güryay, Tarık. Bir İktidar Yargılanıyor. İstanbul: 1971
- Hekimoğlu İsmail ve Nurettin Ünal. İlimde Teknikte Edebiyatta Tarihte Dinde: Rüya. İstanbul: 1981
- Hoca Sadettin Efendi. Tacü't-Tevârih. Ed. İsmet Parmaksızoğlu. Ankara: 1975
- Ilıcak, Nazlı, 27 Mayıs Yargılanıyor. İstanbul: 1978
- İslam Ansiklopedisi
- Karakuş, Emin. 40 Yıllık Bir Gazeteci Gözü İle: İşte Ankara. İstanbul: 1977
- Kısakürek, Necip Fazıl. Sahte Kahramanlar. İstanbul: 1977
- Kısakürek, Necip Fazıl. Son Devrin Mazlumları. İstanbul: 1976
- Koloğlu, Orhan. Müthiş Türkler. İstanbul: 1972
- Köksal, M. Âsım. İslam Tarihi. İstanbul: 1973

- Kur'an-ı Kerim
- Kutay, Cemal. Necid Çöllerinde: Mehmed Âkif. İstanbul: 1963
- Mehmed Vehbi. Hülasatü'l Beyân fi Tefsiri'l Kur'an. İstanbul: 1968
- Meydan Larousse
- Muhammed Hamidullah. Hz. Peygamberin Savaşları. Müt. Dr. salih Tuğ. İstanbul: 1962
- Muhammed Hamidullah. İslam Peygamberi. İstanbul: 1972
- Muhammed Tahir'ül Karakhi. İmam Şamil'in Gazavatı. İstanbul: 1987
- Naîmâ Mustafa Efendi. Naimâ Tarihi. İstanbul: 1967
- Namık Kemal. Osmanlı Tarihi. İstanbul: 1910
- Nebioğlu, Osman. Yüz Ünlü Adam.
- N. Halid Ertuğrul. Yıkılan Hayal. İstanbul: 1985
- Necati Güngör. Safiye Ayla'nın Anıları. İstanbul: 1990
- Nigâr, Salih Keramet. Halife ikinci Abdülmecid. İstanbul: 1964
- Nizamülmülk. Siyasetnâme. İstanbul: 1981
- Okay. M. Orhan. Beşir Fuad. İstanbul: 1969
- Özsoy, Osman. Ünlülerin Turgut Özal'la Hatıraları. İstanbul: 1994
- Öztuna, Yılmaz. Büyük Türkiye Tarihi, İstanbul: 1977
- Özdek, Refik, Siyasî Vasiyetnâmeler.
- Perçevî. Peçevî Tarihi. İstanbul: 1866
- Sahih-i Müslim ve Tercümesi. Müt. Mehmed Sofuoğlu. İstanbul: 1970
- Solmaz, Mehmet. Şehit Kâmil. Gaziantep: 1966
- Suruç, Salih. Kâinatın Efendisi: Peygamberimizin Hayatı. İstanbul: 1982
- Şapolyo, Enver Behnan. Ziya Gökalp. İstanbul: 1977
- Türk Dili ve Edebiyatı Ansiklopedisi. Dergah Yayınları. İstanbul: 1977
- Uzunçarşılı, İsmail Hakkı. Osmanlı Tarihi. Ankara: 1975
- Ülkü, Hayati. İslam Tarihi. İstanbul: 1977
- Ünal, Tahsin. Osmanlılarda Fazilet Mücadelesi. İstanbul: 1968
- Zapsu, Abdurrahman. Büyük İslâm Tarihi. İstanbul: 1975

DERGİLER
- Hayat Tarih / Newsveek / Time/ Yıllarboyu Tarih

GAZETELER
- Akit / Cumhuriyet / Hürriyet / Millî Gazete / Milliyet / Tercüman / Tasvir / Türkiye / Yeni Asya / Yeni Şafak / Zaman

İçindekiler

Takdim 5
Hz. Adem (as) 9
Nemrut 11
Hz. Eyyub (as) 14
Hz. Yakub (as) 16
Hz. Yusuf (as) 18
Hz. Musâ (as) 20
Firavun 21
Karun 25
Hz. Süleyman (as) 27
Neron 29
Sezar 32
Arşimed 35
İskender 37
Ebrehe 39
Ebu Cehil 45
Ebu Leheb 49
Hz. Ebu Bekir (ra) 52
Hz. Ömer (ra) 59
Hz. Osman (ra) 63
Hz. Ali (ra) 68
Hz. Halid b. Velid (ra) 71
Hz. Bilal-i Habeşi (ra) 73
Hz. Ebû Eyyûbe'l Ensari (ra) 75
Hz. Ebu Talha (ra) 78

Hz. Ümmü Haram (ra)	80
Hz. Sa'd b. Ebi Vakkas (ra)	82
Hz. Hasan (ra)	84
Hz. Abdullah b. Ömer (ra)	87
Ömer b. Abdülaziz	89
İmam-ı Malik	91
Ahmed b. Hanbel	93
İmam-ı Azam Ebû Hanife	95
İmam-ı Gazali	98
Şah-ı Nakşibend	100
Selahaddin-i Eyyubî	103
Mevlânâ	106
Romanos Diogenes	109
Alparslan	113
Nizâmü'l mülk	115
Osman Gazi	117
II. Murad	121
Cem Sultan	126
Yavuz Sultan Selim	131
Kanuni Sultan Süleyman	135
II. Osman	140
III. Selim	144
Sultan Abdülaziz	147
Şeyh Şamil	151
Goethe	159
Napolyon	164
Koca Yusuf	167
Abraham Lincoln	169

Beşir Fuad 171
I. Aleksandros 175
Mehmed Âkif 179
Abdullah Cevdet 186
Mustafa Kemal 188
Ziya Gökalp 197
Gandi 200
Mussolini 203
Hitler 207
Menderes, Zorlu, Polatkan 211
Bediüzzaman 219
Troçki 227
Cemal Gürsel 230
Mao 234
Yakup Kadri Karaosmanoğlu 236
İsmet İnönü 238
Rıza Pehlevi 244
Lenin 248
Maksim Gorki 253
Necip Fazıl Kısakürek 260
Uğur Mumcu 268
Turgut Özal 276
Nikolay Çavuşesku 285
Andreas Papandreu 289
Özdemir Sabancı 291
Aziz Nesin 295
Zeki Müren 299
Vehbi Koç 304

Cevher Dudayev 307
François Mitterand 314
Alparslan Türkeş 320
Diana 326
Safiye Ayla 333
Bayram Yüksel 338
Pol Pot 347
Erol Taş 354
Yavuz Gökmen 357
Öztürk Serengil 363
Barış Manço 366
Kral Hüseyin 372
Bibliyografya 379